# 자본주의의 노동세계

# 자본주의의
# 노동세계

크리스 틸리·찰스 틸리 지음

이병훈·조효래·윤정향·김종성·김정해 옮김

한울
아카데미

# Work Under Capitalism

by Chris Tilly and Charles Tilly

# 옮긴이 서문

이 책은 크리스 틸리와 찰스 틸리(Chris Tilly and Charles Tilly)의 『자본주의의 노동세계(Work Under Capitalism)』(Oxford: Westview Press, 1998)를 번역한 것이다. 이 책의 저자들은 노동사회학과 노동사 그리고 사회변동 및 사회운동론 분야에서 세계적으로 저명한 사회학자들이며 이채롭게도 부자(父子)관계로서 이처럼 공동저술의 연구성과를 선보이고 있다. 특히, 이 책에서는 사회사의 대가로 잘 알려져 있는 찰스 틸리 교수(컬럼비아 대학 사회학과)와 노동운동가 출신인 크리스 틸리 교수(매사추세츠 주립대학 로웰캠퍼스 지역경제 사회개발학과)가 각자의 상이한 학문적인 배경과 관심사를 적절하게 결합시켜 근·현대를 넘나드는 역사적 분석과 생생한 현장사례들을 풍부하게 제시함으로써 '자본주의의 노동세계'에 대한 인식의 지평을 넓혀주고 있다.

자본주의의 노동세계를 분석함에 있어 이 책은 몇 가지 독특한 특징을 보이고 있다. 우선, 자본주의체제의 노동에 관해 노동시장에서 거래되는 임노동에 국한하여 검토해온 기존 연구저술들과는 달리 이 책에서는 저자들이 강조하듯이 자본주의 경제하에서 임노동과 공존하는 다양한 비시장적 노동(예: 가사노동, 지하경제노동, 가내수공업, 자원봉사활동 등)을 포괄하는 분석의 틀을 제시·논의하고 있다. 이처럼 이 책은 자본주의 경제체제하에 공존하는 다양한 노동형태들을 포괄적으로 비교·검토함으로써 오늘의 노동세계를 보다 현실적이면서 보다 이론적으로 논구할 수 있는 접근을 보여주고 있다.

둘째, 이 책에서는 자본주의 노동세계의 변동(changes)과 변이(variance)를 분명하게 드러내주고 있다. 저자들은 서구 자본주의의 태동 시기에 존재했던 가내수공업에서부터 현대 자본주의 시대의 대공장 노동에 이르기까지 노동의 사회적 조직형태와 특성이 변화해온 역사적인 궤적을 구체적으로 서술하고 있을 뿐 아니라, 산업 간 그리고 국가 간에 존재하는 상이한 노동체제들의 성격 차이에 대해 면방직·탄광·보건의료 부문들을 중심으로 심층적으로 비교·검토하고 있다.

셋째, 자본주의사회의 노동세계, 특히 그 다양성을 설명하려 함에 있어 이 책의 저자들은 주요 사회과학이론들(신고전학파, 마르크스주의, 제도주의)이 주장해온 기술결정론, 자본만능론, 시장효율성논리 등을 비판하면서 노동의 조직형태들을 노동자와 사용자 간의 사회적 관계와 거래로서 이해하는 사회학적인 분석 시각을 제시하고 있다. 구체적으로, 저자들은 노동체제의 변동과 변이에 대해 노동자와 사용자의 추구 목적(품질, 효율성, 권력), 사회적 네트워크(위계구조, 시장, 연합), 노동기제들, 그리고 역사와 문화 등으로 구성된 분석틀로서 체계적으로 접근·설명하고 있다.

이처럼, 이 책에서는 앤서니 기든스(Anthony Giddens)가 제시하는 사회학적 상상력(sociological imagination)의 세 가지 구현방식, 즉 역사적 상상력, 비교사회적 상상력, 비판적 상상력을 종합적으로 활용하여 자본주의 노동세계의 실태와 작동원리를 심층적으로 규명하고 있는 것이다. 물론 이 책에서 다루어지는 주된 연구대상이 영국과 미국을 비롯한 서구 자본주의사회이므로 그 이론체계와 경험적 분석결과를 우리 사회의 노동현실에 그대로 적용·해석하는 것은 적절치 못할 것이다. 그렇지만 우리 사회가 역사와 문화 그리고 사회적 관계의 고유한 특성을 가짐에도 불구하고 현재 자본주의 경제체제에 기반하고 있다는 점에서 틸리 교수들의 이론적 분석틀은 우리의 노동세계를 이해하는 데에 매우 유용한 길잡이가 되어줄 것이다. 이러한 점에서 이 책은 노동세계를 탐구하려는 연구자들이나 노동현실에 관심을 가진 모든 이들에게 필독을 권할 만한 고전이라 하겠으며, 노동/산업사회학의 훌륭한 학습교재로서 활용될 수 있을 것으로도 기대된다. 그만큼 이 책은 우리에게 한국 자본주의사회의 노동세계에 대한 수많은 문제의식과 연구의 시사점 그리고 기존 연구의 참고자료들을 제공하고 있기 때문이다.

최근 급변하는 우리 노동현실을 체계적으로 조망·정리할 필요를 느끼던 차제에 이 책에서 그 실마리로 활용될 수 있는 이론적 자원들과 경험적 분석방법들을 확인하게 되면서 2005년 겨울에 번역의 구상이 이루어지게 되었으며, 본격적인 번역작업은 2006년 상반기에 진행되었다. 이 책의 한국어판 발간에 흔쾌히 동의해주시고 번역작업에 필요한 자료 및 문의사항에 대해 신속한 도움을 주신 틸리 교수들께 깊이 감사드린다. 저자들이 인정하듯 미국 대학생들조차 독해하기 쉽지 않다고 할 정도로 난해한 이 책에 대한 번역작업을 예정대로 잘 수행해준 역자들 모두의 노고에 역시 감사드린다. 그리고 이 책의 한국어판 발간을 맡아준 도서출판 한울과 방대한 원고에 대해 꼼꼼하게 교열작업을 담당해주신 편집부의 김현대 선생께도 감사의 뜻을 전한다.

저자들이 희망하듯 이 책이 우리 노동세계의 현실을 좀더 정확하게 진단하고 그 미래의 전망을 밝혀주며, 또한 일하는 사람들의 세계를 더욱 개선·발전시키는 데에 보탬이 되기를 기대한다.


2006년 8월
역자들을 대표하여
이병훈

# 한국어판 서문

　우리는 『자본주의의 노동세계』가 한국어로 번역된 것을 영광으로 생각하며, 이러한 기회를 준 이병훈 교수에게 감사드린다. 한국의 노동운동은 노동자 권리를 지지하는, 우리를 비롯한, 전 세계의 모든 이들에게 큰 감동을 주고 있다. 이 운동은 암울한 독재정권 시기에 태동하여 괄목할 만한 수준의 조직력과 투쟁성을 성취했다. 그렇지만 안타깝게도 1997~1998년의 노동법 개정으로 노동자 해고가 보다 손쉽게 허용됨에 따라 한국의 노동진영은 심각한 좌절을 경험했다. 또한, 보수적인 한국노총과 전투적인 민주노총이 연대와 단합을 이루지 못하고 입장 차이를 계속해서 보여주는 것 역시 안타까운 일이다(비록 두 노총조직이 지난 10년 동안 노조탄압의 공격에 직면하여 더욱 긴밀하게 공조하고 있기는 하지만 말이다). 그럼에도 불구하고, 한국 노동자들의 집합행동은 전 세계에 중요한 모범이 되고 있는 만큼, 우리는 그 밝은 미래에 대한 큰 기대와 존경심을 갖고 이 책을 한국 노동운동에 바치려 한다.

　우리가 이 책에서 주장한 바와 같이, 노동관계와 기제 그리고 과정은 그들이 처해 있는 사회적 맥락에 의해 결정적으로 좌우된다. 따라서 주로 미국과 유럽의 경험에 기반하고 있는 우리의 분석을 그대로 한국적인 상황에 적용하는 것은 타당하지 않을 것이다. 그럼에도 우리의 분석틀이 충분히 포괄적이고 융통성이 있어 아시아, 특히 한국의 노동을 분석하기 위해 유용하게 활용될 수 있을 것으로 기대한다. 더불어, 노동의 분석틀을 구성하는 우리의 접근방식에 고무되어 한국의 연구자들이 노동을 분석하는 새로운 방법들을 찾아낼 수 있기를 희망한다.

　이 책은 거의 10년 전에 영어로 출간되었다. 만약 우리가 지금 이 책을 집필한다면, 상당 부분이 다르게 기술될 것이다. 왜냐하면 (대부분 우리의 동료들, 학생들, 그리고 다른 연구자들과의 지속적인 토론 덕분에) 노동과 사회적 과정들에 관한 우리의 생각이 바뀌었을 뿐 아니라, 세상이 많이 변화해왔기 때문이다.

우리는 분석 시각에서 다양한 분류유형들과 수많은 기제들을 보다 단순화하고자 했을 것이며, 연구 목표에서 분석모형을 덜 서술적이면서 보다 설명적이 되도록 가다듬었을 것이다. 또한, 우리는 과정들(processes)에 더욱 초점을 맞추어 관계들(relations)에 대한 분석을 보완하려고 했을 것이다. 우리는 관계적 사고와 과정적 사고 모두 사회·경제적 다양성과 변화를 이해하는 데 핵심적이라고 확신한다. 아울러, 우리는 개발도상국에 관한 더 많은 논의를 포함하기를 바랐을 것이다. 왜냐하면 최근 들어 우리의 연구가 세계 민중(특히 노동자들!)의 다수에 대해 더 많은 관심을 쏟고 있기 때문이다.

노동의 세계 그 자체도 특히 범지구 차원의 경제사회적 교환이 지속적으로 확대되는 가운데 극적으로 변화해왔다. 여기서 우리는 다른 영역의 새로운 변화들을 제쳐두고 '자본주의의 노동세계'에 영향을 끼치는 주요 변화들에 대해서만 간략하게 살펴보기로 한다.

- 많은 나라들 중에서 한국은 전지구적 자본이동의 위력을 뼈저리게 경험했다. 특히 '투기자본(hot money)'의 갑작스런 해외 유출로 인해 촉발된 1997년 아시아 금융위기를 통해서 말이다. 아시아 지역에 있는 여러 국가들은 아직도 그 위기에서 회복 중에 있다.
- 제조부문(manufacturing)에 이어 서비스부문에서도 전지구적 차원의 투자·생산·판매활동이 확대되고 있다. 대표적인 예로서 프랑스의 까르푸(Carrefour), 네덜란드의 로열 아홀드(Royal Ahold), 그리고 미국의 월마트(Wal-Mart)와 같은 세계적인 소매업 체인들의 확장을 꼽을 수 있다(월마트는 2006년 한국에서 철수했으나, 미국을 비롯한 14개 국가에 영업점을 새롭게 설립하고 있다).
- 세계무역기구(WTO)는 그 힘을 더욱 과시하고 있다. '관세와 무역에 관한 일반협정(GATT)'의 후속 기구로 1995년에 설립된 WTO는 국제 교역과

투자를 규제하기 위해 (혹은 더 정확하게는 탈규제하기 위해) 고안된 것이다. 그러나 WTO의 발전은 부국과 빈국들 간의 갈등에 의해서뿐 아니라 다양한 저항에 부딪쳐 그 속도가 늦추어지고 있다.

• 사실, 경제 자유화의 흐름은 저항의 물결 — 신사회운동과 부활한 구사회운동, 그리고 사회 민주주의적 혹은 인민주의적(populist) 정책노선을 채택하는 새로운 정부들 — 에 직면하고 있다. 특히, 이러한 측면에서 가장 주목할 가치가 있는 지역이 라틴아메리카인데, 그곳에서는 폭넓게 신자유주의 정부들이 좌파정권에 의해 교체되고 있다. 또한, 노동시장 규제와 관련된 특기할 만한 사건으로 2006년 프랑스의 노동자-학생 연대투쟁을 주목하게 되는데, 이 연대투쟁은 고용안정법에서 청년 노동자들이 배제되는 것을 성공적으로 저지했다.

• 다자간 세계자유무역협정의 진전이 지체됨에 따라 그 대안으로 (특히 미국에 의해) 지역협정과 양자협정이 더욱 공격적으로 추진되고 있다. 우리가 이 서문을 작성하는 시점에 미국정부와 한국정부는 노동자들과 다수 민중의 격렬한 반대에도 불구하고 발 빠르게 양자무역협정(FTA)을 추진하고 있다.

• 전 세계적인 불평등의 가혹한 현실에서 비롯되어 국제적인 이주자들의 이동이 크게 늘어나면서 많은 논쟁적인 결과를 낳고 있다. 2006년 우리가 이 글을 쓸 무렵 그 상황과 관련하여 크게 주목받을 만한 사건이 벌어졌다. 미국에는 현재 미국 인구의 약 4%에 해당하는 1,200만 명의 불법 이주자들이 있는데, 이들 대부분은 주로 멕시코에서 유입되었다. 미국의 이주자들과 이들의 지지자들이 노동권과 시민권을 위해 집회·시위를 벌이는 가운데, 보수주의 정치인들은 불법 이주자의 추방과 국경 경비 강화를 제안하고 있고, 기업가들은 새로운 '이주노동자(guest worker)'에 관한 입법을 위해 로비활동을 전개하고 있다. 유럽에서는 절망적인 아프리카인들이 보트에 가득 타고 국경을 넘어오고 있으며, 이주자 출신의 2세 이슬람계 청년들이 프랑스에서 소요를 일으키고 있고, 이슬람교 급진주의자(Islamic Wahabbist)의 테러활동에 영향을 받아 유럽인들은 이슬람인들(그리고 터키 같은 이슬람

국가들)을 유럽연합에 제대로 통합할 수 있는지 여부에 대해 논란을 벌이고 있다. 두 가지 경우 모두 이주자들에 반대하는 강한 인종차별주의가 그 논쟁을 특징짓고 있다.

• 중국은 세계 제조업을 지배하는 가공할 만한 존재로 변신하면서, 수억 명의 자국민에 대해서뿐 아니라 다른 전 세계 노동자들에 대한 노동환경을 크게 변화시키고 있다. 우리가 이 책에서 논의한 면방직산업은 다자간 섬유협정(Multifiber Agreement)이 2005년에 종결함에 따라 중대한 변화 국면을 맞이하고 있다. 왜냐하면 1990년대에 수십 개 국가들에게 배분한 섬유의류의 제조물량에 대한 쿼터제가 사라지게 되었기 때문이다. 분석가들의 전망에 따르면, 중국이 조만간 세계 섬유의류 산업을 압도적으로 지배하게 될 것이다. 물론, 아시아의 거인이 자발적인 생산물량제한을 채택함으로써 그러한 변화를 지연시키긴 하겠지만 말이다. 중국의 급격한 산업화와 도시화는 역시 우리가 이 책에서 강조한 또 다른 부문인 석탄채굴의 급격한 성장을 가져왔다. 하나의 필연적인 결과로서 노동자의 권리를 위한 저항들이 중국에서 부활하고 있다.

세계는 변화하고 있으며 노동도 그와 더불어 변화하고 있다. 그런데 우리 세계에서의 노동은 사용자-노동자의 이자관계로부터 국가 차원의 그리고 국제적인 제도들에 이르는 일련의 사회적 관계들에 배태되어 있다. 만약 『자본주의의 노동세계』가 한국 독자들로 하여금 이러한 관계를 이해하는 데, 그리고 더 나은 미래를 위해 그 관계들을 어떻게 바꿔야 하는지를 고민하는 데 도움을 준다면, 우리는 성공적이라고 판단할 것이다.

2006년 6월
보스턴과 뉴욕에서
크리스 틸리와 찰스 틸리

## 차례

# 제1장 노동을 보는 시각

## How to Work Things Out

## 힘든 노동의 삶에서 얻은 교훈

1891년 노드(Nord) 지역에서 태어난 프랑스 시골 노동자인 매리-캐서린 가데즈(Marie-Catherine Gardez)는 평생 열심히 일했다(Grafteaur, 1985). 4년간 학교 교육을 받기는 했지만, 그녀는 아홉 살의 나이에 집 지하실에서 다른 가족들과 함께 베틀을 짜기 시작했다. 그녀의 가족은 상인들이 제공한 실로 짠 옷감에 대해 보상받는 선대제(putting-out) 방식으로 일했다. 수십 년 전에 공장의 자동화된 동력방적기가 프랑스의 직물 산업을 휩쓸면서 그들의 가내수직기 노동은 소멸하는 노동형태를 대표했다.

농번기에 그녀의 가족은 노르망디로 이주하여 파리의 큰 회사가 소유한 농장에서 일을 했다. 거기서 그들은 개수임금〔piece rate, 예: 한 구역의 제초작업에 40수(sou, 역자주: 0.05프랑에 해당되는 동전)〕과 일당임금(예: 비료 뿌리기와 집과 마당에서 일하기)을 결합한 방식으로 급료를 받았다. 추수기에 그들은 밀 다발을 모으는 일을 했는데, 처음에는 낫을 든 건장한 청년들과 함께 일했으나, 나중에는 자동화된 추수기를 쫓아다니며 일했다. 그동안 젊은 매리-캐서린은 요리나 청소, 세탁 같은 집안일을 하며, 가족들을 도왔다. 그리고 혼수로 가져갈 손수건을 짜기 위해 부모님의 실을 '훔치기'도 했다.

매리-캐서린이 오거스트 생테르(Auguste Santerre)와 결혼했을 때, 그들은 계속해서 계절에 따른 농장 일을 하면서 실을 짰다. 그녀는 농장에 딸린 농가에서 요리와 집안일을 도왔으며, 그녀의 남편은 농장의 설탕 정제소 운영을 도왔다. 그 대가로 그들 모두 고정적인 월급을 받았다. 매리-캐서린은 그녀의 집에서 요리와 청소를 계속했고 곧 아들을 낳아 길렀다. 오거스트는 벽돌연료를 만들었고 그들의 먹을거리를 장만하기 위해 채소밭을 가꾸었으며, 소방서 자원봉사활동에도 참여했다.

그들의 아들인 오거스트 주니어(Auguste junior)는 지역 이발소의 견습생을 거쳐 (사촌의 도움으로) 파리 근처의 소도시에서 임금과 팁을 받고 일하는 이발사 보조 일을 얻었다. 그는 공장에서 벽돌 나르는 일로 소득을 보충했다. 주말에 공장을 쉴 때 그는 노드의 같은 마을 출신인 그의 부모 친구에게 공간을 얻어서 자신의 작은 이발소를 열어 돈을 벌었다. 그때 매리-캐서린과 오거스트 시니어(August senior)가 아들이 사는 소도시로 이사를 와 파리의 같은 회사가 소유한 농장에서 일거리를 찾았다. 1930년대의 혼란기에, 오거스트 시니어가 노조에 가입하여 파업에 동참했다. 그 노동조합은 프랑스 사회당 정부의 도움으로 계절농의 지위에서 벗어나 상용직 일자리에 대한 권리를 획득했다. 제2차세계 대전 동안, 농장과 설탕 정제소는 독일군의 지배 아래 들어갔고, 식품과 다른 필수품들은 배급되었다. 매리-캐서린과 오거스트 시니어가 은퇴했을 때, 남편은 자신의 농장과 이웃들의 농장을 경작했고, 아내는 집안일을 계속하면서 이웃을 위해 양말을 짜주고 그 대가로 이웃의 도움을 받곤 했다. 심지어 80대 중반까지 병원과 휴양시설에서조차 매리-캐서린은 같은 병실에 있는 여성들을 위해 뜨개질을 했다. (우리가 더 이상 이들처럼 하루 12시간, 1주일에 7일 동안의 유급노동을 하지 않아도 된다는 안도의 한숨을 내쉬는 것 이외에) 이러한 고된 개인 이력으로부터 무엇을 배울 수 있는가? 특정 수준의 임금으로 보상하면서 채용과 해고에 대한 권한을 가진 사용자를 위한 노동, 즉 노동시장에서의 노동은 생테르(Santerres) 가족이 생애 동안 경험해온 수많은 노동 중에서 단지 한 형태일 뿐이다. 자발적 봉사활동, 이웃돕기, 자영업(self-employment), 가사노동,

심지어 (부모의 유급노동을 돕기 위한) 아이들의 무급노동은 모두 이러한 (노동시장) 모델의 외부에 위치한다.

아울러, 생테르 가족의 노동에 대한 인센티브와 보상은 매우 다양했다. 어떤 경우에 그들은 현금(예: 개수임금, 시간급, 팁, 자산소득)과 다른 보수(예: 아들의 도제훈련, 매리-캐서린이 부모로부터 '훔친' 실)를 포함하는 물질적 보상을 받았다. 대부분의 경우 주된 인센티브는 가족과 지역사회에 대한 헌신이었다. 강제는 우호적인 관계의 경우에도 일정한 역할을 담당하지만, 독일의 점령하에서 전면적으로 나타났다. 우리는 이 책에서 보상, 헌신, 강제라는 세 가지 요소를 빈번하게 검토할 것이다.

생테르 가족은 심지어 서로 같은 일을 다른 보상체계하에서, 그리고 노동시장 안팎 모두에서 수행했다. 매리-캐서린은 농장에서 돈벌이로 음식을 준비하고, 청소와 세탁을 했다. 그리고 집으로 돌아와서 그녀는 가족을 위해 어떠한 보상도 없이 같은 일을 수행했다. 그녀의 남편 오거스트는 회사의 농작물을 재배했지만, 자신의 채소밭에서도 역시 같은 일을 했다. 아들 오거스트는 견습생, 임금노동자, 그리고 자영업자로서 이발사의 일을 수행했다.

수많은 거대한 힘들이 생테르 가족의 노동 생활을 규정했다. 자본주의 기업들(예: 농장, 의류상인, 벽돌공장)이 가장 큰 영향력을 행사했으나, 그들의 영향력은 노동자 조직들, 국가 개입, 그리고 노동자들의 대안적인 생계수단들에 의해 경감되었다. 기술 변화는 가족의 직조노동 가격을 하락시켰고, 밀 추수작업의 환경과 속도를 변화시켰다. 프랑스의 생산 역사와 마찬가지로, 이 가족의 역사는 그들의 노동의 성격과 장소를 결정하는 데 큰 영향을 미쳤다. 끝으로, 수많은 사회적 관계들이 생테르 가족의 노동을 에워싸고 있었다. 이러한 사실은 시장에 의해 매개되지 않은 그들의 노동에 대해 적용될 뿐만 아니라, 시장과의 상호작용에 대해서도 해당되는 것이다. 그들은 친척과 친지의 네트워크를 통해 이주하여 일자리를 찾았다. 그들은 가족 단위로 일을 수행하기도 했고, 때로는 노조조직화를 위한 기반으로 공유된 규범을 갖고 있던 동료들과 일하기도 했다.

# 우리의 분석 시각

매리-캐서린과 오거스트의 생애는 이 책의 중요한 주제 중 많은 것을 예상하게 한다. 현대 산업사회에서 사람들이 '일하러 가기'라고 말하는 것은 보통 집을 떠나 다른 누군가의 지시하에 돈벌이를 위해 그 사람이 소유하는 장소에서 특정한 노력을 기울이는 것을 의미한다. 이것은 어떤 종류의 일자리를 가졌음을 뜻하기도 한다. 지난 세기에 걸쳐 이런 종류의 유급노동이 확실히 산업사회에서 보다 일반화되었다. 그럼에도 불구하고, 투입된 총 노력으로 측정할 경우, 노동의 많은 부분이 여전히 일자리와 노동시장의 영역 밖에서 발생한다. 가족사업, 소설 쓰기, 수수료를 위한 전문적 컨설팅, 위탁 판매, 음악연주회, 팁을 위한 서비스, 범죄조직뿐 아니라 육아, 음식 준비, 집수리, 학교 숙제가 그에 해당된다. 이 책은 노동과 노동시장이 현재 작동하는 원리를 이해하기 위해 노동에 관한 거시적인 비교의 시각에서 접근하고 있다. 또한, 노동의 세계 안에서 발생하는 끊임없는 변화를 이해하기 위해 장기적 관점을 채택한다.

한편 미국과 다른 산업자본주의 국가들에 존재해온 유급노동과 노동시장에 집중하면서, 자주 그 시야를 더 넓게 확대해 살펴보려 한다. 기술결정론, 시장결정론, 그리고 문화결정론에 대항하며, 우리는 다음과 같이 주장한다.

- 노동은 시장 신호에 반응하는 고립된 개인들의 노력에 의해서가 아니라, 노동자·사용자·소비자들 사이의 사회적 관계에 기반하는 것이다.
- 노동시장은 자연스럽고 보편적인 현상이 아니라, 노동조건의 통제를 위한 투쟁에 의해 역사적으로 만들어진 우연적인 산물이다.
- 법과 기억, 지배적인 믿음, 축적된 지식과 기존의 사회적 관계 속에 배태되어 있는 역사는 생산조직의 변화 경로를 강하게 제약한다.
- 사용자들과 노동자들 그리고 기업가들은 기존 사회적 구조의 모자이크 (mosaic)로서 새로운 생산조직을 창출하고, 그 조직을 통해 무의식적으로 사회적 구조의 확립된 연결관계에 관련된다.

- 새로운 기술은 항상 공유된 인식과 기존의 사회적 관계에 의해 설정된 엄격한 제약 위에서 주로 자본가들의 영리추구 수단으로 노동조직에 도입된다.
- 노동자들과 사용자들 그리고 감독자들은 종종 생산기술에 대한 특화된 지식을 투쟁의 수단으로 사용한다.
- 투쟁의 결과는 어떠한 노동조직이 적절하고 가능한가에 대해 공유된 인식, 법, 정부 조치 그리고 모든 구성원의 믿음을 재구성한다.

무엇보다도, 우리는 노동과 노동시장 그리고 직업들을 개인적 이익과 기술, 시장의 힘 혹은 이념의 논리가 시간을 초월하여 만들어내는 것으로 추론하려는 접근을 거부한다.

  그러나 우리가 때때로 경쟁이론을 엄격하게 비판할지라도, 이 책은 잘못된 이론들을 문제 삼는 데에만 열중하지 않을 것이다. 대신에 우리는 노동과 노동시장을 개인적 행동의 산출물 또는 총합으로 설명하기보다 문화적인 토대와 역사적인 자료에 입각하여 사회적 상호작용으로서 설명하려 노력할 것이다. 그럼에 있어, 우리는 아담 스미스(Adam Smith)와 칼 마르크스(Karl Marx)에게까지 소급되지만, 무관심 속에 오래 방치되었으나 최근에 경제학과 인접 사회과학 분야에서 주목을 받고 있는 거래분석(transactional analysis)의 내용을 더욱 심화시키고자 할 것이다.


## 지배적인 노동이론들

노동에 관한 세 가지 관점이 경제학과 사회학에서 이론적인 논의를 지배하고 있다. 경제학에서 세 가지 관점은 신고전학파, 마르크스주의, 제도주의 이론들로 불려왔다. 사회학자들은 일반적으로 그들 관점을 합리적 행위론, 마르크스주의 이론, 구조주의 이론으로 부르고 있다. 사회학 안에서 경제적 현상에 대한 베버주의적(Weberian) 그리고 기능적 분석(사회적 과정들을 합리적 행위,

마르크스주의, 그리고 구조주의적 접근들과 매우 다르게 설명하는)이 한동안 압도해왔으나 최근에는 그러한 분석들이 노동과 노동시장에 관한 돋보이는 연구성과를 거의 제시하지 못하고 있다. 비록 경제학자들에 비해 사회학자들이 경제적 구조와 과정들에 대한 네오-마르크스주의적 또는 제도주의적 분석을 더 많이 추구하고 있지만, 이상의 세 가지 관점은 학문적 경계를 넘어서 핵심적인 분석논리로서 받아들여지고 있다.

### 신고전학파 이론(Neoclassical Theory)

신고전학파 이론가들은 노동에 대해 놀랄 정도로 자연주의(naturalism)의 관점에서 접근하고 있다. 이 관점에 따르면, 호모 사피엔스(homo sapiens)는 곧 호모 이코노미쿠스(homo economicus)이다. 합리적으로 이익을 극대화하려는 경제적 행위가 인류 역사를 관통해오는 보편적 특징이라는 것이다. 특히 노동과 여가 사이의 교환은 영구적이다. 인간들은 누가 책임지는 위치에 있든 항상 (소비재 생산을 위한) 노동과 비노동 사이에 어떻게 시간을 배분할 것인지를 결정해야만 했다. 폴 사무엘슨(Paul Samuelson, 1957: 894)에 따르면, "완전경쟁 시장 안에서 누가 누구를 고용하는지는 중요하지 않다. 노동이 '자본'을 고용한들 역시 중요치 않다." 사무엘슨의 명제에 따르면, 자영업(self- employment)은 다른 고용형태와 똑같은 결과를 낳는다는 것이다. 이 관점에 의하면, 노동시장의 발명조차도 노동의 역사에서 극적인 단절을 의미하는 것은 아니다.

이러한 자연주의적 이론틀에서 무엇이 경제사를 추동하는 것인가? 솔로우(Solow)의 성장모델에서 공식화된 바와 같이, 신고전학파 관점은 기술 변화와 인구성장의 역할을 강조한다(Solow, 1970). 다른 역사 변화들은 거의 영향을 미치지 못한다. 물론, 신고전학파 분석가들은 사람들이 다양한 강제 또는 합의의 구조들을 통해 노동시장을 변화시켜왔다는 점을 기꺼이 인정한다. 그러나 (그들에게) 이러한 구조들의 효과는 일시적이다. 일단 강제가 사라지면, 사용자들과 노동자들은 곧 강제가 없던 때에 따르던 이전의 행동으로 되돌아가는 것으로 간주된다. 그리고 어떤 경우에든 이러한 변화를 설명하는 것은 신고전학파의 의제가 되지 못한다. 사무엘슨(Samuelson)은 다른 연구에서 "흔히 경제학자들은 기술, 취향, 그리고 사회적·제도적 조건들과 같이 비경제 변수들을 전통적으로 데이터로서 접근한다. 비록 다른 학문 분야의 연구자들에게 이러한 변수들이 단지 역사로 그치는 것이 아니라 설명·분석되어야 할 과정들이라 할지라도"라고 말했다(1983: 318~319).

게다가 신고전학파 이론가들은 현대 서구 자본주의가 (노동시장을 변화시키는) 그러한 구조로부터 자유로운 것으로 본다. 심지어 밀턴 프리드먼(Milton Friedman, 1962)과 헤르난도 데 소토(Hernando de Soto, 1989)는 자본주의가 그 구조로부터 더욱 자유로워야 한다고 주장하기도 한다. 제도주의 학자들이 노동시장 제도들을 관습에 뿌리를 둔 것으로 보는 반면, 에드워드 라지에르(Edward Lazear)와 조셉 스티글리츠(Joseph Stiglitz)와 같은 신고전학파 노동경제학자들은 이익 극대화를 효율성 문제의 해법으로 간주한다. 신고전학파 이론가들은 '역사는 중립적이다'라는 관점에 대해 제한된 예외만 인정한다. 예를 들어 거시경제학자들은 미래의 인플레이션에 대한 노동자와 기업의 기대가 인플레이션에 대한 과거 경험에 의존하며, 그 결과로 어느 수준에 도달한 인플레이션은 지속되는 경향을 보인다고 말한다. 이와 유사하게, 증가된 실업은 '이력현상[hysteresis, 역자주: 어떤 양(量) A의 변화에 따라 다른 양 B가 변화하는 경우, A를 변화시키는 경로에 따라 같은 A값에 대한 B값이 달라지는 현상]'의 과정에서 스스로 영속할 수도 있다(Blanchard & Summers, 1986). 그러나 이러한 예외들은 그들의 역사적 범위 안에서 거의 드물고 단기적으로만 존재하는 것으로 간주된다.

신고전학파 연구자들은 개인적 선호(individual preference)를 강조한다. 사람들은 독립적이고 스스로 동기를 부여하는 행위자로서 존재한다. 개개인은 자신의 (원천적으로 측정할 수 없는) 효용을 극대화하기 위해 자기 이익을 추구하는 합리적인 방식으로 행동한다. 실제로 케네스 애로우(Kenneth Arrow, 1950)가 자신의 불가능성 정리(Impossibility Theorem)에서 증명했듯이, 개인은 분석의 단위일 뿐 아니라 실제 — 효용의 특성에 대한 그럴듯한 원리가 주어진다면

— 개인들로부터 집단이나 사회의 효용함수를 의미 있게 추론할 수 있다.

신고전학파 학자들은 사람의 효용함수를 구성하는 취향이나 선호가 상대적으로 안정적이며 논리적으로 일관성이 있다고 가정한다. 그들은 특정 유형의 선호를 당연하게 여긴다. 재화가 많을수록 좋고, 여가는 노동보다 선호되며, 한계효용은 감소한다(즉, 재화의 각 추가단위는 이전 단위보다 소비자에게 더 적은 효용을 안겨준다). 비록 신고전학파 이론틀이 (개인의 효용이 다른 사람들의 효용수준에 의해서 영향을 받는다는 것을 암시하는) 이타주의나 시기, 질투를 모두 배제하는 것은 아니지만, 그 이론틀은 협소하게 자기 이익을 추구하는 행위가 전체 집단을 지배하는 것으로 가정하고 있다. 따라서 많은 사람들이 풍요로운 소비생활보다 금욕적인 삶의 스타일을 더 선호한다거나 또는 전형적인 노동자의 직업 선택이나 직무노력 정도가 임금 및 노동조건보다는 사용자에 대한 충성도나 애정에 의해 주로 결정된다고 한다면, 노동에 대한 표준적인 신고전학파 모델들은 잘못된 이론틀로 간주될 것이다.

신고전학파 이론은 선호가 경제의 외부, 즉 노동의 세계 바깥에서 결정되는 것으로 확신한다. 조지 스티글러와 게리 베커(George Stigler & Gary Becker, 1977)에 따르면, 사실 선호의 유의한 차이가 별로 두드러지지 않고 그 차이의 경제적인 중요성이 별로 없을 것이다. 이 경우, 개별 소비자 또는 노동자보다 더 핵심적인 경제단위인 기업이 소유주 또는 주주의 이익을 극대화하는 데만 몰두하여 활동할 것이다. 다시, 신고전학파 이론가들은 개별 사업가들이 세계 평화, 환경의 지속가능성, 기독교 생활양식의 전파를 신봉할 수 있고, 여러 관리자들이 경제의 운용방식에 대해 그릇되거나 낡은 믿음을 가질 수 있다는 점을 부인하지 않는다. 그러나 신고전학파의 논리에 따르면, 이러한 믿음이 수익성을 저해할 경우, 철저한 이익극대화론자들이 회사경영에서 그 사업가들과 관리자들을 밀어내거나, 또는 아예 그 기업이 보다 현실적인 경쟁업체에 의해 쫓겨날 것이다.

비록 경제적 활동에 관한 개인주의적이고 합리적인 모델은 개별 시장이라는 미시경제적 세계에 대한 신고전학파의 접근시각으로 오랫동안 특징지어져

왔지만, 최근까지 신고전학파의 거시경제학은 폭넓게 유포된 신념의 영향력에 대해 보다 많은 여지를 남겨두었다. 왜 임금이 '경직적'인지(실업률이 증가해도 임금이 떨어지지 않는지)를 설명함에 있어, 존 메이나드 케인즈(John Maynard Keynes, 1964)는 노동자들이 다른 노동자들과 비교해서 그들의 임금을 낮추려는 시도에 대해서 격렬하게 저항해왔기 때문이라고 주장했다. 그런데 그는 '화폐의 환상' 때문에 사람들은 인플레이션에 의한 실질임금의 하락을 임금 삭감으로 인식하지 못한다고 덧붙였다. 요컨대, 그는 노동자들이 절대적인 복지보다는 상대적인 복지수준에 더 큰 관심을 가진 것으로 기술했는데, 이는 주류 미시경제학의 시각과는 매우 상충되는 것이었다.

게리 베커(Gary Becker)가 "내가 늘 보고 있듯이 이익극대화 행동, 시장 균형, 그리고 안정적 선호를 결합시킨 가정이 집요하고도 단호하게 사용되면서 경제학적 접근의 중심을 이루고 있다"(1976: 5)고 선언했을 때, 그는 신세대 신고전학파 경제학자들이 외치는 승리의 함성을 대변했던 것이다. 1980년대 초반, 합리적 기대이론의 혁명(Begg, 1982)이 영미 거시경제학을 휩쓸었을 때, 그는 모든 경제적 행위자들이 합리적으로 행동한다고 단정했을 뿐 아니라 그 모델이 어떻게 작동하는지를 모든 경제적 행위자들이 충분히 이해하고 있다는 것을 경제학 모델의 일부로서 가정했다.

신고전학파 이론가들은 노동의 세계에서 권력의 균형을 가정한다. 노동자들이 자본가에게 노동 서비스를 팔 때(또는 소비자에게 직접 팔 경우), 양 당사자는 왈라시안 권력(Walrasian power, 다른 누군가와 사업을 할 수 있는 권력)이라고 부를 수 있는 것을 동등하게 향유한다는 것이다[이 권력은 19세기 벨기에 경제학자인 레온 왈라스(Léon Walras)에게서 따온 것인데, 그는 입찰과정을 통해 수요와 공급이 균형을 이룬다는 이론을 만들었다]. '누가 누구를 채용하는 것은 중요치 않기 때문에' 노동자와 자본가들은 그들의 계약을 균형적으로 만든다. 그러한 대칭성은 마치 수많은 작은 단위(개별 노동자들과 개별 사용자들)로 구성된 것처럼 행동하는 노동시장에 의존한다.

비록 실물 경제가 크고 작은 단위들의 혼합 ― 미국 노동자들의 18%가 노조에 가입했으며, 50%가 500인 이상의 사업장에서 일하고 있다 — 을 보인다고 하더라도, 신고전학파 경제학자들은 왈라시안 충동이 모든 형태의 조율된 경제 행동과 시장권력을 무력화한다고 주장한다. 노동자들의 이주능력은 기업 도시에서 사용자의 권력을 약화시킨다. 노조탈퇴자, 저임금노동자, 그리고 무임승차자는 임금을 억제하려는 사용자단체들의 노력뿐 아니라 초과이윤을 얻어내려는 노조의 시도들을 위태롭게 한다. 인종, 성별, 또는 생산성과 관련 없는 여러 특징들을 이유로 차별하는 사용자들은 차별하지 않는 사용자들보다 더 적은 수익을 올릴 것이며, 궁극적으로 시장에서 퇴출될 것이다. 시장을 억압하려는 정부정책은 지하경제와 비공식부문, 암시장을 낳을 것이다. 따라 서 최소한의 경향성으로 권력은 원자화된 형태로 유지되며, 노동자와 사용자 의 권력은 균형을 이룬다. 물론 이러한 추론은 순환론의 문제를 안고 있는데, 우선 노동자와 사용자가 독립적으로 개인적인 목적을 추구한다는 것을 가정하 고, 나중에는 노동자와 사용자가 각각 개인주의적으로 행동한다는 결론을 내리고 있는 것이다. 그러나 이 같은 순환론은 그 주장에 수긍할 만한 일관성을 제공한다.

시장에서 왈라시안 원자화의 논리에 상응하는 것이 조직과 정부 안에서의 형식적인 다원주의이다. 산업심리학의 선구자 중 한 사람인 엘튼 메이요(Elton Mayo)는 권력 불균형의 가정을 분명하게 비난했다.

경영은 유능하고, 객관적이며, 잘 훈련되어 있다. 경영은 의사결정을 위해 과학적 지식, 특히 공학지식을 사용한다. 정치적인 문제는 악마에 의해 창조된 환상이다. 사회의 진정한 문제는 공학적 문제인 것이다[Mayo, P. Thompson (1983: 27)에서 재인용].

이런 의미에서 신고전학파 이론은 평등주의적 특징을 가지고 있다는 것이다.

따라서 신고전학파 이론은 노동자와 자본가 사이의 분배 문제와 노동자들 사이에 다양한 임금 수준의 문제를 일거에 해결한다. 모든 사람은 그들이 제공하는 투입(노동, 자본, 토지)의 한계생산물 가치만큼 보상받는다. 인적자본 이론(Human Capital Theory, Becker, 1964; Willis, 1986)과 차별적 보상이론 (Rosen, 1986)은 그 기본 모델을 확장하여 노동자들은 (교육, 훈련, 건강관리와 같은 수단을 통해) 그들 자신의 생산성에 대한 값비싼 투자를 보상받아야 하며, (더럽고, 시끄럽고, 위험한 것과 같은) 직무의 위협과 고통에 대해서도 보상받아야 만 한다고 지적했다.

## 마르크스주의 이론(Marxist Theories)

칼 마르크스와 프리드리히 엥겔스는 "지금까지 존재한 모든 사회의 역사는 계급투쟁의 역사이다"라고 선언했다(Marx & Engels, 1958: 34). 그러나 마르크 스주의 안에서, 심지어 마르크스 자신의 저작들 안에서조차, 이러한 계급투쟁 이 어떻게 전개되어 왔는지에 대해 목적론적(teleological) 관점과 상황론적 (contingent) 관점 사이에 논쟁이 오랫동안 지속되어왔다. 마르크스주의자들은 노동시장이 봉건적 연줄관계, 노예제도, 그리고 의무와 직접적 강제의 다른 구속에 기반하여 조직되었던 노동을 대체하는, 최근의 역사적인 현상이라고 강조한다. 노동시장이 창출되기 위해서는 특정 수준의 기술적 발전이 이루어 져야 할 뿐 아니라 자본가에 의한 부와 생산적 자원의 본원적 축적, 그리고 대규모 인간집단들의 프롤레타리아화가 이루어져야 한다.

이러한 논의에서 출발하여 마르크스주의의 목적론적 관점과 상황론적 관점 이 갈라진다. 목적론적 시각은 신고전론적 시각과 매우 유사하게 기술을 경제 발전의 주된 요인으로 본다. "맷돌이 봉건사회를 낳은 것처럼 증기기관이 산업사회를 낳았다"(Marx, 1976: 166). 마르크스가 전적으로 한 가지의 고정불 변한 논리에 사로잡혀 있었던 것은 아니지만(Hobsbawm, 1964의 Marx 편 참조), 엥겔스(Engels, 1978)는 생산관계의 변화를 추동하는 생산력의 변동을 중심으 로 원시공산주의로부터 노예제, 봉건제, 자본주의, 사회주의로의 연속적 이행 을 필연적인 것으로 기술하고 있다. 이와 유사한 방식으로, 해리 브레이버만 (Braverman, 1974)은 노동분업의 지속적인 세분화를 통해 노동자들을 탈숙련화하려는 자본가들의 끊임없는 노력을 묘사하고 있다. 다른 한편, 「브뤼메르 18일(Eighteenth Brumaire)」(Marx, 1958)에서 마르크스가 주장한 바에 따라 마르크스주의자들은 정치적, 경제적 투쟁의 비결정성을 강조해왔다. 가령 최근의 프랑스 조절(régulation)학파 및 이를 계승한 비프랑스 연구자들은 자본주의가 일련의 규제체제들로 구성되어 있으며, 각 체제의 특성은 우연적인 역사적 환경에 의해 결정된다고 주장해왔다(Aglietta, 1976; Boyer & Mistral, 1978; Gordon, Edwards & Reich, 1982; Piore & Sabel, 1984).

마르크스주의자들은 권력의 비대칭성과 자본가에 의한 노동자 착취를 강조한다. 마르크스는 상품교환으로부터 노동교환으로 옮겨가면서 주요 행위자 둘을 다음과 같이 묘사하고 있다.

이전에 화폐소유자였던 그는 이제 자본가로서 전면에 등장한다. 노동력의 소유자들은 그의 노동자로서 뒤를 따른다. 전자는 거드름을 피우며 만면에 웃음을 띠고 사업에 몰두한다. 후자는 자신의 목숨을 시장에 내놓고 매 맞는 것 이외에는 기대할 것이 없는 사람처럼 소심하게 쭈뼛거린다(Marx, 1976: 176).

마르크스로부터 시작하여, 마르크스주의자들은 이러한 불균형에 대한 세 가지 이유를 지적하고 있다. 첫째, 노동자들은 자본주의 노동시장에서 일하는 것 외에 다른 대안이 없다. 그들은 단지 자신들의 '목숨'을 팔 수 있을 뿐이다. 둘째, 자본주의는 정상적 작동을 통해 지속적으로 실업을 발생시킨다. 노동예비군이 임금을 떨어뜨리며 노동자들의 협상력을 약화시킨다. 셋째, 국가는 자본가의 경제적 권력을 뒷받침한다. 확실히 마르크스주의자들은 국가에 대한 자본가의 영향력이 직접적인지 아니면 간접적인지, 또한 도구적인지 아니면 구조적인지에 대해 격렬한 논쟁을 전개해왔다(이러한 논쟁의 체계적인 요약에 대해 Jessop, 1972를 참조할 것). 더욱이, 사용자들이 우위를 차지하고 있지만 특정한 시점과 공간에서 실제적인 권력 균형은 계급투쟁에 달려 있다.

이처럼 작업장, 경제 및 사회 전반에 걸쳐 형성되어 있는 권력의 핵심적 단층선을 넘어서서, 마르크스주의자들은 ― 적어도 신좌파(New Left)의 영향 이래로 ― 노동자집단들 사이 그리고 이들과 자본가들 사이에서의 협력과 적대, 특권과 배제의 유형들을 이론화하려고 시도한다. 예를 들어 마르크스주의자들은 보다 유리한 지위를 차지하려는 노동자들의 노력은 인종, 성별, 국적에 따른 차별을 조성·강화함으로써 노동자들에 대한 분할 지배를 유지하려는 자본가의 이해와 부합하게 된다고 주장한다.

개인적 선호에 대한 신고전학파의 명제와는 대조적으로, 마르크스주의자들은 계급의식(class consciousness), 즉 한 계급의 이해관계에 대한 집단적 인식을 강조한다. 마르크스주의 모델에 따르면 계급의식은 생산의 사회적 관계로부터 다소간 자연스럽게 성장한다. 자신들이 소수임을 인식하고 있는 자본가들은 자신들의 경제적, 정치적 이해관계를 방어하기 위해 함께 행동한다. 노동계급 의식은 노동에 대한 이중의 사회화로부터 생성된다. 세분화된 노동분업에 기반한 대형 사업장들의 성장과 보다 광범위하게는 모든 산업에서 노동자들의 (교환을 통한) 경제적 상호의존의 증대가 그에 해당된다. 계급의식을 표현하고 확산시키는 실제적인 제도들은 매우 다양할 수 있다. 정치정당, 노조 및 사용자 단체, 클럽, 비밀결사, 술집, 스포츠나 음악 이벤트, 학교 등등. 더욱이 의식은 노동관계를 구조화하는 계급투쟁에 결정적인 영향을 미친다.

신고전학파 사상과 구분되는 또 다른 측면으로서, 마르크스주의자들은 이데올로기를 경제에 근거한 것으로 주장한다. 사람의 의식은 자신의 물질적 상황에 의해 규정받는다. 마르크스주의자들이 역사에 대해 목적론적 견해와 상황론적 견해로 갈라지듯이, 이들은 토대와 상부구조, 경제와 의식 간의 관계에 대해 결정론적(deterministic) 견해와 상호작용적(interactive) 견해로 분리된다. 오늘날 대부분의 마르크스주의 및 관련된 구조주의 학파들의 연구자들이 경제적 토대가 관념 세계를 결정한다는 기계론적 공식으로부터 거리를 두고 있음에도 불구하고, 이들은 일반적으로 여전히 사람들이 인식하고 있는 이해관계는 주로 그들의 구조적인 경제적 맥락에 의해 주조된다는 견해를 유지하고 있다.

따라서 노동세계에 대한 노동자의 경험은 그들의 열망과 선호를 제약하고 규정한다(Cohen & Rogers, 1983; Burawoy, 1979, 1985; Dunk, 1992; Steinberg, 1991).

이러한 주장은 마르크스주의자들로 하여금 자신들의 세계관에 있어 다음의 중요한 문제를 해결할 수 있는 일정한 수단을 제공한다. 프롤레타리아 의식은 일반적으로 마르크스주의자들의 기대에 미치지 못하고 있다. 이는 자본가의 강력한 계급의식에 의해 입증되고 있다. 다만, 이러한 자본가 계급의식 역시 ≪월스트리트 저널(Wall Street Journal)≫과 ≪비즈니스 위크(Business Week)≫ 간의 차이, 경제개발위원회(Council for Economic Development), 비즈니스협의체(Business Roundtable), 전국제조업연합회(National Association of Manufacturers) 사이의 상반된 견해 등에서 드러나듯이 거의 합의를 이루지 못하고 있다. 톰슨(E. P. Thompson, 1963)이나 돌리(Alan Dawley, 1976)와 같은 역사학자들이 노동계급 이데올로기가 특정 시기와 장소에서 가지는 생명력을 보여주고 있지만, 서구 자본주의하에서의 전반적인 노동계급의식은 파편화되어 산발적으로 드러난다.

마르크스주의자들은 신고전학파의 임금결정모델에 내재하는 기술결정론을 거부한다. 대신, 이들은 계급투쟁과 관습의 조합이 '노동자의 존립과 재생산 비용'의 측면에서 전반적인 임금 수준을 결정한다고 주장한다(Marx, 1978: 206). 노동자들 사이의 임금수준 차이에 대해 마르크스 자신은 변형된 인적자본론 — 물론 이는 인적자본론이 나오기 이전의 일이지만(avant la lettre) — 을 밝히고 있었지만, 네오마르크스주의자들은 임금 격차를 특권과 권력의 관점에서 접근하는 경향을 보인다. 사무엘 볼즈와 허버트 진티스(Samuel Bowles & Herbert Gintis, 1976)에 따르면 자본주의하에서 교육의 가장 중요한 기능은 노동자 생산성을 향상시키는 것이 아니라 생산의 위계구조 안에서 서로 다른 계급들에게 자신들의 역할을 사회화하고 준비시키는 것이다.

## 제도주의 이론(Institutional Theories)

마르크스주의자들과 마찬가지로 제도주의자들은 자연주의(naturalism)와 상황논리(contingency) 사이에서 적잖게 동요하고 있다. 셀리그 펄만(Selig Perlman)이 노동조합주의(unionism)의 '자연적' 형태를 주장하고 존 던롭(John Dunlop)이 전후 미국 노사관계를 산업사회 발전의 예측가능한 결과라고 강조한 한편, 토스타인 베블렌(Thorstein Veblen)은 역사의 '불명료한' 맹목적인 흐름이라 논평하거나(Dente, 1977), 마이클 피오르(Michael Piore)는 자본주의하에서 노동을 조직하는 다양한 대안적인 방식들이 존재한다고 주장하고 있다. 제도주의자들은 관습을 강조함으로써 노동시장모델들에 일정 정도의 상황논리를 도입한다. 왜냐하면, 마르크 블록(Marc Bloch)이 봉건주의의 맥락에서 지적한 것처럼, 관습은 행위의 강력한 결정요인이지만, 또한 그 자체가 지속적으로 변화한다(Bloch, 1970: 113~116). 더 나아가 알프레드 챈들러(Alfred Chandler, 그는 자신을 제도주의자라기보다는 진화론자라고 규정하고 있지만 실제로 제도주의와 많은 친화성을 지니고 있음)는 기업이 시장의 힘을 단순히 전달하는 존재가 아니라 자신에게 이익 또는 손해가 되도록 시장을 창출하고 구체화하며 활용하고 있다고 주장하기까지 한다(Chandler, 1992; Teece, 1993).

제도주의자들은 자본주의적 노동관계에서 나타나는 권력구조의 전형적인 형태를 다원주의(pluralism)로 묘사한다. 마르크스가 제기한 비대칭성의 문제를 일부 받아들이면서도, 이들은 자본가의 권력을 무디게 만드는 일련의 요인들을 규명하고 있다. 갈브레이스(J. K. Galbraith)의 표현에 따르면, 조직노동과 복지국가가 대표적인 '대항 권력(countervailing powers)'이다. 장기근속 노동자들은 현재의 사용자에게 중요하지만 다른 사용자들에게는 아무런 가치가 없는 직무특수적 지식을 보유하고 있다. 임금이나 기타 고용조건을 둘러싼 협상이 이루어지지만, 경제적으로 명확한 결과들을 수반하는 것은 아니다. 따라서 제도주의 분석은 자본가계급과 노동계급 사이의 구분을 제품수요의 조건, 기술, 관습 그리고 다양한 제도들에 의해 형성되는 보다 작은 규모의 관계들로 분해한다. 가령 자본집약적인 '핵심' 경제부문에서 위치하는 노동자들과 자본가들은 핵심 산업의 노동자들과 주변 산업의 노동자들 사이에서 보다 더 많은 공통적인 이해관계를 가질 수 있다. 어떤 경우, 핵심 부문과 주변 부문 일자리 사이에는 현저하면서도 체계적인 격차가 존재한다.

개인의 선호를 강조하는 신고전학파 이론가들이나 계급의식을 논하는 마르크스주의자들과 달리, 제도주의자들은 집단 규범(group norms)을 부각시킨다. 가령 아서 로스(Arthur Ross, 1948)의 '강제적 비교의 궤도(orbits of coercive comparison)'나 존 던롭(John Dunlop, 1957)의 '임금 등고선(wage contours)'은 케인즈(Keynes)를 좇아 상대적 임금과 공정성 개념을 임금결정이론의 핵심에 위치하도록 했다. 스티글러(Stigler)와 베커(Becker)와 달리, 제도주의자들은 사람들이 세상을 전혀 다르게 바라보며, 이러한 차이를 이해하는 것이 경제 이론의 중요한 목적이라고 주장한다(Piore, 1979a). 제임스 마치(James March, 1972)가 어떻게 사람들이 하나의 견해에서 다른 견해로 이동하는지를 설명하는 '목표발견이론〔theory of goal-finding, 그는 또한 그것을 '현명한 바보(sensible foolishness)'이론이라고도 불렀음〕'이라는 것에서 언급했듯이, 물론 세계관은 항상 정태적으로 남아 있는 것은 아니다.

마르크스주의자들과 마찬가지로, 제도주의자들은 이데올로기를 경제의 기능에 의해 지속적으로 재창출-재형성되는 것으로 본다. 그러나 제도주의자들은 관념의 독자적인 힘을 보다 자주 지적한다. 모든 사회적 제도들은 발명들 (inventions) — '인간이 고안한 제약들(humanly devised constraints)' — 이라고 더글러스 노스(Douglass North, 1991: 97)는 주장한다. 그러나 개념이나 측정지표와 같은 발명품들은 일단 그것들이 만들어지면 사용자와 노동자, 정책결정자들의 인식에 영향을 준다. 이를테면, 프레드 블록(Fred Block, 1985, 1990)과 마이클 베스트(Michael Best, 1990)는 어떻게 구식 회계체계와 생산성척도가 미국 기업과 정부 관료들로 하여금 노동비용의 절감 — 경쟁 우위의 근거가 점차 다른 요소로 바뀌어감에도 불구하고 — 에 관심을 갖게 만들었는지를 기술하고 있다.

제도주의자들은 개인주의(individualism)의 문제 — 기존의 이해관계와 선호를 가진, 독립적이고 자발적인 행위자들이 노동세계를 움직이는 결정을 내리는 정도 — 에 대해 양면적이다. 예를 들어 올리버 윌리엄슨(Oliver Williamson)은 경제학이 개인보다는 거래로부터 시작되어야 한다는 존 커먼스(John R. Commons)의 주장을 암묵적으로 거부하면서, 합리적으로 이익을 극대화하는 행위자라는 신고전학파 이론과 비슷한 견해를 유지한 채 그러한 합리적 행위가 어떤 제약 속에서 이루어지는지를 이론적으로 규명하는 데에 주력하고 있다. 전반적으로 제도주의 경제학자들은 집단적 영향력과 합리성의 한계를 주장함으로써 개인주의를 완화시킨다. 실제로 제도주의자들은 〔허버트 사이먼(Herbert Simon, 1976)의 용어를 사용하면〕관리의 '제한적 합리성'이 너무나도 제한적이어서 결국 비합리적일 가능성을 상정하고 있다는 점에서 마르크스주의자들이나 신고전학파 연구자들과 다르다. 체계적인 이윤추구 대신에, 제도주의자들은 종종 경영자의 행위가 관습 — 어떤 경우에는 시대착오적이거나 잘못된 — 과 신념, 그리고 심지어는 톰 주라비치(Tom Juravich, 1985)가 '작업장에서의 혼돈(chaos on the shop floor)'이라고 묘사하는, 자의적 실험들에 의해서 결정적으로 영향받을 수 있다는 점을 지적한다.

제도주의자들은 기업 내 임금결정의 실제적인 관행에 대해 관심을 집중한다. 임금결정의 기준은 다른 기업과의 비교, 조직내부의 형평성, 관습, 선임권, 생산성, 기업 성과를 포함하며, 이러한 기준들의 조합과 비중은 산업, 국가, 시기에 따라 매우 다양하다. 노동시장 분절은 단일한 국민 경제 내에서 — 실제로 종종 특정 산업이나 심지어는 기업 안에서도 — 발생하는 차이를 개념화하는 데 하나의 유용한 수단을 제공해준다(Doeringer & Piore, 1971; R. Edwards, 1979; Gordon, Edwards & Reich, 1982; Osterman, 1987). 미국의 대부분 일자리에서 훈련은 상대적으로 짧고 현장직무 수행 중에 이루어지며, 그 결과 교육은 생산성 향상의 방편이라기보다는 훈련능력을 심사하는 수단으로 더 많이 사용된다(Spence, 1973; Thurow, 1975).

## 신고전학파 이론의 문제점들

이상의 논의들을 검토하면서 우리는 주로 신고전학파 이론의 노동 개념에 대해 초점을 맞추어 쟁점들을 제기해왔다. 이미 우리가 신고전학파 이론에 공감하고 있지 않다는 점이 확실해진 마당에 신고전학파의 접근이 안고 있는 약점들을 상세히 규명해보자. 무엇보다도 우리는 노동의 사회적 맥락을 제거하고 비인격적 시장관계만을 부각시키려는 신고전학파 이론가들의 대담한 시도들을 그릇된 것으로 생각한다(Lazonick, 1991). 아마탸 센(Amartya Sen, 1982: 99)의 표현을 빌면, 신고전학파 경제학의 과도한 개인주의적(hyper-individualistic) 경제인(homo economicus)은 "사회적 저능아에 가깝다." 현실에서 사회적 맥락과 연결관계는 노동세계를 둘러싸고 있는데, 이는 기업, 가족 및 공동체, 정부와 같은 사회적·경제적 조직의 주요 요소를 살펴보면 잘 알 수 있다.

현대 경제에서 대부분의 거래는 왈라스적인 교환으로 이루어지기보다는 강제와 헌신으로 구조화되어 있는 기업 및 경제 조직들 안에서 발생한다. 이는 국제 무역의 영역에서조차도 그러하다. 1987년 미국 수출의 92%와 수입의 72%가 다국적 기업들 안에서 이루어졌다(Mahini, 1990; Marcusen, 1995 역시 참조할 것). 더욱이, 세계시장에서의 성공적인 혁신과 경쟁은 점차 기업들로 하여금 다른 기업들과 비시장적이고 협력적인 관계를 구축하는 것을 요구하고 있는데 이는 일본과 제3의 이탈리아 (북부)지역의 제조업 성공사례들에서 잘 드러나고 있다(Piore & Sabel, 1984; Best, 1990; Lazonick, 1991).

가족 및 공동체의 경우를 보면, 미국 성인 노동자의 대다수는 아는 사람을 통해서 자신의 일자리에 관한 정보를 접했고, 1/3 이상이 일자리를 얻는 데 친구나 친척의 도움을 받았다(Corcoran, Datcher & Duncan, 1980). 빈민공동체에 관한 연구들은 공통적으로 어떤 사람이 일자리를 상실하고, 범죄에 가담하며, 복지 혜택을 받는 등의 확률이 가족, 친구 및 이웃 사이에서 이러한 활동들이 발생하는 정도와 상관관계가 있다는 점을 지적한다(Case & Katz, 1991; Van

Haitsma, 1989; Massey, Gross & Shibuya, 1994를 참조. 이와 더불어 McLanahan, Garfinkel & Watson, 1987과 Jencks & Mayer, 1989의 관련 문헌검토 역시 참조할 것).

정부 역시 노동 및 노동시장에서 사용자, 구매자, 규제자로서 활동하는 중요한 비시장적인 행위자이다. 서구 산업국가들에서 정부 구매는 해당 국가의 총 산출량의 1/5~1/4을 차지하며, 또한 이들 국가들에서 정부는 유사한 비중의 노동력을 고용하고 있다(U.S. Council of Economic Advisors, 1991; Organization for Economic Cooperation and Development, 1980). 상대적으로 탈규제화되어 있는 미국에서조차 정부의 규제가 얼마나 중요한 영향을 미치는지 잘 보여주는 하나의 사례를 살펴보자. 1984년에 실질 최저임금이 십 수년 동안 가장 낮은 수준에 이르렀음에도 불구하고 최저임금은 시간급 노동자들의 11%에 대해, 그리고 저임금 지역의 경우 이보다 훨씬 더 많은 비중의 노동자들을 위해 임금의 최저기준으로 기능해주었다.

사회적 맥락과 연결관계는 시·공간에 걸쳐 나타나는 노동의 차이를 이해하는 데 특히 중요하다. 노동조직이 다양한 형태의 상호 의무에 기초한 생산으로부터 선대제, 감독자가 도급사업자로 역할을 하는 공장제 생산, 경영 전제(management despotism)하의 테일러주의적 공장 노동, 노조가 조직된 형태의 테일러주의 생산방식, 그리고 지속적인 개선활동, 총체적 품질관리 및 이익배분제를 중심으로 조직된 공장의 형태에 이르기까지 변화되어왔음에도 불구하고 특정 산업에서 노동의 성격이 본질적으로 변하지 않은 채 유지되는 경우는 결코 없을 것이다. 마찬가지로 제1세계 국가들과 제3세계 국가들, 사회주의 혹은 과거 사회주의 국가들 사이에서 나타나는 노동의 차이들을 주목할 필요가 있다(Burawoy, 1985).

서구 유럽의 자본주의 국가들에서조차 노동의 구조는 국가별로 그리고 지역 간에 현저한 차이를 보이고 있다. 마르크 모리스 등(Marc Maurice and colleagues, 1984)은 독일보다 프랑스에서 소득불평등이 더 심한 이유를 찾아내기 위해 프랑스와 독일의 유사한 12개 공장들을 비교했다. 그들은 공장들이 전적으로 서로 다른 관리위계구조를 가진 두 개의 집단으로 구분되었으며, 두 집단의 차이가 두 나라의 작업장과 노사관계체제에 대한 교육 제도의 결합방식 차이에서 비롯된 것임을 발견했다. 제1세계 국가들과 제3세계 국가들 간의 특징들이 혼재하는 신흥산업국가들(NICs)은 '예외적인(anomalous)' 노동시장 형태를 보여준다. 엘리스 암스덴(Alice Amsden, 1990)은 한국이 탄력적인 노동공급과 노조에 대한 탄압에도 불구하고 지금까지 산업화를 경험한 어떤 나라들보다 더 급속한 임금상승을 경험했음을 지적하면서, 이런 사실을 후발 산업화의 독특한 제도적 특성에서 연유하는 것으로 설명하고 있다.

신고전학파 이론에서 나타나는 노동의 탈맥락화(de-contextualization)에 대한 이상의 비판에 덧붙여서, 노동에 대한 신고전학파식 접근의 핵심 — 한계생산성보상이론 및 인적자본모델 — 에는 누락된 것이 있다는 점을 지적할 수 있다. 이론적으로 볼 때 레온티에프의 (고정계수) 생산함수(Leontief, 1951) 혹은 재전환(reswitching, Robinson, 1953~1954)에서 보이듯이 한계생산물은 불확정적이다. 규모에 따른 수익(returns to scale)이 증가하거나 감소할 경우, 한계생산물이 잘 규정되어 있다고 하더라도 그것은 보상의 기준으로서 기능할 수 없다(Thurow, 1983)〔예를 들어 수익의 증가에 따라 한계생산물은 평균생산물 — 일인당 생산물(product per head) — 을 초과하며 그 결과 모든 요소들에게 그 한계생산물을 지불하기에 충분한 산출물을 만들어내지 못하게 되는 것이다〕.

신고전학파 학자들은 이러한 특수한 사례들을 무시해왔는데, 그 이유로 그것들이 현실 경제에서의 적용가능성이 매우 제한적이라는 점을 들었다. 그러나 이러한 논리는 그들에게 오히려 불리한 결과로 작용하는데, 왜냐하면 대부분의 작업환경에서 개별 노동자의 한계생산물은 경험적으로 측정불가능하기 때문이다. 실제로 허버트 사이먼(Herbert Simon, 1991)은 측정가능성의 문제가 기업을 설립하는 근본적 이유 중의 하나라고 지적하고 있다. (시장을 통한 조직화보다) 하나의 기업 안에서 통합하는 것이 가장 유리한 활동들은 바로 행위자들 사이에 상호의존성이 가장 크게 요구되는 활동들이다. 어쨌든, 경험적으로 볼 때 기업 내 임금은 가변적이고 다양한 유형을 보이는데, 이러한 속성을 한계생산성만으로는 설명할 수 없다(Baker & Holmstrom, 1995; Lazear, 1995).

사용자들 자신은 한계생산물의 개념에 근거하여 임금을 결정하는 것처럼 보이지 않는다. 오히려 사용자들은 임금수준 — 특히 상대적 임금수준 — 이 동기를 부여하고 보다 양질의 노동력을 유인함으로써 생산성을 촉진하는 요소로 생각한다. 더욱이 되린저와 피오르(Doenger & Piore, 1971)가 지적하듯이, 노동자가 한 명의 사용자에게 장기간 고용되는 상황에서는 특정 시기 혹은 특정 일자리에서조차 한계생산물과 동등한 수준으로 임금이 결정될 이유가 사라진다. 제한적 정보, 미래의 노동자 성과를 확보하려는 사용자의 이해관계, 그리고 노동자의 집합행동 때문에 매시간 수요·공급의 조절이 이루어지는 왈라스적인 시장논리는 제대로 작동할 수 없는 것이다.

유사하게, 표준적인 인적자본모델 역시 이론적, 경험적 약점들을 갖고 있다. 레스터 서로우(Lester Thurow, 1983: 178)는 "투자자의 속성과 특징은 인적자본 투자에 있어 중요한 문제이지만, 물질 투자에서는 중요치 않다"고 지적하고 있다. 이러한 차이점은 많은 이론적 난점들을 제기한다. 더욱이, 인적자본이론은 현재의 임금이 아니라 기대되는 생애소득 모델(사람들은 자신이 평생에 걸쳐 투자에 따른 보상을 받을 것으로 기대하는 경우에만 투자할 것임)만을 제공할 수 있을 뿐이다. 경험적으로 교육과 훈련은 임금 차이에 대해 작은 부분만을 설명해준다. 교육에 대한 보상은 인종이나 성별에 따라 다양하다. 교육에 대한 보상을 제공해주는 일자리들도 있지만 기본적으로 어떠한 임금 프리미엄도 제공하지 않는 일자리들도 있다(Dickens & Lang, 1985). 현장직무훈련(OJT)이 직무숙련의 가장 중요한 원천이지만, 현장직무훈련을 위한 시장은 존재하지 않는다. 보다 근본적으로, 인적자본이론의 신뢰성은 임금은 한계생산물과 동일하다는 주장에 좌우된다. 개인의 생산성을 측정할 수 있는 직접적 수단이 부재한 상황에서 인적자본모델에 대한 확실한 검증은 불가능하다.

노동의 분석, 세부적으로는 노동경제학 안에서 신고전학파 사고의 위상은 시대에 따라 변화해왔다. 지난 40년간 노동경제학에서의 지배적 입장은 제도주의자들로부터 제도를 폐기한 신고전학파 경제학자들로, 그리고 비제도주의 시각에서 제도를 설명하려는 경제학자들로 변화해왔다. 지난 세기 중반에 노동경제학은 존 던롭(John Dunlop), 로이드 레이놀즈(Lloyd Reynolds), 앨버트 리스(Albert Rees) 등의 제도주의자들이 지배했다. 이 시기를 혐오하는 사람들도 있는데, 가령 셔윈 로젠(Sherwin Rosen, 1992: 157)은 당시의 노동경제학을 "경제학의 주류로부터 현저히 이탈한" 것으로 묘사한다. 한편으로, 구제도주의를 "새로운 속임수로 우리 모두를 가르치려는 늙은 개"로 평가하기도 한다(Jacoby, 1990: 340). 어쨌든 신고전학파 노동경제학은 1960년대 제도주의에 대한 심각한 도전을 제기했는데, 이론의 영역에서 게리 베커(Gary Becker)가, 그리고 경험적 연구의 영역에서는 제이콥 민서(Jacob Mincer)가 주도했다. 방대한 데이터를 분석할 수 있는 컴퓨터를 활용하여 세련된 이론적 모델을 새롭게 검증한 이들의 도전은 저항하기 힘든 것이었다. 그 결과, 신고전학파 시각이 다시 노동경제학을 휩쓸게 되었다.

그러나 제도적 측면에 대한 고려가 결여된 베커와 그의 동료들의 접근은 노동시장에 존재하는 많은 제도적 특수성들을 설명하지 못했다. 1970년대 후반 조셉 스티글리츠(Joseph Stiglitz)와 에드워드 라지에르(Edward Lazear)와 같이 신고전학파 전통에서 훈련받은 경제학자들이 정보비용(information costs), 불완전 계약(incomplete contract), 주인-대리인(principal-agent) 문제 등과 같은 개념들을 활용하여 노동경제학을 새로운 방향으로 이끌어나갔다. 스티글리츠(Stiglitz, 1991: 15)는 신고전학파 경제학자들이 "조직 연구를 경영대학, 보다 심각하게는 사회학자들에게로 넘겨주었다"고 불평하면서 이런 문제를 치유하기 위해 노력했다. 이를 옹호하는 연구자들은 그들의 새로운 접근을 '신인사경제학(New Economics of Personnel)'(Jacoby & Mitchell, 1990), '신정보경제학(New Information Economics)'(Stiglitz, 1984), '신제도경제학(New Institutional Economics)'(England, 1992), 그리고 심지어 '신효율성지향 제도주의 노동경제학(New Efficiency-Oriented Institutional Labor Economics)'(Jacoby, 1990)이라고 부른다.

이러한 접근을 무엇이라 부르든, 그들은 확실히 노동경제학에서 현재 주류를 이루고 있으며, 효율성임금모델은 그들의 최대 업적이 되고 있다(Akerlof & Yellen, 1986). 또한 이들은 무엇보다도 강제 퇴직(mandatory retirement) 및 연금(Lazear, 1979, 1990), 연공서열에 따른 임금 인상(Lazear, 1981; Topel, 1991), 임원들의 임금격차(Lazear & Rosen, 1981), 수요 감소에 대해 임금축소보다 일시해고로 대응하는 경향(Rosen, 1985)을 설명하기 위한 분석모델들을 창출해왔다. 제도에 대한 신노동경제학의 새로운 관심에도 불구하고 이 모델들은 효율성 고려와 합리적 개인의 자기이익 추구를 기본적으로 전제하고 있다. 과거의 신고전학파 모델과 마찬가지로 그것들은 권력이나 역사, 문화에 대한 분석의 공간을 거의 남겨두지 않는다. 이 책에서 우리는 그러한 공간을 되찾기 위해 최선을 다할 것이다.

## 분석 과제

노동과 노동시장에 대한 만족스러운 일반 이론이 되기 위해서는 다음과 같은 속성들을 지녀야 한다.

- 수많은 형태들의 노동조직에서 나타나는 다양성을 다룰 수 있어야 한다.
- 언제 그리고 어디에서 노동시장이 출현하는지, 또한 언제, 어디에서 노동조직이 노동시장이 아닌 다른 형태들을 취하는지를 상술할 수 있어야 한다.
- 노동시장 안에서 인종이나 민족, 성별에 따른 일자리 분리, 일자리와 노동자의 범주에 따른 차별적 보상 등을 포함하는 다양한 현상들을 설명할 수 있어야 한다.
- 그 효과에 대한 검증가능한 인과적 기제를 구체화할 수 있어야 한다.
- 일관되고 간결하며 정확해야 한다.

어떠한 기존 이론도 이러한 측면 모두를 만족시키지 못한다. 신고전학파 이론들은 넓은 범위, 간결함, 상대적 일관성의 측면에서 우위를 보이지만, 이러한 이점들은 일정 정도 귀속적 선호, 이를테면 특정 인종이나 성별, 혹은 민족 범주에 대한 노동자들의 선호에 소급·조정하는 형태의 특별한 논리를 통해 성취된 것이다. 신고전학파 이론들은 비시장적 노동에 대한 신뢰할 만한 분석이나 노동시장이 출현하는 조건에 대한 분명한 설명, 불평등 형태의 변화에 대한 타당한 논의, 인과적 메커니즘에 대한 설득력 있고 검증된 서술, 혹은 노동이 공공연한 투쟁, 강제 및 기만에 연루되는 많은 상황들에 대한 설명을 제공하지 못한다.

마르크스주의자들은 신고전학파나 제도주의자들보다 투쟁, 강제 및 기만과 관련하여 유용한 모델들을 제시해왔다. 그러나 이들은 일자리 탐색과 경력, 그리고 성별·인종·민족에 따른 불평등과 같은 문제들에 적합한 이론을 만들어 내지는 못했다. 제도주의자들은 신고전학파 분석가들이 신고전적 설명의 타당성을 제안·가정해온 이론 적용의 범위와 같은 어떤 것도 이루어내지 못했다. 여기에서 이상의 세 가지 이론들이 상호 대립하는 결정적 지점들을 규명해볼 필요가 있다.

<그림 1-1>은 신고전학파, 마르크스주의, 제도주의 저작들에서 널리 통용되는 노동 및 노동시장에 관한 개념들을 보여준다. 신고전학파의 분석에서는 합리적으로 동기부여된 교환이 경제생활을 지배한다. 모든 시간과 장소에서 대부분의 노동은 경쟁시장모델을 따른다. 실제로 게리 베커와 같이 열성적인 신고전학파 이론가들은 적절히 구체화하기만 하면 시장모델이 영구히 모든 인간 행위를 설명할 수 있다고 주장한다. 따라서 노동의 기본 공간을 규정하는 두 가지 범주는 필요 인적자본량(많은 사람들이 지니고 있는 능력으로부터 고도의 훈련을 통해서 갖춘 전문성까지)과 경쟁 정도(비시장으로부터 독점상태의 시장, 그리고 매우 경쟁적인 시장까지)이다. 전문직 종사자들은 풍부한 인적자본을 갖고 있으면서 경쟁에 대해 일정한 제한을 부과할 수 있는 반면, 미숙련노동력은 치열한 경쟁과 상대적으로 빈약한 인적자본으로 대표되는 특징을 보인다. 이러한 시각에서 보면 모든 경제는 — 경쟁 정도가 규정하는 한계 안에서 — 광범위한 인적자본을 갖춘 노동에 대해 보다 높은 가격을 보장하는 노동시장으로 특징지어진다.

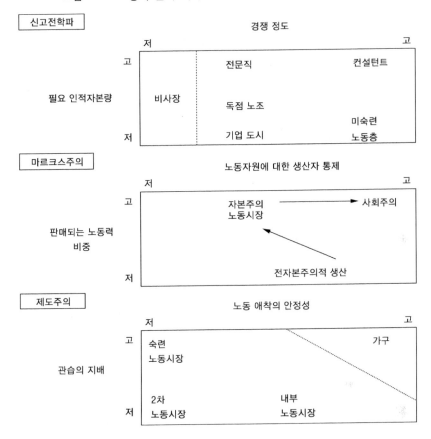

&lt;그림 1-1&gt; 노동의 분석 시각: 신고전학파, 마르크스주의, 제도주의

마르크스주의자들은 이와 완전히 상반되는 입장을 취하고 있는데, 이들은 각각의 생산양식이 자체의 고유한 논리를 갖고 있으며, (아직 존재하지 않는 공산주의 생산양식을 제외하면) 각 생산양식의 동학은 특정한 형태의 착취로부터 나온다고 본다. 진정한 노동시장은 분명하고도 독특하게 자본주의 생산양식에 속한다. 마르크스주의자들에게는 판매되는 노동력의 비중(전자본주의 경제의 비시장적 관계로부터 자본주의와 사회주의에서 나타나는 광범위한 임금 노동까지), 그리고 노동과정에 대한 생산자의 통제 정도(표준적 이론에 의하면 자본주의에서 점차 낮아지며, 사회주의하에서는 점차 높아지는)가 두 개의 근본적 범주를 구성한

다. 따라서 자본주의가 역사적으로 발전한다는 것은 그림의 우하단 지점으로부터 좌상단 지점으로 이동하는 것, 즉 낮은 노동상품화 수준과 높은 생산자 통제 수준으로부터 높은 상품화 수준과 거의 전무한 수준의 생산자 통제로 이동하는 것을 의미한다.

제도주의자들의 경우, 경제적 합리성은 관습과 신념, 기존의 사회적 관계가 규정하는 제약 내에서만 작동한다. 인간 경험의 많은 부분은 시장 영역 외부에 존재하는데, 이는 과거에도 그랬고 지금도 그러하다. 시장은 자본주의적 소유권과 그에 대한 사회구성원들의 공유된 인식이라는 포괄적인 토대 위에서만 효율적으로 기능한다. 더 나아가, 시장 영역 안에서도 경쟁 시장, 내부노동시장, 조직된 장인들이 창출한 전문화된 시장 등이 존재하는데 각각은 매우 상이한 제도와 규제의 특징을 갖고 있다. 그러므로 제도주의 분석에는 다음의 두 가지 범주가 두드러진다: ① 관습의 지배, ② 자신의 노동에 대한 노동자들의 애착이 안정적인 정도. 가령 제도주의 모델은 가구를 안정적인 애착과 관습적인 작업배치가 이루어지는 공간으로 묘사하는 한편, 이와 반대로 2차 노동시장을 노동자의 높은 이동성과 지속적인 생산 재조직화에 의존하는 것으로 특징짓는다.

여러 분석가들을 신고전이론, 마르크스주의, 제도주의 진영에 배치할 경우, 우리는 물론 연속적인 공간에 자의적인 구분선들을 긋는 위험을 감수하게 된다. 효율성 임금에 대한 조지 아켈로프(George Akerlof)의 '제도주의적' 분석은 신고전학파의 패러다임을 상당 부분 가정하고 있는 한편, 더글러스 노스(Douglas North)의 제도주의는 거래비용과 암묵적 계약을 전체 경제학 분석의 중심에 위치시키고 있다. 존 엘스터(Jon Elster)가 마르크스주의를 합리적 행위자 이론으로 재해석하고 있는 반면, 제임스 콜만(James Coleman)은 합리적 행위를 규범과 제도의 영역으로까지 확장하여 분석하고 있다. 여기에서 유념할 점은 우리가 단지 노동, 노동시장, 그리고 전문직업에 대한 오늘날의 분석가들이 당면하는 이론적 선택을 명확히 하기 위해 세 '학파'를 구분하고 있다는 것이다.

그렇다면 우리는 노동과 노동시장에 대해 어떠한 전망을 가지게 되는가? 우리 분석의 핵심에는 노동자와 사용자가 존재하는데, 그들 각각은 폭넓은 사회적 네트워크 속에서 서로에 대해서뿐 아니라 고용된 장소 안팎의 다른 사람들과 관계를 맺고 있다. 노동자와 사용자는 그들이 처분할 수 있는 물질적-조직적 자원들(기존의 그리고 현재의 가용한 기술들을 포함하는)을 활용하여 노동조건에 대한 협상을 벌이고 있다. 이들은 자신의 우위를 확보하려 함에 있어 기존의 사회적 관계들 — 일자리와 관련되거나 혹은 다른 차원에서 형성된 — 을 활용한다. 그 과정에서 이들은 새로운 협약, 인식, 사회적 연줄을 만들어내고, 그로써 다시 이후의 상호작용을 제약한다. 그들은 공유된 문화 그리고 생산조직의 역사에 의해 규정되는 분명한 한계 안에서 상호작용한다.

우리는 정부와 (노동력 공급의) 가구와 같은 행위자들을 추가함으로써 분석틀을 좀더 복잡하게 만들고 있다. 따라서 우리는 관습적으로 이해되는 노동시장의 경계를 넘어서 노동시장이 역사적으로 존재했던 수많은 노동조직들 중의 하나일 뿐이라고 주장한다. 이러한 분석틀은 엄밀한 모델을 제시하지는 못하더라도 하나의 분명한 사고논리를 제공한다. 그것은 노동, 노동시장, 그리고 전문직업에 대한 미래의 탐구자들과 이론가들이 역사와 권력, 문화를 과거에 그랬던 것보다 더욱 진지하게 다룰 것을 요구한다.

이 책에서는 이러한 분석틀에 초점을 맞추면서 이를 확대해나갈 것이다. 제2장에서는 무엇이 설명되어야 하는지에 대한 예비적 개요를 제시한다. 제3장에서는 영국과 미국에서 면방직, 석탄채굴, 보건의료의 역사를 개괄적으로 살펴봄으로써 노동조직의 변화와 다양성을 보다 구체적으로 보여준다. 이 책의 가장 난해하면서도 중요한 부분인 제4장에서는 사회적 상호작용으로서 노동과 노동시장을 검토하기 위한 분석적 도구들을 살펴본다. 이어지는 제5장에서는 사용자의 의사결정 및 행동에 관한 모델을 제안하고, 제6장에서는 노동자, 가족, 국가 — 노동 및 노동시장에서의 주요 행위자인 — 의 행위에 관한 유사한 모델을 제시한다. 자본주의가 확립되어 성숙해지면서 노동의 형태와 조직은 극적으로 변화했고, 지금도 지속적으로 조금씩 변화하고 있다.

따라서 제7장에서는 우리의 분석틀을 이러한 변화들에 적용한다. 제8장부터 제11장까지는 노동시장 안에 위치하는 노동의 매우 중요한 특수 사례에 관심을 집중시킨다. 제8장에서는 노동시장 분절의 개념을 활용하여 일자리의 질에서 나타나는 다양성을 분석한다. 이어지는 제9장과 제10장에서는 채용(제9장), 보상과 승진(제10장)에 초점을 맞추어 기업이 이러한 기능들을 수행하기 위해 사용하는 시스템을 무엇이 결정하는지, 그리고 노동자들의 불평등한 보수를 무엇이 결정하는지를 설명한다. 제11장에서는 다음과 같은 중요한 질문을 제기한다. 어떠한 조건하에서 노동과 노동시장의 상이한 당사자들 — 주로 노동자, 사용자, 정부 — 이 생산조직과 보수를 둘러싸고 집단적 투쟁을 벌이는가? 제12장에서는 제11장까지의 논의내용을 검토하고, 노동의 미래에 관한 몇 가지 의견을 제시하는 것으로 결론짓는다. 이 책에서 우리는 평생 고된 노동을 해온 생테르 가족의 제한된 체험담으로부터 시작하여 노동과 노동시장에 대한 포괄적인 분석으로 마무리한다.

# 제2장 노동의 세계

## Worlds of Work

## 노동의 개념 정의

멕 럭스턴(Meg Luxton)은 매니토바(Manitoba) 북쪽의 금속채굴 마을인 플린 플론(Flin Flon)에 있는 집에서 일한 3세대의 여성들을 연구했다. 무슨 노동을 했는가? 럭스턴이 인터뷰했던 여성들 중 한 명은 그녀가 일해 왔던 것에 대해 다음과 같이 말했다.

당신의 가족을 보살피는 일, 무엇이 그보다 더 중요할 수 있겠는가? 누군가 당신을 지켜보지 않아도 당신은 하고픈 일들을 하곤 했다. 그러나 당신은 돈을 받지 못했다. 그러다보니 남편에게 의존해야 했고, 늘 집에만 있어야 했다. 그리고 집에는 늘 해야 할 일이 넘쳤다. 나는 집안일이 어떤 때는 재미있고 다른 때에는 재미없어 혼란스러움을 느끼곤 했다(Luxton, 1980: 12).

플린 플론의 또 다른 여성은 보다 집단적인 관점에서 다음과 같이 이야기한다.

내가 매일 무엇을 하는지를 생각해보면, 가족을 위해 아침식사로 시리얼(cereal)을, 점심으로 샌드위치를, 그리고 저녁식사로 고기와 감자를 요리한다.

그것은 전혀 별난 일이 아니다. 그러나 수천 명의 다른 여성들이 똑같은 일을 하고 있다는 사실을 생각하면, 나는 그저 오트밀 죽(porridge)을 만들고 있는 것이 아니라는 점을 깨닫게 된다. 나는 나라를 먹여 살리는 전체 여성 군대의 한 부분이다(Luxton, 1980: 13).

그 여성들은 그들의 노력에 대한 임금도 안 받으면서 열심히 일하고 있었다. 많은 시장지향적 노동이 그렇듯이, 그녀들의 일상적인 노고를 고려치 않는 노동의 개념은 노동의 세계를 제대로 대변하지 못한다.

노동은 재화와 서비스의 사용가치를 증가시키는 인간의 노력을 포함한다. 얼마나 많이 노동의 수행자들이 그들의 노력(예: 대화하기, 노래 부르기, 장식, 포르노 찍기, 테이블 준비, 정원 가꾸기, 집안청소, 그리고 고장난 장난감 고치기 등)을 즐기든 또는 지겨워하든, 이러한 모든 것은 소비자가 얻을 만족을 증가시키는 정도의 노동을 수반하고 있다. 20세기 이전에 세계 노동자들의 대다수는 오늘날 우리가 알고 있는 유급 일자리가 아닌 다른 환경에서 대부분의 노동을 수행했다. 심지어 오늘날 전 세계에 걸쳐 대부분의 노동은 정규 일자리 밖에서 수행된다. 서구 자본주의와 그 산업노동시장에 의해 조성된 편견은 집 밖에서 임금을 위해 힘들게 일하는 것만을 '진정한 노동'으로 규정하고, 다른 노력들을 오락, 범죄, 그리고 단순히 집안일로 격하시켰다.

인간의 역사상 대부분의 노동은 세 가지 환경 중 하나에서 발생해왔다: ① 농장이나 소사업체와 같은 가족작업장, ② 사냥꾼 무리나 마을 같은 지역 공동체, ③ 전문적인 감독과 강제에 의해 운영되는 대농장이나 군대 같은 거대 조직들. 이러한 환경 중 어떤 곳에서도 노동시장이 개념 그대로 작동하지는 않는다. 오늘날에도 노동의 많은 부분이 노동시장 밖에서 이루어진다. 무급 가사노동, 스스로 돌보기(self-help), 물물교환, 소상품생산 등이 그에 해당한다.

테이크아웃, 패스트푸드, 외식의 증가에도 불구하고 오늘날 미국인들이 수행하는 모든 형태의 노동 중에서 무급의 음식 준비는 가장 커다란 부분을 차지한다. '돌봄' 노동은 역설적으로 적절한 수행을 위해 즐거움이나 헌신을 보여주는 것이 필요하다(Devault, 1991; di Leonardo, 1987). 비슷한 논리에 따르면, 성적인 관계에서 상대에게 정해진 돈을 주는 것은 우정, 사랑, 결혼, 혹은 모험의 관계라기보다는 매춘 — 그래서 시장노동 — 관계를 나타낸다. 여성이 시장 외부에서 수행하는 진정한 노동을 인식시키기 위해 페미니스트 학자들은 최근에 여성, 남성, 그리고 아이들 모두가 직접적인 금전 보상의 바깥에서 수행하는 많은 노동에 대해 관심을 기울여왔다.

노동력의 분류 — 피고용자와 구직자로 구성된 경제활동인구 — 는 시장의 편견을 나타낸다. 임금을 위해 고용되는 것이 노동의 기준이 되고, 논리적으로 별난 개념인 '자영업(self-employment)'은 이윤, 임대료, 혹은 다른 형태의 수입을 위해 일하는 비임금 노동자들로 인해 초래되는 개념적 혼란을 덮어두기 위한 수단으로 널리 사용되고 있다. 그러나 영리를 위한 활용 여부에 따른 재화와 서비스의 구분기준이 끊임없이 변화하는 것에서 잘 드러나듯이, 나머지로부터 '진정한 노동(real work)'을 구별하는 본질적 차이는 존재하지 않는다. 왜 대화, 노래, 장식 등이 영리를 위한 서비스로 수행될 경우에는 노동으로 간주되는 반면 친구나 친척을 위해 수행될 때에는 그렇게 평가되지 않는가?

분명히, 모든 노력이 노동으로서의 자격을 갖춘 것은 아니다. 순전히 파괴적이거나 표출적이거나, 소비적인 행동들은 노동의 경계 밖에 놓여 있다. 그들이 이전될 수 있는 사용가치를 감소시키는 한, 우리는 그것들을 노동에 반하는 범주로 생각하려 한다. 최소한 원칙적으로 다른 사람이 이용할 수 있는 재화나 서비스에 사용가치를 추가하려는 노력이 있는 한, 우리는 그 노력을 노동으로 이해한다. 우리는 '사용가치(use value)'에 대해 관대한 기준을 적용한다. 생산자 이외의 다른 사람에 의해 수행되는 특정한 활동을 지속시킬 수 있는 재화나 서비스는 — 우리가 그 활동을 승인하든 안 하든 관계없이 — 사용가치를 가지는 것이다. 그러면, ① 생산자 이외의 다른 사람들에 의한 활동을 지속시키는 재화나 서비스를 추가하는 노력과 ② 특정한 상황에서 그 다른 사람들이 재화와 서비스에 대해 주장하는 권리가 존재할 경우에 우리는 그 노력을 노동으로 인정하는 것이다. 이렇게 개념 정의하는 접근은 역설적인 결과를 갖는다. 통상의 기준이 노동의 세계에서 비시장적인 노력을 배제하지만, 우리의 개념 기준은 비사회적 노력들을 제외시킨다. 단지 개인적 만족을 위해 역도를 하는 것은 노동으로 인정되지 않는 반면, 스포츠팬을 위해 역도를 하는 것은 노동으로 인정된다.

모든 노동은 노동과정(labor process)을 수반한다. 노동과정은 특정한 기술적 조건 안에서 생산의 다른 측면들 사이에 노력의 다양한 강도와 질을 배정하는 것이다. 전체적으로 유사한 노동과정은 유사한 생산물을 산출하는 반면, 상이한 노동과정은 서로 다른 생산물을 만들어낸다. 유사한 원료, 환경, 재능, 그리고 지식이 주어졌더라도, 두 명의 도공은 다른 항아리를 만들 것이다. 왜냐하면 그들은 서로 다른 노동과정을 채택하여 한 명은 첨단기계를 사용함으로써 빨리 작업하고, 다른 한 명은 전통적인 수공예의 방식으로 느리게 작업하기 때문이다. 그런데 때때로 제조업자가 조립라인과 거대한 기계설비를 활용하여 차를 생산하는 시기에도 어떤 사람들은 취미삼아 손으로 구식 자동차를 제작하기도 한다. 그런 경우에, 서로 다른 노동과정들은 이따금 구분할 수 없는 결과를 낳는다. 노동의 혁신은 노력의 강도와 질을 변경하거나, 생산의 다른 측면들에서 노력의 분배를 변경거나 기술적인 조건을 바꾸는 것과 같이 노동과정의 변화를 요구한다. 노동자들이 자신의 성향에 맞게 직무요건을 교묘하게 변경하거나, 노동자들과 사용자들 그리고 소비자들이 무엇을 어떻게 생산할지에 대한 합의와 이견을 재협상함에 따라 고도로 표준화된 생산 형태에서조차 노동과정의 미세한 조정들이 끊임없이 진행된다.


## 노동시장

노동은 사용, 소유, 또는 증여를 위한 재화를 획득하는 수단이다. 만약 당신이 현재 비축하고 있는 물량 이상으로 어떤 재화를 소비하거나 누군가에게 납품하기를 원할 경우에 당신은 다음의 네 가지 대안들 중에 한 가지를 선택하거나 또는 그들을 혼합한 선택을 하게 될 것이다: ① (아마도 다른 사람의 협조를 얻어) 당신 스스로 그 재화를 생산하는 것, ② 그것을 탈취하는 것(seize), ③ 그것을 구매하는 것, ④ 다른 사람으로 하여금 그것을 생산하도록 하는 것. (소비자를 위한) ③번과 (공급자를 위한) ④번이 지배적인 선택대안이 될 때 노동시장은 급격히 확산된다. 노동시장은 주로 자본주의하에서 형성되었는데, 이때 자본주의는 자본의 소유자가 법과 국가 권력의 후원을 받아 노동의 특성과 배분에 관한 중요한 결정을 하는 생산체제로서 특징지을 수 있다. 경제학자들은 자본주의 시장에 대해 자본가의 관점에서 사고하기 때문에 그들은 통상 가용한 선택대안을 다음의 두 개로 좁힌다: '만드는 것(make, 일반적으로 다른 사람이 생산하도록 권유하는 것을 의미함)' 또는 '사는 것(buy)'이 그에 해당한다.

노동시장은 경쟁하는 기업들 안에서 노동을 지속적인 일자리들(jobs)로 분할하는데, 그 기업들의 소유주와 관리자는 그 일자리의 보유자를 채용하거나 해고하며, 그들의 고용조건에 대해 협상하고, 임금을 지급하며, 그들의 노동을 감독하고, 그들의 생산물을 전유한다. 노동시장은 ① 노동자들이 누군가 그들에게 줄 하루 일자리를 희망하며 매일 아침마다 지정된 장소에 모이는 단순한 인간시장(shape-up, 역자주: 미국의 항만부두에서 감독자들이 하역인부들을 정렬시켜 놓고 그중에서 마음에 드는 사람들을 임의로 선발하는 방식) 형태로부터, ② 공공 고용체계를 관할하는 관료적인 직업알선 서비스기관과, ③ 건축가가 프로젝트별로 작업장을 옮기는 세련된 발레(ballet) 형태에 이르기까지 다양한 모습을 띤다. 노동시장은 일자리와 기업뿐 아니라 다음과 같은 요소들을 포함한다.

- 공식적으로 상이한 종류의 고용관계에 대한 취업과 이직이 자유로운 **노동자들**
- 공식적으로 노동자들을 채용하여 직무 배치하고 해고할 수 있는 자유를 가진 **사용자들**
- 채용(hiring), 즉 명문화된 한계 안에서 노동자들이 특정한 직무에 배치되기 이전에 정한 급여를 받기 위해 그들의 노동력에 대한 통제권을 사용자에게 양도하는 거래

- 고용네트워크(employment network), 즉 수많은 기업들에서 수많은 잠재적 일자리 보유자들과 그 일자리의 충원에 대한 의사결정을 하는 사용자들을 연결시키는 의사소통의 채널들(비록 현실에는 고용네트워크들이 복잡하게 통합되어 얽혀 있지만, 우리는 편의상 사용자들의 입장에서 규정되는 채용네트워크와 노동자들의 입장에서 규정되는 공급네트워크로 구별할 수 있다)
- 계약(contracts), 즉 과업과 노력의 수준, 노동조건, 그리고 보수의 형태, 빈도, 액수에 관한 (명시적 혹은 암묵적인) 합의

노동자와 사용자, 기업, 일자리, 채용, 고용네트워크, 그리고 계약이 결합하여 노동시장을 구성한다. 역사적으로 이런 요소들이 동시에 존재했던 경우는 거의 드물었으나, 산업자본주의의 등장을 통해 그 요소들이 결합하게 되었던 것이다. 그런데 노동시장이 자본주의하에서 번성하고 있지만, 지금 노동시장의 보다 완화된 형태들이 산업화가 이루어지지 못한 국가들과 사회주의 경제에서도 때때로 나타난다.

산업자본주의를 형성하는 과정에서 자본가는 노동시장의 창조자, 관리자, 그리고 옹호자가 되었다. 노동시장은 산업자본주의하에서 임금을 위한 고용의 표준적인 조직이 되어왔다. 관련된 재화들을 생산하는 기업들은 두 가지 활동을 수단삼아 노동시장을 창출한다. ① 중복된 노동력 풀(pool)로부터 노동자들을 충원하는 것, ② 관리자들이 노동의 적정가격과 노동조건에 대해 서로 의사소통하는 것이 그 수단에 해당된다. 그런데 노동시장은 기업 내에서도 작동한다. 다시 말해 사용자들은 특정 직무를 위해 같은 기업 안에서 이미 다른 직무를 맡고 있는 사람들 사이에서 그 후보자를 충원한다. 승진사다리가 기업 안에서 노동시장의 익숙한 특징을 대표한다.

따라서 **외부노동시장**(external labor market)과 **내부노동시장**(internal labor market), 즉 기업들 간의 노동시장과 기업 내부의 노동시장 간에는 명확한 차이가 존재한다. 산업들은 외부노동시장과 내부노동시장에 대한 상대적인 의존도에 있어 매우 다양하다. 예를 들어 시각예술(visual arts), 영화산업, 건설업, 그리고

출판업은 단지 내부노동시장의 골격만 갖추고 있다. 이와는 정반대로, 군대조직과 대형 교회들은 입직구(entry level)를 제외하면 외부 충원이 거의 없으며, 거대한 내부노동시장을 운영하고 있다. 일관흐름공정의 제조업체들(역자주: 철강과 정유공장의 예)에서는 전형적으로 (보통 쉽게 대체되는) 일부 노동자들에 대해 외부노동시장에 의존하고, 다른 노동자들(특히 중간관리자와 최고 경영자로 충원되는)에 대해서는 내부노동시장에 의존하는 제3의 선택대안을 따른다.

일자리는 특정 노동자를 같은 기업의 다른 구성원들과 연결시켜주는 일련의 권리와 의무이다. 그것은 사용자가 명시된 보수(remuneration)를 지급하고 노동통제의 일반적인 한계를 존중한다는 조건에서 종업원들이 그들의 시간과 노력에 대한 제한된 통제를 인정하는 사용자와의 관계를 중심으로 편성된다. 어떻게 우리가 한편으로 개인적 의무와 일자리 보유(jobholding)를, 다른 한편으로 개인의 기업가정신(entrepreneurship)과 일자리 보유를 명확히 구별하는가는 이론적으로 자의적이며, 현실적으로도 논쟁의 여지가 남아 있다. 예를 들어 무급의 가정주부가 임금을 받아야 한다는 요구는 성적, 정서적, 그리고 가정적인 서비스가 무급으로 제공되는 것이 개인 의무의 자발적 성취라기보다는 인정받지 못하고 불충분하게 보상되는 고용 형태를 구성한다는 주장에 의거하고 있다. 미국 변호사들은 때때로 버림받은 배우자가 유사한 근거로 위자료를 받을 자격이 있다고 배심원들을 설득해왔다. 이와 비슷하게, 일반적으로 가족수당(family allowance)에 대한 성공적인 국제적 요구는 그것을 정확하게 임금의 대체물로 간주했다.

인구 직업통계와 경제학 이론의 환상에도 불구하고, 실제하는 모든 노동시장은 근본적으로 분절되고 있다. 어떤 기업이 원칙적으로 특정 일자리를 채울 수 있는 노동자의 일부에게만 효과적인 접근을 허용하는 한편, 예비노동자들은 원칙적으로 그들이 채울 수 있는 일자리의 일부에만 효과적으로 접근할 수 있다. 신문 광고, 직업소개소(employment agency), 그리고 학교 구직안내소가 노동시장의 배타주의(particularism)를 완화시키지만, 사용자와 예비노동자 사이에 직·간접적으로 존재하는 이전 연고의 핵심적인 중요성을 제거하지는 못한다. 기존의 제한된 네트워크 안에서 고용하는 것은 이론적으로 일자리와 사람〔또는 그들이 대표하는 '인적자본(human capital)'〕을 연결함에 있어 시장의 효율성을 감소시킨다. 그런데 그것은 역시 노동자와 사용자가 서로에 대한 정보를 수집하는 데 드는 비용을 줄이고, 취직자리에 대한 소문 전달을 가속시키고, 동료 노동자와 공유하는 암묵적 지식을 확대하고, 미래의 기회를 제공할 호의(favors)의 교환을 가능하게 하며, 그리고 양 당사자들에게 채용에 의해 서로에 대한 헌신을 강화시켜준다. 사실, 기업들로 하여금 내부노동시장을 형성하도록 만드는 많은 요인들은 사용자와 노동자들이 외부노동시장을 분절하도록 부추긴다.

## 직업

노동시장의 형성은 직업에 대한 관념과 관행(practice)을 규정한다. 직업은 사용자와 정부 관료들이 동일하다고 생각하는 (다른 기업들에서의) 직무 묶음으로서 조직명부와 인구조사, 노동시장 개입정책, 그리고 직능교육에 활용된다. 실제로, 직무가 늘 사용자 이외의 다른 사람에 대한 다양한 권리와 의무를 수반하는 반면, 직무들을 직업으로 통합하는 것은 사용자에 대한 의무를 강조하는 것이다. 두 사람이 '같은' 직업에 속한다고 말하는 것은 사용자들이 그들에게 동등한 요구를 할 권리를 갖는다는 것이지, 그들이 동일한 방식으로 노동을 수행해야 하거나 그들의 동료와 기업 외부의 사람들과 똑같은 관계를 유지해야 한다는 것을 의미하는 것은 아니다.

200여 년 전에는 오늘날에 사용되는 전문적인 용어로서 '직업'을 갖고 있는 사람은 거의 없었다. 그들의 사회적 지위를 물었을 때, 20세기에 같은 일을 하는 사람들이 직업 명칭으로 인식될 만한 것을 제시했다면, 18세기의 사람들은 자주 그들 스스로를 부르주아(bourgeois), 가구주, 또는 일용노동자라고 불렀다. 그들의 명칭 어느 것도 특정 사용자 또는 기업에 대한 의무들을 명시하지 않았다. 그 명칭들을 직업의 위계구조로 비유하고 농민과 같은 범주들을 '딸기 채집꾼(berry picker)'이나 '트랙터 운전자'로 더욱 세분화하여 인식하려는 회고적인 시도들은 전체적인 논점을 잃는 것이다. 이른 시기의 직업 정체성은 직무, 직업, 그리고 노동시장과는 무관하게 존재했다.

그럼에도 불구하고 20세기 이전에 노동시장은 직업 수준에서 가장 활발하게 작동했으며, 관리자들과 일부 숙련노동자들이 확립한 직무범주들을 성·인종·민족·계급·시민권에 따른 배제의 형태로서 공고히 했다. 가죽무두질(tanning)과 유리 제조(glassmaking)와 같은 숙련공들의 상호 연결된 사회적 구조를 갖고 있는 직업들은 거의 존재하지 않았다. 하지만 노동시장이 확산되면서, 노동자들은 일반적으로 그들 스스로를 직업 개념으로 묘사하기 시작했다. 그들은 인구조사자(census takers)에게 그들이 기계공, 요리사, 막노동자, 또는 그 밖의 어느 직업이라고 응답했다.

모든 노동이 직업으로 구체화된 것은 아니었다. 환금작물재배(cash-crop farming, 역자주: 시장에 내다 팔 목적으로 하는 농작물 재배), 행상, 시나리오 쓰기, 소매점 소유주, 강도, 개인 주식투자, 아기 돌보기, 조각(sculpture), 팁을 받기 위한 호객행위, 잔디 깎기, 일시적 매춘행위, 빈병 모으기 그리고 공직 출마와 같은 활동들 모두는 보상(remuneration)을 바라고 하는 일에 속하지만, 여전히 노동시장과 일자리, 직업의 세계 밖에 위치한다. 그럼에도 불구하고, 심지어 명확하게 비공식적인 부문에서 일하는 사람들조차 이제는 종종 그들의 역할을 직업의 개념으로 인식한다. 뉴욕의 빙고장(bingo hall) ─ 제비뽑기에서 뽑힌 숫자에 대해 돈을 걸고 불법적인 도박행위를 하고 있는 ─ 에서 '코카인을 파는(sell lines)' 여성들은 종종 그 일을 전일제 직업으로 간주하고, 그 일로부터 생계를 위한 상당한 돈을 벌고 있다(Lesieur & Shelley, 1987). 1987년 조사에 따르면, 파라과이의 수도 아순시온(Asuncion)에서 거리의 아이들은 '직업란'에 거리행상, 신문팔이, 구두닦기, 대리주차, 짐 운반하기, 그리고 차 유리 닦기를 포함시키고 있었다(ILO, 1992: 16).

숙련(craft)노동시장은, 그 일을 실행하는 데 필요한 숙련을 갖추었다고 판단되는 사람들을 인정·보증하는 특정 직종의 구성원들로 직업들을 제도화한다(Fackson, 1984). 그런 노동시장은 하도급과 꼭 일치하는데, 그 하도급에서는 감독자, 세대주, 또는 십장(padrone)이 사용자의 권한을 갖고 노동자들을 고용하여 생산을 감독하고, 본질적으로 그들의 집단생산물을 사용자에게 판매하며, 사용자로부터 받은 돈과 노동자들에게 지불하는 돈의 차액을 자기의 이익으로 챙겨가도록 되어 있다〔용병 군대는 투쟁의 기치로 내세우는 국왕을 위해서라기보다는 연대장이나 장군을 위해 일했으므로. 오랫동안 바로 그 하도급의 원칙에 따라 싸웠다. 이런 하도급의 원칙에 비추어, 급여를 지급받지 못했을 때마다 그 군인들이 폭동이나 약탈을 벌이는 일이 빈번하게 일어났는데, 우리는 이 사실을 쉽게 이해할 수 있다(Caferro, 1994; Casparis, 1982; Ingrao, 1987; Mallett, 1974; Redlich, 1964~1965; Thomson, 1994)〕.

하도급 방식은 기본적으로 자본가들이 이전에 상인으로서 엄격한 감독을 부과하지 않은 채 그들의 지휘에 따라 재화의 생산을 주관했던 방식에서 벗어나 다양한 종류의 노동자들을 중앙통제방식으로 관리하는 공장과 작업장으로 재편성했을 때 가장 극명하게 나타났다. 그들은 빈번하게 그 조직재편성 작업을 위해 하도급업자들에 의존했다. 하도급업자들은 그들의 노동자들을 종종 이주사슬(migration chains)로부터 충원했다. 이주사슬은 특정 지역 노동자들과 약간의 원거리에 위치하는 노동자들이 상호 연고관계를 유지하면서 양측의 상대적 취업기회에 따라 양방향으로 이동하는 현상을 지칭한다. 종종 바로 이런 방식으로 이주의 목적지에서 고립된 민족집단(ethnic enclaves)이 성장했다. 어떤 의미에서는 거의 모든 대규모의 제조업체들이 하도급을 통해 등장했다. 실재로 상품을 판매했던 상인들이 세대주나 장인들과 계약을 맺어 그들이 처분할 노동 — 직공, 도제, 일용노동자, 하인 또는 그들 자신의 가구구성원들 — 을 활용하여 정해진 가격에 상품을 생산했다. 그런 상황에서 자본가들은 누가, 무엇을, 또는 어떻게 생산하는지에 대해서는 거의 직접적인 통제를 행사하지 않았다. 대신에 그들은 정해진 가격에 도급업자로부터 공급되는 상품의 품질에 대한 최소 기준을 설정함으로써 통제했다.

하도급의 황금시대는 19세기 고정자본의 집중과 그에 수반되는 노동자들의 대공장 밀집과 함께 도래했다. 그 당시 사용자들은 빈번하게 두 가지의 방식으로 하도급업자들에 의존했다: ① 품질을 기준삼아 생산된 상품에 대해 십장과 장인, 또는 선임노동자에게 임금을 지불하고 노동력을 모집·조직·훈련 및 임금 지급을 위해 중개기관에 의존하여 마치 기업의 부분들(segments)을 서로 분리된 것처럼 조직화하는 방식, ② 실제 제조공정의 일부분(예: 섬유 염색)을 품질에 따라 정해진 가격에 외부의 가구나 소사업장으로 하청을 주는 방식.

숙련노동시장은 일정하게 감독자가 숙련공 대표를 대체하는 약한 형태의 하도급을 포괄하고 있었다(Jackson, 1984). 그런 체계는 20세기 미국에서 대기업들이 그들의 노동과정을 내부화하고 집중화된 채용절차를 만들고, 중간관리자(middleman)의 자율성을 줄여가기 시작하면서 그 영향력을 잃고 쇠퇴했다. 제1차세계대전 즈음에 되어서야 미국 대기업의 최고경영자들 대부분이 인사부서를 창설하여 하향식의 철저한 생산감독을 지시하기 시작했다. 많은 역사가들이 〔헨리 포드(Henry Ford)의 일관조립생산라인에 대해〕 포디즘(Fordism)이라고 부르는 것이 등장하기 이전에, 숙련공조직의 약화된 형태와 하도급방식이 노동시장을 지배했다.

오늘날의 세계에서도 개별 기업가와 반합법적인(semi-legal) 기업의 거대한 '비공식 부문'에 속해 있는 상당한 규모의 노동자들이 여전히 하도급에 기반하고 있다(Portes, Castells & Benton, 1989). 직접 판매 및 가맹점 형태의 기업들이 주로 하도급의 다양한 형태에 의존하고 있다. 그리고 최근 수년간 수직적 통합의 이점을 못마땅하게 여기는 대기업들이 점차 ① 이전에 기업 안에서 생산하던 부품의 '아웃소싱(outsourcing)', ② 이전에 직접 감독받는 종업원들이 수행하던 서비스의 하도급, ③ 전일제의 장기고용 노동자로 인해 부과되던 법적·도덕적·정치적·경제적 부담을 회피하기 위한 위탁(commission)판매 또는 다른 고용형태의 도입으로 전환하고 있다. 거의 모든 형태의 하도급에서 도급 사업자들이 대기업의 공식적인 충원과 선발 기제를 덜 사용하게 되면서 노동자 충원은 더욱 선택적으로 바뀌고, 직접 공채방식보다는 친척과 친구의 관계에 더욱 의존하게 되었다. 그 결과 우리는 최근 노동의 보상과 고용에서 인종, 출신국가, 성에 따른 불평등을 증가시키는 하도급의 부흥을 예상하게 된다. 도급계약, 연쇄이주, 분절화 된 노동시장, 그리고 일자리 독점이 서로를 강화시키고 있다.

## 전문직

비슷하지만 더욱 강력한 독점이 전문직 채용에 작용한다. 전문직(Professions)은 노동자들이 정부 당국의 협조를 얻어 고용뿐 아니라 모든 재화와 서비스의 분배와 소비에 대해 통제를 행사하는 예외적인 노동시장으로 구성되어 있다. 정부는 단지 공인된 종사자들(licensed practitioners) — 전문직의 현 구성원들에 의해 집단적인 승인을 받은 사람들 — 만이 관련된 재화와 서비스를 공급할 수 있도록 허가하고 있다. 그래서 전문직에 대해 사용자와 노동자 간의 구분선은 말할 것도 없고 내부노동시장과 외부노동시장 간의 구별 역시 분명치 않다. 비록 전문직 종사자들이 통상 그들의 잡다한 일을 수행하기 위해 비전문가들을 고용한다고 할지라도, 전문직 구성원들은 일종의 보호받은 자본을 구성하기 때문에 전문직 내부의 자본과 노동 간의 구분은 모호해진다.

그래서 자본주의 국가의 건축가들과 그들의 정부 내 협력자들은 어떤 사람들이 그들 스스로를 건축가로 부를 수 있으며, 예비 건축가에 대한 훈련을 규제할 수 있는지를 결정할 뿐 아니라, 비건축가들이 사람들의 작업 또는 주거 구조물을 설계하거나 건설하거나, 또는 변경할 수 있는 조건을 엄격히 제한하고 있다. 다시, 비록 미국 이외의 서구 국가에서는 대부분의 의사들이 현재 정부가 통제하는 병원시설에서 임금을 받으며 일하지만, 의사들은 모든 곳에서 누가 유료 및 무료의 의료처방을 내릴 수 있는 권리를 가지는지에 대해 강력하고 집단적인 영향력을 행사하고 있다(Frenk & Duran-Arenas, 1993). 요식업자, 극장 운영자, 그리고 매춘부는 그들의 전문화된 서비스의 제공과 수령에 대해 배타적 권력 같은 것을 전혀 행사하지 못한다. 그래서 전문직은 그들이 지대를 거둬들이기 위해 (대체인력의 장벽을 세워) 공급을 제한함으로써 그들 노동에 대한 수요를 비탄력적으로 만드는 특별한 전략을 추구한다. 만약 노동시장이 노동을 조직하는 특수한 방식이라면, 전문직은 노동시장을 조직하는 특수한 방식이다,

앤드류 애벗(Andrew Abbott)이 보여준 것처럼, 전문직화(professionalization)는 일반적으로 둘 이상의 종사자집단들이 같은 고객에 대해 경쟁하고, 적어도 한 집단이 특정 형태의 서비스와 고객 일부에 대한 독점을 확보함에 있어 정부의 지원을 얻으려 할 때 나타난다(Abbott, 1988; 또한 Goevel, 1994를 참조할 것). 그 투쟁은 다른 종류의 종사자들(이들 모두 어느 정도 전문직으로 인정받는) 사이에 영역을 분할하거나, 또는 일부 불행한 종사자들을 야바위꾼(quacks)과 무능력자(incompetents)로 선고하는 것으로 끝난다. 제3장에서 논의할 것처럼, 미국 내 의사들은 다른 치료자 집단을 종속(subordinating)·분리(segregating)·포섭(co-opting)·자격박탈(disqualifying)하는 행동 전략을 채택해왔다. 또한, 수십 년간 그들은 건강보장기구(health maintenance organization: HMO)와 같이 행위별 수가제(fee-for-service) 보상방식에 대한 위협들에 맞서 싸워왔다. 의사들은 독점을 구축하는 데 매우 성공적이어서 보건의료부문에서 그들의 의학박사(Medicinae Doctor: M.D.)를 모방하려는 다른 전문직들이 부쩍 늘어났다. 지난 20년간, 미국 의사들의 시장지배력은 마침내 심각한 도전에 직면하게 되었다. 그러나 폴 스타(Paul Starr)가 지적하듯이, 그 도전은 시장 그 자체(예를 들어 소비자나 경쟁자)로부터 온 것이 아니라 정부와 병원 관리자 그리고 관리진료(managed care)조직들로부터 대두된 것이었다(Starr, 1982).

요즘 국가기관들은 의료·간호·심리상담·치과진료·사회사업·법·약학·회계·엔지니어링·학교교사·건축·도시계획·미용술 등의 상업적 행위들을 규제하고 있는데, 이러한 규제는 그들 서비스의 생산과 판매에 대한 집단적 통제를 부과하는 상세한 규정들을 통해 수행된다. 전문직의 대표자들은 부정행위가 대중들에게 안겨줄 위험을 내세워 한목소리로 특별 보호를 주장한다. 그런데

제2장 노동의 세계 59

전문직화된 직업들이 이런 (부정행위의) 측면에서 술집주인·택배기사·건물임대업자·버스운전기사·마약거래상·도박사·살인청부업자·하키선수·벌목꾼·점성술사·포주·경찰관·공공시설 종업원·쾌속정 운전기사·스파이·가두선교사·도둑 등과 같이 (전문직 종사자들이 행사하는) 법적으로 노동과 상품의 시장에 대한 집단적인 통제권이 부여되지 않은 직업들에 비해 더 큰 위협을 안겨줄 것인지는 분명치 않다.

## 노동의 다양성

<그림 2-1>은 노동의 다양한 형태를 시험적으로 도표화한 것이다. 다시 한 번 우리는 복잡한 변이형태들을 두 개의 범주로 축소한다. 노동의 단기적 현금화(short-term monetization)와 노동 실행에 대한 시간규율(time-discipline)의 부과이다['단기적 현금화'는 가까운 미래 ─ 한 달 또는 더 짧은 시일 이내 ─ 에 금전적 보상의 가능성을 조건으로 노동자들이 노력을 기울이는 정도, 또는 그에 실패하는 정도를 의미한다. '시간규율'은 노동일(working day) 안에서 다른 사람(예: 관리자 또는 감독자)이 노동자의 노력에 대해 통제하는 정도를 뜻한다]. 그림에서 각각 구별되는 위치는 일정하게 노동과정의 상이한 조직형태를 함축하며, 생산의 다양한 측면에서 노력의 상이한 질과 양을 할당하는 것과 기술적 조건을 여러 방식으로 결합시키는 것을 나타낸다. 이어서, 각각의 노동과정은 동료 노동자, 사용자, 소비자, 그리고 다른 사람들과의 상이한 관계를 일정하게 수반한다. 따라서 이런 측면에서 노동의 다양성은 마찬가지로 사회관계에서의 중요한 다양성을 포함한다.

지난 300년에 걸쳐서 서구 국가에서 노동은 그림의 우상단으로, 즉 단기적 현금화와 광범위한 시간규율 쪽으로 이동해왔다. 그림의 우상단에는 노동시장과 일자리, 그리고 직업의 세계가 위치한다. 국가기관과 가구(household), 그리고 직종단체와 노동조합 같은 조직들의 빈번한 개입과 더불어 오늘날 자본가들

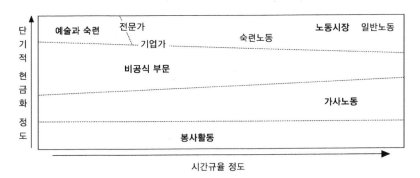

<그림 2-1> 자본주의 경제의 노동조직

단기적 현금화 정도 (세로축)

예술과 숙련　전문가　기업가　숙련노동　노동시장　일반노동

비공식 부문

가사노동

봉사활동

시간규율 정도

과 노동자들은 노동시장을 창출하고 있으며, 그 노동시장에서 노동자들은 개수, 시간, 일, 또는 주의 거래 단위로 현금 보상을 위해 노동의 많은 부분을 수행하고 적어도 유급 노동일에 다른 사람에게 자신의 시간과 노력에 대한 통제권을 양도한다. 심지어 오늘날 상당한 비중의 유급 노동이 우상단 이외의 지점에서 발생한다. 현금화는 광범위하지만 시간규율이 거의 없는 지점에서 우리는 '예술과 숙련(arts and crafts)'을 발견하는데, 이러한 노동형태는 이를테면 거리 악사의 4중주 연주나 코미디언의 텔레비전 토크쇼 유급 출연, 또는 도공의 즉석 그릇 판매 등에서 집약적으로 나타난다.

일부 경계선은 점선으로 표시되어 있다. 일자리 보유와 기업가 사이의 경계에서, 예를 들면 1984년 미국 노동력의 5%가 최소한의 일상적 감독하에서 거의 전적으로 위탁판매를 수행하는 암웨이(Amway)나 터퍼웨어(Tupperware) 같은 직접판매 조직에서 일했다(Biggart, 1989: 2). 이들 5%가 일자리의 한계를 시험하고 있다. 그럼에도 불구하고, 규정된 노력에 대한 보상으로 사전에 정해진 보수(remuneration)의 지급은 거칠게나마 그 일자리의 경계선을 이루어 팁, 뇌물, 칭찬, 호의, 자기만족, 명성, 영향력, 경험, 자격증 획득, 또는 불특정한 미래의 호의 등을 위해 수행되는 노동들과 구별되고 있다.

일반노동, 숙련노동, 기업가, 그리고 전문직은 노동시장을 조직하는 네 가지의 다른 방식들을 나타내는 것이다. 전자 두 가지는 핵심적인 것인 반면, 후자의 두 가지는 주변적인 것이다. 기업가들과 전문직 종사자들은 종종 성숙된 노동시장 밖에서 일한다. 기업가에 인접한 지점에서 노동시장은 **비공식부문**(informal sector)으로 모호한 경계를 이루는데, 그 비공식부문에는 물물교환과 창업, 그리고 비시장적인 사회관계가 노동을 조직하는 데 중요한 역할을 담당한다. 비록 비공식부문이 노동시장과 중첩된다고 하더라도, 이 부문은 또한 그 자신의 잔여 영역을 가지고 있다. 노동시장이나 가구(household) 어디에도 소속되지 않는 집수리 일용 노동자와 밀수품 거리행상 같은 노동이 그에 해당된다. 여기서 보상형태가 정상적인 노동시장에서보다 훨씬 다양하다. 왜냐하면 비공식부문의 보상에는 매우 다양한 금전지급 형태와 더불어 마약, 술, 음식, 장물, 일자리, 합법적 호의, 성적 서비스, 그리고 숙소 제공 등이 포함된다.

가사노동은 보상 여부에 관계없이 같은 가구 구성원들의 소비를 위해 가구 안에서 이루어지는 모든 생산을 포함한다. 우리는 이러한 재생산노동을 외부인과의 교환을 위해 가구에서 이루어지는 생산활동 ― 노동시장이나 비공식부문에 해당되는 ― 과 구분해야 한다. 20세기 동안 가사서비스의 급격한 감소에도 불구하고 서구 국가에서는 대체로 무급의 가구노동이 노동의 조직에 있어 독특한 틈새를 차지한다. 가구 안에서 생산자의 통제력은 다른 가족 구성원들에 대한 상당한 자율성(높음)으로부터 하인, 보모, 그리고 하숙이나 경험을 위해 일하는 다른 사람들에 대한 집권화된 가부장적인 권위(낮음)에 이르기까지 다양하다.

마지막으로, **자발적 활동**(volunteer work)은 노동자가 계약상의, 또는 가족과 우정에 근거한 의무를 갖지 않는 특정 당사자들에게 무급의 노동을 제공하는 것을 의미한다. 이것은 잘 드러나지 않지만 매우 중요한 영역이다. 1980년대 후반에 8,000만 명의 미국인들 ― 18세 이상 전체 미국인의 약 45% ― 이 "어떤 종류의 자발적 봉사활동에 종사하고 있었다"(Wuthnow, 1991: 5). 여성보다 남성이 약간 더 많이 봉사활동에 참여하고 있는 것으로 보고되었다. 성인의 23%가 다른 사람을 자발적으로 돌보는 데 일주일에 6시간 이상의 시간을 보내는 것으로 조사되었다(Independent Sector, 1986: 25). 자발적 활동은 생산자

통제의 측면에서 낮게는 빈민무료식당에서의 봉사활동에서부터 강력한 영향력을 갖고 있는 봉사활동위원회 의장에 이르기까지 다양하다. 또한, 많은 사회운동조직들이 압력집단과 같은 단체로 전문직화가 되었음에도, 자발적 활동에는 수백만 명의 사람들이 보수 없이 특정 명분과 입장을 위해 일하는 정치, 사회운동, 그리고 대중적인 집단행동이 포함된다. 대다수의 성인 미국인들이 개인적 봉사와 사회운동 사이의 다양한 자발적 활동에 간여하고 있는 것이다.

## 비자본주의 경제체제에서의 노동

자본주의 세계는 생산의 높은 비중이 자본, 지배적 기업들, 일자리, 시간규율, 그리고 단기적 현금화로 특징지을 수 있는 노동시장 안에서 발생하는 사회로 묘사될 수 있다. 산업사회주의의 영역은 주로 국가에 훨씬 더 많은 소유권을 부여하고, 생산단위 안에 낮은 수준의 이윤의 보유를 허용하며, 생산자의 가구들에 국가 주도의 매우 다양한 복지혜택을 제공하고, 그 결과 예술과 숙련, 노동시장, 비공식 부문, 가사노동, 그리고 자발적 활동이 다양하게 혼합·연계되어 있다는 점에서 그동안 자본주의 세계와 차이를 드러냈다. 여전히 자본주의와 사회주의 산업경제에서의 노동은 산업생산의 논리와 그 경제들의 상호영향에서 비롯된 가족적인 유사점(family resemblance)들을 가지고 있다. 오늘날의 세계에서 가장 큰 차이점은 자본주의와 사회주의의 산업경제로부터 아이티(Haiti)와 캄보디아(Cambodia)와 같은 가난하고 노동억압적인 농촌경제를 구분하는 데에서 찾아볼 수 있다.

만약 우리가 '산업'이란 개념을 땅으로부터 직접 재화를 추출하기보다는 어느 재화를 다른 재화로 전환하는 일에 노동의 상당 부분을 활용하는 경제들을 지칭하여 사용한다면, 최근까지 대부분의 경제는 비산업적이다. 비산업적인 경제는 사냥과 채취, 목축, 화전농업에서부터 노동억압적인 대농장과 플랜테이션체제에 이르기까지 매우 다양하다. 그런 경제들은 보통 산업경제보다 경제조정의 규모가 작고, 1인당 비인력 에너지(nonhuman energy)의 지출이 적으며, 그리고 1인당 소득이 낮다는 점을 제외하면, 비산업 세계에 대한 어떤 일반화도 많은 필요조건과 예외를 요구한다. 우리는 오늘날 대체로 비산업적인 상태로 남아 있는 (감소하는 수의) 경제들로부터 과거의 비산업경제를 유추할 수 없다. 왜냐하면 최근의 비산업경제들은 산업경제에 의해 지배되는 세계적인 노동분업구조의 일부분을 구성하고 있기 때문이다. 예를 들면 오늘날의 인도에서 농업가구(farm households)는 그들 소득의 상당한 비중을 임금 노동으로부터 얻고 있을 뿐 아니라, 이동경작을 통해서보다는 추가적인 외부 고용에의 참여를 통해 농업소득 변동의 충격을 완충한다(Kochar, 1995).

산업의 세계는 더 큰 통일성을 보여주고 있는데, 왜냐하면 그 산업사회가 전 세계를 연결하는 과정을 통해 형성되었기 때문이다. 같은 자본이 대륙에서 대륙으로 이동해왔고, 같은 기업들이 다른 나라에 새로운 공장을 설립했으며, 한 나라의 기업들이 다른 나라의 기업들을 모방해오고 있는 것이다. 산업화 ― 한 재화를 다른 재화로 전환시키는 생산 비율의 증가 ― 는 일반적으로 임금 고용의 범위와 규모를 크게 확대하는 특징이 있다. 전체적으로 이런 전환은 다양한 유형의 자본주의체제에 의해 뒷받침되며 진행되었다. 자본주의 하에서 자본의 소유주들은 국가가 일반적으로 그들의 재산권을 보호함에 따라 노동의 조직과 처분에 있어 커다란 자율성과 권력을 행사하는 반면, 임금노동 자들은 상대적으로 개인적이든 집단적이든 권력을 거의 갖지 못했다.

광범위한 불평등과 착취, 그리고 낭비를 대가로 자본주의는 산업화의 강력한 추동력임을 증명해왔다. 일부 경제들은 사회주의를 통해 산업화되었는데, 사회주의의 생산체제하에서는 중앙 당국이 노동자의 이름으로 자본에 대해 강력한 통제권을 행사하고 정치적으로 규정된 목적을 위해 생산을 지시하며, 일반 대중들에게 최소한의 복지를 제공하기 위해 상당한 비중의 생산을 투여하고 있다. 소비에트연방과 관련 사회주의 경제의 해체는 자본주의를 창출한 것이 아니라 오히려 사회주의의 특징들에 대한 부정, 즉 자본에 대한 규제의 붕괴, 생산을 위한 정치적 지향의 감소, 그리고 복지체제의 전반적인 쇠퇴를

<표 2-1> 자본주의와 사회주의 경제의 차이

| 자본주의 | 사회주의 |
| --- | --- |
| 자본의 사적 소유 | 자본의 공적 소유 |
| 국가에 대한 자본의 의존적인 관계 | 자본에 대한 정부의 우위 |
| 생산 결정에 있어서 자본의 자율성 | 생산 결정에 있어서 자본의 규제 |
| 이윤을 위한 생산 | 사용가치를 위한 생산 |
| 상품과 자본을 위한 시장 우위 | 정치 과정의 우선적인 사용가치 선택 |
| 노동시장의 종속성 | 노동시장의 자율성 |
| 수요 부족에 대한 취약성 | 상품 부족에 대한 취약성 |
| 자본의 이윤 유보 | 집단적 재화와 재투자를 위한 이윤 재분배 |

초래했다. 동구 사회주의체제의 해체 이전에 대부분의 사회주의권 국가들은 사회주의적 수단을 통해 상당한 산업화를 이루어왔다. 최근 자본주의가 승리를 자축하는 가운데, 매우 빈곤하며 불평등한 농촌경제를 거의 모든 사람에게 최소한의 복지를 제공하는 준산업경제로 전환시킨 과거 사회주의체제의 엄청난 성공이 크게 퇴색되고 있다. 오늘날에는 거대국가들 중에서 오로지 중국만이 사회주의 형태를 지켜가고 있지만, 심지어 그곳에서조차 국가가 증가하는 고립된 구역(enclave)들에서 유사(quasi) 자본주의적 조건들의 발전을 촉진하거나 감내하고 있다.

<표 2-1>은 개략적으로 자본주의 경제와 사회주의 경제의 차이를 예시하고 있다. 가장 큰 차이는 자본주의하에서 자본의 사적 소유와 사회주의하에서 자본의 공적 소유로부터 유래한다. 이 차이는 자율적인 자본의 활동 결과에 대한 비판과 자본에 대한 통제권의 정치적인 장악을 추구해온 사회주의체제의 기원에서 비롯된 것이다. 실제 사회주의체제들 사이의 편차는 스칸디나비아 사회민주주의 국가들에서의 광범위한 계급타협으로부터 알바니아에서의 완전한 국가통제에 이르기까지 주로 자본에 대한 다양한 접근방식에 의해 초래되고 있다.

사회주의체제하에서 '정부'는 정당의 세포조직으로부터 노동자 집단농장의 중앙위원회에 이르기까지 매우 다양하지만, 통상 사회주의체제에서는 노동조

직에 관한 많은 의사결정이 정치 과정을 통해 이루어졌다. 자본주의하에서 정부는 법인세, 최저임금, 노동조건의 규제, 전문직 자격증, 농업 보조금, 수출 촉진, 노사협약의 집행, 자본시장의 조정과 보호, 연기금의 감독, 그리고 실업 급여의 운용과 같은 수단을 통해 노동의 조직방식에 분명히 개입한다. 그러나 그들의 개입방식은 사회주의에 비해 더 간접적이고 간헐적, 그리고 상황의존적(contingent)이다. 자본주의적 노동시장의 네트워크와 계약들은 '상황의존적'이라고 불리는데, 왜냐하면 그것들이 중앙 계획보다는 경제주체들의 비대칭적인 협상과 즉흥적인 행동들에 좌우되기 때문이다.

비록 때때로 우리가 사회주의적 생산조직 또는 비산업 생산조직과 비교할지라도, 이 책에서는 서구 경제에서의 자본주의적 체제 전환과정에 집중한다. 상황의존적이고, 비대칭적이며, 즉흥적이고, 그리고 다양한 자본주의적 노동 계약이 앞으로 진행할 분석에서 중요한 분석대상이 될 것이다.

# 제3장 면방직, 탄광 그리고 병원

## Cotton, Coal, and Clinics

## 산업변동의 대조적인 궤적들

1800년 이후 공장체제의 번성과 1900년 이후 관료화된 사무실체제의 확산에도 불구하고, 미국에서, 나아가 전체 자본주의 세계에서, 단일한 조직형태가 생산을 지배한 적은 결코 없었다. 자본화, 상업화, 기계화가 광범위하게 노동에 영향을 미쳤지만, 각 산업은 각자의 궤적을 좇아왔다. 예를 들어 대규모 제조업 내에서도 노동조직은 매우 다양했다. 초창기의 증기를 이용한 자동차를 무시할 경우, 칼 벤츠(Karl Benz) 사와 고틀리엡 다임러(Gottlieb Daimler) 사에서 내부연소엔진(internal combustion engines)을 동력으로 하는 4륜구동과 3륜구동 자동차를 각각 생산했던 1886년이 자동차의 '발명' 원년으로 기록될 것이다. 그 발명이 있은 후 20년 이내에 제조업자들은 세분화된 직무를 수행하는 노동자들 사이로 제작 중의 자동차가 연속적으로 흘러가는 조립라인으로 생산활동을 조직하기 시작했다. 팀제와 직무공유를 창안하여 노동을 '풍부하게' 하려는 일부 노력에도 불구하고, 이 산업에서 연속흐름조직(continuous-flow organization)은 결코 포기되지 않았다.

다른 한편으로, 화학공장은 급격히 성장할 때조차도, 대체로 공간적 노동분업, 즉 공장의 여러 구역에서 상이한 생산과정들과 생산물들로 조직되어 있었다. 전자회사들은 생산을 더욱 분할하고 있어, 다수의 기업들이 다양한 부품들을 만들면, 또 다른 기업들이 그 기계를 조립하여 판매한다. 사람들은 이러한 차이에 대해 말할 때 대개 기술적 필연성을 강조한다. 기술적인 논리가 지배적인 이유는 기업들이 주도하는 생산의 재조직에 유리한 비약적 발전을 확인해주며 효율성이 경제적 변화를 추동한다는 가정과도 잘 부합하기 때문이다. 그러나 기술은 그 변화의 일부만을 설명해준다. 기업인수, 국가주도의 재산법 개정, 그리고 무노조 사업장에 대한 노조조직화와 같은 중요한 조직 변화는 때때로 기술의 유의미한 변화 없이도 노동의 성격을 변화시킨다. 실제로 그러한 변화는 사용자들이 노조조직화에 맞서 노동대체적인 기계의 투자로 대응할 때처럼 자주 기술 변화를 추동하기도 한다. 보다 점진적으로 산업의 역사적 발달, 그 과정에서 문화의 축적, 그리고 일상적인 권력 투쟁 모두가 기업이 어떠한 기술을 어떤 순서로 도입하는지에 대해 강한 영향을 끼친다. 기술은 기계 및 기계화된 테크닉뿐 아니라 생산절차와 감독방식을 포함한다. 노동의 변화와 다양성에 대해 단지 자본가와 기계 장치들만을 부각시키는 논의는 전반적으로 경제사를 심하게 왜곡시킨다.

노동의 특정한 구조변동과 다양한 노동조직에 대해 역사적 경험의 예를 들어 설명하기도 하겠지만, 이 책은 장기적인 산업변동에 관한 것이 아니라 설명하려는 문제들을 중심으로 구성되어 있다. 왜 여러 산업들은 권한과 보상 체계의 대조적인 특징을 보이는지, 왜 고용이 성과 인종에 따라 철저하게 분절되는지, 왜 어떤 노동자들은 잘 확립된 직무사다리 안에서 이동하는 반면, 다른 노동자들은 끊임없이 사업장들을 옮겨 다녀야 하는지 등을 살펴보기로 한다. 이 장에서 산업변동의 개관을 통해 우리의 논의를 시작하기로 하며, 제7장에서는 좀더 상세하게 그 변화과정을 분석할 것이다.

우리는 모든 산업들에 대해 일반화하는 대신, 몇 가지의 다른 사례들에서의 변화를 고찰하기로 한다. 우리 연구의 세 가지 주요 사례인 면방직, 탄광, 그리고 보건의료는 다양한 생산조직들과 확연히 구별되는 변화경로를 대표하고 있다. 단순화를 위해 영국과 미국에서의 발전과정에 집중할 것이다(예를 들어 인도의 관점에서 논의되는 면방직 사례는 전혀 다른 내용일 것이다. 인도의 면방직 산업은 영국의 경제적 경쟁과 정치적 개입으로 인해 번성하던 산업이 급속히 침체되었다). 이후 장들에서의 분석을 위한 자료를 제공하기 위해 이 장은 설명보다 서술(description)에 중점을 둘 것이다. 그러므로 우리의 서술은 각 산업 안에서 선두부문과 지체부문 그리고 그 사이의 다양성을 배제한 전체적인 밑그림에 해당된다. 그래도 이 장에서의 서술은 우리가 어떤 종류의 변동과 편차를 설명해야 하는지를 구체화하는 데 도움을 줄 것이다.

## 면방직

18세기 영국에서 면직물 생산이 기계화되기 수세기 전, 유럽 사람들은 지중해에서 재배된 면과 아마사(亞麻絲, linen yarn)로 거칠게 만든 무명(fustian)을 생산하고 있었다. 시장에서 직물을 판매하는 방법을 알고 있는 상인들의 지도하에 가구(家口)들과 소공장들이 수공으로 직물을 만들었다. 영국 상인들은 13세기 초나 그 이전부터 남부 독일, 시실리, 스페인, 터키에서 완성된 무명천을 수입했다. 16세기 동안에 청교도 난민들이 무명 제조법을 — 여전히 손으로 제작하는 것이지만 주로 선대제를 통해 — 영국에 소개했다. 그들은 또한 면과 견사(silk)를 혼합한 봄버진(bombazine) 제조법도 수입했던 것 같다. 그러나 18세기가 되어서야 영국과 스코틀랜드 상인들은 모든 규모의 순면 제품 생산에서 대륙의 상대국들을 따라잡게 되었다. 일부 면 원료가 인도나 지중해의 오래된 원산지에서 제공되기는 했지만, 그 당시에는 면이 주로 자메이카와 바베이도스 같은 카리브 해 식민지로부터 영국에 공급되고 있었다. 면 원료를 비교적 값싸고 규격화된 직물로 직조함으로써 고도의 생산성을 갖춘 영국의 면방직산업은 전 세계의 표준이 되었다.

18세기 말 이전까지 유럽의 면방직산업은 주로 선대제(putting-out) 방식을 이용하여 생산했다. 가내수공업(cottage industry)을 연구하는 역사가들은 종종

'구매시스템(Verkaufssystem, 상인들이 제조 가구로부터 완제품을 사는 방식)'과 '선대제시스템〔Verlagssystem, 상인(Verleger)이 특정 지역에 밀집해 있는 가구 또는 소공장에 원료를 제공하고 시장에 팔 제품을 완성하도록 하는 방식〕'을 구분한다. 구매시스템에서 자본가들은 주로 가격과 품질을 규정하는 자신의 능력을 활용하여 생산을 통제했다. 구매시스템하에 있는 각 가구에서는 다른 활동들 — 생계형 농사(subsistence agriculture), 시장판매용 작물재배(market gardening), 또한 자본주의적 농경지에서의 계절적 임노동 — 에 의존하는 정도에 따라 자신의 노동을 조직하고 경쟁하는 상인들과 협상할 수 있는 일정한 능력을 보유했다. 선대제에서는 대개 원료뿐만 아니라 직조기와 같은 생산수단이 생산자보다 상인에게 속해 있으므로 노동력이 보다 철저하게 프롤레타리아화되었다. 그 결과, 노동자의 생활조건은 직물시장의 경기순환에 크게 좌우되었다.

지역 생산자들은 자신들의 아마를 재배하거나 적어도 이웃으로부터 구매할 수 있었기 때문에, 때때로 자신의 이익을 위해 판매용 아마포 제품을 생산할 수 있었다. 지역별로 사육되던 양들에 의해 역시 생산자 주도의 모직산업이 일정하게 유지되기도 했다. 그러나 서유럽 노동자들에게는 견사와 면이 완제품 직물시장뿐 아니라 원료에 대한 접근을 실질적으로 통제해왔던 상인들을 통해 제공되었다. 18세기까지 면방직 생산은 거의 완전히 선대제에 의해 지배되었다(Dewerpe, 1985; Gutmann, 1988; Kriedte, 1983; Kriedte, Medick & Schlumbohm, 1992). 면직물의 판로를 알고 있던 상인들은 원면을 수입하여 일련의 노동자집단〔일반적으로 개수임금(piece rate)을 받으며 집에서 일하는〕에게 위탁하여 실 빗질, 실 뽑기, 실 꼬기, 천짜기, 표백, 염색을 포함하여 원면과 완성된 면직물 사이의 모든 노동과정을 수행하도록 했다. 대개 한 명(대부분 성인 남성)이 한 가구의 모든 노동을 대표하여 계약을 맺고 완성품에 대한 대가를 받았다. 농촌과 소도시의 가구들은 대개 자기 집에 딸린 밭에서 약간의 식량을 재배했으며 때때로 다른 사람의 농경지에서 계절마다 일했다. 그러나 그들의 생산이 더욱 고될수록, 그들은 생계를 위해 시장에 더욱 의존하게 되었다. 그래서 식량가격 인상이나 직물무역의 침체에 직면할 경우 그들의 생계는 더욱 힘들게 되었다. 생존위기와 방직산업 불황이 자주 동시에 발생했고 서로에게 영향을 주어 상황을 더욱 악화시켰다. 기술 변화도 거의 없이, 17세기와 18세기 가내수공업 생산의 확대 — 면뿐 아니라 견사, 아마, 양모까지 포함하여 — 는 유럽의 광범위한 농촌지역을 산업화, 프롤레타리아화했다.

1740년 이후, 면직물 생산의 현저한 기계화가 직조기에서 시작되었고, 곧이어 실 뽑는 기계, 실 꼬는 기계, 그리고 다른 기계로 확대되었다(아래에 묘사되는 것보다 미국과 영국에서의 면방직 역사를 상세하게 이해하기 위해서는, Berg, 1985; Berg, Hudson & Sonenscher, 1983; Bolin-Hort, 1989; Dublin, 1994; Gullickson, 1986; Hareven, 1982; Landes, 1969; Scranton, 1983, 1989; Wadsworth & Mann, 1931; Wallace, 1978을 참조할 것). 1740년과 1800년 사이에, 세 가지 발명의 주요한 흐름이 서로 얽혀 있었다: ① 한 명의 직공이 많은 실타래를 처리할 수 있는 도구의 개선, ② 기존에 분리되어 있던 기계들(예: 실을 짜기 좋게 빗질하는 기계와 실 뽑는 기계)을 연관된 기계장치로의 통합, ③ 기계작동의 동력원이 인력에서 축력 또는 수력으로, 궁극적으로 증기력으로 이동.

1770년부터 기업가들은 옷감을 짜는 데에 필요한 실을 전문적으로 생산하는 대형 방적공장에 새로운 기술을 적용했다. 1791년에 더비셔(Derbyshire) 태생인 사무엘 슬레이터(Samuel Slater)의 첫 방적공장이 로드아일랜드(Rhode Island)의 파우츄켓(Pawtucket)에 설립되었다.

면사 제조는 공장 밖에서 시작되었다. 외부의 '실 뽑는 사람(pickers)'은 원면(原綿)을 개봉하여 깨끗한 원면을 골라냈다. 다음은 — 더비셔(Derbyshire)에서처럼 다시 — 깨끗한 원면을 공장 안으로 가져와 소면(梳綿, 역자주: 실을 짜기 좋게 하기 위해 빗질하는 과정)기계에 넣었다. 이 기계에서 물로 작동되는 톱니모양의 실린더들이 슬라이버(slivers)로 불리는 면사타래를 만들었다. 면사타래는 '인출틀(drawing frames)'에 넣어져 보다 부드럽고 평평한 실타래가 되었다. 그 다음에는 '조방사(roving, 粗紡絲, 역자주: 가는 실을 뽑기 전에 굵은 실을 자아내는 것)'기계에 집어넣어 약간 접힌 섬유로 만들었다. 최종적으로 다발로

된 얇은 면사타래들이 수직기(water frames)에 부착되었으며, 그 틀에서 빠른 속도로 실패에 감겨져 서로 단단한 타래가 묶여졌다(Prude, 1983: 42).

직조노동이 비교적 덜 기계화되었고 종종 특별주문에 따라 손으로 수행됨에 따라, (실을 짜고 실을 뽑는 노동의 선대제 운영을 위한) 창고들이 공장들과 더불어 증가했다(Lloyd-Jones & Lewis, 1988). 셔틀(역자주: 직조기 북)의 개선에 힘입어 수직기(hand-loom)는 나폴레옹 전쟁 후 동력기(power looms)의 완성으로 면직물 생산이 기계화될 때까지 약 50년 동안 번성했다. 그 이후, 면방직산업에 걸쳐 진행된 기계의 표준화에 의해 공장 간의 노동자 이동이 가속화되었을 뿐 아니라 노동자들이 더욱 대체가능하게 되어 순종적이지 않거나 불만족스러운 성과를 보이면 해고되는 취약한 존재가 되었다. 그 과정에서 기업은 자본집적이 이루어져 유동자본 대비 고정자본의 비율이 증가했으며, 사용자들은 노동자에게 시간규율(time-discipline)을 부과했고, 그럼으로써 단계별 생산계획에 대한 통제를 증대시켰다. 그래서 상인들은 제조업자로 전환되었다. 동일한 과정에서 노동시장, 실업, 노동자조직들, 단체협상, 파업들 모두가 더욱 확산되었다.

그 기원이 밀접하게 연결되어 있고 기술이 유사함에도 불구하고, 영국과 미국의 면방직 생산은 전혀 다르게 조직되었다(Freifeld, 1986; Lazonick, 1990). 그 차이점은 뮬방적기(mule spinning)에서 분명하게 드러난다. 뮬방적기는 많은 방추들을 동시에 작동시킨다. 노동자들은 이동식 방적기(spinning jennies)라 불리는 뮬방적기의 손잡이틀(hand prototypes)에 동력을 제공하면서, 가구 내 생산활동을 수행할 수 있었다. 그러나 1780년 이후 수십 년 동안 기계공이나 발명가가 개량품을 만들어냄에 따라, 수력 혹은 증기 방적기가 수백 개의 방추와 수백 개의 실을 감는 기계를 작동할 수 있게 되었으며, 그 결과 대형 공장에로의 통합을 초래했다. 19세기에 걸쳐 공장 뮬방적기는 경험 많은 노동자들의 관리를 받는데, 그 노동자들은 면사의 질과 두께를 다양하게 조절하는 기계를 조작하고, 면사의 잦은 끊김을 수선하며, 고장난 기계를 수리하거나 예방보전을 수행하고, 그들의 방적노동을 보조하는 청소년들을 감독했다.

영국에서 뮬방적업자들은 가내기업과 소공장을 공장의 하도급으로 전환시켰다. 그 결과 그들은 20세기에 들어서까지 생산과정에 상당한 영향력을 행사했다. 반대로, 미국의 면직물 제조업자들은 가내수공업이 거의 존재하지 않는 곳에 공장을 지었으며, 임금상승을 유발하는 노동력 부족에 직면했다. 때문에 미국의 면직물 제조업자들은 영국보다 훨씬 빠르게 노동절감형 기술로 이동하여 현저하게 고급면사를 활용했다. 윌리엄 라조닉(William Lazonick)은 다음과 같이 요약한다.

미국 공장들에서 노력과 임금의 관계를 결정하는 사회적 권력구조는 관리자들로 하여금 상대적으로 자본집약적인 요소들의 조합(노동자의 노력을 노력절약형 원료의 투입으로 대체하는)을 기반으로 하는 기술(원면의 품질)을 선택하도록 제한했다. 반면 영국 공장들에서 지배적인 사회적 권력구조는 관리자들이 상대적으로 노동집약적인 대안 범위 안에서 기술을 선택하도록 했다(Lazonick, 1990: 18).

미국 제조업자들은 링방적기(ring spinning)로 대대적 이동을 했으며, 그 여파로 뮬방적업자들이 완전히 제거되었다. 결과적으로, 미국 방적공장에서 일하기 위해 이주해온 영국의 숙련노동자들도 영국에서 뮬방적업자들이 일반적으로 누렸던 노동자 권력을 획득할 수 없었다(Cohen, 1985a, 1985b). 빠른 성장으로 숙련노동력 부족을 경험하고 있던 미국의 자본가들은 영국 자본가들보다 신속하게 노동을 절약하며 종속시키는 생산과정으로 전환했다. 그러나 미국 노동자들은 일자리를 자주 옮김으로써 바람직하지 못한 고용조건을 회피할 기회를 누리기도 했다.

그럼에도 불구하고, 두 국가에서 혼합형 임금체계는 오랫동안 유지되었다. 직무급노동(task work), 개수임금노동(piecework), 그리고 시간급노동(time-payment)이 방적공장들에 뒤섞여 있었다. 정기적으로 사용자 대표와 개수임금노동자 대표가 여러 제품생산을 위한 가격목록 — 종종 인쇄된 문건으로 게시되는 ― 을 협상했다. 하도급의 여타 부문에서는 선임 방적업자와 직조업자들이 통상 집단적으로 협상된 개수임률에 따라 노동을 수행했으며, 보조원의 별도 급여를 받아 이들에게 일당을 지급했다. 보전 노동자들도 비슷하게 일당 급여를 지급받았다. 독립계약업자로 일할 때를 제외하면, 염색공들 ― 20세기 초기까지 그들의 상급자보다는 경험 많은 염색공들이 일반적으로 자신들의 지휘하에 도색 혼합의 비밀을 유지했던 ― 과 같은 숙련공들은 대개 주급과 연말 보너스를 받았다. 소유주가 아닌(그래서 이윤의 일부 몫을 수령하는) 관리자들은 주, 월, 혹은 연 단위로 임금을 받았다.

시간급이 조직위계구조의 최상층과 최하층에서 지배적이었으며, 이에 더하여 특권층 종업원들에게는 충성을 유인하는 부가소득을 지급하는 한편, 여타의 종업원들에게는 반복노동에 대한 엄격한 감독이 주어졌다. 대공장들에서 일자리는 연령, 성, 인종에 따라 철저하게 분절되었다. 따라서 부서들의 채용이 상이한 채용-네트워크를 통해 이루어졌다. 예를 들어 1915년 무렵 미국 로드아일랜드(Rhode Island)의 파우츄켓(Pawtucket) 면방직 공장에서는 당시 이주해온 남성들이 미국태생의 젊은 여성들을 대체했다.

로레인 공장(Lorraine Mill)의 소면부서에서 수많은 미숙련 직무들〔예: 랩(lap, 역자주: 면사타래를 시트모양으로 만든 것) 운반자, 사환(cabin boy), 주유공(oiler), 세척공(scrubber), 그리고 청소부(sweeper)〕이 이탈리아, 폴란드, 포르투갈, 때때로 아일랜드나 영국식의 성을 사용하는 남성들(대개 젊은 소년들)로 충원되었다. 이 일자리들은 그 부서에서 가장 낮은 주급 5달러에서 8.25달러를 지급했다. 감독자들(감독관들과 아일랜드 혹은 영국 남성의 조수 두 명)을 제외하고, 최근 이주한 남성들(아마도 나이든 기혼 남성들과 젊은 소년들)은 더 일찍 정착한 이주집단(영국, 아일랜드, 프랑스계 캐나다인)의 젊은 미혼여성들과 함께 일했다. 미혼의 포르투갈계, 이탈리아계, 혹은 폴란드계 청년들은 최저급료를 받는 미숙련 일자리를 차지했으며, 동일한 민족집단의 남성들은 피커(역자주: 실 뽑는 사람)와 카더(역자주: 소면기계를 다루는 사람)가 되거나 리본 감는 기계

(ribbon lap machine), 소면기계, 시방기(slubbers, 역자주: 초벌 실 꼬는 기계) 그리고 중간 조방사기계(roving frame)를 다루었다(Lamphere, 1987: 344).

소규모 사업주들은 노동자들에게 방과 기숙사를 제공하고, 임금에서 그 비용을 공제함으로써 비용을 절감했다. 기업도시(company town)에서 회사들은 노동규율을 강화하기 위해 주택, 트럭, 그리고 다양한 집단복지프로그램들을 활용했다. 기업도시와 과도한 가부장적인 관행이 사라졌을 때조차 사용자들은 지속적으로 믿을 만한 노동력을 충원하여 보유하고자 했다. 링방적기와 같이 노동을 단순화하는 기술이 발전하게 됨에 따라, 그들은 노동력 구성에서 남성과 미혼여성을 줄이고 나이든 기혼여성들을 증가시켰다. 컴퓨터 통제와 자동화가 결국 방직물 생산을 변화시켰지만, 19세기 면직물 생산조직의 주요 특성들은 20세기에도 대체로 유지되었다.


## 석탄채굴

얼핏 보기에, 석탄채굴은 더럽고, 어둡고, 위험하고, 육체적으로 혹사당하고, 건강에 해롭기 때문에 방적이나 직조보다 덜 매력적인 노동으로 보인다. 그러나 지하채굴의 대부분 형태에서 노동자들은 섬유노동자들이 전혀 꿈꾸지 못했던 자유와 전략적 이점들을 누렸다. 석탄채굴은 특정 지역에 관한 자세한 정보를 필요로 하며, 그 원료를 추출하고 이전에 덜 알려진 새로운 장소로 계속 이동하는 것을 요구한다. 그리고 한편으로 광맥층의 추출에 대한 지역정보의 증가와 다른 한편으로 더 깊은 지하에서 지표로 석탄을 운반하는 비용 증가 사이의 변증법적 관계에 따라 이들은 생산성 주기를 경험하게 된다. 중요한 문제는 누가 결정적 지식을 확보하는가이다. 광산이 중앙 수갱(竪坑, shaft) 또는 터널(일군의 노동자들이 파내어 측면 통로들과 접해 있는)의 개장에서 시작하는 한, 탄광의 생산성은 광부들의 개인적 전문성과 개별 광맥층에 대한 그들의 지식에 전적으로 좌우되었다. 감시비용이 크고, 엄격한 지시가 불가능한 조건이었기 때문에 탄광 안에서는 관리자 주도의 생산성 향상운동 같은 것은 상상할 수 없었다. 탄광막장의 광부들은 톤 단위, 화물차 대수, 또는 단위부피에 따라 급료를 받으며 매우 독립적으로 일했다.

게다가 현 매장지의 생산성이 지속되는 한, 석탄 생산은 비교적 고립된 단일 산업공동체를 뒷받침했다. 이런 환경으로부터 다음의 다섯 가지 결과가 파생되었다.

1. 노천광산처럼 자본집약적인 방법이 최근 확산될 때까지, 관리자들은 직접 노천석탄을 채굴하는 노동자들에게 중앙집권화된 시간규율 감독을 거의 부과하지 않았다. 대신 상여금, 급료, 개수임금에 대한 고된 협상을 진행했다. 석탄채굴의 긴 역사 동안, 사용자들은 기본적으로 자신의 보조자를 둔 광부들과 하도급계약을 체결했다.
2. (노천탄광의) 사용자들은 자본을 투자했고, 시간규율을 강제했다. 그리고 그들은 지하채굴 때보다 더 광범위하고 더 일찍 지상채굴과 보조활동들 ― 운반, 환기, 분류, 청소 등 ― 을 수행하도록 산출물 기준 급여방식을 대신하여 시간당 임금 지급방식으로 옮겨갔다.
3. 지하암벽 안에서 노동하는 노동자들은 그들 노동의 노력, 방법, 시간에 대해 상당한 자율성과 재량권을 보유했다.
4. 이 산업의 인력구조는 분절되어 있었고, 매장 지역이 개발될 때마다 새로운 광산업자들과 이동해온 노동자들에게 반복되는 기회를 안겨주었다.
5. 광산공동체, 특히 지하탄광 노동자들은 생산 중단과 집단행동의 상당한 실행능력을 오랫동안 유지했다.

석탄채굴은 결코 노동자의 낙원이 아니었으며, 오히려 수세기 동안 노동의 가장 오래 지속된 연대와 집단행동을 낳았다(Ashworth, 1986; Church, 1986; Cohn, 1993; Dix, 1977; Feldman & Tenfelde, 1990; Flinn, 1984; Levine & Wrightson,

1991; Lewis, 1987; Long, 1989; Metcalfe, 1988; Supple, 1987).

석탄은 발열 연료로서 상업적으로 이용되기 시작했다. 도시 성장과 인구증가 그리고 산림의 감소에 의해 영국에서는 주된 연료원이 1550년 이후 한세기 동안 나무장작에서 수인성 석탄(waterborne coal)으로 대거 옮겨졌다. 석탄의 산업적 이용 역시 확대되었다. "(석탄은) 석회 굽기, 대장간 일, 금속세공, 소금·비누 가열, 풀·양초 제조, 맥아 제조(malting), 양조 제조, 음식 가열과 설탕 가공, 직물 마무리 처리, 제련, 벽돌·타일 제조, 유리 제조, 그리고 알루미늄·녹반(綠礬, copperas)·초석(硝石, saltpetre)·화약의 제조에 폭넓게 이용되었다"〔Levine & Wrightson, 1991: 8, '녹반(copperas)'은 잉크와 화학비료에 사용되는 일종의 황산제일철임〕. 대부분의 영주들이나 이들의 임차인들은 자본을 제공했고, 석탄의 추출·이동·가공처리·판매에 대해 광부들〔보다 구체적으로 채탄노동자(hewer), 운반노동자(hauler), 갱외 감독(banksmen)〕과 계약을 체결했으며, 광산을 운영하기 위해 현장관리인(steward)을 채용했고, 얻은 수익을 기업 투자의 재원으로 활용했다.

비단, 향신료, 심지어 면과는 달리 석탄은 단위량(부피) 또는 무게를 기준으로 낮은 가격에 팔리며, 운송비용이 그 상업적 활용 정도에 강하게 영향을 미친다. 결과적으로, 철로, 수로, 광산, 그리고 광부들은 증기시대 이전부터 오랫동안 친밀한 관계를 맺으면서 동반 성장했다. 뉴캐슬 석탄광산 배후지의 경우, 마찻길이 1620년대 초에 이미 광산에서 강가에 이르는 먼 거리를 뻗어가기 시작했다. 뉴캐슬은 석탄산업에서 초기 상업적 이점을 누렸다. 왜냐하면 뉴캐슬의 배들이 쉽게 북해연안을 따라 런던으로 갈 수 있었기 때문이다(Levine & Wrightson, 1991). 광산 내부에서 역시 채탄노동자들이 도달할 광갱의 깊이만큼 통로를 만들었고, 노새나 사람이 승강기나 (수평으로 광갱을 차단하는) 출구까지 연결되어 있는 미로 같은 레일을 따라 오랫동안 석탄차를 끌고 다녔다.

채탄노동자들은 광산에서 핵심적이며 독특한 지위를 차지했다. 그들의 지위가 핵심적인 것은 그들의 노동속도가 그 광산의 전체 석탄 수송량을 결정하기 때문이었으며, 독특한 것은 그들의 노동이 굴착과 선적을 비롯하여 갱도버팀

목 공사, 레일 깔기, 선적된 수레를 통로로 운반하기, 채탄막장에의 출입에 이르기까지 실로 다양했기 때문이었다(폭약이 널리 활용되기 시작하면서, 그들의 노동에는 구멍을 내어 폭파를 하는 일도 포함되었다. 이러한 작업들에서 안전조치는 항상 광산 소유주에게 단기적으로는 비용부담이 되었지만, 장기적으로 불안전한 조치로 인해 소유주들은 돈을 잃고 노동자들은 상해 혹은 사망의 피해를 받게 되었으며, 그로 인해 많은 법적 분쟁이 발생했다). 초기부터 핵심적인 채탄노동자들은 최고위 감독자들을 제외하고는 가장 많은 임금과 가장 폭넓은 자율성을 보장받았다. 그들은 채굴·운반한 석탄의 양과 질을 기준삼아 임금을 받았으며, 과업과 특히 노동시간에 따른 급여지급이 거의 드물었다. 채탄노동자들의 가족이나 동료 노동자를 포함한 다른 종업원들은 일, 주, 격주, 월, 분기, 혹은 연 단위로 임금을 지급받았다. 하도급과 재하도급이 횡행했기 때문에 많은 광산 소유주들은 그들 밑에서 일하는 사람들 중 극히 일부에게만 직접 임금을 지급했다.

노동력이 부족한 스코틀랜드에서 탄광 귀족들과 그들의 친척은 탄광 안에 일종의 농노제를 확립했으나 노동력을 구하기 위한 치열한 경쟁을 통해 그 체제를 잠식했다(Hatcher, 1993: 310~313). 18세기 후반에 걸쳐 스코틀랜드 광산들은 약간의 여성 노동자 특히 채탄노동자들의 딸들을 채용하여 지하와 갱 입구에서 일하도록 했다(Flinn, 1984: 333~336). 다른 광산에서도 여성과 아동 광부들이 광부가족으로부터 충원되었고, 자주 그들의 친척을 위해 일을 했다. 그들의 작은 체구와 값싼 노동비용이 광산사용자들에게 유리한 것이었기 때문에, 소년·소녀 광부들은 19세기의 50~60년간 영국에서 상당한 규모로 존재했었다.

16~17세기에 확립된 광산조직은 석탄생산의 엄청난 팽창을 가져왔고, 19세기와 20세기 동안 (문자 그대로) 증기력에 의한 산업화를 가속화했다. 고정식의 증기전동기가 광산에서 물과 석탄을 땅위로 퍼올렸다. 상당 기간이 지난 19세기에서야 석탄을 이용한 이동식 증기전동기가 도입되어 수로가 닿지 않은 곳의 석탄을 운송하기 시작했다. 한 세기 이상 석탄은 서구의 많은 나라들에서 산업화를 촉진했다(Wright, 1990).

1850년 이후 한 세기 동안 **기둥방생산방식**(pillar-and-room production)과 **긴벽생산방식**(long-wall production) 사이의 분업이 형성되었다. 기둥방생산방식은 한 명 혹은 두 명의 광부들이 10피트에서 30피트 정도의 작은 공간을 길게 파들어 가는 것이며, 그 공간은 적어도 폐기되기 전까지 천장을 받치기 위해 세워진 석탄 기둥들에 의해 다른 공간들과 분리된다. 긴벽생산방식은 많은 광부집단들이 이교대제 또는 삼교대제로 접근가능한 모든 석탄을 광맥층에서 파내는 것이며, 소진된 광맥층의 빈공간은 천장을 받치고 있던 암석조각들로 채워졌다.

전반적으로, 미국에서 오랫동안 널리 퍼져 있던 기둥방생산방식은 생산 자체를 하도급, 팀 단위 개수임금제 노동, 그리고 단순한 지하관리자에게 위임했던 반면, (서구 유럽에서 훨씬 보편화된) 긴벽생산방식은 보다 광범위한 지하노동분업, 보다 복잡한 임금지급체계, 거대한 관리체계, 그리고 최종적으로 기계채굴(machine-hewing)을 이용할 더 많은 기회를 만들어주었다. 영국에서 긴벽생산은 1850년 이후에서야 꾸준하게 확산되기 시작했다.

그런데 두 시스템 모두에서 탄광 사업자들은 그들의 노동력을 안정적으로 유지하는 데, 특히 경험 있는 노동자들이 보유한 지역정보를 얻어내는 데 관심을 가졌다. 그 목적을 위해 그들은 채탄노동자들 — 전반적으로 광산의 생산 속도를 결정하는 — 에게 고임금을 보장해주었을 뿐만 아니라 높은 생산성과에 따른 추가 상여금도 제공했고, 노동만족도와 정치적 순종 여부에 따라 입주자격이 주어지는 기업주택도 건설했으며, 노동자들을 채무상태로 묶어두는 현물급여제(truck system)를 개발했다. 그리고 그들은 자기 직무를 너무나 무책임하게 방치했거나 혹은 동료 노동자들과 함께 관리자의 요구에 조직적으로 저항했던 문제노동자들에게 일을 주지 않기로 다른 (탄광)사업자들과 공모했다.

폭약 도입, 조명시설 개선, 운송수단 향상에도 불구하고, 채탄 자체는 적어도 20세기 중반까지 대부분의 광산에서 개별화된 수작업으로 지속되었다. 채탄노동자들은 종종 젖은 땅위에 눕거나 구부린 자세로 불결하고 힘들고 위험한 일을 해야 했다. 가스, 화재, 그리고 낙석으로 인해 그들의 생명과 신체는 끊임없이 위협받았다. 1842년, 정부위원회의 토마스 탄크레드(Thomas Tancred) 위원은 서부 스코틀랜드에서 그가 보았던 내용을 다음과 같이 묘사했다.

어떤 방식으로 채탄노동이 수행되든, 광부들의 노동은 내가 알고 있던 것 중 가장 힘든 일이다. 광부는 일반적인 경우보다 광맥층이 두터운 경우에 더 많은 노동공간을 가질 수 있었지만 그런 경우에도 거의 똑바로 서서 일할 수 없다. 보통의 자세는 다리를 이중으로 겹쳐놓고, 다른 발을 반대로 버티고 있으면서, 종종 발이 어깨에 거의 닿을 만큼 몸을 그 반대쪽으로 기울이는 것이다. 그는 두 손으로 곡괭이를 사용하여 석탄층의 하단, 혹은 내화점토 (fire-clay)층, 혹은 석탄 아래의 부드러운 층을 파들어 간다. 이런 식으로 그는 석탄광맥층 아래로 상당한 거리를 파들어 가서는 그곳에서 반쯤 누워서 일해야 한다. 그가 충분하다고 판단되는 2~3시간 정도의 채탄노동이 끝나면, 그는 무거운 해머를 이용하여 석탄층과 노동 공간 지붕 사이에 철제 쇄기를 삽입한 다. 그러면, 쇄기와 위 광맥층의 무게에 의해 석탄덩어리가 분리되어 떨어진다. 육체적으로 힘든 일이라는 점 이외에도, 불편한 몸자세, 석탄먼지와 전등연기 그리고 유황가스로 가득 찬 지하 환경의 폐쇄성으로 인해 광부들은 탈진하지 않을 수 없다(Church, 1986: 201).

탄크레드가 묘사했던 채탄노동자들은 원래 남자였으나, 19세기에 들어서면서 여성·아동 노동자들이 종종 그들의 자리를 차지했다.

그렇지만 19세기 동안 광산의 지하세계는 남성들에 의해 지배되었고, 어느 정도는 지상에서도 그러했다. 또한 채탄노동은 더욱 더 성인의 직업이 되어갔 다. 19세기 초에는 많은 아동들이 광산에서 일을 했다. 영국의 1841년 인구센 서스에 따르면 남성 광업 노동력의 31%는 20세 이하였으며 그들의 대부분은 8세나 10세에 일을 시작했다(Church, 1986: 199). 실제로 19세기 광부들의 상식 으로는 나이가 더 들어 광부 일을 시작하면 누구도 채탄 작업을 숙달할 수 없다는 것이었다. 이러한 상식에도 불구하고, 1842년 입법화 이후 여성과 아동의 수는 꾸준히 감소했다. 1872년의 엄격한 법에서 12~16세 아동들이 주당 54시간까지 지하에서 일하는 것을 여전히 허용했음에도 불구하고, 광부들은 가족들, 특히 아내와 아이들을 광산 노동에 참여시키지 않기 시작했다. 그 결과 광산공동체는 점차 갱에서 일하는 남성들〔종종 부자(父子)팀으로〕, 상점 또는 가정에서 일하는 여성들, 그리고 가내부업을 도우면서 학교에 다니는 아동들로 구성되었다(Friedlander, 1973).

영국과 미국에서 석탄채굴은 1930년대까지 전적으로 수작업에 의존했다. 영국에서 "국유화 이전 시대에 석탄채굴은 매우 노동집약적인 과정으로 유지되었으며 1913년에 생산의 90%, 1930년대 후반까지는 50% 이상이 수작업에 의한 것이었다. 석탄운송은 더더욱 기계화되지 않았다"(Church, 1990: 15).

1930년대 이전에 영국 광산노동의 조직방식에서 발생한 거대한 변화들(예: 여성과 아동의 실질적 배제, 노동시간 단축, 대기업의 성장, 지상 노동인력의 전문화 등)은 기술 혁신에 기인하는 것이 아니라, 주로 광부노조와 소유주들 간의 협상, 소유주들과 금융가들 간의 교섭, 노동과정과 복지혜택에 대한 국가의 직접적인 개입, 혹은 세 가지의 조합에서 비롯되었다. 석유나 해외 석탄산지와의 경쟁에 직면하면서 영국 노동자들은 그들의 일상적인 영향력을 일정하게 상실했다. 그러나 광부들은 지역이나 전국단위 파업을 전개하여 석탄의존적인 경제를 마비시킬 수 있는 능력을 보유했기 때문에 국가를 종종 그들 편으로 만들었다. 실제로 제2차세계대전으로 인해 노동력이 부족했던 기간에 증가된 석탄수요는 광부들에게 더 많은 전략적 이점을 가져다주었고, 1946년에 국가에 의해 이윤의 하락세를 보이던 석탄산업을 국유화하는 데 기여했다.

그런데 그 당시까지 석탄굴착과 운송의 기계화가 빠르게 진행되고 있었다. 채탄노동자들의 임금이 상승하고 노동조건이 개선된 만큼 그들의 헤게모니와 자율성이 감소되었다. 19세기 동안 지하작업장의 관리는 동일한 규모의 지상 제조업 공장을 운영하는 모든 사용자들을 놀라게 할 만한 방식으로 이루어졌다. 한 명의 십장, 혹은 한 명의 십장과 한 명의 조수가 작업공간을 다니면서 불평과 문제들을 점검하는 식으로 모든 탄광 노동자들을 감독했으나 작업방법에 대해 광부들에게 거의 얘기하지 않았다. 이후 20세기의 작업체제에서는 감시·감독의 강도가 증가되었다. 전체적으로, 영국에서 광업은 탈숙련화되지 않았다. 왜냐하면 엔지니어들과 기술자들이 광업 노동력에서 차지하는 비중이 증가했기 때문이다〔이 책 저자들(찰스 틸리와 크리스 틸리)의 조부 또는 중조부는 1920년대의 석탄위기로 인해 미국으로 이전하기 전까지 사우스 웨일즈(South Wales)에서 엔진 운전기사로 일을 했으며, 미국에서는 식료품 공장의 선임 기술공이 되었다. 노스웨스턴 철도(Northwestern Railroad) 사의 기관차 엔지니어가 되기 위해 앞서 웨일스 광산을 떠났던 그의 형은 동생의 대서양 이주를 도와주었다〕. 시간규율과 시간급의 다양한 급여형태들은 한때 번성했던 하도급 체계와 생산량연동의 급여체계를 대체하며 계속 폭넓게 확산되었다. 그 정도로 영국 광부들의 경험은 자본집약적인 제조업에서의 노동과 더욱 유사해졌다.

19세기 중반까지 석탄 원산지로서는 중요하지 않던 미국은 1900년에 이르러서 세계 최대의 석탄산지가 되었다. 북미의 철강산업은 석탄을 토대로 성장했다. 영국, 스코틀랜드, 아일랜드 이주민들이 19세기 대부분의 기간에 이 산업들의 숙련노동력을 장악했다. 그러나 미국에서 기둥방생산방식이 영국보다 훨씬 더 오랫동안 존속했다. 면방직산업의 사용자와 달리, 미국의 석탄 사용자들은 보다 노동집약적이며 덜 자본집약적인 방법을 선택했다. 석탄산업 역사가들(예를 들어 Dix, 1977: 7)은 기둥방생산방식에 대한 미국 사용자들의 선호를 지질학적 조건으로 설명한다. 그러나 노동조직과 노동공급이 중요한 역할을 담당했던 것으로 보인다. 1930년대 이전에 만성적 과잉생산, 그에 따른 가격 경쟁, 그리고 소유권 분산(한 기업이 두세 개의 역청탄 광산을 소유함)은 자본집약적인 경영방식에 장애가 되었다. 그러나 자본 분산이 모든 것을 설명할 수는 없다. 심지어 무연탄의 경우 거대 자본을 투자한 철도회사들이 무연탄광의 상당 지분을 차지하고 있었음에도 불구하고 기둥방생산방식이 오랫동안 지속되었다.

어떤 인과관계에서든, 채탄노동자들은 미국의 광산에서 수적으로나 조직적으로 압도적이었다. 예를 들어 1890년 당시 펜실베이니아 주 역청탄광산

노동자의 90%가 채탄물량의 기준으로 보상을 받는 물량광부(tonnage miners)였고, 10%만이 일당을 지급받는 '기업 종업원(company men)'으로 구성되었다. 1930년에 이르러서도 물량광부들은 탄광노동력의 75% 이상을 구성했다 (Montgomery, 1987: 334). 미국의 광부들은 노동과정의 숙련조직을 요구했다. 그 숙련조직에는 채용과 직무배치에 관한 집단적 통제, 노동자 감시하에 최종산출물의 무게 측정, 석탄수송에 대한 채탄노동자들의 동등한 접근, 노동시간 일정의 자율적인 운영, 지하노동에 대한 수당지급, '비생산적 노동 (deadwork, 청소와 같은 무보수 직무들)'의 최소화, 광산 내의 자유로운 이동, 생산기준 파괴자들(rate-busters)과 관리자 압력에 대항하여 '정량(stint, 하루의 적정 생산량)' 지키기 등이 포함되어 있었다.

채탄막장(coalface)에 빈 운송차를 공급하는 문제를 둘러싸고 갈등이 집중되기도 했다. 왜냐하면 채탄노동자들이 다른 어떤 노동보다 선적에 더 많은 시간을 소비했고, 막장에 석탄물량이 쌓여 있는데 수송차가 없을 경우 채탄노동자들(혹은 선적노동이 구분된 곳에서는 채탄노동자와 선적노동자 둘 다)이 일을 중단하게 되는데, 그들의 소득이 수송차에 선적된 석탄의 질과 양에 전적으로 좌우되었기 때문이다. 십장의 총애를 받는 자들이 '공짜순번(free turn)'이라 하여 추가로 차를 공급받았기 때문에 무시당한 노동자들이 격분하는 일이 반복적으로 발생했다. 무연탄 광산에서는 물량광부들이 대개 일당제 노동자를 채용했고, 스스로 채탄노동을 하지 않는 대규모 하도급업주들이 종종 채탄노동자와 관리자 중간에 위치했다. 이러한 무연탄 광산에서 수송차 확보를 위한 경쟁이 치열한 분쟁이슈가 되었다(Montgomery, 1987: 334). 다양한 품질의 석탄에 대한 급료지급명세표가 무엇보다 중요했지만, 그 다음으로 광산에서 발생하는 파업과 일상적인 투쟁들은 노동통제문제와 관련되었던 것이다(Brody, 1990: Dix, 1977; Goodrich, 1925; Long, 1989).

이러한 환경에서 광산 관리자들은 숙련노동자의 통제에 맞서 직접적인 억압에 의존했을 뿐 아니라, 흑인 노동자들과 이주노동자들을 통상 임금 이하의 수준으로 또는 파업대체인력으로 채용하는 등의 간접적인 조치들로 대응했다.

미국 독립전쟁 이전에 이미 흑인노예가 버지니아 광산에서 일을 했으며, 또한 흑인죄수들이 1880년대까지 조지아 주와 앨라배마 주에 있는 광산에 값싼 노동력의 상당 비중을 차지했다. 그렇지만 고임금의 백인 노동자들을 대체하는 인력으로서 흑인의 채용은 1880년대 이후 가속화되었다. 단지 서부 버지니아에서만 흑인광부와 백인광부가 대체로 경제적으로 평등한 조건에서 일을 했다(Lewis, 1987).

관리자들은 또한 그들의 통제권을 강화시켜주는 기술을 채택했다. 예를 들면 '단단한 석탄을 폭파시키는 것' ― 사전 굴착을 하지 않는 채, 구멍을 내어 폭파시키는 ― 은 실제로 낮은 품질의 석탄만을 생산할 수 있었으며, 심지어는 광산이 막혀버리는 일이 발생하기도 했지만, 그럼에도 경험 많은 채탄노동자들에게 의존하지 않을 수 있게 해주었다. 1898년에 이 방식은 전체 일리노이 주 석탄생산의 75%를 차지했다(Long, 1989: 135). 이 시기 직후 확산되었던 지하 굴착기는 석탄 품질을 저하시키지 않으면서 생산성을 상승시켰다. 이 기술은 관리자들의 관심을 끌었는데, 왜냐하면 그 기계가 자율적인 숙련 채탄노동자의 필요성을 감소시켰기 때문이다.

제1차세계대전이 발발하기 전, 석탄산업의 팽창기에 수천 명의 젊은 이주자들이 도착하면서 19세기 후반의 특징이었던 가족계승과 연령등급이 해체되었다. 어렸을 때 아버지의 조수로 광산에 들어온 아들은 숙련공의 지위에 오르기 전까지 어린 막장통풍구 개폐담당자에서 청년 마부꾼(adolescent muleteers)을 거쳐 성인 광부로서의 직무를 수행했다. 가족들(특히 여성들을 포함하는)은 광산 생활에 여전히 깊게 연관되어 있었다. 영국과 미국에서 공통적으로 광부의 아내들은 이례적인 수의 아이들을 출산했다(Haines, 1975). 그런데 영국과 대조적으로 미국에서는 광산, 특히 지하막장에서 일하는 여성은 거의 없었다.

그러나 여성의 노동은 미국 광산촌에서 중요하게 여겨졌는데, 왜냐하면 그들이 광부들을 위한 가사노동(예: 요리, 설거지, 육아, 집 청소 등)을 담당했기 때문이며, 이에 더하여 다음의 이유들이 고려될 수 있다.

- 양육 대상 아동들의 수
- 아들들이 종종 아버지들을 따라 10~12살 사이에 광산에 일하러 가므로, 그만큼 추가적인 보살핌이 필요하다는 사실
- 남편이 사망하거나 작업 중 산재사고가 발생했을 때, 여성이 추가로 부담하게 되는 책임들
- 가족소득 벌이를 위한 하숙치기
- 회사 이윤을 위해 종종 독점으로 운영되었던 기업 상점들과의 충돌
- 파업과 실업의 역경 속에서 가계살림 유지하기

광산 여성들은 종종 노동 및 생활조건 문제와 관련해 남편들과 같이 집단행동에 나서기도 했다. 파업과 시위가 가족의 일이 되었던 것이다.

파업이 자주 발생했다. 최근 120년간 석탄채굴부문은 미국의 주요 산업 중 가장 높은 파업참가율을 기록했다. 예를 들면 1881년부터 1905년까지 미국의 전 산업에서 피용자 1,000명당 연평균 74.7명의 노동자들이 파업을 참여했다. 광업에서는 피용자 1,000명당 196명의 노동자가 파업에 참가했는데, 이는 두 번째로 높은 파업참가율을 보이는 담배산업의 100명보다 두 배나 많은 수치였다(Edwards, 1981: 106). 광산공동체의 연대는 확고했고, 때때로 광산 관리자들과 이들이 고용한 청원경찰, 그리고 주 또는 연방군대와 치열한 충돌을 초래하기도 했다. 1913~1914년 콜로라도 연료철강회사(Colorado Fuel and Iron Company, 록펠러 가문 소유의 기업)에 맞서 싸운 유명한 파업은 다음의 요구사항을 중심으로 발생했던 것이다.

노조와 노조의 고충처리위원회 인정, 무장된 구사대의 철수, 회사 전표와 기업상점 의무이용의 폐지, 안전규제 강화, 기숙사와 의사의 선택권 보장, 법규정에 따른 8시간 근무제와 중량검사인 선출제 허용, 그리고 임금 10% 인상 (Montgomery, 1987: 345).

루들로(Ludlow)에서 구사대와의 치열한 투쟁으로 인해 주지사 아몬스(Ammons)는 콜로라도 주 방위군(Colorado National Guard)의 출동을 요청했으며, 그 군부대는 1914년 4월 20일에 광부들의 텐트촌을 공격했다. "1913년 9월에서 1914년 4월 29일까지 파업노동자 18명, 구사대 10명, 파업방해 노동자 19명, 민병 2명, 비전투원 3명, 여성 2명, 아동 12명 총 66명이 사망했다. 4월 30일에는 우드로 윌슨(Woodrow Wilson) 대통령의 명령으로 연방군대가 도착했다. 투쟁은 중단되었으나 파업은 계속되었다"(Montgomery, 1987: 347). 이후 이렇게 치열한 폭력사태는 거의 일어나지 않았으나, 광부들의 파업은 1940년대까지 골치 아픈 문제로 남아 있었다.

기술 변화가 미국의 광산업에 완만하게 도입되었지만, 석유 및 다른 연료들과의 경쟁과 시장의 포화상태는 제1차세계대전 이후 광부들을 더욱 심각하게 압박하기 시작했다. 대공황은 광부들에게 엄청난 고통을 안겨주었으나, 정부 지원으로 존 루이스(John L. Lewis)와 그의 전미광산노조(United Mine Workers)는 광산 사업자들과 협약을 체결할 수 있었다. 새로운 협약들은 급속히 쇠락하는 산업에서 일자리를 유지하던 광산노동자들로 하여금 1930년대 후반에서 1950년까지 비교적 번영을 누릴 수 있게 해주었다. 그러나 높은 노동비용과 산업통합은 기계화와 시간규율 그리고 시간급 급여체계로의 뚜렷한 변화를 촉발했다. 1960년대까지 대규모 전력시설은 석탄의 최대 소비자가 되었다. 철도, 금속가공산업, 가계소비자들보다 전력시설들이 더 심하게 최저가 입찰을 추구하여 탄광업체들로 하여금 노동비용을 절감하도록 압박했다. 고도로 기계화된 노천광산(strip mining)의 등장, 광산 소유권의 꾸준한 집중화, 연속흐름의 기계의존적인 지하채굴방법 도입, 긴벽생산방식으로의 전환, 그리고 석유 및 천연가스와의 경쟁, 이러한 요인들 모두가 광산노조의 붕괴와 숙달된 채탄노동자들의 소멸을 가속화시켰다. 그 결과, 영국과 미국 광부들의 궤적들이 수렴되었다.

## 보건의료

면직물 생산이나 석탄채굴과 달리 보건의료는 수천 년 동안 전문화된 노동과 일반화된 사회적 활동으로서 존재해왔다. 치료자들은 모든 문화에서 특별한 ― 종종 초자연적인 ― 지위를 누렸다. 서양에서 내과의사, 외과의사, 산파와 같은 전문가들은 오랫동안 인간의 삶에서 중요한 역할을 수행해왔다. 그렇지만 보통 사람들 역시 주위 사람들의 건강 문제들에 대해 항상 조언과 도움을 줬다. 심지어 오늘날에도 비전문가들이 자신과 주위 사람들에게 제공하는 준의료행위에 기반하여 약국이 번성하고 있다〔유럽에서는 실제로 약사들이 약 조제뿐만 아니라 가벼운 질병의 조치를 위한 권위 있는 자문을 제공하고 있다. 미국의 조직화된 의사들은 약사들이 의료전문직(의사)의 특권을 침해하는 행위를 금지시켰다〕. 19세기와 20세기 보건의료산업의 성장은 주로 상업화, 자본화, 전문직화, 그리고 해묵은 인간활동 방식의 재조직화에 입각하여 이루어졌다.

　보건의료는 일상생활에 미치는 영향뿐 아니라 일과 노동시장에 관한 우리의 이해에도 기여하기 때문에 주목할 가치가 있다. 건강에 관한 폭넓은 믿음과 지식에도 불구하고, 보건의료는 복합적인 형태로 나타난다. 한 국가 안에서도 경쟁적인 조직들이 존재하고, 국가 간에 조직형태가 다양하다. 이런 차이들은 보건의료의 제공 장소(가정, 직장, 병원, 기타), 주체들(여러 분야의 의사들, 여러 종류의 간호사들, 산파들, 간병인들, 기술자들, 상담가들, 기타), 기술들(문진에서부터 대형 기계까지), 자본화(가족 구성원에 의한 무료치료에서부터 대기업의 치료 또는 약품 조제까지), 그리고 국가권력과의 관계(불법시술자로부터 공인 전문직, 국가공무원에 이르기까지)를 포함한다. 게다가 참여자들과 관찰자들은 그 차이와 변화에 대해 다음과 같이 매우 다양한 설명을 제시한다. 기술적 설명들(과학의 불가역적인 진보), 초자연적 개입의 설화(영적 지료), 영웅담들(위대한 의사들과 간호사들), 그리고 주된 정치적 설명들(착취, 억압, 그리고 해방으로서의 의학)이 그에 해당된다. 여기에서 우리는 19세기와 20세기 영국과 미국에서 대부분 비상업적인 다양한 숙련직종들로부터 이와 연관된 영리적 산업으로 발전되어온 노동의 한 영역으로 보건의료를 인식한다.

18세기 영국에는 보건의료부문에서 전일제로 일했던 전문가들이 거의 없었다. 지배계급을 보살폈던 소수의 공인 내과의사들, 더 많은 수의 외과의사들과 접골사들(종기를 짜고 절개하며, 부러진 뼈들을 고정시키고, 인체 근육에 대해서도 유사하게 처리했음), 극소수의 전문 치과의사들(대부분 치과치료는 부업이나 대장장이와 같은 비전문가에 의해 실행되었음), 그 수를 알 수 없는 산파들, 약방약사들(apothecaries), 약조제사들(chemists), 약종상인(druggists), 약초상인(herbalists), 그리고 약장수들, 환자들, 신체장애인, 그리고 정신장애인들을 돌보는 많은 하인들이 존재했다. 만약 19세기에 정신의학, 공중보건학, 영양학으로 불리기 시작한 것들을 보건의료에 포함시킨다면, 확실히 18세기 영국에서 성직자들, 여자점쟁이들, 수용시설 종사자들, 그리고 요리사들 중에서 수천의 다른 '의료전문가들'을 찾을 수 있을 것이다. 그러나 공인된 개업의사들로서 전일제로 공식적인 진료를 수행하여 그 보상을 받던 사람들은 면직물 생산이나 석탄채굴 노동자들과 비교했을 때 매우 소수에 그쳤다.

그래도 일부 전문직화가 진행되고 있었다. 여성들이 (이후 세대의 사람들이 지칭하는 바에 따르면) 산부인과의 의료활동을 전적으로 담당해왔던 수백 년이 경과된 후, 엘리트 남성 외과의사·약사들이 출산에 간여하여 영국에서 발명된 해부용 핀셋기구(forceps)와 같은 의료도구들을 출산과정에 도입하기 시작했다. 천한 숙련공들과 구별되기를 선호했던 내과의사들의 조직적인 저항에도 불구하고, 외과의사들은 새로운 품위를 얻게 되었다. 엘리트 의료행위의 전문직화는 '이발사·외과의사들 회사(Barber Surgeons' Company, 1745)'에서 '외과의사들 회사(Company of Surgeons, 1745)', 그리고 '왕립외과대학(Royal College of Surgeons, 1800)'으로의 변화과정에서 잘 드러나고 있다. 그 왕립외과대학은 왕립내과대학(Royal College of Physicians)과 약사협회(the Society of Apothecaries)에 이어 전국 규모로 의학 전문가를 대표하고 자격증을 부여하는 기능을 수행했다.

심각한 병리 문제들에 대한 집중적인 치료를 위한 장소로서 병원들은 영국에서 18세기 이전에는 존재하지 않았다. 병원과 가장 근접한 것으로는 자선숙소, 나병요양소, 수용시설, 그리고 구빈원들을 꼽을 수 있었다. 1817년 당시 필드(Fields) 지역에 있는 성 마틴(St. Martin) 노역장은,

> 남성과 여성을 병자, 노약자, 일할 수 있는 자로 구분하여 별도로 수용하고 있었다. 임산부들에게는 자기 거처와 분만실이 있었다. 어머니들과 양육이 필요한 영아들에게도 별도의 방이 있었다. '불결하고 가려움을 유발하는' 방도 있었는데, 여성과 아동을 위한 '임시' 거처나 여성만을 위한 방들이 그것이었다. 여성을 위해 폐쇄된 방들도 있었다. …… 소년들이 딸린 남성들을 위한 방, 건강한 남성들을 위한 두 개의 큰 공동침실, 병든 여성을 위한 두 개의 방, 이중 하나는 심각한 중환자들을 보살피는 방, 여성 환자 방들과 유사하게 남성 환자들을 위해 분류된 두 개의 방, 결혼했거나 기혼상태이거나 가구주인 남녀를 위한 방, 너무 어려 일하기 어려운 아동들을 위한 방 …… 그리고 소년들과 소녀들을 위한 기숙사동으로 구성되어 있었다(MacKay, 1995: 215).

확실히 성 마틴 교단은 병자들을 위한 시설이 아니라 의존적인 빈민(dependent poor)을 위한 시설을 만들었던 것이다.

18세기의 의료서비스는 대개 가정에서 행해졌는데, 그 당시 개업의사들이 환자나 부상자의 집으로 방문했다. 종교단체와 군사조직은 당시 보기 드문 예외로서 보건의료를 그들의 일상활동 영역에 통합하고 있었다. 18세기에 걸쳐 런던과 그 주변 지방에 약 4,000개의 병상을 수용할 수 있는 40~50개의 종합병원이 생기면서 그 상황은 변하기 시작했다(Berridge, 1990: 204~205). 마찬가지로 민간 정신병원도 18세기에 급격히 증가했다. 그러한 기관들의 증가는 교구 내 가정구호방식을 구빈원으로 대체한 것과 농촌에서 연중동거 하인들이 감소했던 것과 직접적으로 일치하고 있었다(Digby, 1978; Kussmaul, 1981).

정신병원의 급속한 확산과 정신질환자의 엄청난 증가와 더불어, 정신의학이

19세기 동안 공인된 전문직업으로의 형태를 갖추었다. 영국의 정신의학은 다른 의학전문 분야보다 훨씬 더 질병 분야의 독점적 권리에 대한 국가 인증에 의존했다.

　　정신의학자들은 그들의 운명이 행정국가의 급격한 성장과 밀접한 관계를 맺고 있다는 사실을 발견했다. 정신병원 개업의들은 언제나 자신들이 국가의 승인, 감독, 그리고 후원에 의존한다는 것을 깨달았다. 명목상 고객들의 압도적 다수가 그들이 제공하는 서비스에 대해 비용을 지불할 수 없기 때문이었다. 시설의 수용비용은 부유층을 제외한 모든 사람에게 터무니없이 비싼 것이었다. 그래서 빈민들을 위한 수용시설 네트워크는 불가피하게 납세자들에 의해 구축·유지되었다. 이 전문직의 주요 집단은 폭넓게 정의할 경우 공공부문의 종사자들과 국가기구에 직접적으로 의존하는 사람들로 구성되었다(Scull, Mackenzie & Hervey, 1996: 7).

18세기를 지나는 동안 정신과 의사들은 감금이 필수적인 처방이었던 독특한 정신질환 치료에서 벗어나서 지배적인 의료 전문직업으로 통합되어갔다. 이러한 변화로 인해 많은 개업의사들로 채워지고 비정신병원들과 훨씬 더 비슷해진 정신병원들이 수용소들을 대체하게 되었다.
　기술적인 측면에서 보면, 보건의료는 1850년 정도까지는 매우 느리게 변했으나, 그 이후부터는 점차 급격한 변동의 시기로 접어들었다. 1800년대에 내과의사가 진단을 위해 자신의 독자적인 감각에 의존하고, 치료를 위해 흡각법(cupping, 피를 뽑아내는 시술법), 출혈, 소독, 그리고 구토제 복용과 같은 처방에 주로 의존했다면, 그 세기말에는 청진기, 검안경, 혈압계, 체온계가 표준적인 진단도구가 되었고, 마취법과 소독이 일상적으로 외과에서 활용되었으며, X-레이 기기가 사용되기 시작했다. 현미경과 마이크로톰(microtomes, 역자주: 현미경 검사를 위해 유기체 조직 샘플을 절단하는 도구)은 모든 임상실험실에서 쓰였고, 세균학은 질병에 관한 이론과 실천을 혁명적으로 변화시켰다. 일반적으로 19세기 기술과 이데올로기의 변동을 통해 보건의료는 인체 전체를 치료하는 것에서 특정 인체기관과 질병위치에 대한 관심으로 협소해졌다.

이 시기의 기술적 변화 대부분은 보건의료의 자본집중(capital-intensity)을 촉진시켰고 실험실이나 병원과 같은 공동의료시설의 이점을 증대시켰다. 병원들이 자선시설에서 과학적 치료시설로 전환됨에 따라, 의사들은 관리인에서 벗어나 병원의 경영 권한을 인계받기 시작했다. 실제 업무수행이 압도적으로 여성에 의해 이루어지고, 노력시간으로 측정되는 노동도 절대적으로 신체를 돌보는 서비스로 구성되는 분야에서 이러한 변화들은 (핵심지식과 자원들을 독점한) 남성들의 권력을 증대시켰다.

수요 측면에서 겉보기에 모순적인 두 가지 경향이 영국에서 유료 보건의료 서비스의 확대를 촉진시켰다. 첫째는 이전에 귀족과 신사계급(gentry, 역자주: 귀족 바로 아래의 계급들로 좋은 교육을 받음)에게 제한적으로 제공되었던 보건의료 서비스를 요구할 수단을 보유한 중간계급의 번성을 꼽을 수 있다. 다른 하나는 전체 인구의 무산자화(proletarianization) — 다른 사람의 작업공간에서 수행되는 임금노동으로의 전환 — 를 들 수 있는바, 이는 노동자들을 새로운 건강위험들에 노출시키는 한편, 건강문제를 돌봐줄 친척과 이웃에 대한 접근을 감소시켰다. 이에 대응하여 영국에서는 의료교육이 대학교육에 기반하여 자격증을 부여하는 전문가 훈련으로 재편되었다. 예를 들어 런던대학(University College London)은 1826년 창설 당시 법학, 공학, 그리고 의학 전문교수들을 보유했다. 병원들이 장기 입원진료로부터 외래환자 치료를 포함하는 집중적인 단기치료로 이동함에 따라 그 수가 크게 증가했다. 의료서비스 수요의 성장은 내과의사들, 외과의사들, 그리고 약제사들(apothecaries) 간의 기존 구분들을 희미하게 만들었다. 외과의사들과 약제사 집단들은 점차 일반 의료 활동을 수행하게 되었다[‘일반의(general practitioner)’란 명칭은 이전에 나누어져 있던 전문영역들을 통합한 것으로 주로 묘사되었다. 그것은 이후에 공인된 전문자격 취득을 거부한 내과의사들을 지칭하기도 했으나, 지금에는 역설적으로 외과와 마취학과 같은 투약 분야도 포함하고 있다]. 영향력 있는 전문가들이 압력을 행사하자,

영국 의회는 1858년에 내과의사를 위한 규제체계와 교육과정을 확립했다.

거의 같은 시기에 플로렌스 나이팅게일(Florence Nightingale, 1853~1856년 크리미아 전쟁 시기에 간호사로서 영웅적으로 활동했으며, 대륙의 종교적 질서로부터 잘 통솔되는 간호업무에 대한 그녀의 구상을 발전시켰음)이 영국의 간호사들과 그들에 대한 훈련을 체계적으로 조직하기 시작했다. 나이팅게일은 지금까지 일상적인 치료를 담당했던 가정의 하녀들 대신에 교육받은 여성들을 잘 통솔된 간호업무에 채용했다. 전문 간호사들은 다른 보건전문가들과 구분되는 세 가지 특징을 겸비했다: ① 환자와 부상자를 육체적, 정서적으로 치료할 책임, ② 그러한 치료에 가용한 의료지식의 적용, ③ 환자와 의료 제도들, 특히 내과의사 및 병원과의 조정. 세 활동들의 상대적 중요성은 그 당시와 이후에 논쟁적인 이슈가 되었다. 나이팅게일과 그녀의 적이었던 영국간호협회(British Nursing Association, 이 협회는 그러한 이슈들과 나이팅게일의 제왕적 스타일에 대해 내부 의견이 분열되었음)는 간호사들을 의사들의 통제로부터 부분적으로 보호받는 별개의 전문직업으로 확립했다. 그 시점부터 20세기가 된 이후에도, 병원들은 졸업 후 민간서비스 — 개별 민간 환자를 돌보기 위해 때때로 잠시 병원으로의 복귀를 포함하는 — 로 옮겨가는 간호사 지망생들을 위한 훈련장소를 제공했다. 영향력 있는 소수의 간호사들이 공중보건 간호전문 분야를 창설했는데, 이 분야의 간호사들은 병원보다는 거리·가정·학교에서 주로 활동했다. 제1차 세계대전 이후에서야 공인간호사들은 병원에 집중되었다.

국가의 압력과 내과의사들과의 경쟁에도 불구하고, 조산사(midwife, 助産師)들은 영국에서 오랜 기간에 걸쳐 전문직화되었다. 20세기에 들어서 내과의사들, 간호사들, 동네 산파들, 그리고 공식적으로 등록된 조산사들 모두 분만에 참여했다. 계급적 차이가 선명하게 나타났다. 엘렌 로스(Ellen Ross)의 보고에 따르면, "상점주인의 아내에서부터 사회적 유력인사에까지 거의 모든 상류층 여성들은 19세기 전 기간에 민간 내과의사들을 자녀 출산의 도우미로 이용해 왔다. 그러나 1911년 국민건강보험이 도입되기 전까지 나머지 대다수 여성들에게 민간의사들은 거의 이용할 수 없는 존재였다"(Ross, 1993: 118). 노동계급 사람들은 종종 내과의사보다 조산사들을 선호했다. 왜냐하면 조산사들은 지역 여성들에게 잘 알려져 있을 뿐 아니라 내과의사들이 무시했던 가사일까지 도와주었기 때문이다. 1917년에 등록된 조산사들은 리버풀에서 전체 신생아 분만의 78%, 올드햄에서 65%, 런던 쇼디치(Shoreditch)에서 70%를 담당했다 (Ross, 1993: 121). 그러나 출산에서조차 그 흐름이 내과의사들과 병원 쪽으로 옮겨갔다.

영국에서 병원들이 크게 증가하자, 의료 전문분야들과 보완적인 직무들도 늘어났다. 실험실 기술자들, 마취사들, 접시 닦는 사람들, 서류담당 사무직원들, 병원 행정가들, 이 밖에 더 많은 직무들이 그에 해당된다. 그 확대 과정에서 전문화된 내과의사들(소위 상담가들)은 병원 진료를 지배하게 되었던 반면, 일반 개업의들은 자신들의 개인병원에 안주하고 있었다. 고가 장비에 대한 의존성 증가와 조직의 대형화는 관료제·내부노동시장·전문직사회·정부기관들의 탄생과 서로 교차하며 작용했다. 자유당과 노동당의 정치적 영향력하에서 20세기 초부터 1970년대까지 영국은 보건서비스에 대한 등록·검사·홍보를 대대적으로 확대했다. 1911년에 제정된 영국의 국민건강보험법은 저소득 노동자들 (그 가족들을 제외했지만)을 위한 의료서비스를 보장했고, 공인된 보험 공급업자들의 지위를 안정화했으며, 그리고 병원과 일반 개업의들 사이의 협조관계를 유도했다. 일반 개업의들은 환자들의 질병을 판정하고, 전문의에 의한 의료서비스를 받도록 안내하는 중요한 역할을 담당했다. 노동자들에게 건강보험을 제공하는 공제조합(Friendly Societies)의 확산은 이러한 변화를 강화했다.

양차 대전의 기간에 의료서비스와 건강보험에 대한 중앙정부의 개입은 어느 정도 증가했지만, 대부분의 조직된 보건의료는 여전히 민간과 지방정부에 의해 수행되었다. 제2차세계대전 동안 공공보건서비스에 대한 통제가 증가됨으로써 1946년과 1949년 사이에 국민보건서비스(National Health Service) ─ 대다수 의사들에게 봉급을 지급하기보다는 행위별 수가제에 따른 보상과 상당한 권한을 보장하는 ─ 가 확립될 수 있는 길이 열렸다. 뒤이은 국민보건서비스의 조직재편은 병원들, 내과의사들, 정부, 그리고 환자들 간에 권력을 재분배했지만, 정부에 의해 조정되는 보건체계가 여전히 유지되었다. 영국에서 국가의 개입주의적 정책은 의료회사들의 협조를 얻어 결국 가부장적인 산업을 형성했다.

영국과 미국에서 보건의료산업은 의학적 지식과 신념이라는 공통의 자원에 의존했지만 매우 다른 방향으로 발전했다. 18세기에 미국의 보건 전문직들은 영국의 동료들과 많이 닮았지만, 예외적으로 영국의 에든버러, 글래스고우, 특히 런던에 풍미했던 방식처럼 중앙 의료기관들이 엘리트 의료행위를 장악하는 경우는 없었다. 보스턴, 뉴욕, 필라델피아, 그 밖의 다른 도시들에서 부유층 가족의 자녀들은 공통적으로 의술을 시작하기 전에 대학에 진학하여 유럽에서 공부했으며, 정기적으로 병원에서 무보수로 몇 년간 도제수업을 받았고, 후에 자선병원에서 무보수이지만 명예로운 직책을 얻기 위해 경쟁했다. 이들 도시에서조차 좋은 가문 출신의 내과의사들은 전체 보건의료 종사자들 중에서 극히 일부에 불과했다. 다른 지역에서도 대다수의 의료인들은 경험 많은 개업의사로부터 도제관계를 통해 현장 숙련기술을 습득한 후에 환자들의 집이나 자신들의 집에서 시술했다.

독립 이후 미국의 정치적 분열은 의료독점을 뒷받침했던 모든 법적 근거를 와해시켰으며, 그 결과 19세기 대부분의 기간에 보건의료의 전공들, 교리들, 개업형태들이 매우 치열하게 경쟁했다. 주정부와 지방정부는 연방정부가 약 처방이나 치료를 제한하고 허가해주는 것에 대해 대체로 반발했다. 내과의사와 외과의사들은 전반적으로 권위를 누리지 못했고 소득도 낮았다. 그럼에도 불구하고 그들의 다양성은 현행 성직자집단과 매우 흡사했다. 미국의 성직자들이 성공회 주교(Episcopalian bishops)로부터 파트타임의 거리 전도사에 이르기까지 다양하게 존재하는 것처럼, 의료 전문가들 역시 독립선언문 서명자인 벤저민 러시(Benjamin Rush)에서부터 떠돌이 약초상까지 매우 다양했다.

성직자와의 유사점은 교리와 의료행위까지 확대된다. 폴 스타(Paul Starr)가 기술한 미국의 의료상황을 보자.

제한된 유추 이상으로 종교적 분파들과 의학적 분파들은 상호 연계되어 있다. 그들은 종종 중첩되기도 한다. 모르몬교도들(Mormons)은 톰소니언 (Thomsonian) 의약품과 니켈광물수치료법(Millerites hydropathy, 역자주: 니켈광물이 섞여 있는 온천수나 약수를 이용하는 치료법)을 선호했다. 스웨덴 약수를 선호하는 사람들(Swedenborgians)은 동종 요법의 약품들을 주로 사용했다. 그리고 크리스찬 사이언티스트들(Christian Scientists)은 의료와 종교적 관심에 뿌리를 두었다. 미국에서 다양한 종교적 분파들은 여전히 환자 치료에 적극적인 노력을 기울이는 반면, 주류 교회들은 의학 전문직들의 주장에 부응하여 성직자의 목회활동의 일부로서의 치료행위를 포기했다(Starr, 1982: 95).

다양한 의학적 신조들이 한 세기 동안 서로 각축한 결과, 승리자들은 '전문직업 (the profession)'이 된 반면 패배자들은 '교파(sects)'로 남았다.

의료부문의 학문적·조직적 분열에 의해 의과학교들이 크게 증가했으며, 매우 다양한 개업의들이 자신의 간판을 내걸고 개인병원을 열었다. 벤저민 조이 제프리(Benjamin Joy Jeffries) 박사가 1888년 매사추세츠 의료협회(Massachusetts Medical Society)에서 연설한 그의 연두사 제목을 '의료전문직의 재확립'으로 밝힐 정도로 엘리트 내과의사들은 자신들의 지위상실을 한탄했다(Vogel, 1980: 59). 의료전문직의 재구축은 중요한 정치적 노력을 필요로 했으며, 결국 이루어졌다. 그 노력은 유럽으로부터 소독법(antisepsis), 세균학(bacteriology), X-레이, 그리고 연구와 임상실험의 결합으로 특징지어지는 새로운 '과학적 의료기술'의 수입과 맞물려 있었다. 1893년 존스 홉킨스 의대의 설립은 과학과 의학교육의 통제 강화에 대한 새로운 접근을 상징했다. 1901년에 별 영향력이 없었던 기존의 미국의료협회가 "과학적 의학을 육성하고 …… 공화국의 사회적, 정치적 생활에서 의료전문가들의 권력을 강화한다"는 분명한 의도를 천명하면서 재조직되었다(Numbers, 1985: 191).

하지만 불과 20세기 초반에는 내과의사들의 '정통파' 다수가 의료행위에 대한 면허를 발급하는 주 단위 동맹(state-by-state alliances)을 결성했으며, 그 동맹 외부의 개업의들을 가짜 의사(quacks)로 배제했고, 의과대학의 수를 제한했다. 1888년 제프리의 '재확립' 선언에 호응하여 내과의사들 중 엘리트는 의료전문직을 그들 자신의 이미지로 새롭게 만들기 위해 분투했다. 이 노력의 핵심에는 의학교육에 관한 아브라함 플렉스너(Abraham Flexner, 1910)의 유명한 보고서가 작용하고 있었다. 그는 19세기에 전문 보건서비스에 대한 수요증가와 더불어 크게 늘어났던 민간 의과대학의 해체를 강력하게 주장했다. 미국 외과대학[The American College of Surgeons, 외과의사들의 임상회의(Clinical Congress of Surgeons)로서 1910년에 설립됨]은 과학적 의료서비스와 내과의사의 통제를 촉진하기 위해 병원들에 대한 등급체계를 확립했다. 교도소나 수용소보다 호텔을 조직모델로 삼아 병원 경영자들과 이사회들은 빈민층을 위한 자선활동에 치우쳤던 기존 활동방식에서 탈피하여 가정방문치료를 받아왔던 부유층 환자들을 적극 받아들이기 시작했다. 비슷한 시기에, 신경정신과 의사들은 (그들의 사촌격인 내과전문의보다 덜 성공적이긴 했지만) '정신병원'을 설립하여 최고의 과학적 수단을 활용하여 치료 가능한 정신질환자의 확인·진찰·치료에 중점을 두었다(Rothman, 1980: 324~335).

비슷한 입장에서 미국의료협회(American Medical Association)는 주요 제약업체들과 미국 정부와 투쟁을 벌여 궁극적으로 내과의사들에게 의약처방에 관한 실질적 통제권을 부여하는 표준규약과 협정을 제정했으며, 그 결과 미국 약사들의 자율성, 역할 범위, 그리고 권위가 크게 약화·위축되었다. 의사들은 노동과 관련된 장애(통신기사의 경련, 소음으로 인한 청력 상실, 그리고 석탄광부와 면방직 노동자들의 폐병과 같은)에 대해 경제적으로 중요한 판정·진단·치료를 담당하는 핵심 주체가 되기도 했다(Dembe, 1996)[찰스 틸리(Charles Tilly)는 공장에서 보리 삽질노동을 하던 중 숨이 차서 고통스러워하면서 그 공장의 내과의사이기도 했던 가정주치의에게 달려갔는데 난처해하던 그 내과의사로부터 그 장애가 직무와 아무런 관계도 없는 알레르기 탓이라는 얘기를 들었을 때 그가 느꼈던 분노를 아직도 생생하게 기억하고 있다]. 의사들은 이전에 이사(trustees), 일반 행정가들, 그리고 감독간호사들이 좌지우지했던 병원 행정을 자신의 방식으로 이끌어갔다. 병원의 위계구조에서 남성이 여성을 대체했던 것이다. 척추교정지압요법사들(chiropractors), 심리학자들, 검안사들(optometrists), 접골사들(osteopaths), 물리치료사들, 특허약 판매상들, 그리고 다양한 치료사들이 계속해서 환자들을 더 많이 상대하고 있었지만, 남성 의학박사(M.D.)가 주도하는 비교적 통합된 의료시설이 공공정책을 지배하기 시작했다.

이제 내과의사들은 새로운 시설의 포로가 되지 않으면서 그 시설들을 어떻게 이용할 수 있을까 하는 딜레마에 직면했다. 수십 년간 그들은 3단계 전략을 이용하여 자율성을 유지했다.

첫째, 병원에서 근무하면서 훈련받는 의사들(인턴과 레지던트)의 활용. 둘째, 하급 의료노동자들 중 상위서열에 있는 자들에 대한 일종의 책임 있는 전문직의식(professionalism)의 고취. 셋째, 비록 전문적으로 훈련을 받았다 해도, 의사의 경제적 지위나 권위에 도전하지 않는 여성을 보완적 역할에 채용하기(Starr, 1982: 220~221).

과학과 서비스의 신비로운 분위기 덕분에 영향력 있는 의사들은 하급의 준전문가들과 보조원들을 설령 금전적 보상 없이도 의료전문가 정신으로 통합하는 충성체계를 구축하기가 훨씬 쉬워졌다. 예를 들어 간호업무는 내과의사의 헤게모니와 대립하며 발전했다. 미국의 간호업무는 학생들이 병원 부설학교에서 숙련을 익히는 체계를 통해 전문직화되었다. 간호사들은 매우 낮은 비용과 엄격한 시간규율하에서 환자들에게 개인적인 간호서비스를 제공했다. 1873년 3월부터 제1차세계대전 시기까지 병원 부설 간호사 훈련학교의 수가 약 1,600개로 증가했다(Baer, 1990: 462). 공인간호사들은 개별 가정과 계약을 체결하여 서비스를 제공하거나, 보다 드물게는 공공보건시설 종업원으로 또는 부유한 병원환자들의 개인전속 간호사로서 활동했다. 그래서 감독직을 맡고 있는 일부 공인간호사들의 협조를 얻어 병원 행정가들은 순응적이며 헌신적인 저임금 노동력으로 활용할 수 있었다.

이러한 변화를 통해서 내과의사들은 번영했고, 의사들은 더욱 빈번하게 맹장염(appendicitis)과 편도선염(tonsillitis) 같은 내부질환을 수술대상으로 전환했으며, 의료행위가 자본화되었고, 보험회사들은 의료서비스정책에 직접적으로 개입하기 시작했으며, 병원들은 부자와 빈자 모두를 치료하는 장소가 되었다. 반면에 다른 개업의들은 주변적이고 종속적인 위치에 놓이게 되었다. 예를 들면 조산사들은 의사들과의 격렬한(일부에서는 부도덕하다고 묘사하는) 경쟁에서 그들의 지위를 상실했다. 조산사들은 1900년에 전체 미국인 출산의 약 절반을 담당했지만, 1930년에는 출산의 약 15%만을 차지했다. 그러한 흐름은 지속되어 1973년에 이르면 조산사들은 신생아의 1%도 분만하지 못했다(Litoff, 1978: 27, 58, 114; Kobrin, 1985 참조). 그때까지 신생아 출산과 관련한 두 가지 변동이 일어났다. 내과의사들이 분만과정을 감독하게 되었을 뿐 아니라 여성들이 점차 병원에서 출산했던 것이다. 수십 년간 내과의사들의 전략이 크게 주효하여 이들은 고소득, 광범한 자율성, 그리고 상당한 정치권력을 획득했다.

그러나 1930년대의 대공황을 맞이하여 미국 보건의료가 새로운 변화를 겪으면서 점차 국가와 대형 보험회사들의 역할이 확장되는 한편 내과의사들의 전략들은 위협받게 되었다. 미국 자본주의의 일시적인 붕괴는 빈민층의 의료비용을 부담해주는 새로운 공공복지 프로그램을 낳았다. 또한, 대공황과 전쟁 기간은 병원 중심의 보험제도, 특히 블루크로스(Blue Cross, 역자주: 미국의 비영리 건강보험조합)에 유리한 환경을 제공하기도 했다. 공인간호사들은 개별 가정에서 벗어나 팽창하는 병원으로 이동했고, 임상 간호사들, 간호보조들, 간호병들, 잡역부들 그리고 학생들에 대한 지휘를 포함한 전문직의 통제틈새(control niche)를 구축했다. 제2차세계대전 종료와 더불어 막강한 권력을 행사하던 보훈처(Veterans Administration)는 그 의료혜택을 정부설립 병원에 집중했다. 미국의료협회는 노조들과 다른 사회단체들이 요구했던 국민건강보험의 도입을 저지했다. 그러나 제정된 다른 법에 의해 전국에 걸쳐 많은 정부기금이 지역공동체 병원들의 건립에 지원되었다(이후에는 다른 지역 보건시설의 지원으로 확대됨).

국민보건기구(National Institutes of Health, 1930년에 설립되었으며, 말라리아, 이질, 임질, 그리고 여타의 군대위생문제들에 관한 전시 연구활동을 모델로 하여 1946

년에 크게 확대됨)를 통해 전후 정부는 임상 내과의사보다 연구자들이 보다 중요시되는 의학영역을 창출했다. 그 사이에 전국암협회(National Cancer Society)와 같은 주요 비영리조직들은 의료서비스 개선보다 자본집약적인 연구활동을 더 강하게 요구했다. 아마도 의료서비스에서 가장 큰 변화는 정신질환자들에 대한 것이었다. 미국은 수용시설에서의 장기 감금에서 벗어나 전기충격, 지역 정신건강클리닉, 광범한 외래환자 서비스, 정신장애 노인들의 요양소 설립, 그리고 환자 안정화를 위한 약물치료와 같은 수단들을 이용하는 집중적인 단기개입의 방향으로 획기적으로 선회했다.

대기업 경영진과 노동조합(때때로 독자적으로, 때때로 마지못해 하는 협력으로) 양쪽 모두 노동자들에게 건강보험을 제공하는 데에 간여했다. 존 엘 루이스(John L. Lewis)의 전미광산노조가 종종 그 변화 방향을 선도했다. 1965년에 사회보장급여 수급자를 위한 메디케어(Medicare)와 공공복지 수급자를 위한 메디케이드(Medicaid)의 설립으로 정부는 대규모로 그리고 때때로 직접적으로 의료서비스에 대한 비용을 부담했다. 미국의료협회가 (소비자가 내과의사에게 직접 지불하는) 행위별 수가제도를 지키고자 엄청나게 노력했음에도 불구하고, 조직적·재정적 변화와 아울러 정부와 의료자본의 협력이 강화됨에 따라 점차 독립적인 의사들의 지위는 약화되었다. 실제로 1970년대에 오랫동안 보호적 태도를 취했던 미국 정부는 조직된 내과의사들을 반대하는 독점금지조항(antitrust action)을 채택하기 시작했다. 1987년에 교정지압전문가들(chiropractors)에 대항하는 내과의사들의 음모를 발각했을 때 미국 지역판사인 수잔 게첸다너(Susan Getzendanner)는 다음과 같은 판결을 내렸다.

셔먼법(Sherman Act)에 따르면, 거래를 제한하기 위한 모든 담합이나 음모는 불법이다. 법정은 미국의료협회(AMA)와 그 회원들의 행위가 다음과 같은 사실에 입각하여 거래제한에 해당된다고 판단했다. 보이콧(boycott)의 목표는 교정지압전문가를 제거하기 위한 것이다. 교정지압전문가들이 일부 내과의사들과 경쟁관계에 있다. 보이콧은 실제로 경쟁을 방해하는 효과가 있다. 그리고 고소인들은 그 행위결과로 피해를 입었다(Wolinsky, 1993: 20).

같은 판결에서 게첸다너 판사는 미국의료협회가 환자의 건강을 위한 순수한 염려에서 그러한 행동을 했다는 것을 증명함으로써 자신들을 방어할 수 있을 것이라고 지적하고 있기는 하나, 이 판결문은 50년 가까이 정부와 내과의사들 간에 유지되어온 우호적 분위기와는 극명하게 대조적인 것이었다.

　의료자본의 집중으로 내과의사들은 경제적 이익을 위해서뿐 아니라 단체행동의 토대로서 집단적 의료행위와 병원 소속이 더 매력적이라는 생각을 가지게 되었다. 그들의 전문직종협회가 전국적인 영향력을 상실하게 됨에 따라, 내과의사들은 지역 수준의 협상을 위해 단결했다. 지역 수준에서도 의사들은 경쟁에 직면했다. 최근 수십 년간 병원행정가들[전문의사(M.D.)든 아니든 관계없이]은 고용 내과의사들의 권한과 자율성을 통제하기 위해 적극적으로 활동해왔다. 직접적인 경쟁과 재정적 영향력을 통해 급속히 성장한 건강보장기구(HMO)는 역으로 병원들에게 비용감축, 치료서비스 제한, 그리고 직원 규율강화를 요구하는 강한 압박을 주었다.

　투쟁은 계속되고 있다. 내과의사들은 노동자(비록 그들의 노동조건이 특권화되어 있기는 하더라도)로서 노조조직화를 시도하려는 사람들과 자신들의 서비스 제공에 대한 고전적인 전문직의 통제를 신뢰하는 사람들로 점차 양분되고 있다. 건강보장기구에 채용된 일부 전문의사들은 치과·내과의사연합(the Federation of Physicians and Dentists)을 통해 노조를 조직함으로써 다른 의료 전문직 종사자들과 간호사들의 예를 따르기 시작했다. 1996년 애리조나 주 투산(Tucson)에 소재하는 토마스-데이비스 메디컬센터(Thomas-Davis Medical Centers)의 내과의사들은 영리를 추구하는 HMO 소속의 의사들로서는 처음으로 노조지부를 결성했다(Adelson, 1997: 35). 하지만 전문직종 조직들은 반대 방향으로 움직이고 있다. 관리의료의사들(managed-care doctors, 역자주: 특정 집단에 대해 도급방식으로 의료서비스를 제공하는 의사들) 사이에 조직화 관련 논의가 등장하자, 미국의료협회 집행위원회는 협회의 반대의사를 다음과 같이 전달했다. "만약 그들이 도전을 받는다면, 우리는 그들을 지킬 것이다. 당신들이 자신을 보호하기 위해 노조를 만들 필요는 없다. 만약 그렇게 한다면, 전문직 가치들이 목표가 아니라고 인식되는 위험에 처하게 될 것이다"(Adelson, 1997: 36).

1990년대 동안 내과의사들의 개인소득이 정체됨에 따라 미국의료협회는 의사들의 '과잉공급'에 대해 지적하면서 미국 정부가 의료시설, 특히 해외에서 훈련받은 내과의사들을 충원하는 의료시설에 대한 지원을 감축할 것을 권고하기 시작했다(Holden, 1997: 1571).

내과의사들이 사라지거나 빈곤에 처하게 되는 것은 아니다. 1990년에 내과의사와 외과의사들은 전체 의료서비스 산업 종사자 970만 명 중 약 5.6%에 해당하는 약 54만 7,000명에 이른다. 미국인들은 여전히 자주 진료를 받기를 원한다. 최근 추산에 따르면, 미국에서 1991년과 1992년에 연평균 총 7억 1,500만 명이 내과의사의 진료를 받아, 1인당 내과의사를 연간 2.9회 방문하는 것으로 나타났다〔Schappert, 1995: 3, 같은 기간에 미국인들은 추가로 6,250만 명이 병원의 외래진료과들을 방문했다(Lipkind, 1995)〕. 연간 100명 단위기준으로 환산하면, 그 의료 분야별 방문회수는 다음과 같다(Schappert, 1995).

| | | | |
|---|---|---|---|
| 일반진료와 가족진료 | 76.8 | 일반외과 | 9.1 |
| 내과 | 40.6 | 이비인후과 | 8.4 |
| 소아과 | 34.1 | 정신과 | 7.1 |
| 산부인과 | 25.0 | 비뇨기과 | 5.5 |
| 안과 | 17.5 | 심장질환(과) | 5.3 |
| 정형외과 | 14.8 | 신경과 | 2.9 |
| 피부과 | 11.7 | 기타 전문과 | 27.3 |
| 총방문자 | 286.3 | | |

대다수의 내과의사들은 점차 보험회사와 건강보장기구로부터 지급받는 수가가 늘어나기는 하지만, 여전히 제공한 의료서비스행위별로 수가를 지급받고 있다.

미국에서 보건의료부문은 한 가지 중요한 측면에서 석탄광업을 닮았다.

석탄산업의 다른 분야에서 대대적으로 프롤레타리아화가 진행되고 있었지만, 채탄노동자들은 기둥방생산방식, 채탄량기준 지급방식, 그리고 노동절차에 대한 실질적 통제권을 보유함으로써 오랫동안 자율성을 유지했다. 비슷하게, 대다수 보건의료 분야가 심각하게 자본집약적인 조직으로 전환되어 그 조직에 있는 많은 노동자들이 엄격한 시간규율하에서 저임금 노동을 수행했던 반면, 미국의 의사들은 행위별 수가제도를 유지하면서 번영을 누렸다. 대다수의 의료부문 노동인구는 결국 의사들이 아니라 청소부들, 간호보조원들, 학생들, 사무직원들, 조리사들, 구내 운반인들, 음식 운반인들, 세탁노동자들, 수위들, 그리고 다른 하급 노동자들로 구성되고 있는 것이다. 의료노동은 석탄광업과 중요한 차이점을 갖고 있다. 1930년대 미국의 노동권 입법은 농업을 제외한 것처럼 일반적으로 보건의료 노동자들을 배제했다. 병원에서 복잡한 직무사다리와 높은 대체인력 비율에 의해 노조조직화와 단체행동의 전망을 더욱 어둡게 했다.

전문직화된 간호사와 기술자들조차 대부분 의사들보다 낮은 봉급을 받고 그들의 권위에 복종해야 하는 존재로 고정되어 있었다. 20세기에 걸쳐 간호사들 ― 병원 간호학교와 대학교육과정의 졸업생들뿐만 아니라 임상 간호사들과 간호보조원들 ― 은 실제로 직접 돈벌이를 위한 보건의료서비스를 제공했다. 간호사들의 노동은 주로 병든 몸을 돌보는 것이다. 식사 제공하기, 청소하기, 감시하기, 약품 투여하기, 불만처리하기, 정신적으로 지원하기, 그리고 환자 임종을 지켜주기 등이 그에 해당한다. 사무업무와 첨단기술 치료가 늘어났음에도 불구하고, 사람 신체에 대한 보살핌은 간호노동의 핵심으로 남아 있다. 간호사들에게 20세기의 거대한 변화는 기술이 아니라 고용조건과 관련되어 있었다. 첫째, 제2차세계대전을 전후하여 공인간호사들은 직무별 계약방식(가정이나 병원에서 소위 '개별 의무'로 제공되는)에서 병원에의 직접고용이라는 중요한 변화를 경험하기 시작했다. 그에 앞서 간호학교 학생들은 이미 종합병원에서 주요 간호업무를 수행하고 있었다. 둘째, 간호활동이 다양한 수준과 전문영역들로 차별화되었으며. 공인간호사들은 환자-내과의사-하급 노동자들-병원

경영진 사이에 상급자와 중개인으로서의 역할을 담당했다. 셋째, 간호노동 그 자체가 점점 더 기계화된 보살핌과 기록보관을 포괄하게 되었다. 따라서 간호 숙련의 일반성, 즉 간호사의 대체 가능성이 크게 감소했다.

간호사들은 조직적 영향력의 증대를 자신의 임금과 권력으로 단지 점진적으로 반영시켰다. 캘리포니아 주의 산타클라라 벨리(Santa Clara Valley)에 근무하는 한 간호사는 자신의 이력을 다음과 같이 회고했다.

나는 1951년 샌프란시스코에 있는 성 마리 병원(St. Mary)에서 일을 시작했다. 그 당시에는 급료에 대해 질문조차 할 수 없었다. 나는 아무 수당도 받지 못했다. 나는 월 155달러를 받았고 사회보장 혜택은 전혀 없었다. 1960년 이혼한 후에, 나는 두 명의 자녀를 돌봐야 했으며 월 320달러를 벌고 있었는데, 간호보조원보다 불과 90달러가 많았다. 우리는 연장근로수당과 휴일수당이 없었다. 우리는 6주나 7주에 한 번씩 주말에 쉴 수 있었다. 그리고 우리는 전혀 존중받지 못했다. 우리는 서비스를 제공하기 위해 거기 있었고, 우리 자신이 서비스 그 자체였다. 나는 의사에게 내 의자를 양보하지 않았기 때문에 시말서를 작성했던 것으로 기억된다. 우리는 1965년 최초의 단체협약을 체결했다. 그때부터 상황이 바뀌기 시작했다(Johnston, 1994: 117~118).

1960년대 이래 보건의료의 거대한 팽창 속에서 간호사와 다른 병원 노동자들은 수십 년간의 정치적 수동성에서 벗어나서 파업을 하고 조직을 결성하기 시작했다. 병원들, 요양소들, 그리고 비영리 자선조직에서부터 대기업에 이르기까지 그들의 조직화가 활발하게 전개되었다. 간호사들과 다른 의료 전문직 종사자들에 대한 이러한 변동은 공공부문과 민간부문 간의 분열을 초래했다. 공공부문 종사자들은 그 전문성과 무관하게 다른 공공부문 종사자들과 협력하여 보다 쉽게 조직화되는 경향을 보이는 반면, 민간부문 노동자들은 기업의 경계를 넘어서 전문분야별 노동시장을 중심으로 조직화되는 경향을 보였다.

그러는 동안, 제약업은 전면적으로 재조직화되었다. 대형 제약회사들과 유전학 관련 기업들은 그들의 수익성에 중대한 변화를 안겨준 AIDS나 암 치료약의 정부인가를 얻어냄으로써 보건의료 분야에 주요 행위자로 등장했던 것이다. 체인점들이 수천 개의 소규모 약국들을 대체·흡수했다. 소매약국의 약사들(대체로 남성이며, 때때로 소유주·운영자로서 일하는 데 상당한 자율성을 갖고 있는)과 병원 약사들(주로 여성이지만 내과의사들에게 엄격하게 복속되어 있는) 간에 존재했던 이전의 균형이 변화하여 소매약국이 빠르게 여성화되었고, 포장약품들의 판매비중이 점차 증대했으며, 점점 더 많은 약사들이 대형약국의 종업원으로 편입되었고, 병원들은 첨단기술의 약조제를 위한 거점이 되었다(Higby & Gallagher, 1990; Tanner & Cockerill, 1996).

최근 수년 동안에 병원들은 비슷하게 중요한 변화를 경험해왔다. 병원들과 보건의료 서비스기관들이 점차 대기업화되고 있다. 전국 의료지출이 1980년의 2,500억 달러에서 1990년에는 6,500억 달러로 증가했다(Light, 1993: 74). 보험회사들과 연방정부(특히 메디케어와 메디케이드를 통해)가 비용을 삭감하도록 압박하면서, 영리추구의 병원기업들이 그 무대의 점점 더 많은 비중을 차지하고 있다. <표 3-1>에 제시된 바와 같이 최근 수십 년을 거치면서 미국 병원들의 수와 침상 수가 감소하고 있는 반면, 고용은 증대하고 있다. 1975년에 미국병원협회(American Hospital Association) 조사에 응답한 병원들은 평균적으로 훈련생(2명의 반일제=1명의 전일제)을 포함한 435명의 전일제에 상응하는 노동자들를 고용하고 있는 것으로 보고했다. 1990년까지 그 숫자는 624명으로 늘어났다. '전일제에 상응하는 노동자(full-time equivalents)'의 증가 비중은 주로 파트타임 노동자로 채워졌다. 파트타임 노동자들은 1979년에 전체 병원 노동자의 25%였으나 1990년에는 29.4%로 늘어났다(USDHHS, 1993: 8). 파트타임 노동자들의 부가급여비용이 매우 낮고, 병원 행정가들이 식당서비스와 같은 업무들을 점차 외주하도급으로 전환했으며, 그리고 설비비용이 크게 점증했기 때문에, 같은 기간에 병원예산에서 노동비용의 비중은 지속적으로 감소했다(USDHHS, 1993: 8).

반면, 병원들은 그 서비스의 초점이 장기 간호에서 단기 진료로 이동함에

<표 3-1> 미국 병원들과 종사자 구성(1975~1990)

| 연도 | 개수 | | | 전일제 종사자 수 | | | |
|---|---|---|---|---|---|---|---|
| | 병원 | 침상 | 내과의사,<br>치과의사 | 공인<br>간호사 | 유면허<br>임상간호사 | 그 외<br>봉급종사자 | 총 종사자 |
| 1975 | 7,156 | 1,465,828 | 54,712 | 510,118 | 239,949 | 2,217,818 | 3,022,597 |
| 1982 | 6,915 | 1,359,783 | 53,968 | 744,304 | 267,535 | 2,892,864 | 3,958,671 |
| 1990 | 6,649 | 1,213,327 | 63,775 | 895,324 | 197,843 | 2,906,346 | 4,063,288 |

자료: American Hospital Association, *Hospital Statistics* (Chicago: American Hospital Association, 1979, 1983, 1991~1992 editions).

따라 전문직 종사자들 — 특히 공인간호사들 — 을 계속해서 증가시켰다. 내과의사와 치과의사 대비 공인간호사들의 비율은 1975년의 1:9에서 1990년 1:14로 증가함과 동시에 간호를 위한 교육의 필요성도 증가했다. 병원들은 업무를 내과의사로부터 간호사에게로 이전함으로써 경비를 절약하게 된 한편, 간호사들은 확대된 책임감과 권력을 얻게 되었다. 아울러, 공인간호사들과 하급 간호서비스 제공자들(예: 임상간호사들) 사이에 전문직업으로서의 구분이 분명해졌는데, 그 하급 간호 종사자들은 일반적으로 인종, 민족성, 또는 국적에 있어 공인간호사와 달랐다(Glazer, 1991). 그러나 관리의료가 보건의료부문을 휩쓸게 되면서 비용절감의 압력이 전문직 고용의 증가추세를 상쇄하거나, 조만간 역전할 것으로 보인다. 이러한 경향의 한 조치로서 병원들이 선임 의사들과 간호사들을 적극적으로 강등·해고하는 경우가 증가했다(Rosehthal, 1997). 보건의료 노동자들이 미국 동등고용기회위원회(U.S. Equal Employment Opportunity Commission)에 제소한 연령차별 진정사건이 1989년 500건에서 1994~1996년의 기간에 1,000건으로 배증했으며, 다양한 이유로 해고된 사람들의 일화가 넘쳐났다. 비용삭감의 맥락에서 급여를 비교해보면 그러한 해고가 쉽게 이해될 수 있다. 선임 간호사들은 연간 7만 5,000달러 이상을 받을 수 있지만, 신참 공인간호사들은 그 절반의 급여를 받았다.

미국 병원들이 점차 자본가적 성향을 갖게 되면서, 그들은 국제적인 기준에서 독특한 자산을 보유하고 있다. 로즈마리 스티븐스(Rosemary Stevens)에 따르면 다음과 같다.

> 1960년대 미국에 도착했을 때, 나는 미국의 병원과 보건의료체계를 나의 조국인 영국과 비교하면서 부자연스러운 인상을 받았다. 영국에서 대부분의 병원들은 잘 정비된 국민보건서비스 체계 안에서 정부기구가 소유하여 운영하고 있으며, 서비스는 소득에 관계없이 이용가능하고 대부분 무료이다. 또한 의료 기술이 훨씬 덜 강조되고 있다. 그리고 서비스를 받기 위해 기꺼이 대기하는 것이 영국에서는 자연스러운데, 미국인들은 이를 참지 못하는 것 같다. 대조적으로, 미국의 종합병원들은 다양한 후원을 받으며 운영된다. 영국인의 눈으로 보았을 때, 그들은 사치스럽고 심지어 과도할 정도의 건물을 짓고 비싼 장비를 갖추고 있다. 병원행정의 많은 업무가 환자에 대한 비용청구절차와 영업사무소를 운영하는 것에 집중되어 있다. 그러나 이상하게도 여러 자료에 따르면 병원의 자원봉사자들이 영국보다 미국에 훨씬 더 많다(Stevens, 1989: 5).

스티븐스는 온건하게 사회화된 유럽의 의료체계에서 전형적으로 자본주의적인 미국 의료체제로 이동해온 것이다.


## 경향과 차이

<표 3-2>는 면방직, 광업, 그리고 보건의료 부문의 노동인력에 있어 최근 추이를 정리한 것이다. 미국에서 가용한 '광업' 인력규모에 따르면 현재 대략 석탄광부들이 전체의 1/3, 석유나 천연가스의 노동자들이 2/3를 차지하고 있다. 그리고 '섬유산업'은 면방직을 비롯한 모든 직물을 포함한다. 그렇다 하더라도 1990년까지 보건의료의 노동력 규모는 광업에서 감소하는 노동력의 10배, 섬유산업 종사자의 12배를 넘어서고 있다. 광업과 섬유산업은 한때 미국의 주요 산업이었지만, 자본투자와 해외수입의 증가에 따라 지속적인

<표 3-2> 미국의 광업, 섬유산업, 보건의료업 종사자들의 직업 분포(1980, 1990)

(단위: %)

| 직업 | 광업 1980 | 광업 1990 | 섬유산업 1980 | 섬유산업 1990 | 보건의료업 1980 | 보건의료업 1990 |
|---|---|---|---|---|---|---|
| 관리직 | 8.78 | 10.04 | 5.21 | 6.75 | 4.79 | 7.61 |
| 전문직 | 7.10 | 6.93 | 1.67 | 2.12 | 30.05 | 33.35 |
| 기술직 | 3.22 | 15.44 | 1.47 | 2.10 | 12.50 | 12.95 |
| 판매직 | 1.00 | 11.40 | 1.51 | 1.91 | 0.37 | 0.48 |
| 행정지원직 | 10.55 | 8.59 | 9.61 | 9.77 | 17.04 | 16.32 |
| 서비스직 | 1.71 | 1.52 | 2.74 | 2.35 | 31.42 | 26.06 |
| 농업 등 | 0.07 | 0.08 | 0.06 | 0.07 | 0.13 | 0.11 |
| 숙련공 | 41.37 | 26.04 | 15.01 | 14.27 | 1.98 | 1.71 |
| 기능공 | 4.52 | 3.78 | 52.60 | 51.53 | 1.18 | 0.85 |
| 운송직 | 15.50 | 12.81 | 2.77 | 2.65 | 0.31 | 0.36 |
| 노무직 | 6.18 | 3.39 | 7.34 | 6.47 | 0.23 | 0.19 |
| 총계 | 100.00 | 100.00 | 100.00 | 100.00 | 100.00 | 100.00 |
| 종사자 수 | 1,028,178 | 891,406 | 946,423 | 780,784 | 7,250,465 | 9,677,355 |

자료: U.S. Bureau of Census, Occupation and Industry, SSTF-24. CD-ROM, 1990 Census of Population, 1995.

고용감소를 경험해왔다. 그럼에도, 세 산업은 상이한 직업구성 특성을 보이고 있다. 광업에서는 관리자, 판매 및 기술직 노동자(기술직 노동자는 석탄채굴의 근본적 변화보다는 석유·천연가스의 점증하는 지배력을 반영함)가 증가하고, 숙련노동자와 운송노동자는 감소하고 있다. 1990년까지 숙련노동자들은 광업의 전체 종사자의 1/4 이상을 차지했다. 섬유산업에서는 비슷하게 관리자의 비중이 증가하는 동안에도 기능공들(특히 섬유기계공들)이 여전히 이 산업의 전체 노동력의 절대 다수를 구성하고 있다.

최근의 가장 큰 변화들은 병원 안팎의 보건의료부문에서 일어나고 있다. 관리자들의 상당한 증가, 전문직·기술직 노동자들의 지속적인 증대, 서비스노동자의 감소, 그리고 정보시스템의 자동화에 따른 행정지원(인력)의 소폭 감소가 그에 해당된다. 보다 자세한 실태를 살펴보면, 공인간호사들이 유면허 임상

간호사들을 현저하게 대체하고 있으며, 내과의사보다 간호사들이 훨씬 빠르게 증가했다. 병원에서, 그리고 요양원이나 가정간병과 같은 비진료시설에서 공인간호사들은 점차 보건의료 노동력의 핵심 범주가 되고 있다. 지금까지 남성이 간호업무에 거의 진입하지 않았으며, 그 결과 보건산업은 최근 수십 년간 전반적으로 상당히 여성화되어왔다. 그럼에도 불구하고 이 성장 산업은 현재 매우 다양한 노동자들을 포괄하고 있다. 예를 들어 1990년에 520만 명이던 병원 노동자들에는 1만 7,124명의 컴퓨터 전문가들, 7,554명의 유전·생명공학자들, 5만 9,446명의 호흡기치료사들, 1만 7,514명의 산업재해 치료사들, 3만 8,465명의 물리치료사들, 5,756명의 도서관사서들, 5만 4,188명의 사회복지사들, 3만 6,207명의 경비·청원경찰들, 5만 1,827명의 조리사들, 6만 3,097명의 건물관리인들, 836명의 사무서기들, 144명의 음악가·작곡가들, 1,844명의 사진사들, 1,338명의 변호사들, 1,058명의 홍보전문가들, 2,664명의 경제학자들, 1,345명의 통계학자들, 그리고 대략 80명의 사회학자들이 포함되었다(1990 Census of Population SSTF-14, Occupation and Industry).

1800년 이래 면방직, 석탄채굴, 그리고 보건의료는 상당한 범위의 노동을 포괄해왔다. 그들은 활동, 생산물, 공간, 그리고 시간에 걸쳐 다양성의 한 영역을 잘 보여주고 있다. 그들의 역사에서 면직물의 가족 생산으로부터 20세기 간호사들의 전문직업화에 이르기까지 매우 다른 조직원리가 나타나고 있다. 각각의 사례에서 우리는 어느 한 시점에서 노동의 조직방식이 다음 시점에서의 실현가능성을 제한하는 강력한 역사적 효과를 관찰하게 된다. 한때 미국의 내과의사들은 자신들의 독점, 이를테면 고소득 유지, 자율성, 그리고 수십 년간의 치료방식이었던 행위별 수가 방식을 지키기 위해 국가의 지지를 얻으려고 애를 썼다. 기술 변화가 세 산업 모두에서 — 동력직기, 지하굴착기기, 그리고 세균학이 면방직, 석탄, 그리고 보건의료 부문 각각에 엄청난 변화를 안겨주었음 — 확실히 두각을 나타냈지만, 역사를 통해 우리는 가용한 기술의 채택-활용-효과를 둘러싼 끊임없는 전략적 상호작용을 살펴볼 수 있다.

세 산업은 다양한 수준의 자본집약도를 보여준다. 면방직 부문에서는 공장과 기계설비에 대한 대량의 초기투자가 이루어진 이후 비교적 안정적인 수준을 유지해왔고, 석탄채굴(특히 지하채굴 부문의 경우)은 최근 노천채굴과 굴착기계로 옮겨가기 이전까지는 노동집약적이었으며, 보건의료는 컴퓨터단층촬영(CT scans)과 진단컴퓨터 프로그램의 보급에도 불구하고 지금까지도 인간의 노동이 강조되고 있다. 따라서 이들 산업은 우리가 설명하려는 '노동'의 다양성을 이해하는 데 도움을 준다. 생산이 수행되는 노동조직의 뚜렷한 차이점들, 다양한 생산자 집단에 대한 통제와 동기부여의 상이한 체계들, 노동자 채용과 보유의 다양한 방법들(한때 석탄채굴 부문의 특성이었던 가족계승으로부터 보건산업의 상위계층에 지배적인 전문직업 학교교육과 관료적 직무배치에 이르기까지)이 그에 해당된다. 면방직, 석탄채굴, 그리고 보건의료 부문은 이 책의 나머지 장들을 위해 두 가지 난제를 던져주고 있다. 첫째는 우리가 어떤 종류의 차이점들을 설명해야 하는가를 구체화하는 것, 둘째는 노동조직의 변화와 다양성에 대한 설득력 있는 설명을 제시하는 것이 그것들이다.

# 제4장 분석틀

## An Analytical Frame

무엇이 문제인가?
노동관계(work relationship)의 분석단위들
노동의 특성과 변이의 원인들

## 무엇이 문제인가?

면방직, 석탄채굴, 보건의료의 역사가 보여주듯이, 자본주의적 노동과 노동시장에 관한 적절한 이론이라면 아래와 같은 질문들에 대해 일관되며, 타당하고, 검증가능하며, 명확하고, 절제된 답을 제시해야 한다.

1. 왜 노동자들은 그들의 노동에 대해 노력과 지식 그리고 열의를 보이는 정도가 다른가?
2. 특정한 노동 상황에서 다음 항목의 상대적 우위를 결정하는 요인이 무엇인가? ① 가내생산이나 다른 소상품생산, 비공식경제와 반대되는 것으로서 노동시장의 활용, ② 외부노동시장에 비해 내부노동시장을 통한 채용, ③ 감독과 보상의 상이한 체계들, ④ 구매, 하도급, 생산감독
3. 어떠한 요인들이 특정 직무들의 범위와 내용, 보수를 결정하는가?
4. 무엇이 범주별로 선발·채용, 승진, 퇴출을 결정하는가? 무엇이 분절된 노동시장에서 경계를 만들어내는가? 동일한 과정으로 이 둘을 모두 설명할 수 있는가?
5. 무엇이 상이한 노동자들의 임금과 여타 보수를 결정하는가? 왜 노동자들의

범주별(특히 연령, 성, 인종, 민족 등의 범주들)로 노동에 대한 보상이 다른가?

6. 무엇이 직업경력에서 다양한 개인별 궤적을 설명할 수 있는가?

7. 이러한 관계들과 유형들이 오랜 시간에 걸쳐 어떻게, 왜 변화해왔는가?

수세대에 걸친 이론과 연구에도 불구하고, 현존하는 이론 어느 것도 이 질문들에 만족스러운 답을 제공하지 못한다. 대체로 가용한 답들 — 신고전학파, 제도주의학파, 혹은 마르크스주의학파 — 은 두 가지 중 하나의 오류를 범한다. 한편으로 많은 모델들이 급진적인 개인주의를 선택하고 있다. 경쟁의 측면에서 그들은 의사결정을 하는 한 명의 고용주가 역시 의사결정을 하는 다른 한 명의 노동자와 대치하는 것을 분석하고, 그로부터 복잡한 논의를 이끌어낸다. 그런 분석 전략은 간결한 연구결과를 얻는 데는 유리하지만, 네트워크, 조직구조, 문화, 역사, 그리고 집단행동에 대한 진지한 고찰을 저해한다. 다른 한편으로, 난해한 사회분석을 제시하는 이론들은 언제나 협소한 연구물음에 초점을 맞춤으로써 다양한 노동 관련 현상을 이론화하는 특권을 방법론적 개인주의에게 넘겨준다.

개인주의 이론들과 대조적으로, 우리는 사회적 상호작용을 검토하는 것에서 시작하여 사회적 삶의 가변적인 구조 안으로 통합하려 한다. 또한, 우리는 노동세계의 많은 부분을 특징짓고 설명할 수 있을 만큼 충분히 포괄적인 분석 모형을 정식화하려 한다. 기존의 이론가들이 상호작용 관점에 대해 충분한 함의들을 검토하지 않았기 때문에, 이 장에서는 개념, 주장, 이론적 도식, 그리고 관련 변인들을 집중적으로 논의하기로 한다. 이로써 이후의 장들에서는 새로운 개념들과 분석틀을 설명할 필요 없이 논의를 진행할 수 있을 것이다.

이 장은 다음의 두 가지 내용을 포함하고 있다: ① 크고 작은 단위들을 포괄하는 노동관계(work relationship)의 핵심 분석단위들에 대한 검토(<그림 4-1>), ② 노동의 분석적 특성들과 이러한 특성들의 변이(variation) 원인에 대한 논의(<그림 4-2>). 분석단위에 대한 검토는 철저하게 관계에 초점을 맞춘다. 우리는 생산자와 사용가치 수령자(사용자)를 연결시켜주는 근본적 관계인 **거래**

| 거래 | 계약 | 역할 | 네트워크 | 조직 |
|------|------|------|----------|------|
| 노동거래 | 노동계약 | 직무/일자리 | | 기업 |
| | | | 위계구조 | |
| | | | | 직종단체 |
| | | | 시장 | |
| | | | | 노동조합 |
| | | | 산업 | |
| | | | | 노동공동체 |
| | | 교환관계 | | |
| 교환거래 | 교환계약 | | 연합 | |
| | | | | 가구 |
| 사회적 상호작용 | 사회적 연줄 | 가족구성원 | 이웃관계 | |
| | | | 우애관계 | |
| | | | 친족관계 | 국가 |

(세로축 레이블: 총 거래노동의 비중)

(transaction)에서 시작한다. 우리는 노동세계 밖의 거래를 단순히 사회적 상호작용이라 부른다. 노동계약들은 거래들의 조직된 축적이다. 비노동(nonwork) 영역의 축적된 관계를 **사회적 연줄**(social ties)이라 하는데, 계약의 일부 비공식적인 요소를 늘 갖고 있다. 노동자들과 가치 수령자들은 계약들을 **역할**(role)로, 혹은 가장 일반적으로는 일자리(job)로 알려진 역할 묶음으로 전환한다. 비슷하게, **가족구성원**(family membership)으로 알려진 역할도 일반적으로 노동거래와 비노동거래 모두에 관한 계약들을 포함하고 있다.

노동계약들은 **네트워크**(networks)로 결합된다. 노동에 기반하는 가장 두드러진 네트워크 형태는 **시장**(market)과 **위계구조**(hierarchies)이다. 산업들(industries)은 시장의 상류부문(upstream, 제품개발과 생산)과 하류부문(downstream, 역자주: 판매)에 대해 비슷한 관계를 유지하는 상호연계된 노동네트워크와 조직들을 일컫는다. **연합**(coalition)은 노동과 비노동의 경계를 넘어 확산되는 반면, **친족관계**(kinship), **우애관계**(friendship), 그리고 **이웃관계**(neighborhood)는 노동세계의 외부에서 사회적 연줄을 다양한 방식으로 서로 연결한다. 조직(organizations)

은 제한된 네트워크로서 그 안의 일부 행위자(agents)가 전체를 대표하는 권력을 행사한다. 노동 영역 안에서 기업들(firms), 직종단체들(trade associations), 그리고 노동공동체들(work communities, 예: 직종조합과 전문직 조직들)은 가장 두드러진 형태의 조직들이다. 노동조합(unions)은 노동과 비노동을 연결하는 교량역할을 한다. 반면에 가구(household)와 국가(state)는 노동과 교차하며 중요한 영향을 줄 뿐만 아니라 중요한 비노동 요소들을 갖고 있다.

우리는 노동의 상호작용을 특징짓는 주요 범주들을 상이한 축적 척도와 안정성 수준에 따라 개괄적으로 살펴보았다. 거래, 계약, 역할형태를 띤 특별 계약들, 생산네트워크, 그리고 조직이 그 범주들에 해당된다. 그런데 무엇이 이 범주들을 이끌어 가는가? 우리는 다음과 같이 제안한다.

- 생산자들, 그리고 특히 노동에 의해 생산된 가치의 수령자들은 품질(quality), 효율성(efficiency), 그리고 권력(power)을 목표로 추구한다.
- 노동계약들과 생산네트워크들은 수령자들의 목표를 만족시키는 방향으로 그 요구 충족을 위한 다양한 기제(mechanism)들을 구체화한다.
- 그러한 기제들 가운데, 인센티브 — 헌신, 보상, 그리고 강제 — 의 제공은 노동에 동기를 부여하고, 보다 폭넓게 노동을 조직하는 데 중요한 역할을 수행한다.
- 품질, 효율성, 권력에 대한 수령자들의 요구는 대안적 기제들의 활용가능성을 제한하며, 그로부터 유래하는 계약들과 조직들의 형태를 규정한다.

그렇지만 어느 한 시점에서 특정 계약 형태는 품질, 권력, 그리고 효율성을 위한 단기적 요구에 의해 확정된 산출물이 아니라, 오히려 문화적 틀 안에서 역사적으로, 상황의존적인 협상과정에 의해 결정된다.

<그림 4-2>는 이같이 난해한 명제들을 도식화한 것이다. 이들 명제들을 차례로 살펴보기 위해 한 명의 생산자를 한 명의 수령자와 연결하는 기본적인 노동계약으로 돌아가서 다음의 기본적인 문제에 대한 답을 찾아보기로 하자.

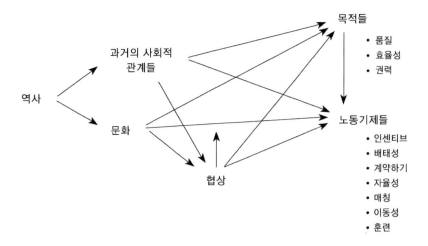

<그림 4-2> 노동 특성과 변이 원인들

목적들
· 품질
· 효율성
· 권력

과거의 사회적
관계들

역사

문화

협상

노동기제들
· 인센티브
· 배태성
· 계약하기
· 자율성
· 매칭
· 이동성
· 훈련

노동 생산물의 직접적인 수령자(R)가 생산자(P)로부터 어떻게 유용한 노력을 얻어내는가? R의 관점에서 보면, P는 문제의 과업을 학습하고 수행할 수 있는 능력과 자질뿐 아니라 그것을 수행하기 위한 물질적 수단도 가지고 있어야 한다. P의 관점에서 보면, R은 수행할 작업이 무엇인지, 그리고 그것을 어떻게 수행해야 하며 이를 위한 동기부여를 어떻게 제공할 것인지에 관한 정보를 제공해야 한다. 가변적이고 특수적인 형태를 띤 P와 R 간의 노동계약은 '어떻게'라는 질문의 요소들에 대한 답을 제공한다.

　<그림 4-2>는 연구물음에 대한 답을 찾기 위한 인과적인 설명도식을 예시하고 있다. 역사는 과거의 사회적 관계와 문화를 형성한다. 과거의 사회적 관계와 문화는 목적들과 노동기제들에 영향을 미친다. 협상은 문화와 노동기제들 간의 관계를 조정할 뿐만 아니라, 직접 특정한 노동기제들의 도입을 초래하기도 한다. 목적들은 노동기제에 영향을 미치지만, 그 자체도 협상에 의해 영향을 받는다. 앞서 면방직, 석탄채굴, 보건의료의 역사를 검토했을 때, 이 요소들을 언급하지 않은 채 이러한 설명논리의 세 가지 형태를 살펴보았

다. 이제, 그 요소들이 어떻게 작동하고 서로 부합하는지를 분명하게 제시하려 한다. 이 책의 나머지 장들에서는 모든 계약, 모든 직무, 모든 네트워크에 대한 다양한 인과적 설명을 되풀이하여 제시하고 있다.

## 노동관계(work relationship)의 분석단위들

### 노동거래와 인센티브들

홀로 일하는 노동자들도 존재하지만, 일반적으로 노동은 당사자들, 특히 생산자와 노동에 의해 증식된 사용가치의 직접 수령자들 간의 거래(transaction)에 의존한다. 거래는 당사자들이 알고 있는 정보와 재화의 상호 이전으로 구성된다. 적어도 어느 한 쪽의 노력을 통해 이전되는 요소에 가치가 증식될 때 노동 거래가 성사된다(물론 한 거래에서의 수령자가 종종 다음 거래에서 생산자가 되며, 또한 생산자들과 수령자들이 동시에 하나 이상의 거래에 참여하기도 한다). 제도주의 경제학자들이 주장하듯이, 모든 거래에는 약간의 비용이 소요되며, 상이한 형태의 거래들은 거래의 내재적 특성과 맥락과의 관계에 따라 다양한 수준의 비용을 지불하게 된다. 가장 분명한 사례에 해당하는 것으로서, 동일한 노동의 수행에 있어 친숙한 거래는 생소한 거래에 비해 일반적으로 학습이 덜 필요하고, 저항도 더 적으며, 더 많은 정보를 교환하기 마련이다. 거래비용(transaction costs)은 사업을 하는 데 드는 핵심 경비이다. 이러한 이론적 시각은 노동자들과 사용자들이 완전한 정보에 입각한 왈라시안(Walrasian) 협정을 체결한다는 명제에 대해 의문을 제기하며, 대개 사람들이 왜 그처럼 즉각 준비될 수 있는 차선책에 합의하는지를 설명해준다.

노동거래에서 사용가치의 이전은 강제, 비밀, 증여, 자격, 구매, 그리고 임금지불 등에 대한 여러 배합의 결과이다. 보다 일반적으로 거래는 세 종류의 인센티브, 즉 강제(coercion), 보상(compensation), 헌신(commitment) 간의 상대적 비중과 배합방식에 있어 다양하다. 강제는 손해를 입히겠다는 위협으로, 보상은 가변적인 보수의 제공으로, 헌신은 연대의 호소로 이루어진다(Collins, 1975: ch.6; Patrick, 1995). 연대는 가치 있는 범주에 대한 인정된 소속뿐 아니라 다양한 종류의 장기적 보상과 처벌을 포함한다. 이러한 보상과 처벌의 대부분은 매우 분산되어 있으며 사전에 명시할 수 없다. 강제, 보상, 그리고 헌신은 구별되는 핵심영역이지만 그 경계는 모호하다. 예를 들어 손해를 입히겠다는 위협은 종종 가변적인 보수를 철회할 가능성과 관련되어 있는 반면, 장기적인 위협과 보수는 차츰 연대의 호소로 변화한다. '적정 수준의 하루 노동을 해라, 그러면 적정 수준의 하루 보상을 받을 것이다' 혹은 '일을 잘하면 당신 가족의 이름에 명예가 될 것이다'는 발언의 이면에는 암묵적이 위협이 도사리고 있다. '만약 당신이 적정한 수준의 하루 노동을 하지 않는다면 당신은 해고될 것이다' 혹은 '만약 당신이 일을 제대로 못하면, 당신의 부모에게 알릴 것이다.'

우리는 병원 노동에서 강제, 보상, 헌신의 배합들을 살펴보았다. 1900년부터 제1차세계대전까지 병원에서 직접적인 환자 간호업무를 상당 정도 수행했던 학생간호사들은 거의 돈(보상)도 못 받은 채 밀착된 감독하에서 서비스와 연대(헌신)의 정신으로 일을 했다. 그런데 학생간호사들은 그 지역 병원의 기대를 충족하지 못할 경우 해고와 그에 따른 경력 제약의 위험(강제)에 노출되어 있었다. 환자 간호에 대해 통제권을 행사했던 공인간호사들은 더 많은 자율성을 누렸고, 환경에 따라 열악한 수준에서부터 적절한 수준에 이르는 다양한 보상을 받았으며, 전문가적 헌신이라는 거대한 연대망을 구축했다. 만약 내과 의사에 대해 적절한 존중의 태도를 보일 경우 그들은 강제의 위험에 빠져들지 않는다. 병원의 고급두뇌인 외과의사로부터 새롭게 채용된 잡역부에 이르기까지 보상, 강제, 그리고 헌신이 다르게 배합되었다.

보상, 헌신, 그리고 강제는 노동세계의 모든 면을 관통한다. 실제, 노동에 관한 핵심적인 문제는 왜 사람들이 자신들이 일하고 있는 그 환경에서 노동을 수행하는가, 그리고 왜 그들은 애써 노력하는가이다. 인센티브의 문제는 자본주의 노동시장에서 현저하게 작용하지만, 가정이나 지하경제에서도, 그리고 전자본주의적 노동환경에서도 중요하다. 얼핏 보면, 자본주의 노동시장이 인센티브 문제 — 보상 — 에 대한 유일한 답을 제시하는 것으로 보일지 모르나, 자세히 보면 그 문제는 훨씬 더 복잡하다. 경영대학원은 원하는 대로 노동자들이 일하도록 유인하기 위해 임금과 직무규정 이상의 많은 것이 필요하다는 전제하에서 경영에 대한 모든 학과를 설립·운영하고 있다. 이후 논의 과정에서 우리는 여러 종류의 인센티브, 즉 보상·헌신·강제 사이의 교환·보완관계를 반복해서 다룰 것이다. 또한 이들이 역사, 문화, 그리고 그 환경에서의 사회적 관계에 따라 어떻게 다르게 작동하는지도 살펴볼 것이다.

### 노동계약들

잘 조직되어 장기간 지속되는 거래들은 암묵적이거나 명시적인 **노동계약**으로 집약되는데, 그 노동계약에는 해당 거래에 대한 당사자들, 권리들, 책무들, 그리고 처벌들이 명기된다. 노동계약들은 노동기간, 제약조건들, 집행기제들, 거래 간의 관계들을 관장하는 구속력 있는 협정을 특징으로 한다는 점에서, 노동거래들을 단순히 집적해놓은 것과는 다르다. 노동계약은 교환이나 소비만을 다루는 비노동계약들과도 다르다. 예를 들어 은행대출은 가치증식노력이라는 의미에서 어떤 노동도 수반하지 않는 변제계약에 기반한다. 노동계약은 사용가치를 이전하거나 추가하는 인간노력의 지출을 결정한다. 노동계약과 비노동계약 간의 구별은 뚜렷한 경계로 나누어지기보다 연속체로서 이해될 수 있다. 수확물을 갖다 바쳐야 할 의무가 있는 소작인들은 과업을 수행해야 하는 노예의 의무만큼이나 엄격하게 노동을 규제받는다. 많은 아프리카계 미국인들은 남북전쟁 종전 후 남부에서 그런 상황을 깨닫게 되었다.

노동계약에 통합되는 거래들처럼 노동계약에는 비용이 소요된다. 노동계약들은 이전비용뿐 아니라 감시비용과 집행비용을 수반한다. 이론상 끊임없는 감시와 전제적 규율을 강요하는 착취적인 관리자를 상상한다 하더라도, 그러한 노동체제는 다양한 위협들의 연출, 감시자들의 조직화와 일상적 활동, 그리고 하급직원들과의 암묵적인 협상 성사를 조장하는 데에 소요되는 비용이 보통 그 체제로부터 얻는 이득보다 크기 마련이다. 친숙한 계약들은 이런 측면에서뿐 아니라, 저항을 극복하고 학습하는 데에도 유리하다. 왜냐하면 사용자와 노동자가 새로운 계약을 모색하는 대신에 거래비용 없이 매우 효율적으로 바로 노동을 완성할 수 있는 기존모델을 차용할 수 있기 때문이다.

가장 기본적인 노동계약은 생산자와 수령자 두 당사자만을 포함한다. 생산자는 사용가치를 증가시키며, 그 증식된 가치를 수령자에게 이전한다[극단적인 사례로서, 프라이데이 등장 이전에 로빈슨 크루소(Robinson Crusoe)는 생산자로서 그 자신이 나중에 소비하기 위해 증가된 사용가치의 구체적 형태 — 파파야 열매의 분말 반죽, 직접 만든 삽 — 를 저장했다]. 기본적인 노동계약조차 노동의 일반적인 문제를 규정하고 있다. R(수령자)이 P(생산자)로부터 유용한 노력을 어떻게 얻어 낼까? 개별적인 노동계약들이 그 문제에 다양한 답들을 제공한다.

노동계약들은 전형적으로 노력 또는 생산물에 대한 시간, 장소, 품질과 양을 제한한다. 노동계약들이 그 한계를 정할 때 결코 모든 불확실한 상황을 명시하지는 못한다. 실제 복잡한 계약들은 보통 예상치 못한 문제들에 대해 협상을 통해 계약을 수정할 수 있다는 단서조항을 포함하고 있다. 또한, 그 계약들은 노동자들이 무엇을 해야 하는지에 대한 완벽한 상호이해를 전제하고 있지 않다. 줄리앙 오르(Julian Orr)는 복사기를 다루는 여성들과 남성들에 대한 그의 민속학 연구에서, "관리자가 규정하는 활동들은 개별 노동자가 수행해야 할 것들이며, 고용관계로서의 노동은 개별 노동자가 기업과 맺는 관계와 관련된 것이다"라고 지적하고 있다(Orr, 1996: 10). 그러나 오르가 명확히 정리하고 있듯이, 효과적인 서비스노동은 항상 모회사, 기계들, 고객들, 그리고 동료 서비스노동자들 사이의 관계에 관한 협상을 수반한다. 심지어 기계작동 방법에 관한 전문적인 기술 지식에 대한 경우에도 서비스노동의 일상적 실행과 지속적인 의사소통은 그러한 관계를 어떻게 협상할 것인지에 맞춰지고 있다.

모든 노동계약은 역시 신뢰, 즉 적어도 한 당사자가 위험 상황에도 불구하고 자신의 가치 있는 자산을 드러낼 수 있는 관계를 수반한다. 저신뢰 계약들은 종종 즉석에서 현금을 지불하는 단순한 실행으로 처리된다(저신뢰 계약의 예로서, 구두닦이와 고객 간의 암묵적인 협정에 따르면 ① 구두닦이는 고객의 구두, 발,

혹은 바지를 더럽히지 않으면서 고객의 구두에 광택을 내고, ② 고객은 기만함이 없이 표준가격을 지불할 것이다). 고신뢰 계약(예를 들어 뇌수술을 위해 입원하는 환자와 병원 간의 관계)은 전형적으로 철저한 준비, 점검, 그리고 제3자에 의한 강제를 수반한다. 신뢰에 더하여, 노동계약들은 사전 훈련의 필요성, 지역 상황에 관한 지식, 외부 연고, 그리고 당사자들의 성격과 성과 등에 대한 추론에 있어 매우 상이하다. 따라서 노동계약들은 저자와 출판업자 간의 대리인 협약, 짐꾼과 여행객의 팁 교환, 그리고 버스기사노조와 시 교통당국 간의 임금협정에 이르기까지 그 범위, 내용, 안정성, 그리고 실행가능성에 있어 실로 다양하다.

노동계약들은 적어도 인간노력, 사용가치의 생산과 이전, 그리고 권리·책임·한계에 대한 지속적인 상호 인정을 수반하는 한 가족 내부의 거래, 재화와 서비스의 물물교환 및 공동이용에 대한 이웃 간의 거래, 지하경제에서의 노동 실행, 그리고 시간과 노력의 자발적 기여를 분명히 포괄한다. 육아협동조합, 저녁 준비에 대한 부부간의 장기적인 합의, 마약유통망의 노동분업, 또는 월례 모임을 참석하는 학부모회(PTA) 회원들의 암묵적인 헌신은 200쪽에 달하는 노동조합 협약 못지않게 노동계약으로서 자격을 갖추고 있다. 이러한 계약들은 둘 이상의 사회적 단위들 간에 호혜적인 의무와 권리를 확립한다.

노동계약들이 반드시 개인만을 연결하는 것은 아니다. 두 기업이 생산자와 부가가치의 수령자로서 그러한 계약을 체결할 수 있다. 노동시장이 광범하게 확산되기 전에 상인들은 종종 전체 가구원 ― 여성들, 남성들, 아동들, 그리고 심지어 하인까지 ― 의 노동과 계약했다. 사용자들은 빈번하게 하도급계약 ― 전체 노동팀이 기본적으로 자신의 감독하에서 생산하여 사용자에게 그들의 생산물을 판매하는 ― 을 통해 재화를 확보했다. 심지어 분명히 위계구조를 갖춘 공장에서조차 하도급은 20세기 초까지 광범위하게 활용되었다(Buttrick, 1952; Clawson, 1980). 채탄노동자 팀들은 최근까지도 하도급계약에 기초하여 석탄을 생산했다. 때때로, 캘리포니아 농장노동자들의 노동조합은 상추 재배자들의 채용 결정에 개입할 만큼 강력해졌으며, 그 결과 이 노동조합은 결국 하도급 사업자가 되었다. 더 일반적으로 노동조합들은 사용자와 단체협약을 협상하고 그 협약에 대한 법률적 보장을 획득하는 역할을 전문적으로 수행한다.

대부분의 노동계약들에는 다른 노동자들, 상급자들, 수혜자들, 외부 정부당국 등과 같은 제3자가 참여한다. 건설공사계약이 부실시공에 대해 법적으로 집행가능한 처벌을 포함하듯이, 노동계약은 사용가치의 생산과 이전에 개입하는 이들 제3자의 일정한 역할을 요구하는 것이다. 신뢰가 크면 클수록 대개 제3자의 참여도 더욱 확대된다. 게다가, 노동계약들이 생산자들과 수령자들을 직접 연결시킬 필요는 없다. 보다 복잡한 사례로서 계약 당사자들이 조직일 경우에는 실제 노동을 수행하는 사람들은 보통 협정을 만드는 데 거의 혹은 전혀 참여하지 않는다. 이러한 계약들은 '순수한' 형태의 노동계약으로부터 노동과 교환을 혼합한 계약까지 포괄한다. 그 스펙트럼의 필요 요소로서 건물경비, 식사제공, 그리고 정원 가꾸기 등이 그에 해당된다.

노동계약 내에서 수행되는 거래들처럼 노동계약들은 보상, 헌신, 그리고 강제의 상대적 비중과 배합방식에 있어 중요한 차이를 보인다. 노예제는 엄청난 비대칭적 강제를 포함하지만 노예주와 노예 간의 관계에서 보상이나 헌신을 찾아볼 수 없다. 독립적인 장인은 보상과 헌신의 일정한 결합을 매개로 고객들과 관계하지만, 이때 강제는 거의 개입되지 않는다. 교사와 학생 간의 관계는 보통 가벼운 비대칭적인 강제와 헌신의 통합을 통해 보상 없이도 학생들의 노동(공부)을 이끌어낸다. 교사·학생 관계의 예가 제시하는 바와 같이, 복잡한 조직에서는 대부분의 생산자들이 동일한 혹은 다른 노동계약 내에서 수령자로서 기능하고, 대부분의 사람들이 동시에 몇 가지 계약들에 참여한다. 학생의 관점에서 볼 때 교사는 수령자로 주로 활동하겠지만, 학교 교장의 관점에서 보면 동일한 교사는 주로 생산자로서 활동하는 것이다. 마치 교장의 개입이 수령자로서 교사의 성과에 영향을 끼치듯이, 학생들의 성적이나 비행이 교사의 '생산'실적에 영향을 준다. 이런 방식으로 동시적으로 연결된 노동계약들이 서로 영향을 미친다.

노동계약들은 다른 노동계약들과 연결된다. 예를 들어 사출성형기 조작원들이 그 자신의 노동 생산물인 플라스틱 부품을 포장작업자에게 건네주면, 그

포장작업자는 그 부품들을 상자에 넣는 작업을 추가하여 출하부서의 노동자에게 그 생산물을 전달한다. 어머니의 경우에도 육아를 위해 그녀 자신과 배우자, 그리고 유급 탁아모로부터의 헌신을 잘 배합한다. 외과의사들은 자신의 일을 위해 그 자신을 마취과의사들, 간호사들, 그리고 잡역부들과 연결시켜주는 계약들에 의존한다.

노동계약들은 또한 교환이나 소비만을 수반하는 비노동계약들과도 연결된다. 플라스틱은 일련의 저가입찰(low-bid) 원료공급자들로부터 성형기 조작원이 있는 공장에 이르게 되는데, 그 결과 플라스틱이 제각각의 품질과 특성을 갖게 되어 다양한 문제 해결의 필요성이 제기될 수 있다. 그 부품들이 적기생산체계를 갖춘 완제품 제조업자에게로 납품되는데, 이때 성형기 조작원의 직무는 그 적기생산방식에 의해 조정·구조화된다. 아동양육을 위한 어머니의 네트워크는 가족 책임이라는 더 큰 실타래의 일부이며, 그 책무는 기본적으로 노동 자체를 포함하지 않는 대신 사랑, 충성, 그리고 존경을 포함한다.

### 네트워크들

사회적 네트워크는 대체로 사람들, 조직들, 공동체들, 혹은 여타의 사회적 단위들 간에 맺어진 관계들이다. 매우 일반적으로 우리는 단일한 네트워크를 어떤 종류의 연줄에 의해 특정 행위자들 사이에 규정된 특수 형태의 관계로 이해한다. 예를 들면 기업이사회 이사들의 상호 겸직 또는 사회운동 지지자들 간의 공유된 연대가 그에 해당된다. 생산네트워크(production network)는 복수의 생산자들과 수령자들을 연결하는 상호연관된 노동계약들로 구성된다. 노동의 사회적 구조는 연결된 계약들을 중심으로 편성되어 있다. 일자리, 직업, 경력, 기업, 노동조합, 노동시장, 차별, 그리고 불평등 모두가 그러한 연결구조의 산물 또는 특수한 사례들로서 등장한다.

실제 노동조직을 분석함에 있어 생산네트워크의 개념을 사용하기 위해서는 검토하려는 관련 계약들 각각에 대해 경계선을 긋는 것이 필요하다. 거의 모든 경계들은 임의적이다. 왜냐하면 추가되거나 이전되는 가치의 흐름이 종종 기업, 가구, 그리고 직종의 경계를 가로질러 여러 방향으로 확산되기 때문이다. 그런데 임의적 경계가 주어진 가운데 우리는 생산네트워크를 구성하는 연결된 노동계약들을 선별할 수 있다. 그 노동계약들은 보상, 강제, 그리고 헌신의 가치에 있어 다양한 연줄(예: 생산자-생산자, 수령자-수령자, 생산자-수령자)의 망을 형성한다.

전형적으로 위계적인 방직공장은 긴밀하게 연결된 계약관계들 안에서 헌신이 중요한 역할을 담당하는 차별화된 중앙집권적 네트워크를 갖고 있다. 왜냐하면 친근한 동료 노동자들이 협력에 대한 암묵적인 인식을 형성하고 있기 때문이다. 그러나 강제와 보상이 그 계약관계들 사이의 연결에서 더 중요한 역할을 수행한다. 다른 한편으로, 건축가들 사이의 관계는 훨씬 더 분권화되고 유동적인 네트워크로 구성되는데, 이 네트워크에서는 헌신과 보상이 강력한 한시적 계약관계를 제공하는 반면, 강제는 위계적 공장에서보다 덜 두드러진다. 이에 더하여, 표준적인 제조-구매(make-or-buy) 간의 선택 결정에서는 기업의 경계를 넘어서는 보상에 초점을 두는 생산자-수령자 계약들과 대립하게 된다.

따라서 우리는 연결된 노동계약들을 생산네트워크로 명명하며, 위계구조, 시장, 산업, 그리고 연합과 주로 구별하게 된다. 네트워크가 쉽게 식별되는 경계와 상대적으로 중앙집권적인 내부 권위를 보유하고 있을 때 우리는 그것을 조직(organization)이라 부른다. 만약 생산네트워크가 쉽게 식별되는 경계를 가지고 있으나 (많은 민족기업 형태들에서처럼) 내부 권위가 분산되어 있다면, 우리는 그것을 범주별 네트워크(categorical network)라 부른다. 일자리들(jobs)은 그 네트워크들의 교차점에 존재한다. 직무는 한 사람이 지속적으로 점유하는 하나의 역할이자 한 묶음의 노동계약들이다. 예를 들면 파출소 순경의 일은 하사관, 동료 경찰관, 창고관리인, 레커차 운전수, 탐정들, 그리고 종종 마약판매상들, 정보원들, 혹은 지방정치인들을 포함하는 수많은 다른 사람들과 구별될 만한 계약들을 수반하고 있다.

생산네트워크들은 연결된 노동계약들로 구성된다. 그러나 생산네트워크는, 생산자-생산자, 생산자-수령자, 그리고 수령자-수령자의 엄격한 거래들 이외의 연줄(예: 친구, 친척, 종교, 인종, 계급, 학교동문, 비공식 의사소통, 성관계, 기호, 정치성향, 스포츠, 그리고 공유된 취미 등)을 속성으로 하는 **비생산네트워크들**(nonproduction networks)을 생성하고 그와 교차한다(생산과 비생산 간의 구분은 물론 상대적인 것이다. 사람들은 종종 이러한 종류의 사회적 관계 속에서 일하지만, 거기서는 생산네트워크들에 비해 사용가치의 창출이 덜 중요하다). 이러한 비생산네트워크들은 공장 안에서 일상적 접촉을 통해 직접 생성되는 동료집단으로부터 신도들이 여러 작업장에 폭넓게 분산되어 있는 종교집단에 이르기까지 생산네트워크들과 일치하는 정도가 매우 다양하다. 산업사회학자들이 끊임없이 그 증거를 제시하고 있듯이, 노동 산출의 비생산네트워크는 생산관계에 지대한 영향을 미친다. 작업장에서의 우애·대립·정실주의·후원·소문 유포 모두가 사용가치의 생산과 이전을 규정한다.

경제학자들과 사회학자들은 노동과 노동시장의 형성에 있어 특히 일자리를 넘어서 널리 뻗어 있는 비생산네트워크들의 결정적인 중요성을 인식하지 못하고 있다. 관리자들과 조직분석가들은 통상 조직들을 추상적 구조물(abstract designs)로 개념을 정의하면서, 처음에는 일관성과 효율성을 목적으로 새롭게 고안되지만 이후 비공식 사회구조들과 외부 관계들의 발달로 인해 제약되고 부패되는 것으로 이해한다. 사실, 어느 누구도 완전히 새로운 조직을 창조한 적이 없다. 낯선 조직적 요소들은 항상 친숙한 요소들보다 고안·설치하는 데 더 많은 비용이 든다. 왜냐하면 새로운 요소들은 구상, 설계, 시험, 다른 성분들과의 결합(articulation), 조직구성원들에 대한 교육, 그리고 내부 저항의 극복 등을 위한 노력이 요구되기 때문이다. 때때로 조직 설립자들은 다른 조직들로부터 기존의 구조 전체를 빌려온다. 그러나 훨씬 더 빈번하게 그들은 다른 조직의 요소들을 모방한 모델뿐 아니라 구체적인 사회구조를 결합시키고 있다. 한국의 친족집단이 일부 구성원을 뉴욕의 식품점 점원으로 취직시키거나, 또는 LA 지역 시카노(Chicano, 역자주: 멕시코계열 미국인을 지칭함) 활동가들의 기존 네트워크가 그들의 목표를 성취하기 위해 자발적인 단체를 구성하는 경우가 그러한 예에 해당된다. 강조하건대, 새로운 조직들의 설립자들은 성,

인종, 연령, 그리고 학력이라는 기존 범주를 그들의 조직구조 안에 구축하며, 그러한 범주들을 갖고 조직 외부에 사회적 관계를 형성한다.

따라서 모든 조직은 조직 외부의 관계들과 연결되거나 외부로부터 빌려온 사회적 관계망의 모자이크이자 혼합물이다. 사용자들과 노동자들 모두 구속받지 않는 개인으로서 계약을 체결하는 것은 아니다. 그들은 협상과 일상적 노동에 이미 그들의 생활 일부를 이루고 있는 네트워크의 단편들을 가져온다. 사용자와 노동자 모두 노동의 문제를 해결하기 위해 때때로 기존 네트워크들 —그들 자신의 것과 다른 사람들의 네트워크— 을 이용한다. 그래서 사용자들과 선임노동자들(senior worker)은 인종, 성, 혹은 민족에 따른 기존 네트워크의 경계를 직무 구분에 적용하는 한편, 남성 노동자들과 여성 노동자들은 농담, 수다, 장난치기, 개인적 직무수행 방식의 공유를 통해 동성 간의 연대를 유지한다.

개인주의적 관점에서 선입관, 차별, 그리고 특별대우로 일컬어지는 많은 것들은 성, 인종, 민족, 연령, 학력, 그리고 이웃에 의해 분절되어 있는 생산관계들과 비생산네트워크들 사이의 차별적인 연계성으로 구성된다. 예를 들어 어떤 사용자가 실제로 활용할 수 있는 노동공급은 현 종업원들의 사회 네트워크들에 크게 의존한다. 심지어 관료화된 채용절차의 경우에도 공개채용의 소식이 빠르게 퍼지지만, 주로 사회적으로 분절화되어 있는 개인의 연줄들을 통해 선별적으로 확산되는 것이다. 더 일반적으로 비노동 네트워크 속에서 생산자들과 수령자들이 갖고 있는 관계는 계약 당사자들과 그들이 체결하는 노동계약의 종류들을 크게 제약한다.

(노동자와 일자리를 연결하는) 매칭의 목적을 위해 기업들은 노동자들의 잠재적인 공급원에 연결되어 **채용네트워크들**(recruitment networks)을 창출하고, 계승하거나 채택할 뿐 아니라 구직을 희망하는 노동자들로 구성된 **공급네트워크들**(supply networks)과 결합된다. 채용네트워크들은 거의 완전한 내부채용(예: 청소부와 수위를 제외한 가톨릭교회의 수녀들, 목사들, 그리고 수사들의 경우)에서부터 완전한 외부채용(예: 할리우드 영화산업의 배우 공모)에 이르기까지 매우 다양하다. 공급네트워크들은 통상 우애, 친족관계, 이주자집단, 학교동문, 이웃,

노동과 연계된 활동들이 뒤섞여 있는 사회적 과정들의 산물로서 형성된다. 또한, 채용기관, 정부 직업소개소, 그리고 여타의 전문 기관들이 때때로 의도적으로 그들 자신들의 공급네트워크들을 만들기도 한다. 현재 종업원들이 친구들에게 자기 회사의 공채정보를 알리고, 부모들이 광산, 공장 혹은 진료소에 자신의 자녀들을 위한 일자리가 있는지를 알아보는 것처럼, 채용네트워크들과 공급네트워크들은 이러한 공통의 일상절차에 결합된다.

많은 네트워크들은 사회생활을 통해 그들의 성원에게, 그리고 특히 외부인들에게 눈에 띄지 않게 형성된다. 사회적 과정의 규칙성 그 자체가 종종 제3자들과 공통의 연결관계에 있는 '이방인들' 간의 만남을 불규칙하게 만들어낸다 하더라도, 사람들은 그들이 만난 이방인이 자신이 알고 있는 사람들과 강한 연결관계에 있는 것을 발견했을 때 계속해서 놀라게 된다(놀랍지만, 간혹 기쁘기도 하다. 왜냐하면 공통의 연결관계를 발견하는 것은 항상 새로운 관계를 규정하고 안정시키기 때문이다. 그 효과는 유사한 배경들을 지닌 이방인들이 만나는 과정에서 대화를 시작할 때, "오, ○○ 출신이군요. □□ 아시나요?"와 같은 표현을 자주 사용하는 것에서 확인된다). 그러나 특정한 네트워크들은 공공연하게 외부자와 내부자를 구분하는 가시적인 정체성과 표시들을 가지고 있다. 인종, 민족, 성, 그리고 종교가 분명한 사례들을 보여준다. 그러한 범주별 네트워크들은 노동계약과 강력하게 결합되어 있다. 왜냐하면 생산자들과 수령자들은 자주 네트워크의 경계들을 생산관계로 결합하기 때문이다.

범주별 네트워크들은 공장 노동조직에서 정기적으로 표면에 떠오른다. 공장들은 전형적으로 장기적인 헌신에 기반한 소수의 계약들과, 항시적인 감독, 개수임금노동, 그리고 엄격한 통제 시스템에 기반한 훨씬 더 많은 수의 계약들을 겸비하고 있다. 소수와 다수 간의 구분은 대개 지휘(command)와 전직(turn-over) 간의 차이와 상관관계를 갖고 있다. ① 지휘-승진 위계구조는 장기 고용과 실질적인 단기 복지혜택을 보장하며, ② 일자리풀(pools of jobs)은 채용 전후의 불충분한 훈련, 승진 제한, 높은 전직, 권력과 복지혜택의 부재를 수반한다. 우리가 다음에 그 이유를 살펴보겠지만, 사용자들과 현직 노동자들은 종종 새로 채용한 노동자들을 인종, 민족, 성, 또는 종교에 따라 직무환경이 차별화되는 범주별 네트워크를 경계로 하여 서로 상이한 직무 환경에 배치한다. 오늘날 미국에서 남성과 여성 간 임금격차의 대부분은 직무 능력의 차이 혹은 동일 직무 내의 임금차별에 기인하는 게 아니라, 오히려 직무들의 성별 분리(sex segregation)에서 비롯되는 것이다. 그러한 방식의 채용은 그 자체를 정당화하고 재생산하는 강한 경향성을 갖는다. 그것은 매우 자연스러운 것처럼 되어 결국에는 경계선의 양쪽에 있는 사람들 모두가 백인/흑인, 남성/여성, 출신민족, 혹은 여타의 사회적 구별을 포함하는 범주들 간의 본질적인 차이들에 대한 신화를 만든다.

노동과 노동시장의 분석가들은 경제조직들의 '모자이크(mosaic)' 특성 그리고 기존의 네트워크들에 의한 '벌집모양의 구분선들(honeycombing)'을 간과해왔다. 분석가들은 통상 조직의 각 유형이 그 자체의 내재적인 논리를 가지고 있는 것으로 가정해왔다. 예를 들면 시장지향적인 조직들이 한 방향으로 간다면, 권위지향적인 조직은 또 다른 방향을 가는 것으로 말이다(예, Sah & Stiglitz, 1986). 또한, 그들은 경제조직들에서 교환-생산관계들이 기초적인 구조를 확립하고 있는 반면, 우애, 적대, 비경제적 범주들, 그리고 공유된 기억들은 딱딱한 갑판 위에 붙어 있는 삿갓조개처럼 그저 쌓여 있을 뿐이라고 가정한다. 조직적 논리들은 매우 다양하지만, 그러한 변이들의 상당 부분은 참여자들이 종종 무의식적으로 구조화하는 기존의 수많은 사회적 관계로부터 비롯된다.

위계구조, 시장, 산업, 그리고 연합이라 불리는 중첩된 네트워크들에 대해 특별히 주목해보자.

- **위계구조**는 주로 지휘와 복종으로 연결된 네트워크들이다.
- **시장**에 의해 형성된 네트워크에서는 가격과 주요 품질에 의해 매개되는 대립적인 일회성 거래들이 지배적이다. 시장네트워크들은 두 종류의 경계를 가진다: ① 거래의 밀도가 간헐적인 수준으로 감소하는 곳, ② 거래들의 주요 특징이 단기교환에서 다른 형태의 관계로 이동하는 곳. 노동시장들은 고용네

트워크 안에서의 채용, 승진, 그리고 이직이라는 공식적 행동을 통해 등록된
노동자들과 사용자들을 연결하는 네트워크이다.

• 산업은 특별한 종류의 시장네트워크들이다. 산업들은 상류(upstream) 시장과
하류(downstream) 시장에 대해 유사한 관계를 유지하는 생산네트워크들과
조직들로 구성되어 있다.

• 연합은 폭넓게 공유되어 있는 이해관계들을 뜻한다. 연합은 이 공유된 이해관
계의 상호 결정에 기초하여 체결된 장기적 계약들에 따라 활동한다. 연합구
조의 예로는 당파, 전문직들, 동창회 네트워크들, 그리고 일부종교 공동체들
을 포함한다. 그렇지만 실제 연합구조들은 대개 위계구조의 요소들을 역시
포함하고 있다.

위계구조, 시장, 그리고 연합은 때때로 조직 안으로 결합된다. 서로 연결된
제한적인 계약들 안에서 그 계약들의 상호교차에 의해 규정된 특정 지위의
점유자들(개인 혹은 집단)은 ① 그 계약들에 대해 권위 있게 말할 권리, ② 그
계약들에 집단적으로 묶여 있는 자원들을 배분할 권리를 안팎으로 인정받게
된다. 조직에는 기업, 직종단체, 노동조합, 가구, 작업공동체, 그리고 국가가
포함된다. 전형적인 석탄광산에서 회사는 위계구조, 시장, 그리고 연합을 결합
시키고 있다. 위계구조는 지상의 관리체계를 포괄하며, 복잡한 시장관계는
채탄부들을 계량자들과 감독관들에게 연결시켜주는 한편, 연합은 채탄노동자
들과 그들의 작업팀을 서로 연결한다. 신뢰와 공동투자로 연결된 조직들은
관련된 장기 계약들에 참여하면서 상이한 이해관계와 공유된 이해관계들을
동시에 추구한다. 소규모 조직들은 종종 더 큰 조직들 안에 통합되어 흡수되고,
다른 경우에는 조직들이 서로 중첩되기도 한다. 시장은 이따금 조직 내에서
등장하지만 주로 조직의 경계를 넘어서 나타난다.
　'기업'이라는 개념은 재화나 서비스의 공급자로서 법적 지위를 갖는 특별한
종류의 조직을 지칭한다. 이 경우, 우리는 항상 권위 있게 자원을 배분할 수
있는 권리를 가진 지위를 '관리자(management)'라 부른다. 제도주의 경제학자

들이 주장하듯이, 기업들이 등장한 것은 특정한 방식으로 경계를 구분하여 관리하는 것이 연결된 노동계약들을 확립·협상·산출하기 위한 거래비용을 줄이기 때문이다. 예를 들면 직무 간 내부이동체계는 노동자들의 기업특수적 지식 — 기업이 특정한 생산방식을 유지하는 한에서는 기업과 노동자 모두에게 유리한 — 을 증대시킨다.

우리는 인센티브의 성격과 대칭성과 관련하여 시장, 위계구조, 그리고 연합 간의 구분을 재정립할 수 있다. 이런 공식에서 복수의 조직들을 이어주는 노동계약들의 유기적인 결합은 그 연결들이 대칭적인 보상을 강조하는 한, 시장을 구성하고, 비대칭적 강제와 헌신을 강조하는 한, 그 연결은 위계구조를 형성하게 된다[이 말이 매우 낯설게 들리겠지만, 윌리암슨(Williamson, 1985: 221)이 광범한 위계구조를 '한 명 혹은 여러 명의 행위자들이 모든 계약을 교섭할 책임을 지는' 상황으로 식별한 것은 실제 유사한 내용을 개념화하는 것이다]. 마지막으로 연합은 대칭적인 헌신에 의해 기본적으로 연결된다.

다른 종류의 생산네트워크들도 다수 존재한다. 위계구조·시장·연합의 혼합물뿐만 아니라, 대칭적 강제를 특징으로 하는 군사조직, 구성원들의 헌신과 예언자의 강제를 연결시키는 종교집단, 단기적 호의를 베풂으로써 장기적인 헌신을 확보하려는 후견인(patronage)체제 등이 그에 해당한다. 소규모 생산네트워크들은 매우 밀접한 형태로 공존한다. 특정 산업에서 노동자들을 대표하는 노동조합은 시장 내 위계구조들의 네트워크에 결부된 연합 구조로 구성되어 있다. 사실, 동일한 개인, 심지어 동일한 노동계약이 보통 하나 이상의 위계구조, 시장, 그리고 연합 내의 한 위치를 동시에 점유한다. 커피숍의 점원은 커피숍의 위계구조 내에서 그의 상급자에게 응대하고, 지역노동시장 내에서 일자리를 바꾸며, 친구들 그리고 연합관계의 동료구성원들에게 추가적인 특별 서비스를 제공한다.

소규모 생산네트워크들은 축적의 사회구조(Gordon, Edwards & Reigh, 1982) 또는 생산방식과 같은 거시구조들 안에서 쌓여 모인다. 자본주의적 생산방식은 시장구조를 강조하는 반면, 현존하거나 과거 존재했던 사회주의는 위계구조에 더 폭넓게 기반한다. 이 둘은 거의 비슷한 수준으로 연합에 의존한다. 대규모 생산네트워크들은 관성적이고 자기지속적인 활동에 의해 존속한다. 그러나 소규모 생산네트워크로 다시 돌아가서, 네트워크들이 일자리들 안에서 어떻게 교차하는지 그리고 수령자의 목적들을 충족하는 노동을 구조화하기 위해 조직들이 다양한 메커니즘을 어떻게 활용하는지를 좀더 자세하게 살펴보기로 하자.

### 일자리들

일자리는 한 개인에게 지속적으로 할당된 공식적인 노동계약들의 축적물이다. 따라서 일자리는 그 자체로서 네트워크를 구성하는 것이 아니라 둘 이상의 네트워크들의 교차점을 이룬다. 한 사람은 한 번에 하나 이상의 일자리를 보유할 수 있다. 두 사람이 '동일한' 일자리를 가질 수 있고, 일자리들은 항상 다른 사람들과 상호작용을 수반한다. 그러나 역할들을 기본적으로 개인들에게 연결한다는 점에서 일자리는 다른 형태의 노동조직과 구별된다. 공장에서 선반기계공은 하나의 일자리를 갖고 있으나, 자유계약직(프리랜서)은 그렇지 않다. 배우는 전형적으로 실업으로 중단되는 일련의 일자리를 유지하지만, 거리의 무언극 배우는 전혀 일자리가 없다(동일한 논점을 설명해주는 역설적인 방식은 다음과 같다. 프리랜서와 거리의 무언극 배우는 너무 많은 일자리 ― 너무 빨리 지나가버리는 노동계약들이지만 ― 들을 보유하고 있어서 '일자리'라는 개념이 그들의 노동을 설명하는 데에 유용성을 잃게 된다).

이후에 우리는 일자리의 생성, 변동, 분절, 그리고 충원에 대해 보다 자세하게 논의할 것이다. 잠시 기본적인 요소들에 집중하기로 한다. 사용자들은 노동계약들을 일자리로 포괄하는 데 주된 역할을 담당한다. 그러나 사용자들은 산업전통, 경영이념, 이미 생성된 일자리들, 그리고 그 일자리의 현 점유자들, 노동조합과 정부당국에 대한 책무, 보상체계, 그리고 가용한 노동자들과의 연줄에 의해 부과되는 제약조건 안에서 그 역할을 수행한다. 일단 채용되면, 노동자들은 관리자들, 여타 노동자들, 노동조합들, 그리고 종종 외부 당국들과의 상호작용을 통해 그들의 노동계약들, 나아가 그들의 일자리를 수정한다. 완전한 노동시장에서 거의 모든 노동은 일자리를 통해 수행되며, 일자리의 대부분은 명백하게 경계가 구분되어 있는 기업들 안에서 존재하게 된다.

## 노동의 특성과 변이의 원인들

### 품질, 효율성, 그리고 권력

노동계약에서 수령자들은 세 가지 주요 목적, 또는 생산자들의 성과를 평가하는 기준으로서 품질, 효율성, 그리고 권력을 지향한다. 품질, 효율성, 그리고 권력은 서로 비슷한 속성을 지닌다. 이들 모두는 투입의 복잡한 배합과 양에 산출을 관련짓는다. 그들을 수학적으로 표현하기 위해서는 단순히 숫자만 아니라 관계의 모든 면들을 사용해야 한다. <그림 4-3>은 그들(품질, 효율성, 권력)을 투입과 산출 간의 관계로서 2차원의 도표로 단순화하여 제시하고 있다.

품질은 다양한 수준의 노동자 노력에 의해 생산된 사용가치가 생산물의 이상적인 특성에 얼마나 근접하는가를 의미한다. 고품질 노동은 비교적 노력을 거의 들이지 않고도 이상적 형태에 가깝게 근접한다. 저품질 노동은 노동자의 노력에 관계없이 이상적 형태로부터 매우 벗어나 있다. 시민들은 경찰서의 산출물을 일차적으로 그들이 제공하는 보호의 질을 기준으로 판단하며, 효율성과 권력을 부차적인 것으로 간주한다. 비슷하게, 자동차 구매자들은 그들의 자동차를 외관, 승차감, 마력, 크기, 명성, 유지비, 그리고 다른 질적인 특성들에 의해 평가한다. 노동과정의 질적 수준은 생산자 지식, 조직, 그리고 과거의 자본 투자에 의해 결정적으로 좌우된다.

효율성은 낭비의 제거를 뜻한다. 주어진 노동계약 혹은 노동계약 묶음의 효율성은 투입의 다양한 배합으로부터 만들어지는 산출의 계획(schedule)을 의미한다. 소량의 투입으로 대량의 산출을 만들면 효율적이라고 말할 수 있다. 경제학자들은 종종 이러한 관계를 생산함수로 나타낸다. 전체 상품산출에

<图 4-3> 품질, 효율성 그리고 권력

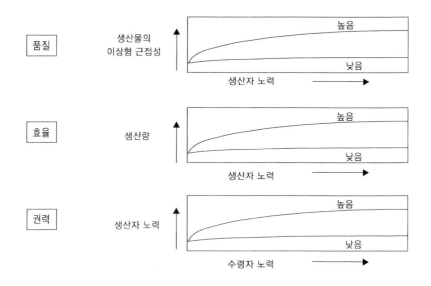

대해 주요 생산요소들의 개별적 기여와 공동 기여를 요약하는 수학적 표현을 사용한다. 경제적 행위자들은 두 가지 이유에서 효율성의 기준을 받아들인다. 그들은 적은 산출보다 많은 산출을 선호한다. 그리고 경쟁적 선별과정이 효율적인 기업들과 경제적인 조직형태들이 비효율적인 기업 및 조직형태들을 대체하도록 허용한다. 예를 들면 유사한 생산물을 저가로 판매함으로써 말이다.

표준적인 신고전학파의 분석은 정태적 효율성(static efficiency), 즉 특정 시점에서 낭비를 회피하는 방식으로 자원을 배분하는 것에 초점을 맞춘다. 그러나 효율성의 세 가지 다른 차원들이 현저하게 중요하다. 적응적 효율성(adaptive efficiency)은 낭비를 최소화하면서 당사자들이 예측하지 못한 변화들에 적응하도록 해주는 경제적 조직의 형태를 지칭한다. 다른 한편, 혁신적 효율성(innovative efficiency)은 문제에 대해 단순히 반응하기보다 환경을 변화시켜 새로운 해법을 만들어내는 조직을 뜻한다(Schumpeter, 1947; Lazonick, 1991). 끝으로, 조직유지(organizational maintenance)는 효율성의 다른 세 형태들이 구속되는 기반을 떠받치고 있다. 외양에도 불구하고, 일정 정도의 조직유지는 가장

한시적인 관계에서도 발생한다. 일반적으로 농장주들은 계절적 농업노동자들과 어떠한 장기적인 관계를 유지하지 않는다 해도, 그들은 필수적인 노동력을 공급하는 하도급업자들과는 관계를 유지하고, 또한 유지해야만 한다. 또한, 그들은 정부의 법률부서, 재정부서, 그리고 보조금 지원부서와 좋은 관계를 유지해야 하며, 그렇지 못할 경우에는 강제 폐업의 위험을 감수해야 한다.

효율성은 **권력**(power)과 상호작용한다. 권력은 헌신, 보상, 그리고 강제에 대한 R(수령자)의 투입에 관한 함수로써 결정되는 P(생산자)의 노력지출계획이다. 만약 R이 적은 인센티브의 투입으로 P로부터 폭넓고 높은 품질의 노력을 얻는다면, R은 P에 대해 큰 권력을 행사하고 있는 것이다. 왈라시안(Walrasian) 교환으로 노동을 보는 단순한 시각에서는 권력이 존재하지 않는다. 사실, 강제, 헌신, 그리고 보상의 창의적인 혼합 — 효과적인 군사조직들이 자주 보여주듯이 — 은 작은 보상의 투입으로도 커다란 노력을 이끌어낸다.

시간척도는 이 세 가지 목적을 평가하는 데 있어 한 가지 문제를 제기한다. 노력의 투입이 즉각적으로, 단기적으로, 중기적으로, 그리고 장기적으로 다른 효과를 낳는다는 것이다. 단기적으로 효율성·품질·권력을 성취하기 위한 행동이 중장기적으로 노동자, 기업, 혹은 환경을 파괴한다면 어찌 할 것인가? 그 답은 두 가지 명백한 요소들로 구성된다. ① 특정한 산출 측정지표의 시간척도를 항상 명시할 것, 그리고 ② 단지 효율성·품질·권력의 즉각적인 효과뿐만이 아니라 그들 요소의 시간함수를 노동계약들의 실행가능성에 대한 결정요인으로서 간주하는 것이 그에 해당된다. 얼마간의 협조 예상기간에 품질, 권력, 그리고 효율성의 공통 기준 이하에서는 사실 어떤 노동계약(혹은 연결된 노동계약 묶음)도 유지될 수 없다. 수령자들은 그들이 기대하는 사용가치를 찾아 다른 곳으로 옮겨갈 것이다.

노동계약들에서 품질, 권력, 그리고 효율성의 상대적 중요성은 사회적 환경에 대한 계약들의 관계에 따라 크게 다르다. 교향악 음악가 혹은 그의 관현악단은 전체적으로 좋은 질의 소리를 생산해야 한다. 이 경우, 주어진 노력을 통해 생산되는 음의 순수한 양과 지휘자가 그 음을 생산하기 위해 통제하는 소리의 양은 부차적이다. 다른 한편으로, 패스트푸드같이 가격경쟁 산업에서는 최소한의 품질 이상이면 효율성이 중요하고, 권력이 효율성의 수단으로 주요하게 기능한다. 이와 유사하게 면방직공의 계약에서는 예술적이거나 혹은 복종적인 것보다 빠르고 값싼 생산이 더욱 중요하다. 끝으로, 주인-하인관계에서는 권력 ― 헌신, 강제, 그리고 보상을 비교적 적게 투입하여 노동을 추출할 수 있는 주인의 능력 ― 이 전형적으로 가장 중요하다. 기존의 노동에 관한 분석들은 이 세 가지 목적 ― 품질, 효율성, 권력 ― 중 하나가 항상 그리고 모든 곳에서 우선적이거나 심지어 생산에서 배타적인 영향력을 행사한다고 가정함으로써 자주 오류를 범하고 있다. 따라서 신고전학파의 설명들은 대개 정태적 효율성에 기반하는 반면, 많은 마르크스주의적 설명들은 권력을 강조하고 품질을 간과한다. 사실, 생산의 역사와 문화는 이 목적들의 우선순위에 강한 영향을 미친다.

### 노동기제들

품질, 효율성 그리고 권력의 요구들을 충족하기 위해, 계약 당사자들은 일련의 **노동기제들**(labor mechanisms)을 채택한다. 각 노동기제들은 노동계약들과 생산네트워크들의 변이 차원을 나타낸다. 보다 엄밀하게, 그 기제들은 ① 계약에 약정된 당사자들의 성과, ② 다른 노동계약들과 그 당사자들과의 관계, ③ 더 큰 체계 안에서 계약들의 위치, 혹은 ④ 상이한 계약들에 배정된 사람들의 다양한 특성들을 기술한다. 주요 기능 영역들은 인센티브, 배태성, 계약, 자율성, 매칭(matching), 이동성, 그리고 훈련 등 일곱 가지의 기제들로 편성된다. 물론 우리는 그 밖에 더 많은 기제들을, 이를테면 노동관계들의 공식화와 분쟁해결 절차 등을 그 목록에 추가할 수 있다. 더욱이, 노동계약들에서 당사자들은 기술적 기제들과 사회적 기제들 ― 예를 들어 어떤 자본투자를 할 것인가를 결정하는 ― 사이에서 선택한다. 그런데 우리는 이러한 주장에 대해 일곱 가지 기제들을 다음과 같이 선택한다.

<표 4-1> 노동기제들의 다양한 선택지

| 노동기제 | 선택지들 |
|---|---|
| 1) 인센티브 | 헌신<br>보상<br>강제 |
| 2) 배태성 | 다중 생산자들(연결 또는 비연결)<br>다중 수령자들(연결 또는 비연결)<br>비생산네트워크들 |
| 3) 계약 | 합병<br>지속적인 계약<br>직무 계약<br>구매 |
| 4) 자율성 | 구체적인 노동과정에 대한 생산자 통제<br>구체적인 노동과정에 대한 수령자 통제 |
| 5) 매칭 | 장점<br>네트워크<br>범주<br>지원자 |
| 6) 이동 | 승진<br>전직<br>잔류 |
| 7) 훈련 | 공식 교육<br>현장훈련<br>도제 훈련 |

• 일곱 가지 기제들은 생산자와 수령자 자신들이 실제로 서로를 다르게 취급하고 있는 노동계약들과 생산네트워크들 간의 차이점을 확인시켜준다.
• 노동계약들에 관한 분쟁이 발생할 때, 이 분쟁들은 거의 항상 이 기제들 중 하나 이상과 관련되어 있다.
• 이 기제들은 노동의 품질, 효율성, 그리고 권력관계에서의 광범위한 변이들을 특징짓는다.

각 노동기제들은 원칙적으로, 그 기능영역을 조직하는 구체적인 방법들의 목록을 제시한다. <표 4-1>은 각 기제들에 상응하는 대안적 선택지들을 예시하고 있다.

첫 번째로 가장 핵심적인 노동기제는 노력을 보상으로 연결시켜주는 인센티브(incentive)이다. 이 연결은 노동의 핵심 동기를 제공한다. 우리는 이미 인센티브의 세 가지 핵심적인 특징들, 즉 헌신, 보상, 강제를 되풀이해서 언급했다. 헌신은 대개 생산조직(기업 또는 가족)이 추구하는 목표들의 내면화를 통해 작동하는 연대의 호소를 의미한다. 자본주의에는 매우 다양한 보상인센티브가 다음과 같이 존재한다. 팁, 개수임금, 상여금, 성과배분보너스, 숙련급(pay for knowledge), 연금기여금(일정 근속기간 이상에만 해당되는), 임금프리미엄(wage premium, 기대 이하의 노동으로 해고될 경우 노동자가 잃게 되는, 다른 직무보다 높은 급여수준). 자본주의는 다른 경제체제와 비교하여 헌신과 강제보다는 보상을 강조할 뿐 아니라 대체가능한(fungible) 보상형태 — 금전이나 다른 상품들로 쉽게 전환될 수 있는 보수 — 를 강조한다. 보상은 현금을 넘어서 존경과 같은 전혀 다른 종류의 보상으로 확장된다. 강제(예: 십장, 노예감독자, 또는 군법정)는 다른 인센티브들을 획득하지 못하는 곳에서 안전장치로 기능한다. 세 가지 인센티브의 누적 효과는 대칭적이든 혹은 비대칭적이든 생산자와 노동 수령자 간의 권력 균형을 구체화한다. 일정 정도로 수령자에 의해 도입된 인센티브들은 수령자의 목적들을 명확히 드러내준다. 수령자들은 특히 품질을 강화하기 위해 헌신에, 효율성에 박차를 가하기 위해 보상에, 권력을 뒷받침하기 위해 강제에 의존한다.

보다 일반적으로, 계약들은 세 가지 방식으로, 즉 생산자-수령자 관계, 생산자-생산자 관계, 수령자-수령자 관계를 통해 조직적 구조들을 형성한다. 그 관계들은 반복된 거래관행의 형태로 나타나는데, 이들 중 일부는 다른 노동계약들 속에서 구체화되기도 하고, 일부는 비노동계약들에 의해 지배되기도 하며, 일부는 계약 없이 존재하기도 한다. <표 4-2>는 계약들의 가능성을 도식화한 것인데, 보상, 강제, 그리고 헌신을 연속선으로 표기하지 않고 '있음/

<표 4-2> 노동계약의 인센티브에 의해 규정된 대안적 관계 형태들

| 보상 | 헌신 | 강제 | 생산자-수령자 | 생산자-생산자 | 수령자-수령자 |
|---|---|---|---|---|---|
| + | + | + | 군대지휘체계 | 소대 전우들 | 간첩단 대장 |
| + | + | − | 관료 | 노동자-사업파트너 | 소유자-파트너 |
| + | − | + | 소작인 | 마을 대표 | 도둑무리 |
| − | + | + | 가족기업 | 동료 죄수 | 정치조직의 보좌관 |
| + | − | − | 노점상 | 조직혁신 | 임시파견업체 |
| − | + | − | 병원 자원봉사자 | 수도원 | 사용자단체 |
| − | − | + | 강도 | 검투사 | 경쟁적 약탈자들 |
| − | − | − | 거리청소부 | 공예 박람회 | 매표 대기열 |

없음(+/ −)'으로 단순하게 양분화하여 표시하고 있다. 따라서 실제 노동조직들 안에서 중요성, 확산범위, 그리고 효과성에 있어 상이한 24개 종류의 관계로 구분하고 있다. 전체적인 도식을 살펴보면, 이 표에서 몇 가지 흥미로운 결론을 제시할 수 있다. 어떠한 노동상황도 단 하나의 인센티브 ─ 심지어 보상만의 경우 역시 ─ 를 중심으로 조직된 관계에 의존하는 경우는 거의 드물다. 인접 계약들을 연결하는 그 관계들은 종종 상이한 인센티브들을 갖고 있다(그래서 병원 자원봉사자들은 내과의사, 인턴, 그리고 사회봉사명령에 따라 일하고 있는 범죄자들 다음으로 열심히 일한다). 다른 인센티브들과 결합되어 있을 때조차도, 강제는 큰 권력차이가 존재하는 곳 ─ 헌신·강제·보상의 총합이 수령자에게 매우 유리한 곳 ─ 에서만 생산자들에게 효과적인 인센티브로 작용한다.

우리가 네트워크들에 관해 강조하는 것은 모든 노동계약이 생산과 비생산 관계를 포함하는 보다 폭넓은 사회적 관계들에 배태되어(embedded) 있다는 점을 명확히 하기 위함이다. 그 관계들의 각각은 축적되고 공유된 인식, 권리, 그리고 책무가 계약의 실행에 영향을 미치는 데에 도움을 준다. 생산 안에서 복수의 생산자들이 때때로 단일한 수령자(공장들이나 사무실들에서처럼)와 연결되거나, 또는 다수의 수령자가 단일한 생산자(예: 의사나 변호사)에게 연결된다. 다수의 생산자들 또는 수령자들(예: 노동조합이나 전문직협회) 사이에 존재하는 추가적인 관계들은 그 관계 자체를 더욱 구체화한다. 끝으로, 비생산네트워크들은 자원들과 요구들의 추가적인 원천으로 생산자들과 수령자들에게 이용된다.

배태성은 노동계약들의 변이 차원 하나로 국한되지 않고, 노동계약들을 형성하고 제한한다. 예를 들어 임금수준은 부분적으로 기술, 생산성, 시장조건들(효율성), 그리고 전통과 기대(문화)에 좌우된다. 또한 임금수준은 노조의 조직률, 국가의 최저임금 집행 혹은 임금인상 억제정책, 노조와 사용자에 대한 국가의 억압이나 다른 형태의 압력, 인구 재생산을 위한 사회적 조직, 그리고 특정 일자리에 다른 집단들(예: 여성)을 배제하는 집단관행에 결정적으로 의존한다. 더구나 사회적 관계의 네트워크는 계약, 매칭, 그리고 이동 같은 다른 노동기제들에 강한 영향을 끼친다. 사회적 관계의 핵심 요소들로는 국가, 가족구조, 생산네트워크(시장, 위계구조, 산업, 그리고 연합, 기업과 가구 같은 조직들)와 비생산네트워크들이 포함되어 있다. 계약과 자율성은 특정 시점에 노동계약의 특성을 결정한다. 그들은 즉각적이거나 혹은 '순간포착(snapshot)'의 기제들이다. 계약(contracting)은 생산조직의 위계구조 안으로 노동을 통합할지, 중간재나 서비스를 하도급할지 혹은 완제품이나 서비스를 단순히 구매할 것인지 여부에 대한 선택을 수반한다. 하도급은 지속적인 관계(일본 제조업자들이 구축한 것처럼)와 직무별 프로젝트팀(현대 할리우드 영화산업처럼)으로 나누어진다. 계약의 중요한 측면이 단기적 현금화의 정도이다. 금전적 보상이 어느 정도 단기간의 성과에 연동되어 있는가?

또한, 사용자들과 노동자들은 **자율성**의 유형을 결정한다. 자율적인 절차는 노동자들의 재량에 따라 다양한 경로를 통해 사용가치를 생산하는 것인 반면, 비자율적인 절차는 수령자의 상세한 지침을 철저히 따르는 것이다. 비자율적인 절차는 일반적으로 단기간의 집중적인 감독을 수반한다. 시간-규율의 수준은 자율성의 핵심요소를 잘 드러낸다. 자율성에는 시간(누가 작업속도와 작업시간을 결정하는가?)뿐만 아니라 장소(누가 과업들이 실행되는 장소를 결정하는가?)와 과업들(누구에 의해 그리고 얼마의 재량에 따라 과업의 내용들이 시기별로 다양하게 결정되는가?)도 포함한다. 대체로 자율적인 계약들은 적어도 관리자 관점에서 더 많은 신뢰를 요구한다. 다른 사람의 작업결과에 의해 가치 있는 자산이 위험에 처할 가능성이 높을 때, 그 자산의 탈취·손상·오용의 범위도 더욱 커질 것이다. 자율적인 계약들은 통상 과거의 사회화, 장기간의 현장직무훈련, 그리고 제3자에 대한 폭넓은 헌신에 의존한다.

매칭, 이동성, 그리고 훈련은 시간에 걸쳐 운동의 법칙을 보여주는 계약들의 시계열적인 '영화(movie)'같은 특성을 갖고 있다. 매칭(matching)은 채용, 승진, 계약, 한시적 전환배치 등을 포함하여 과업에 필요한 노동자의 선발수단들을 구체화하는 것이다. 어떤 경우에는 개별 사용자(혹은 다른 노동서비스 이용자들)가 능력(merit)을 기준으로 삼아 노동자들을 선발한다. 다른 경우에는 사용자들이 네트워크 내의 지위들[선임권(seniority)이 대표적인 예]로, 혹은 범주적 구별들(예: 성, 인종, 민족성)로 채용풀을 한정한다. 끝으로, 이직률이 높은 저숙련 일자리들에서는 사용자들이 어떤 지원자이든 채용하거나, 임시파견 서비스와 같은 하도급업체를 이용하기 쉬울 것이다. 실제로, 사용자들은 전형적으로 이러한 기제들을 잘 배합한다. 예를 들어 병원에서 세탁과 청소를 담당하는 노동자들의 채용은 보통 고용알선사무소(현직 노동자들의 친구와 친척들이 그 사무소에 보다 쉽게 접근하겠지만)를 통해 이루어지는 반면, 간호사들과 내과의사들의 선발배치에 대해서는 해당 전문가들이 주된 역할을 담당한다. 노동자들은 선택된 기제에 영향을 주고자 하며, 또한 가능하면 그들의 네트워크나 범주별 지위를 활용하려고 한다.

우리가 일자리의 측면에서 선발과정을 설명했지만, 이 범주들은 노동계약들의 다른 형태에도 그대로 이전된다. 결혼과 특정 서비스를 교환하는 계약들은 매력(장점)이나 네트워크 혹은 범주별 기준(고교동창 같은 사회네트워크 내에서 배우자를 찾는 것에서부터 중매결혼에 이르기까지)에 기반하여 성사될 수 있다. 단기간의 애인을 찾는 남성들과 여성들은 독신자 술집에 더 자주 가거나 매춘을 하거나, 또는 그들이 열망하는 것이 무엇인가에 따라 패스트푸드점을 찾는 것이 보다 쉬울 것이다.

이동성(mobility) 기제는 노동자의 직무 간 이동을 결정한다. 가장 보편적으로 기업들은 그들의 노동력을 승진(상향이동의 관리자), 정체(중간관리자와 숙련노동자 대부분), 이직(미숙련노동자들)으로 특징지어지는 집단들로 분류한다. 특정 생산자 지위로의 이동경로는 그 지위를 배태하고 있는 연결망들의 하나를 대표한다. 끝으로, 훈련(training)은 작업장 외부의 공식 교육을 통해, 작업장 내에서 현장직무훈련을 통해, 혹은 둘의 결합(예: 도제훈련)으로 이루어진다. 훈련은 매칭과 상호작용한다. 노동서비스의 일부 수령자들은 생산자에 대한 훈련을 실시하는 반면, 다른 수령자들은 완전한 숙련을 보유한 생산자들을 찾는다.

병원 간호사를 중심으로 기제들의 레퍼토리를 살펴보기로 보자. 간호사(오늘날 절대 다수의 간호사들이 여성임)는 강한 헌신과 보통 수준의 보상을 대가로 노동력을 제공하며, 내과의사들과 간호부 감독자들과의 협력을 통해 강제를 회피한다. 그녀의 노동계약은 생산 안팎의 사회적 관계들에 깊이 배태되어 있다. 감독자들, 동료 간호사들, 간호보조원들, 잡역부들, 기술자들, 그리고 음식운반자들과의 관계들, 그리고 환자들, 환자 친구들과 가족들과의 관계 속에 그녀의 일이 배태되어 있는 것이다. 그녀는 잘 정의된 위계구조 안에서 직접계약(개인간호사 선배들처럼 하도급계약이라기보다는)으로 일한다. 간호사의 자율성 — 그녀가 자신의 작업을 수행하는 경로를 선택할 능력 — 은 수술실 보조와 같은 작은 직무에서부터 응급실 감독 같은 중요한 직무에 이르기까지 배치된 직무에 따라 매우 다르다. 그녀의 경우에 있어 노동자와 직무의 매칭은 병원과 간호사노조 사이에 체결되고, 간호 감독자들에 의해 조정되는 일련의 협약을 통해 작동한다. 비슷하게, 이동성의 유형은 ① 간호사들을 다른 노동자들로부터 분리시키며, ② 엷은 위계구조를 창출하고, 그리고 ③ 일련의 승진을 통한 이동보다는 서비스 간 혹은 병원 간에 수평적 이동이 일반적이다. 훈련은 대학 학위, 임상경험, 그리고 상당한 현장직무훈련을 단계적으로 거치는 매우 표준화된 형태를 띠고 있다. 인센티브, 배태성, 계약, 자율성, 매칭, 이동성, 그리고 훈련은 간호사들을 다른 병원 노동자들과 크게 구별짓는다.

병원에서 행정가들(이들은 이사들, 주주들, 교직 상급자들, 그리고 공무원들에게 보고의 책임을 지고 있는)과 전문직 단체들은 상이한 노동계약들을 위한 관련된 기제들에 대해 협상한다. 일단 그 계약들이 정착되면, 그것들은 매우 자연스럽고 불가피한 것으로 보이게 된다. 품질, 효율성, 그리고 권력의 기준을 활용하여 행정가들과 전문직 종사자들은 인센티브, 계약, 자율성, 배태성, 매칭, 이동성, 그리고 훈련의 조합들 — 선정된 기제들의 비용으로 인한 한계 안에서, 그들의 요구를 가장 잘 충족시켜줄 — 을 선택한다.

이론적으로는 병원 행정가들과 다른 사용가치 수령자들이 이러한 기제들을 거의 무한대로 조합할 수 있다. 그러나 현실적으로는 수령자들이 결코 일련의 기제들을 마음대로 선택할 기회를 가지지 못한다. 기능적 호환성과 비호환성으로 인해 특정 조합들이 다른 조합들보다 선호된다. 조직적 관성과 모방은 기존의 친숙한 기제들을 선호하게 만든다. 게다가 노동계약의 완성은 반드시 순조롭고 조화롭게 진행되는 것이 아니다. 사용자들과 같은 가치수령자들이 관련된 기제들을 규정하기 위해 투쟁하는 유일한 주역들은 아니다. 노동자로부터 노력을 이끌어내려는 시도에서 강제, 보상, 헌신을 활용하는 자본가는 때때로 점심시간과 휴식시간을 연장하려는 노동자들(휴식 연장을 위해 자본가의 암묵적인 언질을 얻으려는), 타인에게 작업을 미루는 노동자들, 또는 자신의 이익을 위해 동료 노동자들이 생산기준을 깨지 않도록 강제와 헌신을 동원하는 노동자들을 직면하게 된다. 사용자가 사업장 규칙을 작성하는 권한을 분명히 가지고 있지만, 그 규칙을 준수하도록 하는 것은 별개의 문제이다.

실제로 노동서비스 제공자들과 그 서비스의 사용자들은 거의 변함없이 일정한 측면에서 대립적인 목적들을 추구한다. 대부분의 환경에서 어느 당사자도 자신들이 선호하는 특성들을 전적으로 강요할 만한 절대 권력을 가지고 있지 못하다. 그 결과, 당사자들은 협상을 한다. 협상(bargaining)에서 둘 이상의 당사자들은 보상, 처벌, 위협, 혹은 장래 성과와 관련된 합의를 조건으로 하는 약속들을 교환한다. 더욱이 일부 사례에서 노동자집단들은 개인차원의 일상적인 협상을 넘어서 상호간의 집단적인 요구를 제기하는 분쟁(contention)을 조직하며, 그 분쟁에서 이길 경우 상대방의 이익에 크게 영향을 미치게 된다. 국가와 같은 제3자가 종종 협상과정, 특히 분쟁이 발생할 때에 개입한다.

따라서 사용자들은 노동과정에 대해 결코 절대적 통제력을 행사하지 못한다. 그렇지만 사용자들은 일반적으로 기제들의 선택에 대해 노동자들보다 훨씬 더 많은 통제권을 갖고 있다. 매우 다양한 사회·기술적 조건들하에서 불평등한 협상은 보건의료, 면방직, 그리고 석탄채굴에서 우리가 살펴본 바와 같이 실로 다양한 조직들을 창출한다. 이 장에서 제시한 분석틀은 일반적 의미에서 어떻게 이 과정이 전개되는지를 논의하기 위한 것이다. 그 과정을 보다 상세하게 이해하기 위해 '생산자들'과 '수령자들' 간의 관계들에 대한 일반적인 분석보다는 사용자들과 노동자들의 구체적인 행위에 초점을 맞춘 검토로 넘어가기로 한다.

# 제5장 노동현장에서의 사용자들

## Employers at Work

## 노동자와 사용자의 상호관계

종업원: M씨, 저는 학교에 다니기 위해 두 달 동안 휴가를 얻고 싶습니다.

사용자: 무슨 말을 하는가? 휴가라니? 지금은 시즌이 시작되는 시기라서 나는
　　　　자네가 가장 필요할 때일세. 휴가라니 절대 안 되네! 대체 자네가 가고
　　　　싶어하는 학교는 어떤 학교인가?

종업원: 그것은 여성 노동자를 위한 브린 마우어 여름학교(Bryn Mawr Summer
　　　　School)입니다.

사용자: 오호! 이제 알겠네. 자네는 노동자들에게 사장과 투쟁을 잘하는 법을
　　　　가르치는 학교에 다니고 싶어하는군.

종업원: 전혀 그렇지 않습니다. 그 학교의 목표는 노동자들이 현재 직면하고
　　　　있는 문제들에 대해서 더 현명하게 생각할 수 있게 하는 것입니다.

사용자: 나는 자네가 철학자가 되려고 하지 않기를 바라네. 그리고 자네가
　　　　교육을 받고 나서 어떤 일이 생기겠는가? 학교를 마치고 돌아온 후에
　　　　자네는 더 이상 양복점에서 일하려고 하지 않을 걸세.

종업원: 만일 제가 이 상점에서 더 이상 일하고 싶지 않다면, 저는 사장님께
　　　　제 일자리를 남겨놓기를 바라지도 않을 겁니다.

사용자: 자네가 교육을 받아서 원하는 것이 무엇인가? 교육을 받지 않으면
　　　 자네는 코트의 바느질을 할 수 없단 말인가?
　　　〔1920년대 브린 마우어 여름학교의 참여자와의 대화내용, 『힐더 스미스 전집
　　　(Hilda W. Smith Collection』(Schlesinger Library, Radcliff College)에서 발췌,
　　　Kessler-Harris(1982: 243)에서 인용〕


사용자-종업원 관계는 쉽게 폭발할 가능성을 안고 있다. 위의 대화는 권력과
복종, 충성과 공정성, 가부장주의와 반항과 같은 주제들로 가득 차 있다. 이처
럼 신경을 곤두세우는 대화에서 가치생산에서의 상대적 지위만을 지칭하는
'생산자(producer)'와 '수령자(recipient)'라는 상대적으로 중립적인 범주들은 별
로 중요하지 않다.

　우리는 다음과 같은 주장을 하기 위해 이러한 중립적 용어들을 갖고 분석을
시작했다. 개인들은 여기에서는 수령자로서, 저기에서는 생산자로서 복수의
지위들을 가질 수 있다. 이러한 점은 하도급업자의 경우나 대기업에서 볼
수 있는 관리감독 연쇄체계(the chains of supervision)의 경우에서와 같이, 생산과
정 내부에서 사실이다. 보다 넓게 보면, 개인들은 여러 산업에 걸쳐서 복수의
지위들을 점하고 있다. 의사는 어느 날 어느 미용사를 진료하지만 다음날에는
그 미용사에게 자신의 머리를 다듬는다. 광부들은 광산에서는 생산자이지만,
집에서는 아내가 제공하는 무급가사노동의 수령자이다.

　그러나 우리는 이제 노동세계의 일부인, 사용자와 노동자로 구성된 노동시
장에만 주의를 집중하기로 한다. 이는 생산자-수령자의 상호관계를 특정한
제도적 맥락 속에 배치하게 되며, 그 맥락 속에서는 양자를 함께 묶어주는
거래들, 계약들, 역할들, 네트워크들, 조직들이 일정한 특성을 갖게 된다. 물론,
문제의 제도적 맥락은 모든 선진국에서 매우 중요하다. 노동시장은 성인들의
노동시간과 노동력 투입을 결정하는 가장 큰 단일 요인이자, 가장 지배적인
방식으로 소득원천과 생계수단을 제공한다. 엄밀하게 말하자면, 이러한 중요
성 때문에 노동시장에서 형성된 생산관계는 보다 광범위한 사회, 정치적 계급

관계로 확장된다.

노동의 세계에 존재하는 많은 사회적 관계들 중에서 노동자-사용자의 상호 관계와 그 축적으로 등장하게 된 노동시장을 구별하게 만드는 것은 무엇인가? 제2장에서 우리는 노동시장을 노동자, 사용자, 채용, 고용네트워크, 계약들의 수렴(convergence)으로 정의했다. 제4장에서 노동기제의 구성체계에 대해 소개 했기 때문에 여기서 우리는 노동시장이 인센티브, 계약(contracting), 배태성 (embeddedness)이라는 세 가지 기제의 독특한 결합체계를 나타내는 것으로 정리할 수 있다.

1. 인센티브의 측면에서 노동시장은 기본적으로 보상(compensation)에 기초해 작동한다. 노예들, 징집된 병사들, 자원봉사자들, 가정주부들은 통상적인 의미에서 노동자가 아니다.

2. 계약을 통해 노동자들은 지속적으로 생산자의 위치를 차지하게 된다. 이것 은 그들이 반드시 특정의 개별 수령자(사용자)와 장기 계약을 맺고 있음을 의미하는 것은 아니다. 항만인력시장(shape-up, 역자주: 그날그날 일자리를 찾아 나선 항만 노동자를 십장이 선발하여 고용하던 방법)이나 파견업체를 통해 하루 벌이를 위해 고용되는 노동자들 역시 노동자인 것이다. 그런데 이는 전체적 으로 노동자들이 프롤레타리아화되고 있으며, 노동력 판매 이외에 다른 선택을 갖고 있지 않음을 의미한다.

3. 배태성(embeddedness)과 관련하여, 사용자-노동자 관계는 사용자에게 권위 를 부여한 위계적 조직들(기업들)에 배태되어 있다. 다른 곳에서 자신의 거래 를 할 수 있는 고객과, 노동자를 해고할 수 있는 사용자 사이에는 결정적인 차이가 있다. 내가 (인센티브와 계약기준에 맞추어) 같은 가족들로부터 매주 옷감을 구입할 때, 나는 그 가족의 사용자로 간주되지 않는다. 그러나 그 가족의 구성원들이 내 지휘 아래에서 옷감을 생산하는 것에 대해 내가 돈을 지불한다면, 나는 사용자이다. 따라서 각각 그 자신의 독자적인 자본의 형태를 소유한 독립적인 전문직 종사자들, 장인들, 명인들은 이러한 의미에

서 노동자가 아니다. 하도급은 여전히 은폐된 고용으로부터 사업자 간 거래 관계에 이르기까지 다양한 관계들을 포괄하는 회색지대로 남아 있다.

제7장에서 우리는 생산자가 될 수밖에 없는 노동자집단을 창출하면서 점점 더 보상에 기반한 인센티브의 방향으로 노동을 변화시켜온 프롤레타리아화 과정을 상세하게 추적할 것이다. 이러한 과정이 초래한 역사적인 변동은 오늘날 미국 보건의료산업에서 그 축소판을 볼 수 있다. 보건의료산업에서 의사들은 일백 년 전에는 독립적인 전문직이었으나 20세기 대부분 유력한 하도급업자로 바뀌었다가 최근에는 종업원으로 변화되고 있는 것이다.

그렇다면 사용자와 노동자는 이 장과 다음 장에서 검토할 핵심적인 행위자들이다. 다음 장에서는 프롤레타리아화의 확산과 함께 노동의 세계에 대한 개입을 확대해온 국가, 그리고 가족을 간략하게 살펴보기로 한다. 우리는 이들 행위자에 대해 세 가지의 주요 질문들을 제기한다.

- 행위: 어떠한 힘들이 사용자와 노동자의 행위양식을 추동하고 결정하는가? 노동시장에 대한 국가와 가족의 행위를 결정하는 요인은 또한 무엇인가?
- 경계짓기(bounding): 무엇이 기업의 경계들을 결정하는가? 부차적으로는 노동자들에 대한 기업 요구의 경계를 결정하는 것은 무엇인가?
- 네트워크: 네트워크들이 어떻게 개별 노동자와 사용자의 행위를 결정하는가? 그러한 개별적 행위가 어떻게 네트워크들의 구조와 기능을 구성하게 되는가?

인센티브, 계약, 그리고 배태성은 두 장(제5장과 제6장)에 걸쳐 우리 논의의 핵심적 주제이다. 인센티브가 행위의 결정에 있어 매우 중요하다. 경계짓기(bounding)는 계약의 형태에 대한 선택의 문제로 이해될 수 있다. 그리고 네트워크는 배태성의 개념에 본질적인 내용을 제공한다.

## 사용자의 목적들(Objectives)

사용자 행위의 특징을 검토할 때, 우리는 연구초점을 협소하게 이윤을 추구하는 자본주의 기업으로만 제한하지 않는다. 사용자들에는 가계(household), 자영업자, 비시장적 목표를 추구하는 조직들(예: 정부, 교회, 비영리조직들)이 포함된다. 우리는 많은 측면에서 비시장적 조직들의 행동이 영리조직들과 유사하다고 주장한다. 이러한 사실은 다음과 같은 배경이유로 설명될 수 있다. ① 두 개의 조직집단 모두 당면한 제약 속에서 품질(quality)과 효율성(efficiency), 권력(power)의 최적 결합을 추구하는, 다시 말해 사전에 정해진 목표들과 관련하여 성취가능한 최선의 성과를 이루려는 노력을 경주하고 있다. ② 목표들의 그러한 혼합방식에서 나타나는 다양성은 영리조직과 비시장적 조직들 사이에서만큼 두 집단들 내부에서도 비슷하거나 더욱 크게 나타난다. ③ 사회적, 경제적 영향력에 의해 두 집단의 조직들이 채택하고 있는 목표들의 특수한 조합방식(mix)이 유사하게 구조화되고 있다. ④ 두 집단 모두 최적화(optimization)를 추구하는 노력에도 불구하고 그 과정에서 비슷한 장애에 직면하게 된다.

사용자의 목적들이 사회적으로 형성된다는 점을 강조할 필요가 있다. 따라서 사용자의 목적들이 (단일한 이윤동기의 이론들이 함의하는 것처럼) 아무 문제없이 조직에 대한 경제적 압력들로부터 등장하는 것이 아닐 뿐 아니라 (단순한 경영이론들이 논의하는 것처럼) 고립적으로 발전해온 개인적 선호로부터 출현하는 것도 아니다. 예컨대 사용자가 추구하는 목적들의 사회적 형성은 중간관리자들의 마음(the souls)을 얻기 위한 각축과정 속에서 이루어진다. 미국 중북부에 위치한 편의점체인의 인사담당 이사는 크리스 틸리(Chris Tilly)에게 다음과 같이 말했다.

편의점 관리자들 사이에서는 항상 파트타임 종업원들을 계속 사용하는 것에 대한 저항이 있다. 순리대로라면, 당신이 어떤 사람을 알게 되어 그에 대한 확신을 갖게 되고, 그가 더 많은 시간을 일하길 원할 경우, 당신은 그들의

의사에 맞추어 풀타임(상용직)으로 전환해야 할 것이다. …… 만약 풀타임 노동
자들(즉 상점관리자나 보조관리자들)이 하고자 하는 대로 둔다면, 그들은 보다
많은 풀타임 종업원들을 쓰고 싶어할 것이다. 그들을 현장에서 일차적으로
중요시하는 것은 작업과정에서 동료집단과의 상호작용이다(Chris Tilly, 1996:
111).

그러나 인사담당 임원들과 최고경영자들은 관리자들의 이러한 태도를 억제하
고 이들로 하여금 저임금과 낮은 복지혜택이 지급되는 파트타임 노동자들을
고용하도록 하여 비용을 절감하려고 노력해왔다.

이 사례가 보여주는 바와 같이, (사용자의) 목적들(objectives)은 특정의 목표들
(goals)을 통합하도록 설계된 조직적 구조들과, 기업 내부에서 이러한 구조들을
관통하고 많은 경우 기업 울타리를 넘어 확장되는 사회적 연결망들에 기반하여
사회적으로 형성된다. 소매점체인의 경영위계구조는 상점관리자들에게 비용
절감의 목표를 깊이 인식시킨다. 그러나 특정 편의점의 친밀한 사회적 환경에
서 구축된 동료 노동자들과의 사회적 관계는 관리자들의 목적들을 다른 방향으
로 이동시킨다. 그리고 관리자들이 기능직 노동자들의 세계와 맺고 있는 공동
체적·인종적·혈연적·계급적 연관성들은 이 지역의 활동에서 매우 중요하며,
이러한 연관성은 (그 인사담당 이사가 지적하듯이) '파트타임 노동자들은 열심히
일하지 않는다'는 그들의 선입관을 분명히 강화한다.

자본주의적 기업들과 다른 사용자들은 모든 가치의 수령자들이 그렇듯이
품질과 효율성, 그리고 권력이라는 목적들을 추구한다. 그들이 이처럼 분명하
게 세 가지 방식으로 목적들을 개념화하는 것은 아니다. 일반적으로 사용자들
은 둘 혹은 그 이상의 규범적(canonical) 목적들로부터 추출한 요소들을 개념적
으로 결합한다. 비용절감과 같은 효율성 목표는 명시적으로 또는 암묵적으로
품질(quality)이라는 목표의 최소 허용기준을 넘어서야 하며, 품질 목표 역시
일정 정도의 비용목표를 동반하게 된다. 사용자들은 이러한 방식으로 목적들
을 결합할 뿐만 아니라 그 목적들을 세분화한다. 폴 오스터만(Paul Osterman,

1988)에 따르면, 그가 조사한 미국 관리자들은 효율성을 세 가지로 세분화되어 있는 — 종종 갈등하는 — 노동 목적들의 측면에서 논의하고 있다. 비용절감, 유연성(인력규모와 인력배치 모두에 대한), 예측가능성(고용비용과 숙련 수준이 알려져 있는 노동력의 공급가능성에 입각한 계획능력)이 그에 해당한다. 다른 한편으로, 구소련 관리자들은 중앙당국의 보상체계 계획이 산출과 연동되어 있기 때문에 효율성을 기본적으로 산출량의 측면에서 정의하곤 했다. 그리고 일본 토요타의 관리자들은 단위시간당 처리량(throughput, 원료가 생산 공정을 통해 처리·가공되는 비율)을 가장 중요한 효율성 기준으로 간주했다. 효율성에 대한 이러한 견해들은 평가와 인센티브 체계로 제도화되며, 특정의 산업문화에 대한 공유된 인식과 표상(representation)을 구성한다. 이 문화들은 그것을 낳은 생산체제의 영향을 받고 있을 뿐만 아니라, (구소련 경제 개혁을 시도했던 이들이 발견했던 것처럼) 역으로 그 생산체제들의 발전방향을 제한·규정한다.

효율성에 대한 문화지향적(culture-bound) 개념들은 더욱 차별적인 효과들을 갖고 있다. 소유자와 관리자들은 다양한 형태의 업무를 수행하기에 적합한 사람이 누구인가에 대한 인식을 작업장으로 가져온다. 병원관리자들은 간호사들이 환자들과 보다 더 지속적으로 접촉하고 있다는 사실에도 불구하고, 의사들이 간호사들보다 더 잘 진료할 수 있다는 일반적인 가정에 따라 행동한다. 채용·승진·해고의 결정을 내리는 사용자들은 노동자들 중에서 흑인들은 적대적이고, 이주노동자들은 부지런하며, 여성들은 신체적으로 유약하다는(또는 예민하거나 순종적이라는) 고정관념을 갖고 있다(이러한 고정관념에는 일부 진실의 요소가 있음에도 불구하고 과장된 특성과 일반화의 오류가 내재하고 있다). 그들은 이러한 고정관념을 종종 매력, 에너지, 막강한 힘, 특정 직무의 능숙함에 대한 과장되거나 틀에 박힌 규범들로 연관짓는다.

그러한 견해들은 기업 내부에서 채용과 상호작용의 분절된 네트워크들을 강화하고 조장한다. 20세기 초 미국에서 사무직 노동의 여성화가 진행되었을 때처럼 노동 수요·공급의 조건이 변화할 때, 고정관념 역시 그에 따라 변화한다. 이러한 이유로 그 고정관념들을 권력 추구의 일부로서 범주화하는 것이

유용하다. 그리고 사실 사용자들은 자신들의 권위를 강화하기 위해, 혹은 기존 종업원들이나 고객들의 지지를 얻기 위해 때때로 차별을 하기도 한다. 그러나 전형적으로 사용자들은 그 고정관념을 숙련이나 능력의 실질적 차이에서 비롯되는 것으로 이해한다(Moss & Tilly, 1996). 이러한 관점에 의거한 행동은, 비록 그릇된 것이지만, 효율성을 증가시키기 위한 진지한 시도가 되기도 한다.

문화는 효율성 목적에 대해 작용하지만, 품질(quality)에 대해서는 더욱 분명하게 영향을 미친다. 품질은 결국 생산물이 이상적 형태에 얼마나 가까운지를 의미하는데, 그 품질은 집단에 따라 상이하거나 변동할 수 있다. 식품생산은 영국의 익힌 소고기요리에서부터 일본의 생선초밥에 이르기까지 국민적 전통들이 매우 다른 명확한 사례를 보여준다. 품질의 정의는 특히 서비스부문에서 아주 다양하다. 우리는 보건의료에서는 사생활 보호(privacy)를 기대하지만 음식점에서는 즐거움(conviviality)을 기대하며, 이 경우도 그 이상형은 세계에 걸쳐 상이하다. 문화가 어떤 서비스노동자들에게는 순종적일 것을, 다른 서비스노동자들에게는 상냥할 것을, 또는 권위 있는 모습을 보여줄 것을 기대하도록 만든다.

권력은 특히 가시적이지는 않지만, 그럼에도 불구하고 사용자들이 명시적으로 밝히는 목적들 중의 하나로 존재한다. 효율성과 품질에 대한 명시적인 관심은 자주 권력의 목적을 은폐한다. 데이비드 노블(David Noble)은 기계의 수치제어에 관해 두 명의 코네티컷 공장관리자들과 인터뷰한 결과를 다음과 같이 보고하고 있다.

다른 곳과 마찬가지로 여기에서도 나는 많은 수치제어 프로그래밍이 상대적으로 간단하다고 말해주고, 왜 오퍼레이터들이 스스로 프로그래밍을 할 수 없는지를 그 사람(관리자)들에게 물었다. 처음에 그들은 그 제안을 어처구니없게 여기면서, 그러기 위해서는 오퍼레이터가 원료 적재와 속도를 세팅하는 방법을 알아야 하고, 거의 산업엔지니어의 수준이 되어야 한다고 주장한다. 나는 똑같은 사람이 재래식 기계에 대한 원료적재와 속도를 세팅하고 동시에 생산기술 엔지니어들이 제공한 공법서에 따라 일상적으로 기계를 조작해온 것을 지적했다. 그러자 그들은 머리를 끄덕이고는 오퍼레이터들이 프로그래밍 언어를 이해할 수 없다고 말했다. 다시 나는 오퍼레이터들이 다음에 무엇이 발생할지(예컨대, 모든 것을 뒤죽박죽으로 만들 수 있는 프로그래밍 오류들에 대비하면서)를 알기 위해 밀러테이프(mylar tape, 기계가 어떻게 다루어져야 하는지를 기술하는 정보)를 읽는 모습을 자주 봤다고 말해줬다. 다시 그들은 머리를 끄덕였다. 마침내, 그들은 서로를 바라보며 미소 짓고, 그들 중 한 명이 몸을 숙이면서 비밀을 털어놓았다. "우리는 그들이 그 일을 하는 것을 원하지 않는다." 이것이 업무배치와 관련한 기술결정론 이면에 존재하는 진실이다(Noble, 1979: 38).

처음 관리자들이 보여주었던 망설임은 이해할 만한데, 그들이 나중에 보여주었던 솔직함은 예외적이다. 권력을 하나의 목표로서 공공연히 인정하는 것은 현대 정치와 사회의 맥락에서 대부분 받아들여질 수 없기 때문이다. 심지어 독재자들도 안팎의 적들에 대항해 자신들의 정책이 질서를 지켜내기 위한 것이라고 정당화한다. 마찬가지로 사용자들도 그들의 많은 이해관계를 조직유지의 일정한 변형이라는 측면에서 짜맞춘다. 조직유지라는 명목하에서 자본가들과 다른 사용자들은 전형적으로 그들 자신의 권위를 공고히 하고, 그 조직의 위세를 높이며, 명시적 갈등을 감소시키며, 지시, 정보, 아이디어, 정치적 지지, 그리고/또는 복종을 위해 그들이 의존하는 노동자들에게 보상하고, 중요한 외부자들과의 좋은 관계를 유지하려고 한다.

조직유지는 권력과 장기적 효율성 간의 차이를 불분명하게 만든다. 조직유지를 위한 투자는 당연히 장기적으로 생산성을 유지하기 위한 것이다. 조직유지는 예측가능성에 기여하는데, 예컨대 10년 혹은 20년 동안 생산활동을 주도하기 위해 유능한 관리자들을 활용할 수 있도록 보장한다. 조직유지는 종업원들의 이직률을 감소시키고, 생산성 향상을 위한 협력을 촉진함으로써(혹은 반대로 공동의 책임회피나 태업을 목적으로 하는 종업원들의 집단행동을 방해함으로써), 비용을 절감하는 데 도움을 주기도 한다. 그러나 상당히 많은 사용자들은 조직유지를 위해 단기적 효율성을 희생한다. 사용자들은 기존 종업원들에 의해 매개된 채용네트워크들에 의존하고 현재 종업원들이 싫어하는 잠재적 노동자들을 거부함으로써, 그리고 자신의 승진을 위해 지나치게 높은 자격조 건을 갖춘 노동자들에게 손쉬운 일자리을 제공함으로써, 가장 저렴하고 품질 좋은 노동력을 충원하는 데 종종 실패한다. 더욱 중요한 사실은, 사용자들이 기술과 조직에서 기존 질서를 위협하는 혁신과 대안을 무시하거나 거부함으로 써 장기적 효율성을 약화시킨다는 것이다. 조직유지와 이에 내재하는 권력관 계를 유지하는 것 그 자체가 목적으로 부각된다.

노동자들은 어떻게 관리자들이 그들의 경영권을 보호하고 있는가를 민감하 게 인식하고 있다. 미국 노동자들에 대한 최근의 조사에서 리처드 프리만과 조엘 로저스(Richard Freeman & Joel Rogers, 1994: 7)는 대다수의 종업원들이 "관리자를 대신하여 종업원들이 생산과 조직운영에 대해 보다 많은 결정권을 행사하게 된다면, 그 기업은 경쟁사들에 비해 보다 강해지고 제품과 서비스의 품질은 더욱 개선될 것"이라고 믿고 있다는 사실을 발견했다. 그들이 관리자들 에게 노동자들의 더 많은 의사결정 참여를 왜 허용하지 않는가를 물었을 때, 대다수의 종업원들은 그러한 참여가 관리자의 권력을 위협하기 때문이라고 응답했다.

조직유지는 조직 내부의 현재 상태(status quo)를 지속시킬 뿐 아니라 특정한 사용자를 넘어 확대되는 지위와 권력의 체계들과 연계되어 있다. 『대영제국의 고위공무원』이란 책에서 '감정의 논리(doctrine of feelings)'에 대한 데일(H. E. Dale)의 서술은 이러한 점을 예시하고 있다.

나는 여러 해 전 어느 저명한 공무원으로부터 감정의 논리들에 대한 소상한 설명을 들었다. …… 그는 감정의 중요성이 감정을 느끼는 사람의 중요성에 따라 달라진다는 점을 설명했다. 만약 공공의 이익을 위해 어느 하위사무원을 그 직위에서 해임해야 한다면, 그의 감정에 대한 어떠한 고려도 필요하지 않다.

만약 해임대상이 부사무관(assistant secretary)이라면, 여러 요인들을 신중하게 생각해야 한다. 만약 그 대상이 사무관(permanent secretary)이라면, 그 사람의 감정이 그 상황에서 핵심적인 요소이며, 단지 긴급한 공공의 이익이 있는 경우에만 그러한 감정의 고려가 무시될 수 있다(Goffman, 1967: 10에서 인용).

품질, 효율성, 권력을 구별하는 것은 일본과 유럽의 사례에 고무되어 미국 제조업에서 맹위를 떨치고 있는 '품질캠페인'의 모순점을 드러내는 데 도움을 준다. 이 캠페인의 분석가들뿐 아니라 제조업자들도 종종 '품질'이라는 제목하에 두 가지의 매우 상이한 과정들에 대해 혼동하고 있다. 하나의 과정은 진정으로 품질을 위한 운동, 즉 많은 경우에 틈새시장을 발견하기 위해 고안된 맞춤상품의 개발을 통해 불량품을 줄이고 제품을 완전하게 만들려는 시도를 지칭한다. 그러나 제조업자들은 단순히 생산의 속도를 높이고 비용을 절감함으로써 효율성을 높이기 위한 과정에 대해서도 또한 '품질'이라는 용어를 사용한다. 더욱이 미국 관리자 대부분이 노동자들에게 보다 많은 자율성과 권한을 부여하는 프로그램에서 비롯되는 경영권력의 상실에 대해 큰 저항감을 갖고 있기 때문에, 품질프로그램들의 도입은 매우 혼재된 방식으로 이루어져 왔다.

우리가 이미 제시한 바와 같이, 목적은 여러 사용자들 사이에서뿐 아니라 한 사용자의 경우에도 상황에 따라 매우 다양하다. 이는 사실인데, 그 첫 번째 이유로 대부분의 사용자들이 다양한 노동과정들을 혼합하여 운영하고 있기 때문이다. 그래서 병원에서는 의사노동의 질과 세탁노동의 효율성에 각별하게 관심을 기울이게 된다. 두 번째의 매우 중요한 이유로서, 사용자들은 서로 다른 목적들을 가진 상이한 행위자들을 한데 결합시키고 있다. 그 개념 정의에 따르면, 기업은 다양한 이익관계와 성공기준을 갖고 있는 행위자들(소유자, 다양한 관리계층 그리고 노동자들)을 통합하고 있다(비록 우리가 다음 장에서 노동자들을 그들 자신의 독자적인 권리를 가진 행위주체로서 간주한다고 할지라도, 실제로 '노동자 행위'로부터 '사용자 행위'를 명확히 분리하기는 그리 쉽지 않다). 성공에 대한 다양한 기준은 당사자들에 의해 협소하게 정의된 자신의 이해관계로부터 비롯되지만, 이는 단지 부분적으로만 그러하다. 관리자들은 보다 많은 봉급과 손쉬운 직무, 그리고 하급자들과의 만족스런 관계라는 자신의 이익을 추구하는 과정에서 주주와 충돌한다. 그런데 소유자들이 단기적 전매(resale) 가치를 극대화하려고 하는 데 반해, 관리자들은 단기적인 경쟁력 후퇴에도 불구하고 제품생산에 대한 장기적인 헌신을 고취하려 하기 때문에 이들 간에는 다양한 갈등이 표출된다. 또한, 관리자들은 노동자들의 복지에 더 많은 노력을 기울이려 하는 반면, 소유자들은 대외적으로 돋보이는 활동에 관해 더욱 관심을 보이기도 한다. 이처럼 관리자와 주주들 간의 갈등관계가 단순히 '자신의 이해관계'에만 국한되어 나타나는 것은 아니다.

역사적으로 형성된 사회적 관계와 문화는 사용자들이 복수의 목적들을 추구하는 것을 설명하는 데 도움을 준다. 비영리병원의 이사들은 공동체 내에서 그들의 지위를 상승시키기 위해 진료의 질에 관심을 가지게 되면서, 예산제약으로 인해 효율성을 우선적으로 추구하는 경영자들과 충돌하게 된다. 다른 한편으로, 영리를 목적으로 하는 민간병원의 주주들은 이윤추구를 위해 병원운영의 효율성을 강조하는 반면, 그 병원의 관리자들은 조직적 위계 내부에서 자신의 권력을 유지하려고 노력을 기울인다. 어떤 병원에서든 관리직에 속해 있는 의사들과 간호사들은 자신들의 전문직업을 통해 사회화된 만큼 업무수행의 질을 강조하는 반면, 경영학 교육을 받은 재무 및 현업 담당의 관리자들은 효율성을 중시한다.

아더 스틴치콤(Arthur Stinchcombe, 1986: 12장)이 지적했듯이, 우리는 상당한 정도로 이러한 사회적 관계와 문화를 기능적 관점에서 설명할 수 있다(어떠한 사회적 체제는 ① 계속되는 조직적 행위들을 뒷받침하는 일부 집합적 결과를 촉진함과 동시에 ② 사회적 체제 그 자체를 재생산하는 과정을 만들어내는 만큼 기능적이라 할 수 있다). 관리자들은 그들의 주요한 책임이 감독기능에 있기 때문에 권력을 유지하는 데 관심을 갖지 않을 수 없고, 관리역할에 대해 형성되는 공유된 인식들이 이러한 관심을 뒷받침하게 된다. 투자자와 기부자, 그리고 보다 넓게는 공동체에 대해 책임을 져야 하는 이사회 임원들은 다른 목표들을 염두에

두지 않을 수 없다. 그러나 그 관계들이 기능하는 제도적 환경을 설명하기 위해서는 다시 역사적 분석이 필요하다. 단지 역사적 분석을 통해서만 왜 전형적 병원에서 특정의 시공간 조건에서는 사회봉사를 강조하는 임원들이 최고 조직권력을 차지한 반면, 다른 조건하에서는 이윤추구에 혈안이 되어 있는 주주들, 혹은 위세와 권력을 탐하는 의사들, 혹은 관료적인 국가기관이 그 자리를 차지하게 되었는가를 설명할 수 있다.

## 사용자에 대한 제약

사용자들은 자신의 목적들에 따라 채용·보상·일자리 이동·훈련 등의 메커니즘을 설계하고 실행하고자 한다. 우리는 폴 오스터만(Paul Osterman, 1988)과 수잔 크리스토퍼슨(Susan Christopherson, 1988)의 논의를 받아들이고 확장하여 사용자들이 다음과 같은 다섯 가지 제약조건하에서 자신의 목적들을 추구한다는 점을 제시하고자 한다: ① 생산물시장의 특성(혹은 일반적으로 생산조직 외부에 있는 고객들의 선호), ② 가용한 노동력의 특성(노동자들 사이에서 조직, 권력, 위세의 형태들을 포함하여), ③ 과학기술(특히, 직무와 관련된 숙련들), ④ 사회적 기술(조직 내부에서 무엇이 가능하고, 정당하며, 관례적인 것인가를 확립해주는 관계와 신념의 체계), ⑤ 국가정책(노동의 조직에 영향을 미치는 법률, 규제, 관행을 포함).
　　사용자의 목적들과 마찬가지로, 이러한 제약들 역시 사회적으로 형성된다. 사실, 그 제약들은 목적들과 명백히 분리될 수 있는 것은 아니다. 왜냐하면 제약 그 자체가 사용자의 목적들을 규정하며, 특정한 목적을 추구하는 사용자들 스스로 제약들을 변화시키기 때문이다. 생산물시장과 같은 제약이 어떻게 사용자 행위에 영향을 미치는가를 생각해보라. 제약들은 사용자들이 그들의 목적을 성취할 수 있는 범위를 제한하고, 기존 사용자들의 목적을 변화시키며, 그 제약과 가장 부합되는 목적들을 선택함으로써 사용자들의 행위에 영향을 미친다.

결과적으로 품질, 효율성, 권력이라는 세 가지 목적 각각의 상대적 중요성은 사용자에 따라 체계적으로 달라지며, 특히 생산물시장의 성격에 따라 크게 좌우된다. 산업혁명 이후 대부분의 면직물 생산과 석탄채굴과 같이 생산물이 표준화된 곳에서 사용자들은 효율성을 강조한다. 사치품이나 주문생산의 경우에는 품질이 강조된다. 환자에 알맞은 서비스를 제공해야 하는 응급보건의료는 품질을 목표로 하지만, 보다 표준화된 공중위생 활동을 책임지는 사용자들은 효율성을 추구한다. 독점적 지위를 향유하는 사용자들은 권력 유지를 우선시하는 경향이 있는데, 이는 독점기업들이 그렇지 않은 기업들보다 더 많이 권력을 갈구하기 때문이 아니라 가격경쟁이 부재하므로 그들이 효율성 기준을 채택해야 할 압력으로부터 자유롭기 때문이다. 그리하여 교회, 군대, 정부기관들은 특히 권력을 우선적으로 고려하기 쉽다. 종종 가부장적 권력이 확고하게 자리 잡은 가족 기업은 얼핏 보면 정반대의 사례인 것처럼 간주될 수 있다. 그런데 많은 소규모 가족기업들이 독점적 경쟁력을 향유한다는 점에 유의해야 한다. 그들은 작은 차이들(예: 길모퉁이 상점의 입지조건, 혹은 특정 나라 음식을 제공하는 레스토랑)을 활용하여 제한적이지만 의미 있는 시장 권력을 만들어내고 있는 것이다. 더욱이 가족기업들의 높은 탈락률은 독점의 보호막 없이 권력을 우선시하는 경우 종종 그 대가를 지불하게 된다는 사실을 입증하고 있다.

생산물시장 그 자체가 사용자 행위에 미치는 효과를 통해 변동과 투쟁이 일어나는 공간이 되고 있다. 미국에서 보건의료 비용을 책임지는 제3의 지급기관들은 응급의료 조항을 표준화하려고 강력히 시도해왔다. 1970년대에는 병원들과 의사들의 조직적 저항에도 불구하고, 메디케어와 메디케이드(Medicare & Medicaid, 역자주: 노년층과 저소득층에 대한 연방보장 의료서비스)를 통해 보건의료 서비스의 최대구매자가 된 연방정부는 의료서비스 공급자들이 상대적으로 통일된 치료를 제공하도록 압박하여 특정 진료에 대한 표준화된 비용을 일일이 명시하는 진찰항목분류표를 만들었다. 대형 보험업자들이 그 선례를 따랐다. 결국 보건의료조직(병원)들은 제공된 치료에 대해 직접적으로 제한하는 '관리진료(managed care, 역자주: 환자와 의사 사이에 보험회사나 의료조직과 같은 제3자가 매개하는 진료체제)'로 떠밀려갔던 것이다. 이들 사용자가 추구하는 목적들 사이의 균형추는 품질보다는 효율성으로 기울어지게 되었다.

병원 의사들 중에서 최고위직인 의료담당 임원의 입장에서 이 과정을 검토해보자. 여전히 의료서비스 질에 대한 강한 집착을 보이는 의료임원들은 새로운 재정체제가 훌륭한 치료수준을 제공하는 능력을 제한하고 있다는 사실을 발견한다. 한때 치료의 품질에 대한 히포크라테스 선서를 했던 일부 의료임원들은 이제 실용주의, 인지적 부조화, 혹은 단순한 설득을 이유로 효율성에 보다 많은 가치를 부여하고 있다. 병원 안에서 일반적으로 의료임원들은 효율성 논리로 무장한 재무관리자들에게 그 권력을 넘겨주고 있다. 그리고 새로운 재정 환경에서 (145억 달러의 연 매출을 기록하는) 콜롬비아/HCA(Hospital Corporation of America) 헬스케어와 같은 대형 영리병원 체인들이 성장하여, 비영리병원들을 흡수·통합하거나 새로운 병원들을 건설하고 있다. 이러한 변화의 파장은 고스란히 병원 종사자들에게 널리 전달되어 의사와 간호사 그리고 잡역부들의 자율성과 보상수준을 크게 변동시켰다. 그 변화의 결과로서 미국의료협회가 관련 기록을 정리하기 시작한 이래 1994년에 의사들의 중위 연소득이 처음으로 하락했다(Narisetti, 1995).

이와 비슷하게, 에너지소비가 석유, 천연가스, 전기로 이동함에 따라, 미국에서 석탄소비는 발전시설로 집중되었다. 이들 시설은 대량의 석탄을 소비하지만, 주로 품질이 낮은 석탄을 이용했다. 따라서 석탄 생산 거점은 고품질-저효율성의 지하광산들이 위치한 미국 남동부 지역으로부터 저품질-고효율성의 노천탄광이 집중되어 있는 서부지역으로 이동했다. 개별 탄광사업자들은 새로운 시장현실에 맞추어 탄광운영을 변화시켰으며, 보다 중요하게는 채굴활동의 구성과 고용구조를 사용자들의 상이한 목적들이 의도하는 방향으로 변화시켰다. 이에 따라 보상 수준(저하), 노동자 안전(증대), 그리고 전미광산노조(United Mine Workers, 침체)도 극적인 변화를 경험하게 되었다.

사용자들의 보다 세분화된 목적들에 대해서도 동일한 추론을 확대 적용할 수 있다. 예를 들어 치열한 가격경쟁에 직면한 기업들은 비용의 최소화를 강조한다. 수요량이나 제품구성에서 커다란 변동에 직면한 기업들은 유연성을 가장 우선시한다. 수요의 꾸준한 성장을 경험하는 기업들은 예측가능성을 강조한다. 더욱이, 개별 사용자는 기업 안팎의 변동에 대응하여 미시적 목적들 (micro-objectives)의 변화를 추구할 것이다. 제조업자들은 새로운 경쟁자가 공격적으로 가격을 인하할 때는 비용절감으로 대응하며, 불황으로 인해 수요가 더욱 불확실해질 때는 유연성을 강조하고, 노동조합의 조직화 위협이나 기업 인수합병의 움직임에 직면하여 그 기업 내부구성원들의 결집력이 약화될 때는 조직유지를 강조하게 된다.

비록 제약들이 사용자들에게 크게 영향을 미치긴 하지만, 개인적으로나 집단적으로 사용자들은 이러한 제약조건들을 변화시키기 위해 끊임없이 '조정된(concerted)' 행동을 전개한다. 다음의 사례들은 사용자들이 어떻게 다섯 가지 제약들을 변화시켰는가를 잘 보여준다.

- 미국 병원단체들과 의사단체들은 1940년대와 1990년대에 보건의료의 국유화 혹은 일원화된 보건의료 서비스체계의 도입을 회피하기 위해 성공적으로 로비활동을 벌였으며, 그 결과 보건의료 서비스시장의 개혁을 좌절시켰다.
- 19세기에 걸쳐 미국의 섬유산업은 처음에는 동북부 지역 농가의 젊은 여성들을 충원함으로써, 후에는 이주민들을 차례로 충원함과 동시에 새로운 노동력 풀을 확보하기 위해 남부로 이동함으로써, 지속적으로 노동력을 공급해왔다. 20세기에 의류산업은 동일한 인력충원방식에 더하여 하도급을 활용함으로써 생산공정의 대부분을 멕시코의 마킬라도라 봉제공장들과 중미, 동아시아로 재배치했다.
- 산업들 그 자체는 기술 혁신의 주요한 온상이었고, 연구개발에의 투자, 육체노동의 탈숙련화와 숙련도 향상, 기술 전문가의 고용과 같은 사용자의 조치들은 제니방적기로부터 인공심장에 이르기까지 다양한 발명품들의 출현을 위한 핵심적인 조건이었다.

- 사회적 기술과 관련하여, 섬유산업의 사용자들은 사회적 관계에 대응했을 뿐만 아니라, 상이한 직무에 인력을 충원하거나 파업을 깨기 위해 다양한 인종집단으로부터 채용함으로써 사회적 관계를 변화시키기도 했다. 수잔 디지아코모 멀케이와 로버트 폴크너(Susan DiGiacomo Mulcahy & Robert Faulkner, 1979)가 기술했던 뉴잉글랜드의 어느 공장에서 경영자들은 노동자들이 현장 문제점에 대해 서로를 비난하고 개별적인 해결책을 추구하도록 "개인적 독립심의 작업장 정서"(p.239)를 강화하는 방향으로 공장 레이아웃과 노동분업을 설계했다.
- 그리고 다른 나라들에서와 마찬가지로 미국에서 노사관계와 같은 영역에 국가개입이 증가할 때, 사용자들은 사용자단체와 로비에 더욱 주력하게 된다. 그 대표적인 예로서는 제2차세계대전 이후 파업물결을 배경으로 사용자들은 노동조합 활동에 제한을 가하는 1947년 태프트-하틀리법(Taft- Hartley Act)을 얻어냈다(태프트-하틀리법의 빈번한 규제대상이 되었던 석탄 광부들은 다음과 같은 냉소적인 노래로 풍자했다. "태프트 씨는 땅을 파고 하틀리 씨는 그것을 운반하며, 트루먼 씨는 그들을 감독한다").

   기업의 전략적인 개입에 대한 이상의 장황한 설명들이 강조하고 있는 것처럼, 그 제약들과 그 제약 정도조차도 역사적 과정에 의해서 결정된다. 가장 모호한 사례로서 과학 기술과 그것이 효율성에 미친 효과를 생각해보자(이에 대해서는 제7장에서 상세히 검토할 것이다). 효율성과 혁신과정 그 자체는 매우 경로의존적이며, 따라서 과거의 사건들은 현재의 선택들을 촉진하거나 억제하는 방식으로 작용한다. 이러한 사실은 기술적 성공뿐만 아니라 실패도 설명할 수 있다. 핵에너지가 측량할 수 없을 정도로 값싼 전기를 생산할 것이라고 확신했던 예측들에도 불구하고, 1970년대 말까지 미국의 시설들은 너무 비용이 많이 소요된다는 이유로 그 핵발전 기술을 포기했다. 스티브 콘(Steve Cohn, 1990, 1994)은 그러한 예측이 자기충족의 논리에 따른 것이라고 주장한다. 1950년대와 1960년대 동안 미국에서 핵에너지에 대한 대단한 관심은 핵에너지를 다른 에너지 원천들에 비해 보다 효율적인 것으로 만들었다는 것이다. 핵에너지의 선택은 연구개발투자, 학습곡선(learning curves, 역자주: 학습을 위한 투입 시간 또는 비용 대비 학습의 습득성과가 변화하는 정도를 보여주는 상관관계의 그래프를 지칭), 생산규모의 경제, 보완적 에너지체계 인프라에 대한 투자(이는 핵발전에 대한 관심사를 고착시키는 것임)를 통해 효율성을 갖게 되었다. 그러한 관심이 없었다면 핵발전 기술은 실패했을 것이다.

경제적 조건뿐만 아니라 사회적 관계들 역시 기술적 선택에 대한 역사의 영향을 매개한다. 이것은 혁신과정 그 자체에서 확인될 수 있다. 예를 들어 로스 톰슨(Ross Thomson)이 특허 유형에 관한 연구에서 발견한 바와 같이, 판매를 위한 생산품의 혁신은 자신의 활용목적으로 진행되는 공정혁신에 비해 발명가와 사용자 사이에 더욱 긴밀하고 다면적인 의사소통을 활성화하며, 그 결과 추가적인 혁신을 촉발한다. 19세기 신발제조 발명가들과 19~20세기 초반 금속가공 선반의 발명가들 중에는 제품특허(product patents)를 가진 사람들이 공정특허(process patents)를 가진 사람들보다 2배 이상의 특허를 더 많이 등록했다(Thomson, 1989, 1991).

보다 일반적으로, 사회적 관계, 권력, 노동자 문화 — 우리가 가용한 노동력의 성격, 사회적 기술, 국가정책으로 분류했던 요인들 — 는 효율성의 틀을 규정한다. 노예제의 효율성은 인간노예에 대한 재산권의 정당성과 이를 강제하는 국가의 집행에 의존한다. 조직유지에 대한 가장 효율적인 접근은 문화와 사회적 관계의 유형들에 의존한다. 게리 베커(Gary Becker, 1957)가 지적하듯이, 인종적 혐오감이 작업동료에 대한 선호를 결정한다면, 인종분리가 '효율적'일 수 있다. 기술에 대한 사회적 제약의 중요성은 국가별 다양성을 설명하는 데 도움을 준다. 영국에서 뮬방적공의 권력과 기술 숙달은 영국 면방직산업에서 노동집약적 기술을 보다 효율적인 선택으로 만들었으며, 이는 미국 제조업자들이 효율성의 이름으로 자동화를 추진한 이후에도 수십 년간 지속되었다. 노동력의 사회적 유형들 역시 시간에 걸쳐 변화한다. 2세기 전에, 미국 직물상인들 혹은 의류제조업자들은 거의 모든 농촌 여성들이 실을 잣고 털실을 짜며,

바느질을 할 줄 안다고 전제할 수 있었다. 오늘날 이러한 것들을 할 줄 아는 미국 여성들은 거의 없으며, 미국 남성들은 더욱 그러할 것이다.


## 최소 충족(Satisficing)과 협상

각종 제약들 속에서 목적들을 추구할 때, 사용자들은 그 목적들을 최적화하기 위해 최선을 다한다. 그들은 일반적으로 두 가지 이유 때문에 실패한다. 첫째, 기업들은 그들이 직면하고 있는 제약들에 대해 명확하고 상세하게 평가하지 못한다. 즉 기업들은 '제한적 합리성(bounded rationality)'에 따라 행동하게 되는데, 이 경우 "행위는 그 의도는 합리적이지만 단지 제한적으로만 그러하다" (Simon, 1976: xxviii). 사용자들은 복잡한 환경 속에서 활동하며, 이러한 환경에 대한 정보는 비용이 많이 들기 때문에 사용자들이 그 환경을 이해하는 것은 제한적일 수밖에 없다. 기업 내 다양한 행위자들은 상이한 지식들에 기반하여 행동한다. 둘째, 거의 예외 없이 사용자들은 단일한 목적이 아니라 복수의 목적들을 갖고 있다. 그들은 최선의 결과를 성취하는 방법을 알지 못할 뿐 아니라, 전형적으로 그 최선의 결과가 무엇인가에 관해 이견이 존재한다.

제임스 마치와 허버트 시몬(James March & Herbert Simon, 1958)이 개념 정의했던 바와 같이, 사용자들은 최소한의 기준만을 충족하는 행위(satisficing)를 통해 제한적 합리성에 대응한다. "조직들은 목표에 초점을 맞추고, 단순히 성공(목표의 충족)과 실패(목표의 미충족) 사이에서의 상대적인 위치로 그 결과를 평가하기보다는 성공-실패로만 확연히 구별하려는 경향이 있다"(March & Simon, 1993: 302). 보다 넓은 의미에서, 그들은 가장 결정적이면서 가장 비용이 적게 드는 정보만을 수집한다. 일반적으로 이러한 접근은 "해결하기 어려운 징후가 나타날 때까지 충분한 이해를 위한 탐색활동의 투자를 연기하도록 만든다"(Winter, 1980: 18). 이것은 기업 내 다양한 행위자들에게도 똑같이 적용된다. 개별 체인점의 관리자는 주간 판매액과 종업원의 업무일정을 걱정하는 반면에, 본부의 관리자와 인사담당 임원은 월간 판매액과 노동비용에 초점을 맞추고, 최고경영자와 기업의 주주들은 연 매출액과 수익실적을 강조한다. 이들 각각은 다른 당사자들에게 핵심적인 것으로 간주되는 정보를 이해하기 위해 애쓰지만, 단지 그러한 정보를 요구하는 문제가 발생할 때에만 그러하다. 최소한의 기준만을 충족하는 행위는 하나의 강력한 관성적 특성을 갖고 있다. 기업과 기업 내부 행위자들은 대응방식의 문제가 크게 부각될 때까지 익숙한 습관에 따라 계속해서 행동하게 된다.

문제발생의 경고가 울리게 되면, 사용자들의 문제해결 레퍼토리는 주로 반복과 모방 그리고 입장표명(manifestation)에 의존한다. 그들은 과거에 개발된 주먹구구식의 해법들을 되풀이한다. 그들은 산업 내 선도기업이나 동료 사용자를 모방한다. 예를 들어 중간규모의 기업들이 인사정책을 변경하려고 할 때, 인사담당자들은 전형적으로 비교 가능한 몇몇 기업의 인사담당자에게 전화하여 그들이 시행하고 있는 정책을 알아보려 할 것이다. 스콧(Scott, 1987)과 디마지오와 포웰(DiMaggio and Powell, 1991)이 검토한 경험적 연구문헌들에 따르면 그러한 조직적 모방의 형태들이 널리 확산되어 종종 더 효율적인 행위방안을 무시하게 된다는 점이 지적된다. 그리고 반복이나 모방 어느 것도 효과적이지 않을 때, 관리자들은 상급자와 하급자에게 관심과 단호함을 보여주기 위해 어떠한 행동을 취한다는 의미에서 입장을 표명할 것이다. 그런데 이러한 세 가지 전략들 어느 것도 최적화하는 것(optimizing)을 의미하지는 않는다. 그것들은 단지 지름길들일 뿐이다. 이러한 반응들은 새로운 정보의 비용과 의사결정에 대한 인지적(cognitive) 한계를 반영한다. 그것들은 또한 자기보호의 목적을 강화하기도 한다. 반복과 모방은 기존 관행의 절차를 따랐다는 점에서 어떠한 비판으로부터 관리자들을 보호해준다. 입장표명은 정상적인 절차가 부적절할 때 이루어지는 만큼 역시 비판으로부터 벗어나게 해준다.

혁신은 매우 예외적이다. 스틴치콤(Stinchcombe, 1986: 10장; 그리고 Scott, 1995를 참조할 것)이 지적한 대로, 노동체제, 특히 작업조직형태들의 현상유지는 그 안정성을 높이는 데 상당한 이점을 갖는다. 우리가 새로운 관리자와 노동자들로 채워지는 전연 새로운 작업조직을 설계한다고 할지라도, 기존 조직과의 호환가능성(compatibility)이라는 제약이 작용할 것이다. 그러나 현실 세계에서 새로운 조직들은 낡은 조직들 위에 중복되게 만들어지는데, 해당 영역에서 이미 확립되어 있는 조직을 모델로서 받아들이고, 실제로 관리팀, 채용네트워크, 사회적 범주, 그리고 외부 연계 등의 형태로서 기존 조직의 상당 부분을 수용하게 된다. 이를 통해 조직설계자들은 노동 수행의 알려진 메커니즘들을 활용하며, 주로 주변적인 영역에서만 혁신을 수행한다. 활동 중인 조직들 내부에서는 다음과 같은 이유로 선택의 범위가 더욱 협소하게 된다.

- 조직 내부에서 이루어진 과거 협상의 역사는 혁신의 가능한 형태들에 대한 강력한 제약으로 작용한다.
- 선택적 충원과 사회화는 무엇이 가능하고, 효과적이며, 바람직한지에 대한 인식망(web of understanding)을 만들어낸다.
- 복수의 당사자들은 특정의 작업메커니즘에 대한 이해관계, 종종 집합적 권리들(적어도 변화의 상황에 대해 협의할 수 있는 권리)에 의해 강화된 이해관계를 형성하게 된다. 그러한 기득권은 더러 기존 질서를 옹호하기 위해 권력, 자율성, 자원분배에 대해 제한적인 의미를 갖는 대안체제의 도입을 반대한다.
- (학습곡선, 보완 기술을 통한 고착화 현상 등을 통해) 현존하는 과학적 기술들에 유리하게 작용하는 동일한 성격의 경로의존적 과정들은 그 조직의 현상유지를 강화한다. 발명·실험·응용·협상·훈련의 거래비용들은 이미 존재하는 관행과 유사한 메커니즘들을 훨씬 유리하게 만든다.

확실히 섬유산업, 석탄산업, 보건의료산업의 역사는 기존의 노동유형들이 지속성을 갖고 있음을 확인해주고 있다. 제3장에서 변화에 대해 강조했음에도 불구하고 이들 산업 모두에서 핵심적인 사실은 변화에 의해 더러 중단되기는 하지만 대부분 안정성을 유지하고 있다는 점이다.

더욱이 조직 혁신 그 자체는 '지속적으로 최소한의 기준을 충족하는 행위(satisficing)'와 같은 구태의연한 방식을 좇아가는 경향이 있다. 사용자들은 빈번하게 경쟁자들, 저명한 조직들, 혹은 네트워크로 연결된 조직들로부터 혁신을 모방한다. 컨설턴트들과 비즈니스 출판물들은 이러한 모방을 유행이 되도록 부채질한다. 이같이 간단한 (모방)원리에 따라 기업들은 최적의 지점(the point of optimality)을 지나 고집스럽게 혁신들을 추구한다. 로버트 에클레스, 니틴 노리아와 제임스 버클리(Robert Eccles, Nitin Nohria, & James D. Berkley, 1992)는 이와 관련된 다음과 같은 결과를 지적하고 있다: 조직들 내부에서, 그리고 네트워크와 다른 의사소통채널들로 연결된 기업조직군 내부에서 조직 형태는 집중화와 분권화 사이에서 반복적으로 순환한다.

최소한의 기준을 충족하는 행위와 최적화에서 벗어난(nonoptimizing) 접근들은 종종 잘 작동하기도 한다. 하지만 이 접근들은 사용자들과 그들의 환경이 급속하게 변화할 때, 특히 결정적인 산출물을 측정하기 어려울 때는 잘 작동하지 않는다. 예를 들어 크리스 틸리(Chris Tilly, 1996)는 미국의 소매점들과 음식점들이 점차 파트타임 고용을 증가시켜 지금은 전체적으로 남용하는 수준에 이르렀다고 주장한다. 소매기업들은 1940년대와 1950년대에 파트타임 고용을 크게 확대하는 방향으로 고용구조를 혁신했고, 이러한 관행은 파트타임 인력에 대한 낮은 복지비용을 지불하기 위해, 일부 경우에는 저임금을 이용하기 위해 그리고 성수기의 고용량을 맞추기 위해 널리 확산되어 왔다. 그런데 사용자들은 대부분 파트타임 노동자들의 높은 이직률과 낮은 헌신으로 인해 발생하는, 측정하기 어려운 생산성 손실을 고려하지 않고 있다.

제한적 합리성에 더하여, 복수의 목적(multiple objectives)이 사용자 행위를 결정한다. 다중성(multiplicity)은 두 가지 형태로 나타난다. 첫째로 단일 행위자로서 관리자들은 품질 대 효율성, 생산성 대 조직유지, 비용최소화 대 유연성과 같이 이질적이고 종종 갈등하기까지 하는 목적들을 추구한다. 관리자들의 전형적인 대응방식은 최소한의 기준을 충족하는 행동의 또 다른 형태를 추구하는 것으로 이해될 수 있다. 관리자들은 이러한 복수의 목적들을 그 성취수준에 따라 이윤을 예측하는 하나의 알고리즘(역자주: 일련의 계산기준을 확립하기 위한 규칙)으로 통합하지 못한다. 그러한 알고리즘은 존재하지 않는다. 대신에 관리자들은 전형적으로 한 번에 하나의 주요 목적에 초점을 맞추며, 다른 목적들에 대해서는 그 성과가 수용가능한 수준 아래로 떨어지지 않은 이상 덜 관심을 쏟게 된다.

둘째로, 관리체계 내부의 복수 행위자들이 다양한 의제를 추구함에 따라 협상이 필요하게 된다. 사용자들과 노동자들은 끊임없이 협상하지만, 그 협상이 사용자 내부에서도 발생한다. 소유자들과 관리자들 내부의 상이한 집단들은 그들의 목적을 추구하는 과정에서 서로 기만하거나 위협하고 타협하며, 제재하고 이탈한다. 어떤 경우에 사용자들은 교섭을 계획하거나 구조화하려고 시도한다. 대기업들은 종종 자원과 권위, 그리고 최고경영자의 신임을 위해 경쟁하는 개별 관리팀들에게 상이한 목적들에 대한 일차적인 책임들을 명시적으로 할당한다. 예컨대 비용절감은 사업부서에, 조직유지는 인적자원부서에 할당하는 방식이다. 그런데 계획적이든 비계획적이든 협상은 빈번하게 등장하게 된다.

비키 스미스(Vicki Smith)는 최고경영자가 업무속도를 높이기 위해 부서조직을 급격하게 재편하려고 시도했던 캘리포니아 은행에 대한 사례연구에서 다음과 같은 사실들을 발견했다.

중간관리자들은 새로운 사업 과제들 중 지나치게 가혹한 것들을 회피하려 했다. 다른 방식으로 중간관리자들은 경영자의 전략적 요구들을 우회했고, 조직차원의 재량권을 활용하여 그 요구들을 재해석하거나 거부했다. …… 기업의 이익에 가장 부합하는 것이 무엇인가에 대한 중간관리자들의 인식은 보다 점진적인 변화를 도모할 수 있는 업무관행을 강조했다. 그들의 목표는 새로운 목표들을 성취하고 기업의 장기적인 생존을 도모할 수 있는 틀을 활용하여 기존의 동의체계를 유지하는 것이었다(Smith, 1990: 25~27).

그 은행의 전략 경영을 위해 영입된 훈련자(trainer)는 "관리자들이 환경을 제대로 보고 있지 않다. 그들은 제대로 긴장하지 않으며, 충분히 도전적으로 업무를 수행하고 있지 않다"고 불평했다. 이에 대해 중간관리자는 "당신의 기준에 따라 우리 직원들에게 '과도한 긴장'을 강요할 바에야 차라리 그만 두겠다"고 반박했다.

기업 내에서 협상의 특수한 형태(form)와 유형(pattern)은 과거 협상유형뿐 아니라 협상주체들의 자원과 네트워크에 의존할 것이다. 크리스 틸리(Chris Tilly, 1996: ch.6)는 중간관리자들이 파트타임 고용에 대한 최고경영자의 지시에 대해 저항, 망각, 순응, 과잉충성 등 다양한 방식으로 반응하고 있다는 점을 발견했다. 이에 대해 고위경영층은 그들의 목표에 대해 의사소통하고 필요한 협조를 얻어내기 위해 위협, 예산 및 절차적 규칙, 혹은 자유방임적 접근을 활용한다.

최고경영층의 통제수단들 가운데 예산통제는 외견상 강력한 도구로 보인다. 그러나 다른 계획경제들(Kornai, 1992)과 마찬가지로 기업의 계획경제에서 예산 제약의 통제는 '부드러운(soft)' 것이다. 더욱이 임금과 마찬가지로 예산은 규제적 행동에 대해서는 상대적으로 효과가 적은 수단이다. 예산 범주들 자체가 대체가능한 것이 아닌 경우에, 관리자는 특정 업무항목에서 다른 업무로 예산자원을 이동시키기 위해 직무내용이나 업무배치, 혹은 근무시간체계를 변경할 수 있다. 관리자의 업무를 감독하는 것은 말단 종업원들의 업무수행을 감독하는 것보다 더욱 어렵다.

제한적 합리성과 복수의 목적들은 사용자의 의사결정에서 사회적 관계의 중요성을 증가시킨다. 한편으로 네트워크 관계들은 신뢰할 수 있는 정보의 원천들을 제공한다. 다른 한편으로 사회적 관계들은 동맹, 적대, 의무, 그리고 자율성의 정도를 포괄하고 있으며, 이는 협상과 실행을 위한 행위자들의 권력을 규정하게 된다.

## 경쟁과 사용자의 '어리석음(stupidity)'

이 분석틀은 사용자들이 '어리석은' 짓들을 한다는 것을 가정한다(Brunsson, 1985, 1989를 참조할 것). 기업들이 이윤을 극대화하기 위해 할 수 있는 모든 것을 하는 것은 아니다. 기업들은 관리자들의 '분열된 충성심(divided loyalty)' 때문에 최고경영자가 결정한 정책들을 실행하는 데 실패하기도 한다. 유사한 시장환경이나 기술적 조건에 놓인 기업들이 상이한 전략들을 추구하며, 매우 다른 환경에 있는 기업들이 모방 때문에 동일한 전략을 추구하기도 한다. 그러한 행동들은 아마도 공공부문이나 비영리기업에서 이해될 수 있을지 모른다. 그러나 경쟁적 경제모델 속에서 이윤을 추구하는 기업들 중에 '어리석은' 기업들은 보다 기민한 경쟁자들에 의해 제거되어야 한다. 그런데 왜 이러한 현상이 발생하지 않는 것인가?

무엇보다도 경쟁 압력은 모든 기업들이 하나의 공동운명체에 속해 있다는 사실에 의해 완화된다. 모두가 제한적 합리성 및 복수의 목표들에 직면하고 있다. 사실, 반복/관성과 모방의 흐름을 고려할 때, 전체 산업이 무분별한 행동을 추구할 수도 있다.

이에 더하여, 자본주의 경제의 많은 영역이 경쟁으로부터 벗어나 있다. 많은 대기업들은 과점적 시장에서 활동하는데, 이 시장에서는 새로운 기업들의 시장진입이 매우 어렵고 제품 충성도와 유통네트워크에의 접근이 가격경쟁보다 중요하게 작용한다. 많은 소기업들도 독점적 경쟁의 지위를 차지하고 있다. 주유소의 위치, 금속가공공장의 주인과 산업구매자들 사이의 개인적 유대감과 같은 사소한 차이점이 그들로 하여금 작은 가격 차이에는 별로 수요 변동이 발생하지 않는 안정적인 시장 점유율을 유지할 수 있도록 한다. 더욱이, 미상장 개인기업들은 주식시장에서 받아들여질 수 있는 수익성의 추구에 의해서가 아니라 소유자의 바람이나 야심 ─ 무엇보다 소유권 유지 ─ 에 의해 운영된다. 이러한 이유들로 인해 매우 다양한 가격과 이윤율이 존재하게 되며 최적의 목표를 추구하지 않는 기업전략들이 다수 등장하게 되는 것이다.

또한, 잠재적으로 보다 효율적인 대안 전략들이 종종 단기적인 사업관점과 외부성에 의해 배제되거나 적어도 매력적인 것으로 인식되지 못하고 있다. 소유자·채권자·투자자의 조급성에서 비롯되는 단기적인 사업관점은 불확실한 미래 수익을 위해 선행적 투자를 필요로 하는 기업행동을 가로막을 수 있다. 이것은 특히 평범한 상식에서 벗어나는 기업활동에 대해 사실이다. 예를 들어 다시 파트타임 노동에 대한 소매점의 활용문제로 돌아가서, 정규직 노동자의 핵심적 이점은 그들이 특정 기간에 이직률이 낮고 현장근무에 더 많은 시간을 투자하기 때문에 직무에 대해 더 나은 숙련도를 보이고 있다는 점이다. 그러나 더 높은 비율의 정규직 노동력을 활용하는 소매점 사용자는 이러한 경영정책에서 성과를 얻기까지 수년을 기다려야 할 수도 있다. 그 기업은 소매산업의 '상식'인 대세에 거슬러가는 동안 증가된 노동비용(더 높은 부가급여와 많은 경우 더 높은 임금)을 견뎌내야 할 것이다.

　외부성(externalities)이란 한 기업의 행동이 다른 기업의 행동에 대해 영향을 미칠 수 있는 의도치 않은 파생효과를 의미하는데, 그 역시 기업행동의 최적화를 제한할 수 있다. 외부성으로 인해 폭넓은 사업동조관행을 무시하고 그들의 대열에서 이탈하는 기업은 경제적으로 높은 비용을 지불하게 된다. 데이비드 레빈과 로라 단드리아 타이슨(David Levine & Laura D'Andrea Tyson, 1990; Levine, 1993)은 기업들이 고용안정과 부당해고 방지장치를 제공할 때 노동자 참여활동이 가장 높은 생산성을 거둔다고 지적하고 있다. 그런데 이러한 보호장치를 제공하는 기업이 거의 없는 경제하에서 이를 실천하는 기업은 추가비용을 감당해야 한다. 수요변동이 큰 부문에서 고용안정을 보장하는 것은 큰 비용이 많이 들게 되며, 더구나 대부분의 기업들이 고용안정을 보장하지 않는 경제여건하에서는 전형적으로 더욱 그러하다. 해고보호장치를 제공하는 소수의 기업은 역선택의 문제, 즉 업무성과가 낮아 해고 위협을 받게 되는 노동자들을 선택적으로 유인하게 되는 문제를 겪게 될 것이다. 대부분 기업들이 잦은 정리해고와 일방적인 해고결정절차를 시행하고 있는 경우에는 어떤 기업도 노동자보호정책을 채택·실행하기가 어렵게 된다.

비슷한 외부성 문제를 훈련에도 찾아볼 수 있다. 많은 기능 분야의 경우 현장훈련(on-the-job-training)이 가장 효과적이다. 그러나 노동자에게 훈련프로그램을 제공하는 사용자는 그 노동자가 다른 사용자에 의해 스카우트되어 예상했던 훈련의 이득을 얻지 못할 위험을 안고 있다. 이러한 위험 때문에 사용자들은 대체로 훈련에 적게 투자하는 경향을 보인다.

외부성은 조정(coordination)의 문제를 내포하는 것으로 이해될 수 있다. 만약 기업들이 동시에 그들의 정리해고 및 부당해고정책을 변경하는 데 동의한다면, 그들은 모두 보다 높은 생산성을 얻을 수 있을 것이다. 만약 기업들이 모두 노동자들에게 훈련을 제공한다면, 훈련을 실행하는 기업들에게 노동자 이동의 문제는 발생하지 않을 것이다. 분명히, 특정 종업원집단을 위한 일본 기업들의 종신고용과 독일의 광범위한 견습생 프로그램과 제도들이 존재할 경우에는 자연스럽게 그러한 조정문제가 해결될 수 있다. 그러나 조정이 이루어지지 않는 경우에 집합적으로 최적의 대안은 성취될 수 없다. 단기적인 사업관점과 마찬가지로 이러한 종류의 외부성들은 작고 점진적인 변화를 선호하게 만든다.

이러한 이유들 때문에 사용자들은 계속해서 경제적인 합리성으로부터 일탈하게 된다. 이는 사회적 맥락이 광범위한 영향력을 발휘할 수 있는 여지를 제공한다. 사회적 맥락의 영향력은 노동자들에 대해서나 특히 작업장에의 연계성이 순수한 경제적 거래들로부터 벗어나 있는 국가와 가족에 대해서 더더욱 그러할 것이다.

# 제6장 노동자들과 다른 행위자들

## Workers and Other Actors

## 살기 위해 일하는가, 아니면 일하기 위해 사는가?

1995년에 사회조사기관인 로퍼 스타치 월드와이드(Roper Starch Worldwide, 1995)는 노동과 여가의 상대적 중요성에 관해 40개 국가의 성인들을 대상으로 면접조사를 실시했다. 그들은 응답자들에게 "노동이 중요하며, 여가시간의 목적은 사람들이 재충전함으로써 일을 더 잘 할 수 있도록 하는 것이다" 혹은 "여가시간이 중요하며, 노동의 목적은 삶을 즐기고 자신의 관심사를 추구하기 위해 여가시간을 가질 수 있도록 하는 것이다"라는 두 가지 선택지 중의 하나를 선택하도록 했다(일부 응답자들은 이 두 가지가 똑같이 중요하다고 답하기도 했다).

그 결과는 시사하는 바가 컸다. 노동과 여가에 대한 견해들은 나라에 따라 아주 다양했다. 브라질, 필리핀, 사우디아라비아에서 성인들의 약 2/3는 노동이 중요하다고 응답했다. 다른 한편으로, 호주, 체코공화국, 덴마크, 영국에서는 절반 이상의 사람들이 여가를 선택했다(미국은 그 중간에 위치하며 노동과 여가를 선택한 사람들이 각각 40% 가량이며 나머지는 그 두 가지가 똑같이 중요하다고 응답했다). 그러나 특히 주목할 만한 것은 태도와 행위 간의 관계였다. 노동을 선택한 비율에서 여가를 선택한 비율을 빼서 '노동의 중요성' 지수를 산출했는데, 이 지수는 노동을 중시하는 필리핀 사람들의 0.5에서 여가를 중시하는 폴란드 사람들의 -0.3에 이르는 분포를 보여주었다. 이 노동의 중요성 지수는 모든 성인 및 남성과 여성의 경제활동참가율과 부정적인 상관관계를 보여주고 있다.

다시 말해서, 사람들이 노동 그 자체에 가치를 둔다고 주장할수록 그들은 노동을 적게 하는 것이다. 사람들이 노동을 많이 하면 할수록 노동의 중요성을 지적한 비율은 낮아졌다. 왜 그런 결과가 나왔는가? 하나의 설명은 나라들이 더욱 부유해질수록 노동을 더 많이 하며, 노동보다 여가를 선호한다는 것이다. 한편으로 생활수준이 향상되고 소비가 더욱 상품화되면, 일반적으로 받아들여지는 생활수준을 영유하기 위해 부가적 소득을 위한 노동의 필요성이 증가한다 (이는 적어도 소득을 올릴 수 있는 다른 재화가 부족한 대부분의 사람들의 경우에는 그러하다). 다른 한편으로, 갈수록 노동이 소외되기 때문이다. 사람들은 타인을 위한 노동을 할 가능성이 더욱 높아지고 그에 상응하여 노동 자체에 대한 헌신은 낮아진다. 그래서 나라가 부유해지면 부유해질수록 사람들은 더 많이 일함과 동시에 더 일하기를 싫어한다. 사실 국부(일인당 국민소득)는 노동력의 경제활동참가율이나 임금노동자의 비율(노동 소외의 손쉬운 지표라 할 수 있는)과 긍정적인 상관관계를 보여주고 있다. 임금노동자의 비율은 노동의 중요성 지수와 아주 부정적인 상관관계를 보여주고 있다(<표 6-1>). 이러한 통계 분석은 노동에 대한 태도에서 나타나는 몇 가지 중요한 특징들을 보여주고 있다.

• 노동을 단순히 재화를 얻기 위한 수단으로 파악하는 노동시장이론들과 달리, 사람들은 노동 그 자체에 가치를 부여하고 있다. 노동의 중요성 지수가 가장 낮은 폴란드에서조차 응답자의 40%는 노동이 여가와 똑같이 중요하거나 더욱 중요하다고 응답하고 있다. 미국에서는 63%의 응답자가 이러한 견해를 보이고 있다.
• 노동에 대한 태도는 전 세계적으로 결코 동일하게 나타나지 않는다.
• 노동 행위는 비록 노동에 대한 사람들의 견해로부터 확실히 영향을 받지만,

<표 6-1> 노동의 중요성 지수와 다른 경제적 지표들 간의 상관관계

| | 노동의 중요성 지수(Index) | 일인당 GNP (GNP/C) | 성인의 경제활동참가율 (LEP) | 임노동자의 비율 (Waged) |
|---|---|---|---|---|
| Index | 1.00 | -0.45 | -0.43 | -0.69 |
| GNP/C | | 1.00 | 0.39 | 0.61 |
| LEP | | | 1.00 | 0.23 |
| Waged | | | | 1.00 |

주: 노동의 중요성 지수는 노동이 중요하다는 응답의 %, 여가가 중요하다는 응답의 %로서 정의된다. 상관관계는 20개 국가로부터의 자료에 기초해 계산되었다(왜냐하면 로퍼 스타치 월드와이드가 단지 이들 20개국에 관한 자료만을 공개적으로 이용가능하게 했기 때문이다). 일부 국가들은 몇 가지 변수에 대한 자료가 누락되었음.

자료: Data from Roger Starch Worldwide, "The global work ethic? In few parts of the world does work take clear priority over leisure"(1995); International Labor Organization, *World Labor Report, 1993* (Geneva: ILO, 1993); International Labor Office, *World Employment, 1995* (Geneva: ILO, 1995).

노동을 둘러싼 보다 광범위한 경제적, 사회적 구조로부터 크게 영향을 받는다.
• 노동에 대한 사람들의 태도는 노동의 사회적 맥락에 의해 결정적으로 형성된다.


## 노동자 행위

노동자의 행위를 이해하는 데 이러한 통찰이 매우 중요하다. 사회학자들과 사회심리학자들은 오랫동안 노동자들이 노동 안에서 내재적 가치를 발견한다고 인식해왔다(예를 들어 Miller, 1988을 참조할 것). 이러한 사실은 자원봉사자, 로비스트, 열심히 노력하는 예술가들이 행하는 '사랑의 노동(labors of love)'의 경우 자명하다(Freidson, 1990). 다양한 수준에 있는 임금노동자들 역시 그들 노동의 몇 가지 측면들을 소중히 여긴다. 이것은 날림공사를 하는 건설업자들 및 그들과 공모한 관료들을 물리치고 내구성 있는 도로를 건설한 고속도로 측량반원들에 대한 노만 베스트(Norman Best, 1990)의 자전적인 분석과 관리자의 쓸데없는 간섭에도 불구하고 그들의 기계를 작동시키기 위해 분투하는 반숙련 기능공들에 대한 톰 주라비치(Tom Juravich, 1985)의 이야기를 통해서 분명하게 나타난다.

노동이 강제될 때조차 노동자들은 종종 그들의 노동에서 자긍심의 요소들을 발견하며, 그 노동의 목표와 동일시하곤 한다. 복지급여를 받는 대가로 공공서비스노동을 수행해야 하는 미국의 '근로연계복지(workfare)' 프로그램 참여자들 중 거의 70%가 단순히 무조건적인 급여를 받는 것보다 일자리와 연관된 급여를 받는 것에 만족을 표시했다(Gueron, 1987. 다른 한편으로, 더 많은 사람들이 그들의 노동에 대한 보상이 너무 적다고 믿고 있다). 국제노동기구(ILO)는 모리타니아(Mauritania)에서 지속되고 있는 노예노동에 대해서 논의하면서, "많은 노예들이 노예제가 불법이라는 것을 알고 있을 때에도 그 노예상태에 대한 정신적 족쇄를 깨기 어렵다고 생각한다"고 지적하고 있다(1993: 10). 미국 의류산업의 잔혹한 장소, 즉 무기징역을 받은 피수용자들에 의해 운영되는 텍사스 감옥공장에서조차 한 수용자는 자신의 노동에 대한 대가로 받은 제한적 특권이 아니라 자긍심이 노동의 주요한 동기였다고 말했다. "그것은 대부분 너 스스로에게 무언가를 증명하는 것이다. '신에 의해서 나는 내가 그들이 생각하는 만큼 위험한 존재가 아니라는 점을 보여주었다'라고 말하기 위해 노동을 한다"(Clines, 1994: A1).

그리하여, 사용자와 마찬가지로 노동자들도 여러 개의 목적들을 추구한다. 노동자들은 분명히 돈을 벌기 위해 일을 할 뿐 아니라, 동시에 자기 일에 대한 자부심을 위해, 일을 배우는 즐거움을 위해, 상사와 동료들의 좋은 평가를 받기 위해, 작업장의 사회적 세계에 지속적으로 함께 하기 위해, 그리고 전통이나 타자의 기대에 부응하려는 목적을 위해 열심히 일한다. 사용자들처럼 이러한 복합적인 동기들은 곧바로 하나의 목적 함수로 단순화될 수 없다. 사회적 관계가 사용자의 목적들에 영향을 미치는 것과 비슷하게 다양한 노동자 목적들의 상대적 중요성을 구조화한다. 이러한 사회적 관계들은 관리자의 설계와 다른 생산네트워크들, 그리고 작업장을 넘어 확장된 네트워크들에 의해 만들어진 조직 구조들을 포함한다.

노동자에 대한 가장 핵심적인 제약은 그가 선택할 수 있는 일자리의 범위이다. 이 범위는 노동자의 숙련, 네트워크 자원들, 특권집단 혹은 배제된 집단에의 소속 여부 등에 의해 결정된다〔다음 장의 매칭(matching)에 관한 절에서 보다 상세하게 논의할 것임〕. 그러나 노동자들은 이러한 범위를 변화시키기 위해 행동할 수 있다. 그러한 행동은 아마도 미국 의사들이 특정한 치료행위에 대한 독점을 공고히 했을 때와 같은 전문직 형성의 사례, 그리고 일자리에 대한 접근을 요구했던 시민권운동과 같은 사회운동의 사례들에서 가장 극적으로 확인할 수 있다. 보다 미묘하게 개별노동자들은 그 자신이 수행하는 직무들을 재구성한다(Miller, 1988: 338~340). 앤 마이너(Anne Miner)에 따르면, 대학직원들의 경우 그들 업무의 변화에 기반하여 매년 1~2%의 직무가 공식적으로 재분류되고 있는 사실이 발견됐다(Miner, 1985, Miller, 1988: 339에서 인용). 따라서 제약은 이중의 의미에서 사회적으로 결정된다. (제약은) 우선 주로 사회적 관계에 의해서 결정되고, 시간에 걸쳐 크고 작은 사회적 상호작용을 통해서 수정된다.

노동자들이 제약을 전제로 하여 목적들을 추구하기 때문에, 그들은 다시 사용자와 마찬가지로 제한적 합리성에 따라 행동한다. 노동자들은 네트워크를 통해서 일자리를 발견하는데, 이것은 네트워크 관계가 사용자들로 하여금 그들을 보다 쉽게 고용하도록 하기 때문일 뿐만 아니라 그 네트워크로부터 일자리에 대한 접근가능한 정보를 낮은 비용으로 쉽게 얻을 수 있기 때문이다. 노동자들은 그들의 현재 일자리가 적합한 것으로 보일 때, 일자리 탐색 노력을 그만두고 만족한다.

우리는 앞서 노동자들의 인센티브로서 보상, 강제, 헌신을 구분했다. 헌신은 그것이 가지는 독립적인 효과뿐만 아니라 보상과 강제를 더욱 효과적으로 만들기 때문에 중요하다. 그러므로 관리자들이 사용자에 대한 노동자들의 충성심과 정체성 공유를 이끌어내기 위해 노동자의 목적들을 조화시키려고 시도하는 것은 놀라운 일이 아니다. 존 밴 마넨과 지디언 쿤다(John Van Maanen & Gideon Kunda, 1989)는 디즈니랜드와 하이 테크놀로지(High Technology) 주식회사라 불리는 회사가 조직가치의 명문화, 신중한 선발절차, 수습교육, 신규채용자의 사회화, 종업원들 사이의 공식·비공식 상호작용 촉진, 노동자 태도·행위의 지속적인 감시를 통해 어떻게 기업문화를 육성하고 있는지를 상세하게 기술하고 있다. 미국 남부의 의류기업도시들은 집세와 회사상점으로부터의 구매를 통해서 추가 수익을 얻어내려 했을 뿐 아니라, 부분적으로는 퇴거의 위협을 통해 관리자의 강제력을 강화하기 위해, 그리고 주로 기업소유주가 종업원 삶의 모든 측면들을 돌봐줌으로써 그들의 충성심을 유발하는 가부장적 체제를 구축하려는 의도에서 기획된 것이었다. 1985년 캐논 밀스(Cannon Mills)가 통째로 소유하고 있는 노스캐롤라이나 주 캐나폴리스(Kannapolis)의 기업도시에서 가구방문 조사를 통해 크리스 틸리는 많은 노동자들과 그 가족들이 '찰리 아저씨(Uncle Charlie)' 캐논의 가부장적 체제에 대해 깊은 향수를 가지고 있다는 것을 발견했다. 그 캐논 체제는 이후 기업을 단순히 하나의 투자대상으로 간주하는 그의 상속인과 외부 구매자들이 경영권을 장악함에 따라 큰 변화를 겪게 되었다. 흥미롭게도 외부 구매자는 상호 충성의 오랜 규범들을 상기시킴으로써 노동조합의 조직화 공세를 물리치는 데 성공했다.

물론 (노동자의) 헌신을 얻어내기 위한 사용자 노력들의 이면에는 노동자들의 저항활동들이 존재한다. 저항은 경영자, 고객, 심지어 동료 노동자를 겨냥할 수도 있다. 간호사들은 병원 관리자의 노동강도 강화에 저항하고, 어려운 환자들을 회피하며, 불쾌한 일을 다른 노동자들에게 떠넘기거나 다른 노동자들이 그들에게 일거리를 떠넘기지 못하도록 행동한다. 그들이 부당하게 대우받고 있다고 느끼는 노동자들은 아주 다양하고 기발한 보복수단을 활용한다(Hodson, 1995). 예를 들어 영국의 해운업에 대해 램지(R. A. Ramsay)는 다음과 같이 보고하고 있다.

배안의 식당 조리부 직원들은 '이거 해라, 저거 해라, 이거 해라, 저거 해라'

하고 소리치는 고약한 상급자들의 명령에 시달리는 것이 너무 지겨워서 쌓여 있는 더러운 접시들을 씻지 않고 일상적으로 열려진 배출구를 통해서 버리곤 했다. 개인적으로 세탁업무를 담당하는 직원들은 '실수를 하거나' 셔츠에 다림 질을 하다가 곧잘 불을 내곤 한다. 필수품들을 선적하다가 우연히 짐이 선창 아래로 떨어졌을 때, 선원들은 보통 미안해하기보다는 고소해하는 반응을 보인 다. 너무 힘들게 일을 해야 하는 갑판 승무원들은 아주 뻔뻔하게 기름과 물로 채워진 페인트를 칠하면서 그렇게 하는 것에 심술궂은 기쁨을 느끼는 것이다 (Ramsay, 1966: 63).

비슷하게, 밴 마넨과 쿤다(Van Maanen & Kunda, 1989: 67)는 디즈니랜드의 오락기구 오퍼레이터들이 지나치게 무례한 손님들을 다루는 많은 방법들을 다음과 같이 열거하고 있다: '안전벨트 조여매기(seatbelt squeeze)', '제동기로 튕기기(break-toss)', '안전벨트로 후려치기(seatbelt slap)', '일행 분리하기(break-up-the-party)', '기구뚜껑 여닫기(hatch-cover ploy)', '손님 손 찧기(sorry-I-didn't-see-your-hand)'와 같은 전술들이다. 우리는 이처럼 다양한 명칭이 붙여진 노동 자 행동들의 자세한 내용에 대해서는 독자의 상상력에 맡긴다. 태업이나 불만 표출, 무시행동 등과 같이 개인적 행동이나 소집단의 행동을 넘어서서 노동자 들은 노동력 투입을 규제하고 노동자조직을 만들며, 파업을 전개하는 등 보다 잘 조율된 저항행동에 참여하기도 한다. 자신들의 노동에 대한 장인적 통제를 유지하기 위한 석탄 채탄공들의 노력은 이 범주에 해당되며, 제11장에서 보다 상세하게 다루기로 한다. 저항은 또한 노동자들이 단조롭고 재미없는 노동을 보다 잘 견뎌내기 위해 개별적, 또는 집단적으로 고안된 기분전환용 게임들로 등장하기도 한다.

노동자들이 자신의 노동에 몰입하는 정도는 사회적으로 규정된다. 보상에 대한 그들의 반응 역시 마찬가지이다. 역설적으로 노동공급의 임금탄력성(시간 당 임금의 백분율 변화에 대한 공급된 노동시간의 백분율 변화의 비율 — 이 개념은 임금에 대한 노동자들의 반응을 정확하게 사회적 맥락으로부터 분리시키고 고립시키려는 의도를 함축하고 있음)을 평가하려는 노동경제학자들의 노력으로부터 이에 관해 많은 것을 배울 수 있다. 예를 들어 미국과 영국의 탄력성 수치를 통해 가족 내 성역할이 매우 중요하다는 사실이 드러나고 있다. 남성의 노동공급은 임금의 변화에도 불구하고 본질적으로 변함이 없는 한편, 고임금을 받는 경우에만 임금상승이 노동공급의 미미한 감소추세를 보인다(아마도 보다 높은 임금이 남성들에게 보다 적은 시간으로 소득 목표를 성취할 수 있도록 해주기 때문일 것이다). 다른 한편, 아내들은 임금변동에 대해 보다 민감한 반응을 보이는 반면, 미혼모들의 반응은 상대적으로 작은 것으로 나타난다. 이는 또한 국가 간 유의한 차이를 보여준다. 독일의 아내들은 임금상승에 비례하여 훨씬 더 많이 취업하려 하는 한편, 미국과 영국의 아내들은 약간 더 많은 노동시장 참여를 보이고, 캐나다 아내들의 경우에는 남성들과 마찬가지로 임금수준과 노동시간 사이에 미미한 상관관계를 갖는 것으로 나타났다. 이러한 순서는 여성노동력의 경제활동참가율과 반비례 관계를 보인다. 더 많은 아내들이 경제활동에 참여할수록 (즉 그들이 남성과 비슷하게 행동할수록) 그들은 임금변동에 덜 민감하게 반응한다. 마지막으로, 좁게 규정된 집단들 내부에서조차 탄력성 수치는 (긍정적 또는 부정적인) 효과방향과 그 효과크기에 있어 상당한 편차를 보이며, 그 결과 경제학자들이 중요한 맥락 변인들을 무시하고 있음을 잘 보여줄 것이다 (Pencavel, 1986; Killingsworth & Heckman, 1986).

보상에 대한 노동자들의 반응을 맥락화(contextualization), 즉 그 맥락에 따라 이해하기 위해 신고전파 노동경제학자들이 통상적으로 노동공급에 영향을 미치는 것으로 검토하고 있는 요인들을 살펴보기로 하자.

1. 비임금소득의 이용가능성(혹은 소비를 위한 다른 소득원천들)
2. 가족구조(와 다른 가족구성원들의 잠재적 소득)
3. (아동양육과 학교등록과 같은) 노동자 혹은 예비노동자의 대체 행동들

이상의 각 항목들은 한 개인이 노동할 것인가, 그리고 얼마나 많은 시간

노동할 것인가를 결정하는 데 영향을 미칠 뿐만 아니라 그 사람에게 임금이 갖는 중요성에도 영향을 미친다. 그리고 이들 각 영역들에서 역사적으로 형성된 사회적 구조들이 지속적인 영향을 미친다. 공동 방목지에 접근할 수 있는 정도, 공적 소득지원 프로그램의 관대함과 수급조건, 대가족·핵가족·편부·편모가족의 상대적 비중, 교육성취의 적정 수준에 대한 계급집단별 기대 및 그 역사적인 변화 등이 구조요인들에 해당된다.

그러나 노동자들이 보상에 어떻게 반응하는가에 대해 영향을 미치는 요인들은 이상의 목록을 넘어서 '경제적인 것'으로부터 '사회적인 것'까지를 포괄하는 다른 조건들로 확대된다.

1. 보상의 지급형태들(현금, 재화, 부가급여, 유급휴가)
2. 보상이 개인, 집단, 혹은 기업의 성과에 의존하는 정도
3. 보상이 장기적인 고용안정 혹은 상향이동과 연계되어 있는 정도
4. 직무의 비금전적 측면들이 바람직한 정도
5. 전형적으로 다른 노동자 준거집단과의 비교를 통해 정의되는 보상의 '공정성' 인식

마지막 항목인 공정성은 명확히 사회적 관계와 문화에 의해 결정된다. 예를 들어 적절한 준거집단의 정의는 사회적으로 형성된다. 어느 여성 직물노동자가 자신의 임금을 누구의 임금과 비교할 것인가? 그녀는 인종, 민족, 국적, 성, 연령, 직업, 산업, 기업규모, 노조조직 여부, 지역, 심지어 역사적 시기 중 어떠한 제약조건을 적용할 것인지를 결정해야 한다. 대부분의 경우, 이러한 결정은 개인적인 것이 아니라, 오히려 작업장 내부 혹은 작업장들 사이에 확립되어 있는 집단들의 규범에 의해서 강한 영향을 받는다. 20세기 전반기에 미국 남부에서 백인 노동자들에게 공정성이란 백인 사용자들이 그들에게 흑인 노동자들과 비교하여 특권을 부여하는 것을 의미했다. 그 당시 흑인 노동자들은 공정성에 대한 비인종적 정의를 획득하기 위해 투쟁했다.

그러나 이상의 목록에서 다른 요인들 역시 단순히 개인적 취향이 아니라 사회적으로 형성된 가치에 따른 것이다. 노동자들이 작업일정(schedule)의 유연성이나 더러운 일의 회피능력과 같이 비금전적 직무특성에 부여하는 중요성을 결정하는 것은 집단적 가치이다. 집단성과 급여 역시 미국 노동자들보다는 일본 노동자들에게 보다 쉽게 수용된다. 매년 장기간의 여름휴가는 유럽 노동자들에게 전통이 오래된 당연한 일이지만, 많은 미국인들에게는 기대할 만한 것이 아니다.

강제(coercion)를 검토함으로써 세 가지 인센티브의 논의를 완성하기로 한다. 기본적으로 강제에 의해 동원되는 노동은 자유노동을 활용하는 자본주의에서 매우 드물며, 전자본주의적인 노동형태와 군대 혹은 감옥과 같은 예외적인 조직들의 특징으로서 이해될 수 있다. 그런데 잔 루카센(Jan Lucassen)이 지적하듯이, "세계사적으로 자유노동보다는 강제노동이 일반적이다"(1993: 7). 대규모의 강제노동은 지속적으로 별 문제없이 자본주의와 공존해왔다. 17세기와 18세기 영국에서 대부분의 임금계약은 동의서(indenture)의 형태를 취했다. 아프리카 노예무역상은 1500년과 1900년 사이에 약 1,800만 명의 노예를 수출했고, 이에 더하여 아프리카 대륙에서만 800만 명의 노예가 존재했다(Manning, 1990: 84). 세계의 빈곤 지역들(특히 중국과 인도)은 1830년과 1920년 사이에 약 210만 명의 계약 하인들을 수출했다(Northrup, 1995: 156~158). 20세기 후반에 히틀러의 집단수용소와 스탈린의 강제수용소에서 역시 강제노동이 횡행했다. 그리고 여전히 강제노동은 계속되고 있다. 국제노동기구(ILO, 1993)는 모리타니아와 수단에서 공공연한 종신노예, 파키스탄·인도·페루에서 채무 강제노역(일부의 경우 부채로 인해 8세대에 걸쳐 속박된 노동자들의 존재), 그리고 브라질·부룬디·도미니카 공화국·아이티·미얀마·스리랑카·탄자니아·태국에서는 다른 형태의 강제노동이 존재하는 것으로 보고하고 있다.

강제노동은 역시 우리 주변에서도 지속되고 있다. 1995년 미국 노동성 관리는 캘리포니아 주 엘몬트의 노동착취공장(sweatshop)을 급습했는데, 그곳에서는 태국 여성들이 시간당 1달러 미만의 임금으로 하루 17시간이나 옷을 재봉하는, 사실상의 노예로서 일하고 있었으며, 이들은 자신과 가족들에 대한 폭력위협 때문에 도망갈 수도 없었다. 미국 관리들은 태국의 청부업자들이 여러 나라로부터 한 달에 2,000명의 노동자들을 미국으로 밀입국시킨 것으로 추정하고 있다. 이들 청부업자는 밀입국시킨 노동자들을 최고 3만 5,000달러에 노예와 같은 조건으로 노동착취공장과 매춘굴에 팔아 넘겼고, 노동자들은 그 돈을 갚는 조건으로 붙잡혀 일해야 했다(Sherer, 1995).

강제적 요소들은 다른 노동시장의 일자리에서도 발견된다. 임금·노동시간·노동조건에 관해 밀입국 노동자들을 기만한 태국 노동청부업자를 비난하고 있지만, 우리 역시 강제 잔업, 일방적인 임금 및 개수단가 삭감, 작업속도 강화 등에 익숙해져 있고, 이를 거부하면 일반적으로 계약해지를 당할 위험을 감수하게 된다. 남부의 양계공장들은 노동자들이 화장실에 가는 것을 하루 2번으로 제한함으로써 1분에 90마리의 닭을 생산하도록 작업라인의 속도를 유지하고 있다.

노동시장 외부에서도 역시 강제가 작동한다. 일반인에게는 잘 알려지지 않았지만, 1980년대와 1990년대 미국에서는 다른 서구 국가들에 비해 훨씬 많은 젊은 남성들(특히 흑인 남성들)을 감옥으로 보냄으로써 실업 감소에 적잖은 도움을 받았다. 1995년 당시 약 160만 명의 미국인들이 감옥 혹은 구치소에 있었고, 투옥 비율이 캐나다의 거의 5배, 대부분 서구 국가들의 7~8배, 일본의 14배에 달했다(Western & Beckett, 1997: 11). 만약 미국의 투옥비율이 비교대상의 다른 국가들 수준으로 떨어진다면, 실업률이 이들 나라들에서 지금 나타나고 있는 것보다 훨씬 높은 수준으로 상승할 것이다. 왜냐하면 미국에서 현재의 많은 죄수들이 실업자로 전락할 뿐 아니라, 교도소 교정업무의 축소로 인해 수감시설의 고용기회가 크게 감소할 것이기 때문이다. 그리하여 강제는 미국인의 노동조건에 대해 직·간접적으로 강력한 영향을 미친다. 헌신과 보상과 더불어, 강제는 매우 넓은 범위의 고용 및 실업상황 속에서 노동자 행위를 조종하고 있다.

## 기업과 노동자의 경계짓기(Bounding)

사용자 행위는 기업이라는 행위자의 경계(boundaries)에 의존한다. 경계를 기업의 조직표에 의해 정의되는 공식적인 경계들이나 계약법에 따른 법적인 경계들로 단순화하는 것은 기업의 테두리를 적절하게 특징짓는 것이 아니다. 조셉 바다라코(Joseph Badaracco)의 용어를 빌자면, 기업을 '관계망의 중심에 위치하는 하나의 밀집된 네트워크'로 기술하는 것이 보다 정확할 것이다(1991: 314). 그럼에도 불구하고 어느 정도 임의적인 경계선을 긋기 위해 사회적, 경제적 관계들의 밀도와 특징을 해석해볼 수 있다.

특히 시장 노동(market work)은 이러한 경계를 확장하거나 축소시키는 다양한 계약체제 속에서 수행될 수 있다. 계약체제라는 개념을 통해 우리가 의미하는 것은 대립적인(arm's length) 시장관계와 지휘·헌신의 보다 친밀한 관계들 사이의 균형, 그리고 노동을 수행하는 사람들과 노동을 통해 창출된 재화와 서비스를 판매하는 조직 사이의 연관성이 지속되는 정도이다. 자본가들은 개인 위탁업자에게 생산활동을 맡기는 선대제 형태나 감독자들의 통제하에 생산활동이 이루어지는 집권화된 공장체제를 통해 시장판매를 위한 옷을 생산할 수 있고 또 생산해왔다. 영화는 많은 수의 종업원을 장기적으로 고용하고 있는 스튜디오에서 만들어지거나 하나의 프로젝트를 완수하기 위해 모인 한시적인 '네트워크형' 집단들에 의해 만들어질 수도 있다. 주택이 단일한 명령계통을 갖춘 공장에서 건축될 수도 있고, 도급업자들의 중층적인 하청체계하에서 조립·제작될 수도 있다.

산업 간에 그리고 오랜 시간에 걸쳐 나타나는 계약체제들의 차이는 ① 상이한 체제들의 효율성, ② (권력에 대한 고려를 포함하는) 조직유지에 대한 (계약체제의) 기여 정도, ③ 역사적으로 형성된 조직혁신 과정을 반영한다. 로널드 코우즈 [(Ronald Coase, 1952(1937): 341]는 거래비용(transaction costs)의 크기가 기업 내에서 어떠한 기능들이 집중화될 것인가를 결정한다는 고전적인 효율성 공식을 제시했다. "한 기업은 기업 내에서 추가적인 거래를 조직하는 데 소요되는 비용이 개방된 시장에서의 거래비용이나 다른 기업을 통해 조직하는 비용과 동일해질 때까지 그 조직을 확장하는 경향이 있다." 올리버 윌리암슨(Oliver Williamson, 1985)은 이러한 통찰력에 의거하여 기업들이 제한적 합리성과 인센티브의 문제를 완화하기 위해서 주요 활동영역을 내부화(internalize)한다고 덧붙인다. 새로운 유형의 기계, 새로운 에너지원, 보다 발전된 노동분업체계 등에서 기인하는 규모의 경제(economies of scale)가 집권화된 공장체제의 성장에 역시 기여했다(Landes, 1969; North, 1981, 1990).

사용자의 조직유지 목적은 기업의 경계를 결정하는 데 기여한다. 이러한 점은 국가와 교회와 같이 조직 규모가 효율성보다는 권력의 척도로 인식되는 초대형 조직의 사용자들에게 가장 명확하게 나타난다. 그러나 자본주의적 기업 역시 이러한 논리를 따른다. 영국의 자본가들은 효율성의 성과를 얻으려는 것 못지않게 프롤레타리아 노동자집단에 대해 엄격한 규율을 부과하기 위해 집권화된 공장체제로의 전환을 추진해왔다(Marglin, 1974). 미국의 일부 산업에서는 기업가들이 새로 빈틈없이 통제된 노동분업체계를 만들었으며, 철강 등의 산업에서는 기업가들이 숙련된 장인 십장(본질적으로 노동자-하도급업자의 이중적인 신분에서 작업공간의 통제권을 갖고 있는)의 권력을 분쇄해야 했다(Stone, 1974). 건설과 같은 부문에서는 규모 및 범위의 경제가 상대적으로 부재하고 노동조합의 권력이 강력한 여건하에서 파편화된 기업구조와 광범위한 하도급계약 관행 그리고 장인적 직무통제가 지속되었다.

넓은 의미에서 대기업 및 준상용직(quasi-permanent) 고용관계의 발전과 이후의 부분적인 쇠퇴는 권력 이동의 측면에서 기술될 수 있다. 자본가들은 그들의 통제를 강화하기 위해 생산을 집중시켰다. 그들은 부분적으로 통제를 공고히 하기 위해, 그리고 부분적으로 노동자들의 요구에 대응하기 위해 정규직 고용관계를 확립했다. 다음 단계에서 그들은 노동자의 요구를 굴절·분산시키기 위해 하도급과 임시직 고용의 확대를 통해 집중화된 준상용직 고용을 포기했다. 이러한 방식으로 논의를 전개하는 것이 규모의 경제가 대기업의 형성에 기여했다거나 혹은 유연성에 기초한 소기업 네트워크의 이점이 다운사이징을 가속화하는 데 기여했다는 점을 부인하는 것은 아니다. 그런데 이상의 논의는 이러한 상황을 추동하기에 효율성 차이만으로는 충분하지 않다는 점을 주장하는 것이다. 사실 다양한 규모의 수익성을 결정하는 경제적 맥락들(예를 들어 대량생산시장과 파편화된 맞춤형 시장)은 기업들의 행동에 의해 형성되어왔다.

조직유지를 추구하는 노력은 역사적 변화의 동력이 될 뿐만 아니라 기업들의 일상적 활동을 구성한다. 모든 사용자들은 기업의 경계 안에 있는 행위자들의 충성을 얻기 위해 노력한다. 헌신이란 비공식적 네트워크들 속에서 성장하는 것이기 때문에 기업이 그 헌신을 독점하지는 못한다. 다만, 상대적으로 분명한 계약 관계를 갖춘 조직을 구축하는 것은 그렇지 않을 경우 거의 존재하지 않을 헌신을 이끌어내기 위한 수월한 방법이다.

자본가들과 다른 기업 창업자들이 결코 아무런 제한 없이 조직 형태들을 자유롭게 선택한 것은 아니다. 오히려 기업들은 역사적으로 제약되는 방식으로 조직 혁신을 진전·확산시킨다. 조직적 관성은 강력한 장애로 작용하여 혁신이 일상적이라기보다 예외적인 것으로 등장하게 된다. 알프레드 챈들러(Alfred Chandler, 1977, 1990, 1992)와 윌리엄 라조닉(William Lazonick, 1991)은 기업의 규모와 범위가 결과적으로 역사적으로 규정된 **조직적 능력**(organizational capacities)에 좌우된다는 것을 보여주었다. 사업본부체제와 판매부문의 수직적 통합과 같은 조직혁신들은 특정한 시대에 와서야 자본가들의 주목을 받게 되었다. '최초의 주창자들' ― 특정 산업에서 조직 혁신을 최초로 채택한 기업들 ― 은 수십 년간 지속될 이점을 얻게 된다. 경로의존적인 과정들 역시 특정 조직형태들을 유리하게 만든다. 예를 들어 특정 산업의 지배적인 기업들이 제품유통부문을 흡수하게 되면, 도매 및 소매업자들은 이러한 산업구조의 특성에 맞추어 유리한 방식으로 그들의 사업체제를 적응시켜 나간다.

조직 능력의 발전은 개별 기업들이 영향을 미칠 수 없는, 역사적으로 주어진 사회적 제도들의 구성방식에 달려 있다. 예를 들어 라조닉(Lazonick, 1991)은 19세기와 20세기 초반에 영국 제조업자들이 강력한 관리자집단을 창출하기보다는 소유주의 손에 경영권을 집중시키는 소유주-자본주의(proprietary capitalism)의 덫에 걸려 있었다고 주장한다. 소유주-자본주의는 토지귀족에 대한 영국 자산가들의 모방과 더불어 (관리자의 조정필요성을 최소화하는) 숙련 장인노동과 다른 자원들의 이용가능성으로부터 성장했다. 그 결과, 19세기 말 경영자 혁명은 영국이 아닌 미국에서 발생했다. 미국에서는 노동력 부족, 그리고 이에 수반한 기계화 및 더욱 포괄적인 보통선거권이 자본주의를 상이한 방향으로 발전시켰고, (분산된 소유권에 기반하는) 증권시장의 확립과 (관리자의 양성기반으로서) 고등교육의 팽창이 그러한 발전을 공고히 했다.

효율성, 조직유지, 조직혁신의 조합은 면방직, 석탄, 의료산업에서 기업 경계 (firm boundaries)의 역사를 통해 관통되어 나타나고 있다. 영국의 면방직산업에서 의류생산 단계의 기계화에 따라 증가된 규모의 경제(효율성)와 자본가들의 강화되는 노동력 통제 요구(조직유지), 그리고 일련의 조직 실험들(조직혁신)은 처음에는 방적에서 시작하여 이후 직조를 포괄하는 공장체제의 발전으로 수렴되었다. 위탁도급업자들은 종업원들로 지위 변화를 겪게 되었다. 영국과 미국에서 의료행위는 분산된 민간진료로부터 집중화된 병원으로 이동했으며, 이역시 효율성-조직유지-조직 혁신의 일반적인 영향력에 의해 특이한 방식으로 추동되었다. 병원이 초기의 구호시설로부터 진료 장소로 변화되는 과정은 집단수용시설을 위생적으로 유지하게 만드는 병원균 감염 통제기술의 발전뿐 아니라 치료진단 장비와 시설에서 규모의 경제가 적용됨으로써 촉진되었던 것이다. 주요한 조직 혁신은 병원을 새롭게 창출하는 방식으로 이루어진 것이 아니라 기존 병원시설을 새로운 용도에 따라 산업적 기준에 맞추는 방식으로 전환시킨 것이라 할 수 있다. 진료과정에 대한 관리자들의 통제권 확보 노력은 이후 외래환자 진찰실의 통합을 촉진했고, 의사들을 개인사업자의 지위로부터 종업원 신분으로 변화시켰다.

연구초점을 바꿔보면, 노동자의 경계 역시 변화해왔고 동시에 다양해진 것을 볼 수 있다. 우리의 관심 대상은 노동자들의 생리학적 경계가 아니라 노동자들의 시간과 행위에 대한 사용자의 통제 정도이다. 오늘날 스리랑카의 비야가마(Biyagama) 수출가공 지역에 있는 한 공장에서 발견된 고용계약의 다음과 같은 항목들은 그 이슈를 잘 드러내주고 있다.

- 당신은 경영자의 명예와 명성을 손상시키지 않는다.
- 당신은 경영자에 대항하여 동료들을 선동하지 않는다.
- 당신은 사전에 경영자의 문서상 승인이 없는 한 기업 안에서 어떠한 집단을 형성하거나 그에 가입하지 않는다.
- 당신이 동료와의 사이에서 정상적으로 받아들여질 수 없는 도덕적, 성적 문란 행위를 했을 때, 당신과 그 상대방은 회사를 그만두는 것에 동의한다.
- 당신이 여성 종업원이라면 당신은 결혼과 함께 사직하는 데 동의한다.

(Fine, 1995: 26)

그러한 요구들은 유럽과 미국에서 19세기 노사관계의 이미지를 떠올리게 한다. 사실, 서구에서 노동자의 경계들은 원형의 모양으로 변화해왔다. 작업시간과 행위에 대한 실질적인 노동자 통제는 먼저 수면 이외 시간에 대한 사용자의 규율, 그리고 많은 경우에 생산과정을 넘어 광범위한 영역에서 노동자 행위에 대한 사용자의 권위 확대(사용자의 요구 범위의 확장)로 이동했다. 그러나 노동자 조직들과 지지자들은 점진적으로 노동일에 대한 제한규정을 얻어냈고 생산영역 이외의 행위에 대한 사용자의 개입을 제한하는 데 성공했다.

초기의 프롤레타리아화 과정은 자본주의적 기업의 발생에 상응하여 경제적·사회적 동력을 갖게 되었다. 자본가의 이러한 침해에 저항하는 노동자들의 능력은 기술적으로 뒷받침된 권력과 조직 자원에 의존했다. 예를 들어 석탄 채탄부들은 시간규율에 대해 오랫동안 저항해왔는데, 이는 감독자들이 그들의 노동을 관찰하기 어려웠을 뿐만 아니라 그들이 강력한 노조조직을 갖고 있었기 때문이었다. 사용자 요구의 축소 과정은 힘든 협상, 특히 국가의 개입을 초래한 노동조합 투쟁에서 기인한 것이었다.

어떤 직업들에서는 이러한 변동사이클이 보다 최근에 발생했다. 1981년 항공사 승무원들과의 면접조사을 통해 애를리 호크스차일드(Arlie Hochschild)

가 발견한 바에 따르면, 1960년대와 1970년대 이후 항공사의 규정이 머리 길이에서부터 허용 가능한 가슴·허리·엉덩이·허벅지 크기, 눈 화장의 색깔(아메리칸 에어라인의 경우 유니폼과 어울리는 색깔), 그리고 속옷 색깔(팬아메리카의 경우 '거들 검사' 강조)에까지 확대되었다. 연령 제한, 기내 승무원 직무의 남성배제, 그리고 여성의 결혼 후 사직규정은 법적인 압력을 받아 폐지되었지만, '몸무게 제한(weigh-in)' 규정은 여전히 델타 항공사에 남아 있다(Hochschild, 1983: 101~103).

## 노동자와 기업의 네트워크들

경계와 마찬가지로 경계를 가로지르는 네트워크들 역시 중요하다. 우리는 노동자들과 사용자들이 고립된 개인으로 행동하지 않는다는 점을 반복적으로 강조해왔다. 그들은 교차하는 복수의 생산 및 비생산네트워크들에 참여하는 행위자로서 행동한다. 노동자들, 관리자들, 기업의 하위단위들, 기업들 그 자체의 중요한 네트워크들이 존재한다. 개략적으로 이러한 네트워크들은 (비대칭적인 강제와 헌신으로 요약할 수 있는) 위계구조(hierarchies), (대칭적인 보상을 특징으로 하는) 시장(market), (대칭적인 헌신에 기반하는) 연합(coalitions)으로 구분할 수 있다. <표 6-2>는 이 유형화를 예를 들어 설명하고 있다.

네트워크들은 반복적인 상호작용을 통해 형성되며, 의사소통, 단체결성, 혹은 교환의 형태를 취하기도 한다. 특히 생산네트워크들은 거래의 반복과 계약의 확대를 통해 형성된다. 그러므로 네트워크들이 행위에 영향을 미치지만, 그 반대 역시 사실이다. 노동자와 사용자의 행위는 생산네트워크와 비생산네트워크 모두를 형성하고 강화하거나 약화시킨다. 예를 들어 캐서린 뉴만(Katherine Newman, 1996)은 대도시 지역의 패스트푸드 산업에서 첫 직업경험을 갖게 된 젊은 노동자들에 대한 연구에서 그들이 일을 계속함에 따라 그들의 사회적 교제범위가 동료 노동자들로 옮겨지면서 직장 동료를 배우자로 선택하

<표 6-2> 네트워크들의 유형들

| 네트워크의 유형 | 누가 네트워크들에 의해 연결되는가? | | |
|---|---|---|---|
| | 노동자들 | 기업 하위단위들 | 기업들 |
| 위계구조 | 장인 길드 | 관리계층 | 모기업과 자회사 |
| 시장 | 한시적 인력풀 | 독립적 부서들 | 하도급 |
| 연합 | 산업별노조 | 대학 학과들 | 계열회사 |

는 경향이 있다는 사실을 발견했다. 그들은 실업자로 남아 복지에 의존하거나 지하경제에서 활동하는 이전 친구들과의 관계를 단절했다. 유사한 사회화 과정이 어떤 일자리에 진입하는 사람들의 네트워크들을 변화시킨다.

비공식적이고 때때로 '비가시적인' 네트워크들은 종종 공식적인 네트워크들과 나란히 또는 같은 비중으로 존재한다. 예를 들어 도날드 로이(Donald Roy, 1954)가 연구한 기계공장에서의 노동자들은 공식적인 노동분업과 관리위계체계에 의해 연결되어 있었다. 동시에, 기계공들은 관리자들이 고안해낸 일련의 개수임금(piecework)체계를 회피하며 업무를 수행하기 위해 장비설치공, 품질검사원, 장비보수공, 창고담당자, 시간측정관들과 긴밀한 협조관계를 유지했다. (지하경제의) 시장과 위계구조가 종종 비공식적인 형태를 취하기도 하지만, 이러한 협조관계는 특히 비공식적인 것일 가능성이 높다.

강한 네트워크들, 즉 조정된 행동(concerted action)의 기반을 이루는 네트워크들은 복수 형태의 연계들(links)에 의존하는 경향이 있다. 이것은 두 가지 의미에서 사실이다. 우선, 강한 네트워크들은 일반적으로 보상, 강제, 헌신의 결합에 의존한다(이는 <그림 4-1>에서 인센티브 하나에만 의존하는 노동계약이 거의 없다는 우리의 주장을 되풀이하는 것임). 따라서 네트워크를 이해함에 있어 '순수한' 시장, 위계구조, 연합은 혼합형(hybrids)에 비해 덜 중요하다. (전적으로 보상에 기초한 네트워크의 두 가지 사례를 택하자면) 주식시장과 체인 레터(chain letters, 역자주: 여러 사람에게 릴레이 방식으로 연결되어 전달되는 편지)는 공동행동을 위해서나 네트워크의 영역을 넘어 확장되는 행동을 위한 토대를 제공하지 않는다. <표 6-2>는 이러한 일반화에 어긋난다. 왜냐하면 그 사례들의 어느 것도 보상, 강제, 헌신을 동시에 포함하지 않는 것으로 예시되기 때문이다. 산별노동조합의 유지를 위해서 헌신과 더불어 협약임금인상과 조합비의 교환이 그 노동조합운동의 핵심적 동력으로 기능한다. 한 기업의 독립적 사업본부들이 가공 중인 서비스와 재화들을 서로 사고판다고 할지라도, 그들은 또한 기업 위계구조의 최상층 수준에 종속됨으로써 서로 연계된다.

강한 네트워크들은 또한 여러 가지의 공통점에 기초하여 형성된다. 데니스 엔카네이션(Dennis Encarnation)은 인도의 강력한 기업집단들에 대한 연구에서 "각 기업집단의 내부에는 가족, 카스트, 종교, 언어, 민족, 지역의 강한 사회적 연줄이 산하 기업들 사이에 재정적, 조직적 연결관계를 강화한다"고 분석하고 있다(1989: 45; Granovetter, 1994: 464). 강한 네트워크들과 복수의 연대들 사이의 상관관계는 몇 가지의 인과적 관계에서 비롯된다. 우선, 생산세계에 존재하는 관계들은 사회적 환경에서 형성되어온 다른 관계들과 결합될 때 더욱 공고해진다. 또한 역사가 그러한 중첩된 관계들을 확립하는 데 큰 역할을 한다. 어느 행위자들이 (노동조합 혹은 사용자단체와 같은) 조정된 행동을 위한 네트워크를 형성하려고 시도할 때, 그들은 기존의 네트워크 관계들을 그 토대로 활용하는 경향이 있다. 1세대와 2세대의 이주노동자들을 조직하기 위해 미국산별노조회의(CIO)는 미국태생의 노동자들이 지배적인 직종별 노동조합들을 피하고, 대신에 주로 민족집단에 기반하는 클럽과 상호부조 단체들에 의존했다. 마지막으로, 일단 네트워크가 존재하게 되면, 역사가 또다시 개입한다. 왜냐하면, 그 네트워크는 병렬적 관계들(임원의 겸임, 민족집단 내 결혼, 볼링리그 혹은 골프클럽의 회원소속)을 추가로 만들어냄으로써 스스로를 강화하는 경향이 있기 때문이다. 이러한 추가적인 관계의 구축은 더러 그 네트워크를 강화하기 위한 목적의식적인 시도에서 비롯된 것이지만, 더 많은 경우는 네트워크에서 오는 친밀함과 지속적인 계약관계에 의해 형성된, 의도치 않은 행동들에 기인하는 것으로 이해될 수 있다.

생산네트워크들은 보상, 강제, 헌신의 결합방식, 달리 얘기하면 시장, 위계구조, 연합의 결합방식에 있어 그 상대적 중요성이 매우 다양하다(Mark Granovetter, 1994의 뛰어난 리뷰논문의 도움을 받음). 이러한 다양성의 영역을 단순화하기 위해, 우리의 논의를 사용자 네트워크로 한정해보자. 우리는 특정의 국민경제 혹은 특정한 경제부문에서 세 가지 인센티브들의 혼합방식이 몇 가지 규칙성(regularity)을 보일 것이라고 주장한다. 위계구조(hierarchy)는 국가가 소수의 기업에 특혜를 주는 곳, 제품시장에서 독점적인 경향이 두드러지는 곳, 그리고 기존의 권위관계가 기업 네트워크들의 기반이 되는 곳에서 지배적이다. 그 극단적인 사례로서 국가사회주의와 더불어 국가권력과 봉건적 권위, 기업 독점이 통합되어 있는 사우디아라비아를 꼽을 수 있다. 수십 년간 독재정권이 소수의 자본가들에게 특혜를 주었던 한국과 아이티 역시 이 경우에 속한다. 오늘날까지 한국의 재벌 기업집단들은 엄격한 위계구조를 유지하고 있다.

다른 한편으로, **연합**(coalition)은 국가가 집단적인 기업제도들을 발전시켜온 곳, 기업가들이 제품시장 내에서 분업을 하거나 틈새시장을 개척해온 곳, 기업 네트워크들이 기존의 평등한 관계에 기초해 형성된 곳에서 공통적으로 나타난다. 일본과 이탈리아 북부지역이 그 사례들에 해당된다. 일본에서 정부는 연구와 신제품 개발에서 조정역할을 담당했고, 에밀리아-로마냐(Emilia-Romagna)와 그 인근지역에서 지방정부들은 연구개발과 훈련, 마케팅을 위한 집단적 제도의 형성을 주도했다(Best, 1990). 애널리 색서니안(Annalee Saxenian, 1994)은 캘리포니아 주의 실리콘밸리 하이테크 지역이 이탈리아에 비해 국가의 의식적 개입이 적었음에도 불구하고 (비록 미국 국방성이 실리콘밸리 형성에 핵심적인 역할을 수행했다고 할지라도) 유사한 형태의 지역적 협력체계를 발전시켜왔다고 주장한다. 제품시장에서의 분업은 이러한 유형의 중요한 요소이다. 일반적으로 카르텔을 유지하는 것보다는 하나의 생산 체인을 유지하기 위해 헌신을 활용하는 것이 보다 쉽다는 것이 정설이다. 카르텔은 보통 강제에 의존한다.

마지막으로, **시장**(markets)은 국가가 분권과 분산을 촉진해온 곳, 제품시장이 상대적으로 진입이 쉽고 경쟁적인 곳, 기업들 사이에 기존의 관계들이 별로 존재하지 않는 곳에서 지배적이다. 물론, 고전적인 사례로는 미국을 꼽을 수 있다. 미국의 반독점법은 수십 년간 기업 간의 협조행동에 제동을 걸어왔고,

정도는 덜하지만 기업집중을 제한해왔다. 또한, 거대기업들의 지역적 이동과 수직적 통합은 기업들 사이의 헌신과 강제의 관계를 약화시켰다. 따라서 정부 로비를 위한 제한적 협력에도 불구하고, 미국 기업들은 주로 시장을 통해 관계를 맺는다. 예를 들어 다른 기업들에 대해 무엇을 구매하고 판매하는가의 결정은 전적으로 시장가격에 의존한다. 그러나 최근에는 일본 제조업의 성공에 자극을 받은 미국 사용자들은 이러한 모델로부터 벗어나려는 시도를 한 바 있다. 예를 들어 (미국 내에서 활동하는 일본자동차 기업뿐만 아니라) 포드, 크라이슬러, 제너럴모터스는 그들의 부품공급업체들에 대해 헌신과 강제에 기반한 장기적 관계로 이동하고 있다.

이상의 논의가 사용자 네트워크에만 초점을 맞추고 있지만, 실제로 사용자 와 노동자의 네트워크들은 서로 영향을 크게 미친다. 이것은 미시적 수준의 채용과 부품공급 네트워크에서 사실이며, 또한 전국적 수준의 노사관계체제에 도 적용될 수 있다. 전국사용자단체들과 노조총연합단체들은 호주와 스웨덴에 서처럼 정부가 전국수준의 단체교섭을 촉진하거나 강제하는 곳에서 특히 발전 했다. 산업수준의 사례로서 전미광산노조와 역청탄사업자협회(Bituminous Coal Operators Association)는 적대적이지만 서로의 존재 때문에 그들의 통일성과 권위를 강화해올 수 있었다.

노동시장을 관통하는 네트워크들에서 어떠한 경향들을 추적할 수 있을까? 지난 200년에 걸쳐 증대되는 도시화, (노동, 자본, 재화의) 이동 증가, 범지구적 경제흐름의 중요성 확대 등 모든 요인들이 영향을 미쳤다. 오늘날의 노동자 혹은 기업은 평균적으로 과거 세대들에 비해 보다 넓은 지리적, 산업적 범위에 걸쳐 있는 보다 많은 네트워크들에 소속되어 있다. 하지만 네트워크들 사이에 존재했던 광범위한 중복성은 약화되었다. 여전히 출신지역·민족성·산업의 공 통성 및 친족 유대를 결합시킨 기업과 노동자의 네트워크들이 존재하지만, 그러한 복수의 연계성은 과거에 비해 훨씬 덜 일반적이다.

많은 분석가들이 주장하는 바와 같이(아마 가장 유명한 것으로 Michael Piore & Charles Sabel, 1984, 또한 Best, 1990을 참조할 것), 네트워크들을 묶어주는

데 헌신의 역할이 역시 확대되었다. 헌신의 중요성은 거의 U자형의 궤적을 보여준다. 산업혁명 이전 시대의 경제와 산업화 초기에는 다양한 형태의 헌신들이 사용자와 노동자들을 결합시키는 데 중요한 역할을 담당했다. 대량생산의 부상과 함께, 자본주의의 모습은 시장에 의해 연결된 위계구조의 섬들(대기업)로 이동했다. '유연전문화'의 중요성이 증가함에 따라, (Rosabeth Kanter, 1989가 연구한 매트릭스형 기업에서처럼) 기업 내부와 (Piore & Sabel이 논의한 산업혁신지구들에서처럼) 기업들 사이에 연합이 보다 일반적인 것이 되었다. 이러한 경향들은 약간 회의적 시각에서 살펴볼 수 있다. 베네트 해리슨(Benett Harrison, 1994: 4장과 7장)이 지적한 바와 같이, 헌신에 기반한 네트워크들은 종종 위계구조의 실질적 요소들을 포함하고 있다. 연합이 공식적인 생산조직에서 쇠퇴했다가 다시 번창하고 있다고 할지라도, 비공식 네트워크들은 항상 헌신에 크게 의존해왔다. 틀림없이 연합의 역할 증대는 많은 경우 단순히 기존 비공식 네트워크들의 공식화와 강화를 의미하고 있다. 따라서 생산네트워크들에서 헌신의 방향으로 이동하는 것은 공식적인 네트워크의 일부일 뿐이지, 전체 모습으로 이해해서는 곤란하다.

## 다른 행위자들 ① : 가족

노동자들이 보상, 헌신, 강제의 장치들이 작동하고 있는 작업장에 들어설 때, 그들이 다른 사회적 관계들로부터 분리되는 것은 아니다. 가족은 노동자들에게 특별한 영향을 미치며, 노동자들의 핵심적 자원을 구성하게 된다. 미국과 서구에서 핵가족은 17세기에 기본적인 가구 단위로 확립된 이래 특히 중요해졌다(Hareven, 1990: 233). 어떤 맥락에서는 친족의 확대된 네트워크가 역시 중요하지만, 여기서 우리는 주로 핵가족 가구에 초점을 맞춰 논의하기로 한다.
　다른 행위자들과 마찬가지로, 가족은 단일한 목표를 추구하면서도 동시에 내부 갈등을 경험하고 있다. 가족의 단합된 경제활동은 가족전략(family stra-

tegies)을 구성한다(Hareven, 1990; Louise Tilly, 1979). 가족전략은 출산, 결혼, 이주, 교육, 가족구성원의 노동시장 진입, 그리고 (소상점 운영, 사회보장급여 의존, 하숙치기 등과 같은) 다른 소득 원천의 개발 등에 관한 결정을 포함한다. 일부 사례에서 그러한 전략들은 문자 그대로 공동행동을 요구한다. 영국에서 석탄산업과 섬유산업의 초기에는 가족구성원들이 출·퇴근을 같이 했다. 종종 광업이나 섬유산업에서 그렇듯이, 특정 공동체에서 하나의 산업이 지배적일 때, 파업과 파업분쇄활동에 대해 가족구성원들이 단합되어 대응했다. 연쇄적 이주(chain migration)는 가족전략의 대표적인 본보기라 할 수 있다. 안토니아 버저론(Antonia Bergeron)은 타마라 해러븐(Tamara Hareven)에게 20세기 초 섬 유공장에서 일하기 위해 캐나다 퀘벡에서 미국의 뉴햄프셔 주 맨체스터로 여행했던 경험에 대해 다음과 같이 이야기했다.

> 그래서 이웃들이 미국으로 갔을 때, 나는 그들과 함께 가기로 결심했다. …… 우리가 도착했을 때 내가 아는 사람이 아무도 없었다. …… 그런데 나는 내가 어렸을 때 캐나다 학교에서 나를 가르쳤던 한 여성을 만났다. …… 그녀는 이곳 공장들에서 일했다. 그녀는 나를 도와주어 그 공장에서 내 일자리를 알아 봐주었다. …… 내 어머니는 후에 남동생, 여동생과 함께 이곳으로 왔다. …… 시간이 지나면서, 다른 가족들이 차례로 이곳으로 옮겨왔고, 마침내 모든 가족 이 이곳으로 이주해왔던 것이다(Hareven, 1982: 86).

이 이야기가 분명히 보여주듯이, 가족 유대는 단지 이주자들이 의지하는 네트 워크 중의 하나지만, 역사적으로 가장 중요한 네트워크였다. 가족에 의한 공동 행동이 과거에 비해 덜 일반적인 것으로 되고 있지만, (나중에 자세히 논의하듯이) 가족전략은 지속되고 있다.

가족전략들은 가족 내부의 갈등과 협상으로부터 출현하기도 한다. 예를 들면 남성은 종종 아내가 유급노동에 참여하지 못하도록 하기 위해 자신의 권력을 이용한다. 해러븐의 같은 연구에서 어느 남성 섬유노동자의 딸은 다음과 같이 증언하고 있다.

내 아버지는 어머니(Marie Lacasse)가 일하는 것을 전혀 원치 않으셨다. 그것
은 커다란 쟁점이었는데, 왜냐하면 어머니는 항상 나가서 얼마라도 돈을 벌기를
원하셨기 때문이다. 그러나 어머니가 일하고 싶다고 말할 때마다 큰 싸움이
벌어졌다. 아버지는 "아니, 당신은 일하러 가서는 안 돼. 당신은 집안에 있어야
해"라고 말씀하셨다. 그것이 어머니가 다른 일들을 하셔야 했던 이유였다.
어머니는 아버지의 옷을 만들거나 하숙을 치고, 방을 세놓으셨다(Hareven,
1982: 205).

다른 한편으로, 해러븐은 여성들이 출산 여부나 애들이 언제 나가서 일을
해야 하는지에 대한 결정을 포함한 다른 영역에서 실질적인 통제력을 행사했다
는 것을 발견했다. 그리고 가족 내부의 권력관계와 협상이 가족성원들의 경제
활동 참여를 결정하지만, 그 참여는 다시 가족 내부의 권력관계를 변화시킨다.
돈을 버는 여성들은 일반적으로 가족 내에서 의사결정 권력을 획득하며, 더
많은 돈을 버는 여성들은 더 많은 권력을 얻는다(Coser, 1990; England & Kil-
bourne, 1990: 165).
또한, 가족들은 노동자들이 고용될 때 갖게 되는 성 역할(gender roles)과
다른 문화적 인식들에 영향을 미친다. 이것은 누가 어떠한 일자리를 탐색하고
확보하는지에 영향을 미친다. 최근 약간의 변화에도 불구하고, 기본적으로
의사는 남성의 역할로, 그리고 간호사는 일차적으로 여성의 역할로 남아 있다.
성 역할들은 역시 남성 노동자들과 여성 노동자들이 동일한 직무를 어떻게
수행하는가를 결정한다. 애를리 호크스차일드(Arlie Hochschild, 1983)는 남성
항공사 승무원들이 보다 많은 권위를 갖고 있는 것으로 인식되고 실제 보다
많은 권위를 행사했던 반면, 여성 승무원들이 보다 상냥하고 친근하게 고객의
요청에 대응하는 데 많은 시간을 보낸다는 것을 발견했다. 샐리 웨스트우드
(Sallie Westwood, 1982)는 여성 섬유노동자들이 남성 감독자의 압력으로부터

스스로를 보호하기 위해 다른 노동자들과 가족적인 관계를 형성하면서, 그들의 작업장 분위기를 가정처럼 꾸미려는 많은 노력을 기울인다는 점을 발견했다. 성에 더하여, 가족 내 지위의 다른 요소들이 유급노동에 영향을 미친다. 연령이 하나의 분명한 예이다. 10대 노동자들은 종종 그들이 부모들에게 대하는 방식대로, 똑같이 사용자에게도 복종하거나 반항한다.

가족은 무급 가사노동이 이루어지는 장소이다. 우리는 이 장의 논의에서 그러한 재생산 노동을 고려하지는 않을 것이다. 그러나 가사노동에 대한 수요는 유급노동의 세계에도 흔적을 남긴다. 재생산 노동의 필요는 가족의 임노동전략을 제한하며, 가족 내부 갈등의 근간을 이룰 뿐만 아니라 성 및 연령의 역할과 긴밀하게 결합되어 있다. 다른 한편, 재생산의 필요는 보상 수준을 결정하는 데 영향을 미친다. 임금은 노동자와 그 가족들을 부양할 수 있을 만큼 충분해야 한다. 물론 그것이 충분한가 여부는 다양한 역사적, 사회적 요인들에 좌우된다. 1920년대에 마리 라카스(Marie Lacasse)가 했던 것처럼, 아내가 옷을 만들거나 하숙생을 들이고 세를 놓는 데 얼마나 수완이 있는가? 어떠한 공공 또는 자선의 보완재가 존재하는가?

산업화된 나라들에서 가족들의 전략과 행동은 오랜 시간에 걸쳐 크게 변화해왔다. 전체 경제활동인구의 측면에서 가족들은 농업에서 제조업으로, 농촌지역에서 도시와 교외지역으로, 생산단위로부터 소비단위로 이동해왔다. 미국에서 최근 남미와 아시아 농촌지역으로부터 온 이주민의 증가에 의해 가내노동(home-based work)의 팽창과 더불어 노동하는 가족들이 증가해왔다고 할지라도, 장기적 추세는 다른 방향으로 움직였다. 아동노동의 금지, 학교교육 및 유년기간의 연장, 보편적 연금프로그램의 확립과 함께 아동은 부모의 노동을 공유하고 부모의 노년을 부양하기 위한 투자재이기보다는 점점 더 소비재로 변화되었다. 여성은 출산을 축소하거나 연기했으며, 증가하는 비율로 유급노동에 참여해오고 있다. 1948년에서 1995년 사이에 미국 여성의 경제활동참가율은 33%에서 59%로 증가한 반면, 남성들의 참가율은 87%에서 75%로 감소했다. 대부분의 산업 국가들에서도 비슷한 추세를 발견할 수 있다.

이러한 모든 과정들은 가족전략을 약화시키면서, 경제적으로 중요한 행동에 관한 가족성원들의 결정방식을 개별화시켰다. 탄광 파업들은 가족과 공동체를 동원해왔고 어느 정도 지금도 그러하지만, 병원 파업들은 보통 그렇지 않다. 보다 중요하게 오늘날 석탄광부들과 병원노동자의 자녀들은 그들이 결혼을 할 것인지, 한다면 언제 할 것인지, 어디에서 일자리를 찾을 것인지, 그리고 봉급에서 저축한 돈을 어떻게 사용할 것인지에 대해 그들 부모세대들보다 상대적으로 독립적인 결정을 내리는 경향이 뚜렷이 나타나고 있다. 미국의 경우 보다 개별화된 의사결정과 행동이 초래하는 가장 뚜렷한 결과로서 모든 인종과 계급, 교육계층에 걸쳐 편모가정(single motherhood)이 증가하고 있다는 사실을 손꼽을 수 있으며, 이는 여성과 남성의 노동공급에 중요한 영향을 미치고 있다.

## 다른 행위자들 ② : 국가

국민국가, 지방정부 및 자치단체들 역시 고용의 단계에 영향을 주는 많은 행위자들의 하나이다. 가족과 마찬가지로, 국가는 여러 가지 측면에서 고용에 개입한다. 프레드 블록(Fred Block, 1994)의 유용한 논의를 활용하여 우리는 국가행동을 프롤레타리아화, 노동공급, 노사관계라는 규제의 세 가지 영역으로 구분할 수 있다.

국가는 사람들에게 임금노동 이외에 다른 대안들을 확대하거나 제한하는 다양한 행동을 통해서 **프롤레타리아화**를 규제한다. 가장 근본적으로 국가는 재산권을 인정하고 보호한다. 영국 정부가 18세기 말 지주계급(gentry)의 목초지 엔클로저(enclosure) 조치를 지지함으로써, 토지에 대한 공동체의 요구보다는 사적 소유를 우선적으로 특권화했고, 토지를 잃은 많은 농민들을 직물산업을 포함한 다른 경제활동 분야로 내몰았다. 세금과 소득이전정책 역시 프롤레타리아화를 촉진하거나 또는 제한했다. 블록(Block, 1994: 701)이 지적한 바와 같이, 유럽의 식민주의자들은 원주민들인 생계형 농민들에게 인두세를 징수함으로써 그들을 강제로 환금경제(cash economy)에 포섭시켰고 임금노동의 새로운 공급원천을 만들어냈다. 다른 한편으로, 홀어머니들이나, 노인들, 장애인들, 실업자들에게 제공되는 현금 소득이전(혹은 공공서비스 고용프로그램들)은 그들에 대한 노동시장 규율을 완화하는 데 도움을 주었다. 마지막으로, 신용과 물가에 대한 정부의 규제는 대안적인 고용분야로서 창업(entrepreneurship)의 활용가능성에 영향을 준다.

또한, 국가정책은 수요에 대한 노동공급을 확대하거나 축소시킨다. 실제로 이러한 측면에서 가장 중요한 정책들은 수요 측면에 관한 것이다. 수요를 관리하기 위한 재정 및 통화정책은 노동력 부족을 조절하는 효과를 갖는다. 예컨대 미국 연방준비제도이사회의 단호한 신용억제조치는 1979~1982년의 심각한 불황을 초래했고, 대공황 이후 실업률을 가장 높은 수준으로 증가시켰다. 그런데 국가는 공급 측면에서 보다 세련된 많은 수단들을 갖고 있기도 하다. 국가는 오랫동안 길드 혹은 교육을 통해서 숙련형성을 감독해왔다. 로웰(Lowell)에 위치하는 매사추세츠 대학교 공과대학과 경영대학은 원래 100년 전 뉴잉글랜드의 섬유기업가들에 의해 남부 제조업자들의 저임금 경쟁력에 대처하기 위해 정부의 도움으로 만들어진 이후 공공기관으로 바뀌었던 로웰섬유교육기관에서 비롯된 것이다. 전문직종의 독점체제에 대한 국가의 인증은 노동공급을 제한하기 위한 의사와 간호사들의 전략을 인정한 것이었다. 다른 한편으로 국가의 차별금지정책은 건설직종의 진입에 대한 민족 집단들의 통제를 약화시켰다. 아동노동과 의무교육에 관한 법률, 여성을 위한 보호입법 등은 잠재 노동력 범주들에 대한 사용자의 접근가능성을 제한하거나 가로막았다.

이민법 역시 노동공급을 규제한다. 미국은 노동력을 수입해온 나라로서 이민정책에 매우 친숙하다. 또한 노동력의 송출국가들도 이민자 흐름을 관리하기 위해 상당한 정책노력을 기울인다. 하나의 독특한 사례로서, 1992년까지 12년간의 내전 기간에 수많은 탄압을 자행했던 우익정당이 장악하고 있는 엘살바도르 정부는 현재 그 국민들이 미국으로 정치적 망명을 신청하는 것을 나서서 도와주고 있다. 그래서 역설적으로 엘살바도르 정부는 자국민들이 국가기관 또는 조력자들로부터 지속적인 위협을 받고 있다는 사실을 증명하는 데에 앞장서고 있는 셈이다. 만약 엘살바도르 경제가 미국에 거주하는 엘살바도르 사람들이 매년 본국으로 보내는 10억 달러에 달하는 송금에 의존하고 있다는 점과 미국 안에서 이주반대운동이 많은 엘살바도르 사람들을 본국으로 송환하도록 압박하고 있다는 점을 인식하게 되면, 그러한 역설은 충분히 이해할 수 있게 된다(Carvajal, 1995).

국가는 무엇보다도 고용관계의 권리와 권한을 구체화함으로써 **노사관계**에도 강한 영향을 미친다. 예를 들어 사용자의 해고 권리를 생각해보자. 정부와 노동조합의 제약 때문에, 서유럽의 기업들은 미국 기업들에 비해 종업원을 해고하기가 훨씬 어렵다. 중국의 국영기업들은 고용보장체제(국영기업이 20% 이상의 과잉고용을 떠안고 있음)로부터 해고가 자유로운 고용체제로 급격하게 이행하려 시도하고 있다. 미국 안에서도 해고에 대한 일부 제한규정을 담고 있는 법률들이 존재하고 있다. 차별금지법은 인종, 성 등의 이유로 해서 특정인을 해고하지 못하도록 하고 있다(다만, 키, 몸무게, 성격 등의 많은 요소들이 고려되고 있지 않음). 전국노사관계법(NLRA)은 노조를 조직하려고 시도하는 종업원들을 해고하는 것을 금지하고 있다(그런데 이 법률의 많은 조항이 사문화되고 있다는 점을 고려해야 함). 그러나 사실상 어떠한 다른 제한들도 적용되지 않는 게 현실이다. 예를 들어 직업안전과 건강에 관한 법률(Occupational Safety and Health Act)은 노동자들에게 안전한 작업장에서 일할 권리를 부여하고 있지만, 그것은 노동자들이 (불법적으로) 위험한 조건에서 노동하기를 거부한다는 이유로 해고당하는 것에 대해 어떠한 도움도 주지 못한다. 노동인권 변호사들은 어떠한 경우에 해고가 정당화되는가에 대해 보다 상세한 지침을 제안하면서 법원이 몇 가지 상황을 '부당해고(wrong discharge)'의 개념에 포함시키도록 하기 위해 시도해왔다. 다시 말해, 그들은 사용자의 해고권에 대한 국가의 입장을 변화시키려고 노력했다.

국가는 노동자들의 집단행동을 규제함으로써 노사관계 행위자로서의 역할을 수행한다. 사무엘 볼스와 허버트 진티스(Samuel Bowles & Herbert Gintis, 1986)가 지적한 바와 같이, 오랜 시간에 걸쳐 노동자들은 그들의 시민권을 확대해왔을 뿐 아니라, 그 시민권의 일부를 작업장으로 확장하는 데 성공했다. 그 효과는 매우 심대했다. 이러한 현상의 축소판으로 보건의료부문을 살펴보면, 연방정부가 전국노사관계법을 보건의료산업에까지 확대했던 1974년 이후 병원노조의 조직화는 급격히 증가했다. 전국노사관계위원회가 (전형적으로 정부가 인정한 조합선거를 제때 진행하지 못하도록 만드는 교섭단위에 대한 장황한 논의를 제한하려는 취지에서) 병원들에 대한 표준 교섭단위를 확정한 1990년 이후 병원노조의 조직화는 또 한 차례 확대되었다. 국가의 조치가 병원노조의 조직화 속도를 결정한 유일한 요소는 아니었다. 1930년대 미국 산업별노동조합회의(CIO)가 전개한 적극적인 활동의 일환으로 급속한 조직 확대가 이루어졌고, 1960년대 시민권운동의 파급효과로 또 한 차례의 조직 확대가 이루어지기도 했다. 그러나 이러한 반증사례들조차 국가 조치의 잠재력을 잘 보여주고 있다. 1930년대의 노사관계법과 1964년 시민권법은 병원의 조직화에 대해 어떤 연관성이 있는 것은 아니지만, 노조조직화를 추구했던 운동과 조직에게 커다란 촉진제가 되었던 것이다.

국가가 노동의 세계에 대한 정당한 규칙을 제정할 권위를 갖고 있다고 할지라도, 그 권위에는 언제나 빈틈이 존재한다. 이러한 측면에서 스팔딩(Spalding, 1992: 32)의 <예시표 A>는 모든 나라에 조세와 국가규제를 회피하는 지하 비공식경제가 존재한다는 사실에 대해 보고하고 있다. 페루의 메트로폴리탄 리마에서는 비공식 부문이 노동력의 74%를 포괄하는 것으로 평가될 만큼 성장했다. 심지어 공식부문의 기업과 노동자들도 국가규제에 대한 순응의 정도는 다양하다. 그 한 사례로서 본인과 가족의 질병 혹은 아이의 출생의 경우에 12주의 무급휴가를 부여한 1992년 가족 및 병가에 관한 미국의 법률을 살펴볼 수 있다. 그 법률의 통과에 이르기까지 논쟁이 진행되는 동안 보험회사의 인적자원 담당자들은 크리스 틸리에게 다음과 같이 말했다.

일하는 부모들의 쟁점이 더욱 많이 전국적 주목을 받고 있다. 기업들은 우리가 대응하지 않는다면 몇몇 주나 연방정부의 규제들이 부과될 것이라는 느낌을 갖고 있다. 우리와 같은 기업들은 이러한 방식으로 규제가 이루어지는 것을 반가워하지 않는다. 우리는 미리 앞서 나가길 좋아한다. 부모휴가법이 다시 제안되고 통과될 가능성이 많다. 규제에 대한 문제는 그것들이 포괄적이며, 우리의 필요와 반드시 일치하지 않는다는 점이다(Chris Tilly, 1996: 119~120).

일단 법이 통과된 후에도 모두가 순응한 것은 아니었다. 1994년의 어느 연구에 따르면 사용자들의 40%는 12주의 휴가를 제공하지 않거나 휴가 후에 일자리를 보장하지 않았으며, 휴가 기간에 보험급여를 계속 지급하지 않았다. 휴가를 얻은 조사대상 노동자들의 거의 2/3가 사용자와 문제가 있었음을 토로했다. 그 연구의 공동저자였던 캘리포니아 대학의 앤드류 살라흐(Andrew Scharlach) 교수는 단지 "매우 소수의 기업들만이 실제로 그 법을 실행하려고 노력했다"고 말했다(Shellenbarger, 1994: B1).

게다가 중요한 것은 국가가 결코 하나의 단일체(monolithic)가 아니라는 점이다. 지방정부와 중앙정부가 그렇듯이, 정부를 구성하는 입법부, 행정부, 사법부는 중복되기는 하지만 상이한 목적들을 추구한다(그리고 신용과 원조, 무역의 국제적 흐름에 대한 규제자로서 국제적인 준국가 권력기구의 중요성이 증가하고 있음). 중간 및 하위수준의 정부 관료들과 공무원들 역시 중간관리자들과 노동자들이 사용자의 정책에 대해서 보여주었던 것과 마찬가지로, 정부의 정책에 대한 제한적 자율성을 보여준다.

그럼에도 불구하고 오랜 기간 국가는 스스로 고용과정에서 커다란 역할을 수행해왔다. 국가는 정당성, 강제력, 대규모 예산이라는 세 가지 자원을 적절하게 행사함으로써, 스스로가 노동자와 자본가들에게 강력한 동맹자 혹은 가공할 적임을 증명했다. 헌신, 강제, 보상에 대한 국가의 예비능력은 때때로 (예를 들어 대중적으로 지지를 획득하고 있는 전쟁 시기에) 확대되며, 국가로 하여금 새로운 규제 권력을 제도화할 수 있도록 한다. 이러한 권력을 행사하지 않는 것은 보통 행사하는 것보다 더욱 어렵다.

## 행위자들에 관한 마무리 토론

노동시장의 행위자들을 고려하면서 우리의 핵심적 논점들을 개괄적으로 정리해보자. 사용자, 노동자, 가족, 국가는 모두 다양한 방식으로 제한적 합리성에 종속되어 복수의 목적들을 추구한다. 그들이 추구하는 목적들과 그들을 구속하는 제약들은 역사적으로 형성된 사회적 관계와 이러한 사회적 관계들이 창출하고 확산시킨 공유된 문화의식에 의해 형성되고 재형성된다. 기존의 사회적 관계에 의해 확립된 네트워크들은 기업 내부에, 기업 간에, 그리고 기업들과 사회 및 경제의 다른 요소들 사이에서 행위자들을 연결한다. 기업들과 노동자들의 경계들은 분명하게 구분되는 폐쇄적인 사회적 상호작용의 틀을 의미하는 것이 아니라, 사회적 관계들의 밀도와 특성이 변화하는 지점들을 나타낸다(예를 들어 기업 내 강제와 헌신의 관계가 기업과 다른 경제적 행위자들 사이의 시장관계들로 변화한다). 조직들과 다른 네트워크들의 형태나 범위가 효율성의 이점을 반영한다고 할지라도, 효율성은 품질과 권력(종종 조직유지의 측면에서 고려되는)과 함께하는 단지 하나의 측면만을 대표한다. 더욱이 조직적 구조에 대한 사용자의 선택(그리고 과학기술을 포함한 다른 선택들)은 거의 항상 관성적으로 장애물로 기능하는, 과거로부터 전승된 관계들과 인식들의 맥락에서 이루어진다.

우리는 반복해서 품질, 효율성, 권력이라는 사용자들의 목적을 언급해왔다. 노동자들에 대해서는 헌신, 보상, 강제의 인센티브를 지적했고, 연합, 시장, 위계구조의 네트워크 형태들을 지적했다. 이들 세 쌍(triads) 사이의 동형화(isomorphism)는 우연적인 것이 아니다(<표 6-3>). 사용자들은 품질, 효율성, 권력을 추구하며, 특히 각각의 동기부여기제로서 헌신, 보상, 강제에 의존한다.

<표 6-3> 세 쌍들(Triads): 경영의 목적들, 노동자의 인센티브들, 네트워크들

| 목적 | 인센티브 | 네트워크 |
|------|----------|----------|
| 품질 | 헌신 | 연합 |
| 효율성 | 보상 | 시장 |
| 권력 | 강제 | 위계구조 |

헌신과 보상, 강제의 관계들은 다시 연합, 시장, 위계구조로 구체화된다. 이들 세 쌍의 각 측면은 거의 순수한 형태로 나타나지 않는다고 할지라도, 이들 각각의 구분은 행위자들의 행동에서 나타나는 차이와 변화를 개괄적으로 설명하는 데 유용하다. 노동시장 행위자들은 이들 세 가지 원리들에 기초한 관계들을 형성하고 파기하며, 순응하거나 반응한다. 그리고 그 결과로 나타난 행동이 실제의 노동시장에 작용하고 있다.

이 장과 앞의 두 장은 임노동의 세계에서 주요한 행위자들의 행동을 이해하기 위한 분석적 틀과 모델을 논의했다. 이러한 분석도구를 갖고 우리는 노동과정 및 노동시장에서의 변화와 편차를 보다 체계적으로 파악할 수 있을 것이다. 제7장은 이러한 분석에서 시작하여, 수세기 동안 노동시장의 장기적인 변동추세와 기술 및 노동분업에서 나타나는 최근의 변화들을 고려할 것이다.

# 제7장 노동세계의 변화

## How Work Has Changed,
## How Work Changes

## 변화하는 노동

표준적인 경제 모델들은 노동을 시공간이 없는 존재로 만들기 위해 문화와 역사를 제거한다. 이러한 단순화는 몇 세기 동안 노동이 겪어온 엄청난 변화를 정당하게 평가하지 못한다. 또한, 그것은 노동과정에서 발생하는 일상적이고 장기적인 변화과정을 경시하고 있다. 무엇이 이렇게 노동의 장·단기적인 변화 과정을 만들어내고 있는가?

변화를 이해하려면, 우리는 노동의 변화만을 좇기보다는 폭넓게 노동이 문화의 영향을 받으면서 역사에 대응하여 바뀐다는 점을 인식하는 것으로부터 출발해야 한다. 문화는 공유된 인식(shared understandings)과 그 인식이 상징과 대상(objects)에 표현된 것을 뜻한다. 문화는 노동조직이 실현가능하고, 효과적이며, 또한 바람직한 것인지에 대한 믿음, 노동의 좋고 나쁨에 대한 분류, 상사와 하급자의 적절한 행위에 대한 기대, (노동자의) 노력에 대한 적정한 보상기준 등을 통해 노동에 스며든다. 이러한 인식과 노동조직 모두 역사적으로 변한다. 그것들(공유인식과 노동조직)은 축적된 경험과 그 경험에 대한 확립된 해석에 영향을 받아 변화한다. 무엇이 언제 발생하는지는 어떻게 그것이 발생하는지에 대해 영향을 주며, 사건들이 일어나는 순서는 그 산출물에 영향을 끼친다. 따라서 국가 사회주의의 붕괴와 더불어 등장하는 노동시장은 중상주의적 자본주의 시대에 발달했던 노동시장과는 매우 다른 방식으로 작동한다. 이는 그것들(노동시장)이 서로 다른 조직원리와 사회적 네트워크를 반영하고 있을 뿐 아니라 공유된 기억·인식·기대에 대한 상이한 맥락에서 작동하기 때문이다. 또한, 노동조합들은 자본, 기술 및 노동의 상당한 변화에도 불구하고 단지 조직유지를 위해 정부와 사용자와의 관계에서 경직된 방식으로 대응하여 때때로 적잖은 손실을 경험하기도 한다. 조직의 변화는 이미 확립되어 있는 역사적·문화적 맥락에서 발생하는 투쟁에 의해 지배된다.

다양한 기술적·사회적 요인들의 상호작용과 협상을 강조하는 우리의 주장은 일자리 변동에 대한 전통적인 접근과 상당한 차이를 보인다. 전통적인 관점은 저비용 또는 고수익을 위한 새로운 생산과정의 발명과 확산으로 모든 직무 재배치를 설명했듯이 생산성 주도의 기술 발달을 지나치게 강조한다. 심지어 산업 조직에 대한 친노동적이며 반결정론적인 관점조차 현존하는 기술 수준의 제약 속에서 관리자들이 조직을 전연 새롭게 설계하는 것으로 가정한다. 비즈니스 경제학자인 윌리엄 G. 셰퍼드(William G. Shepherd)는 단기 경영과 장기 계획을 다음과 같이 구분한다.

현재의 경영은 상대적으로 틀에 박혀 있다. 미래의 계획을 세우는 것은 창조적이며 때로는 어렵고 위험하다. 기업가정신이라는 개념으로 이것(계획)을 미화하는 면이 있으나 그 일은 특별한 재능을 필요로 한다. 투자의 수준과 방식을 선택해야 하고, 회사의 기술을 변화시켜야 할지도 모른다. 조직구조도 다시 그려야 할지 모른다. 관리자를 포함한 인력의 감축 또는 충원이 이루어져야 할 것이다. 심지어 매력적인 새로운 방법들을 뿌리치고 과거 방식을 고집하는 결정들이 이루어지기도 한다(Shepherd, 1979: 78).

일자리 변동에 관한 문헌들 — 급진적이거나 보수적이거나 또는 중립적인 입장에 서 있든 — 은 놀랍게도 결정론적인 논조를 보이면서, 기술의 확고부동한 논리에 대해 관리자들과 노동자들이 단지 저항하거나 굴복하거나 완화하거나 순응할 수밖에 없는 것으로 간주한다. 바퀴달린 쟁기, 삼모작, 제니방적기, 용광로 그리고 트랜지스터 등의 발명은 서구의 대부분 나라에서 생산활동에 큰 변화를 가져다주었다. 하지만 기술변동에 따른 일자리 변화는 별개의 문제다. 3장에서 살펴보았듯이, 1930년대 이전 영국 광산조직에서 발생한 큰 변화들은 기본적으로 새로운 기술의 발명이 아니라 노사협상에서 기인한 것이었다. 더욱이, 기술 변화의 영향들은 — 이 장에서 더 자세히 살펴보겠지만 — 한결같이 보다 폭넓은 사회·경제·정치적 맥락에 의해 형성되고 매개되며 때로는 봉쇄되곤 한다(Bijker, Hughes & Pinch, 1987; Tushman & Rosenkopf, 1992).

조직의 변화에 대해 과도하게 기술의존적이며 경영중심적인 분석들은 부분적으로 경영자의 신화 만들기에 의해, 부분적으로는 주요 조직재설계가 종종 생산기술의 변화를 포함하고 있다는 점에 기인하고 있다. 또한 이러한 연구자들은 모든 것을 백지상태에서 출발하는 것으로 간주하면서, 초기 개발 비용을 제외하면 신기술과 기존 기술이 마치 똑같이 도입된 것처럼 경쟁한다고 추론한다. 이 추론은 조직 변화에서 중요하지만 가끔 간과되는 원칙들을 어기고 있다. 제5장에서 논의된 것에 입각하여 가장 핵심적인 원칙들을 다음과 같이 제시해볼 수 있다.

1. 전적으로 기술적인 변화를 포함하는 거의 모든 조직 변화에서 바뀌는 것은 조직구성원들의 개인적 성과일 뿐 아니라 그들 간의 관계이기도 하다. 만약 거래와 계약이 바뀐다면, 직무와 조직의 전반적인 구조 자체도 바뀔 것이다.
2. 어떤 조직 내에서도 사회적인 관계의 변화, 삭제 및 추가는 상당한 비용을 수반한다. 그 비용은 ① 새로운 형태의 관계를 만드는 것, ② 현존하는 주위의 관계들에 새로운 관계를 적응시키는 것, ③ 각 당사자들이 그것을 수용하도록 설득하는 것, ④ 그 활용방법을 가르치는 것, ⑤ 조직외부의 영향력 있는 당사자들 — 주주, 사외 이사, 임원회, 고객, 동료전문직들 — 에게 조직혁신의 정당성을 설득하는 것 등을 포함한다.

3. 조직이 더욱 복잡해지고 더 많이 변화하면 할수록, 조직 내 관계를 바꾸거나, 없애거나 추가하는 비용은 더 늘어나기 마련이다.
4. 통상적으로 사회적 구조의 익숙한 형태를 유지하는 것은 새로운 조직 형태를 도입하는 것보다 비용이 덜 든다.
5. 그 관계의 변화·해소·추가에 관련된 당사자들이 일정하게 조직구조 개편의 조건들에 대해 협상하게 된다.
6. 이러한 이유들로 인해 사람들은 전혀 새로운 조직을 만들지는 못한다. 대신 그들은 대체로 기존의 사회적 구조에 새로운 사회적 관계, 인식 및 성과물들을 접목시킨다.
7. 조직 구성원들이 일상적 상호작용을 통해 그들의 관계를 재협상할 때마다 소규모의 점진적인 변화들이 끊임없이 그리고 종종 눈에 띄지 않게 일어난다. 조직 구성원들의 외부 관계들에 발생하는 변화 역시 조직 내부의 점진적인 변화로 수렴된다.
8. 그럼에도 불구하고, 소유주와 관리자들은 다른 구성원에 비해 조직 외부의 위협과 기회에 대응하는 데에 보다 적극적인 책임을 지게 되므로 이러한 조직혁신에 가시적이며 계획적으로 주도권을 행사한다.
9. 소유주와 관리자들은 단기적으로 이익(어떻게 측정되든지 간에)이 혁신의 거래비용을 초과하는 수준에 이를 때까지만 그러한 주도권들을 행사한다.
10. 사회적 구조의 익숙한 형태에 부합하는 것은 그들의 외부 연결망을 조직 속으로 끌어들이는 결과를 낳는다.

마지막 항목은 의심할 바 없이 가장 중요하지만, 가장 덜 알려져 있다. 예를 들어 기존의 성 구별짓기(gender distinctions)를 기업 안에 확립하는 것은 상징적 기호, 장애물, 착취 유형, 가족연고, 그리고 때로는 배우자와의 관계를 회사의 사회적 환경 안으로 편입하는 것을 의미한다. 그럼으로써, 기업 외부에서 그러한 구별 짓기를 유지하려는 당사자들의 이해관계를 회사 안으로 끌어들이는 것이다. 마찬가지로, 현직 종업원의 추천을 통해 신입사원을 채용하려는 경우

(미국 중소기업에서는 일반화되어 있는 채용관행임)에는 현직 종업원들의 대인 관계 네트워크가 그 기업에의 취업을 위한 선택된 접근경로로서 기능하게 된다. 이러한 원칙들은 생산조직들이 일단 확립되면 정태적 효율성의 수준에 따라 예측하는 것보다 훨씬 더 오랫동안 그 기본적인 조직형태를 유지하는 경향을 보인다는 것을 의미한다. 엄청나게 비용을 절약할 수 있는 신기술조차도 개발 업체들이 상당한 도입비용의 문제를 극복하는 단계에서만 생산과정에 활용될 수 있다. 이러한 이유들로 인해, 신기술 및 새로운 기계의 발명자들은 기업가가 직접적으로 해당 조직에 개입하여 발명품을 적용하거나 혹은 도입비용을 절약할 수 있는 때에 비로소 자신들의 발명품이 널리 활용되는 것을 보게 되는 것이다.

## 자본주의와 노동시장의 형성

인간 경험의 오랜 축적을 통해 기술, 억압, 자본, 기존의 사회적 관계 그리고 문화의 상호작용에 의해 노동의 주된 특성들(예: 생산절차, 생산동력, 투자 배분, 주변 공동체와의 연결관계, 노동을 조직하는 상이한 방식들의 효과에 관한 믿음 등)이 크게 변했다. 유럽과 미국에서 자본주의의 등장은 이러한 상호작용을 예시한다. 부르주아 지배의 국가가 억압수단을 독점하게 된 것은 자본가 재산권의 보호와 강화, 공동목초지의 다중 이용권(multiple use rights) 폐지, 가난한 사람과 실업자의 생계를 위한 지역사회의 공공부조기능 소멸을 더욱 촉진했다. 이러한 재산권의 변화는 한편으로 노동자들의 프롤레타리아화, 다른 한편으로는 대규모 공장설비의 고정비용에 대한 자본가의 투자를 진척시켰다. 주식회사들의 확산과 신용거래의 확대와 같은 자본 조직의 변화는 간접적이긴 하지만 노동의 특성에 근본적인 영향을 미쳤던 것이다.

지난 세기 동안 서유럽과 북미에서 일어난 노동의 엄청난 변화들은 의심할 나위 없이 생산과 분배의 기계화, 정보통신기기의 확산, 자본집약적인 대규모 생산조직의 등장, 중앙집권화된 노동규율의 강제, 공공부문 고용의 증가, 산업구조변동(1차산업에서 2, 3차산업으로 경제비중의 이동), 그리고 임노동의 확대 ― 크게 보면 자본주의적 산업화와 프롤레타리아화 ― 의 상호작용에 기인한 것이었다. 이러한 변화들은 노동과정에 대한 생산자의 통제권이 크게 감소되고 임노동이 전체 노동인구에서 차지하는 비중이 급격하게 늘어난 추세와 무관치 않다.

우리는 노동시장 그 자체가 하나의 발명품이고, 그것의 광범위한 확산은 상대적으로 최근의 일이라고 강조한다. 수세기 동안, 자본가들은 노동시장을 달갑지 않게 여겼다. 왜냐하면 노동시장의 육성을 위해서는 사용자들이 생산수단에 많은 투자를 해야 하고 노동과정을 조직·감독해야 하며, 채용·해고·직무배치·보상을 위한 인사관리체계를 만들어야 하고, 최소한 생계임금을 지급해야 하며, 이 모든 과정에서 정부기관과 노동조합 그리고 노동력공급 가구들의 개입에 대처해야 하기 때문이다. 비록 유럽의 장인숙련공들이 중세시대 이후부터 자신들의 상품을 제조·판매하긴 했지만, 그들 역시 자본주의의 확산 초기에 외부의 뜨내기 노동자들을 상대하는 것을 선호했다. 비록 그들의 작업 품질이 전체적으로 좀 떨어지긴 했지만 길드소속의 숙련공에 비해 고용비용이 저렴하고 근로조건에 대한 요구사항이 훨씬 적었기 때문이었다(Kriedte, 1983; Kriedte, Medick & Sclumbohm, 1981, 1992; Charles Tilly, 1983). 일반적으로 대형 상단의 상인들은 자족적인 소공장이나 가족사업장에서 만들어진 생산품을 주로 구매했는데, 이러한 작업장은 한편으로 이들 상인에게 크게 의존하면서, 다른 한편으로는 상인들에게 어떠한 도덕적 혹은 법적인 책임의 부담을 주지 않았다. 이러한 소사업장들은 그들 자신의 생산 수단을 만들어 관리했다.

유럽의 중상주의적 자본주의 시대에는 상당 규모의 노동자들이 노동시장 바깥에서 생산활동을 했다. 그들은 집안에서 만든 완성품들을 상인에게 팔고 상인들은 (초기의 섬유산업 사례에서처럼) 이익을 남기고 되팔았다. 하나의 예외로서 농업노동자들은 사용자와 일당, 계절, 혹은 1년의 기간 단위로 계약하여 임금 및 현물급여를 받았으며, 이곳저곳으로 일거리를 찾아 전전했다. 석공예와 인쇄부문의 숙련공들 역시 제한된 노동시장을 형성하여 해당 직종에의 진입과 숙련의 상업적 기준에 대해 엄격하게 규제했다. 그렇지 않았다면, 그런 규모로 노동시장에 참여할 노동자들은 별로 없었을 것이다.

더욱이, 임노동자들조차 제한된 자유를 즐겼다. 영국과 미국에서 장인법 (English Statute of Artificers, 1562~1963)과 그 개정법에서는 다음의 규칙이 제정되어 있었다. ① 일정 기간 일하기로 계약한 도제(apprentice), 하인 및 다른 노동자들이 그 기간이 끝나기 전에 해당 일자리를 떠나면 형사처벌을 받게 되고, ② 어느 직종에서의 실업자를 당시의 기준 임금으로 지역 장인을 위해 강제로 노동하게끔 할 수 있다. 그 결과는 다음과 같이 나타났다.

17세기 영국과 미국에서는 비자유노동(unfree labor)이 계약노동의 '정상적인' 합법적 형태였다. 자유노동(free labor) — 법적으로 사용자에게 노동자의 근무지 이탈에 대한 형사처벌을 할 권리나 특정 직무성과를 강요할 권리를 주지 않는 법률적 규정하에 있는 노동 — 은 18세기 초에 미국 식민지 시대에 처음 나타났을 때 일반적이기보다는 특별한 형태의 계약노동을 대표했다. 그 이후 한 세기 이상 동안 자유노동은 지속적으로 노동관계의 특정 형태에만 제한적으로 적용되었다. 19세기가 되어 비로소 자유노동은 정상적인 고용형태의 패러다임으로 자리 잡게 되었다(Steinfeld, 1991: 4).

18세기 영국에서는, 광부를 비롯하여 하인, 농업노동자, 선원, 소금제조공, 줄제조공 및 도제들은 정례적으로 그들을 구속하는 1년 이상의 계약에 의거하여 일했다. 스코틀랜드에서는 광부들의 고용체제가 거의 농노제에 가까웠다 (Flinn, 1984: 349~361). 도제 계약노동(indentured labor)이 오랫동안 예외가 아닌 일반 관례로 남아 있었다(Brass, 1994; D. Montgomery, 1993; Tomlins, 1993).

그럼에도 불구하고, 17세기부터 19세기에 걸쳐 진행된 자본의 축적 및 집중과 더불어 노동의 프롤레타리아화가 크게 진전되었다. 즉, 노동자들이 자본가의 감독하에 사용자 소유의 생산도구 및 원자재와 생산시설을 활용하여 수행하는 노동의 대가로서 임금을 받는 노동체제로 전환했던 것이다. 분명히, 교회와 국가의 위계체계는 제한된 집단의 인원들(특히 신부, 수녀, 사무관, 그리고 군인)에게는 오래전부터 특정한 직무를 정해주었지만, 노동시장의 보편적인 규율이 확립됨에 따라 직업소속이 하나의 사회적 규범으로 발전되었다. 이러한 프롤레타리아화로 인해, 취업과 실업의 구분은 19세기 이전까지는 생각할 수 없었던 것이었지만, 그 이후에는 구별되는 개념, 관행 그리고 법률적 조건으로 자리 잡게 되었다(Keysar, 1986; Salais, Baveraz & Reynaud, 1986; Topalov, 1994). 실업은 임노동과 노동시장이 지배하는 노동의 세계에서 별도의 지위를 차지한다. 자영농민은 일이 없어도 실업자는 아니지만, 잠재 취업자는 실업자로 분류되는 것이다.

자본이 축적됨에 따라 가구경제(household economies)는 자체적으로 생산한 제품과 서비스 또는 그것들의 판매보다는 임금에 크게 의존하게 되었다. 노동시장은 번성했고, 법 자체도 변했다. 부르주아 법률이 지배하게 되었는데, 그 주요 특징은 다음과 같다. 동일한 대상의 공동소유권에 대한 반대, 소유권과 사용권의 분리, 자본의 권리와 노동의 권리에 대한 엄격한 구분, 형사와 민사 범죄 간의 확실한 구분, 그리고 타인의 불법행위에 대해 전통, 명예 및 신성금지의 위반을 입증하는 대신에 민간 고소인에 의한 물적 손실의 입증 등이 그에 해당된다. 다른 한편으로, 노동자들은 노동가치이론과 그에 입각한 계급이론을 다음과 같이 확립했다. 어느 대상의 생산에 직접 투여된 노동이 그 대상의 진정한 가치를 구성하며, 허구적인 소유권을 통해 자본가들은 창출된 가치의 일부를 부당하게 차지하고, 그 결과 노동자와 자본가 간의 근본적인 이해대립이 등장하게 되며, 노동자들은 스스로 단결하여 소유와 권력의 체제를 공격함으로써만이 자신의 진정한 가치를 실현할 수 있다는 내용이다. 1840년 10월에 미국 매사추세츠 주 찰스타운의 노동자(Workingmen of Charlestown)라고 자칭하는 사람이 다음과 같이 주장했다.

우리는 인간의 권리, 가장 부유하고 가장 자부심 강한 자들과 동등한 권리를 갖고 있는 사람이다. 하지만 우리는 가난한 사람들이다. 그날그날의 식량을 위해 노동을 해야만 하며, 우리를 고용하는 그들에게 복종하며 배고픔이라는 강력한 법 앞에 꼼짝 못하고 그들이 내미는 임금을 받고 산다. 그들은 우리를 자기 멋대로 부리며 단지 그들의 이익을 위해서만 일하게 한다. …… 자본가들은 가능한 한 우리로부터 보다 많은 노동을 착취하는 것 이외에는 관심이 없다. 우리는 임대된 말처럼 그저 아무런 영혼 없는 임대된 존재일 뿐이다. …… 우리가 병들고 죽으면 손해를 보는 건 사용자들이 아니라 우리들이다. 우리를 대체할 노동자는 주위에 얼마든지 있다(Tomlins, 1993: 10).

같은 시기에, 영국의 차티스트(Chartists)들은 이와 유사한 사상을 갖고 유명한 정치운동을 조직했다.

시장이 확대되고 고정자본이 광산, 공장 및 기계설비의 형태로 증가함에 따라 자본가들은 그들 소유의 시설에서 시간규율의 통제를 받으며 임금 노동을 수행하는 사람들을 충원하기 시작했으며, 이런 방식으로 이들은 새로운 일자리를 창출한 것이다. 비록 하도급자들을 수시로 고용하고 새로운 작업조직에 노동자들의 기존 관계들을 접목시키기도 했지만, 그 과정을 거치면서 자본가들은 노동시장을 자연스럽게 형성했다. 때때로, 자본가들은 자신이 제공하는 노동조건에서 일하기를 거부하는 노동자들을 참신하고 유순한 저임금 노동자들로 대체·고용하려 하면서 의도적으로 노동시장의 형성을 촉진하기도 했다. 노예제의 폐지(1860년, 노예들은 전체 3,000만 명의 미국 거주민들 중 400만 명에 달했음)는 비록 단기적으로 이전의 노예들을 임노동자보다는 소작인으로 전환시켰지만 궁극적으로 노동시장을 확대시키는 결과를 낳았다. 궁극적으로 많은 자본가들은 개별 노동자들의 채용, 생산과정, 그리고 보상체계에 직접적인 통제력을 행사하기 시작했다. 그러면서, 그들은 노동력관리의 세 가지 측면에 그동안 결정권을 쥐고 있었던 중간 감독자(장인)를 흡수하거나 아예 배제했다. 그들은 생산조직의 관리에 안정적으로 협조할 정규직 노동자들을 장기고용의 방식으로 충원하기 시작했다.

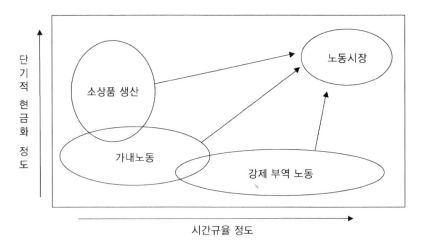

<그림 7-1> 노동시장의 형성

<그림 7-1>은 그동안 발생한 노동형태의 중대한 변화들을 요약한 것이다. 노동시장의 발생 이전에는 소상품 생산, 가내노동, 강제부역노동이 가장 일반적인 노동조직의 세 가지 형태였다. 소상품 생산에서는 개인이나 가구 혹은 소규모 작업장들이 직접 판매하기 위한 제품이나 서비스를 생산했다. 그러한 생산은 상당 수준의 단기적 현금화 — 그 제한된 사례로서 현금수입을 위한 대장장이나 목공예 노동자(wood worker)의 생산활동을 꼽을 수 있음 — 가 이루어지긴 했으나, 시간당 노동성과에 대한 타인의 지시와 감시라는 의미에서의 시간규율은 그리 엄격하지 않았다〔'단기적 현금화(short-term monetization)'는 노동자들이 가까운 미래, 예를 들어 한 달치 내외로 기대되는 금전적 보상을 위해 노력을 투입하는 정도를 나타낸다. '시간규율(time-discipline)'이란 타인이 작업에서 노동자의 노력에 대한 배치를 결정하는 정도를 뜻한다〕.

우리는 가내노동이 주로 자급자족을 위한 것이며, 전체적으로 엄격한 감독을 거의 수반하지 않는 방식으로 업무분담이 이루어지고 있음을 살펴볼 수 있다. 반대로, 강제부역노동의 경우에는 단기적 현금화의 수준이 낮지만 시간규율이 매우 엄격하며 그 극단적인 예로서 사탕수수 농장의 노예들을 꼽을 수 있다. 중세 유럽에서는 이러한 노동조직의 둘 이상이 공존했다. 가구들은

그들 자신의 작은 토지에 직접 먹을거리를 재배했으며, 임대료, 십일조(tithes) 또는 세금을 내기 위해 조류와 가축을 길러 판매했고, 한 해의 일정 기간 영주의 땅을 가꾸고, 수확하는 일을 해주었다. 노동시장에로의 변화추세를 통해 봉건시대의 이러한 노동조직 형태들이 위축되는 대신, 현금화와 시간규율 모두가 급격하게 증가했던 것이다.

<그림 7-1>에서 드러나듯이, 노동시장을 향한 실제 궤적들은 출발지점에 따라 매우 다양했다. 유럽의 가구들은 공장 노동이 일반화되기 이전의 수세기 동안 시장지배적인 소상품생산(예: 방적, 봉제, 원예)에 주력했다. 그러한 배경에서 노동시장으로 이동하는 가구들은 상대적으로 현금화의 영향이 적었지만 외부에서 부과된 시간규율의 급격한 증가를 경험했다. 카리브 해 농장에서 일하던 노예들은 반대로 시간규율에 대해서는 이미 익숙해져 있으나, 노예 해방과 더불어 이들 노동의 현금화가 현저히 증가하는 것을 겪어야 했다. 이전의 소상품생산자들과 노예들의 노동조건은 결과적으로 서로 닮아가게 되었던 것이다. 논쟁적인 마르크스주의자들은 이들을 임금노예(wage-slaves)라고 불렀다.


## 미국에서의 프롤레타리아화

미국의 경험을 좀더 자세히 살펴보기로 하자. 우리가 만약 '프롤레타리아'를 생산수단을 소유하는 누군가의 지휘하에 임금을 받기 위해 일하는 모든 사람을 지칭한다면, 미국은 매우 프롤레타리아화된 나라이며 오랫동안 그 과정이 진행되어 왔다고 할 수 있다. 어떤 기준을 놓고 보더라도 임금노동 — 주로 노동시장의 일자리, 직무 범위, 사용자, 임금, 직업경력 — 은 미국의 건국 이래 지난 두 세기 동안 더욱 일반화되었다. <그림 7-2>는 그러한 변화를 다소 거칠지만 잘 보여준다(Edwards, Reich & Weisskopf, 1986: 124, 그리고 U.S. Dept. Commerce, 1992: xiii에서 그림 발췌). 1780년에 미국 노동인구의 20%였던 임금

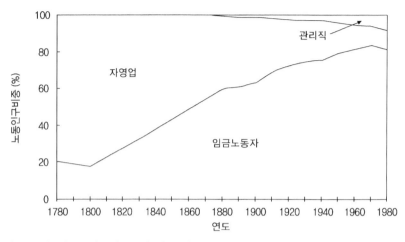

<그림 7-2> 미국 노동인구 구성의 변화추이(1780~1990)

자료: Richard C. Edwards, Michael Reich & Thomas E. Weisskopf(eds.), *The Capitalism System: A Radical Analysis of American Society* (Englewood Cliffs, N.J.: Prentice-Hall, 1986); U.S. Department of Commerce, *Statistical Abstract of the United States, 1995* (Washington, D.C.: U.S. Government Printing Office, 1995), xiii.

노동자들이 1970년에는 83.5%로 늘어났다. 그 이후 관리행정직 종사자가 1990년에 전체 노동인구의 10% 이상으로 늘어남에 따라 약간 줄어들었다.

<그림 7-2>의 비율은 대략적인 추이를 보여주고 있는데, 이는 '노동인구'의 개념이 인구조사국 직원들의 임의적인 판단에 따라 취업하고 있거나 취업가능한 사람들만을 포함시키고 가족기업에서 일하거나 비시장(nonmarket)노동에 종사하는 사람들을 제외하고 있기 때문이다. 정확히 말해, 1940년 이전에는 미국 인구조사국 직원이 사람들에게 고용상태를 물어보았는데, 가족기업의 경우에는 '가구주(대개 남성)'만이 통계표에 기입되었다. 1940년부터는 인구조사에서 응답자들이 현재 급여를 받고 일하는지 혹은 유급 일자리를 찾고 있는지를 질문했다. 그럼에도 불구하고, 공식적인 노동인구에 해당되는 사람들의 취업비중이 19세기 동안에 급격히 증가한 것을 확인할 수 있다.

프롤레타리아화에 따라 미국은 절대다수의 사람들이 가족기업에서 거의 무급으로 일하던 나라에서 성인의 절대다수가 노동시장에서 일하는, 다시

말해 그 자신의 집 밖에서 유급의 일자리를 보유하는 나라로 탈바꿈되었다. 그 변화를 자세하게 살펴보면, 다음과 같이 네 가지의 변화흐름을 구별할 수 있는데, 이 흐름들이 모두 한 방향으로 수렴되는 것은 아니다.

1. 노동과 비노동(nonwork) 사이의 인구 이동
2. 노동인구 외부의 일자리(예를 들어 무급 가내노동)와 노동인구 내부의 일자리 (예를 들어 반드시 정규직은 아니더라도 유급노동을 하거나 그런 일자리를 찾는 경우) 사이의 인구 이동
3. ① 노동인구 내부이지만 노동시장 외부의 일자리와, ② 회사, 직무 및 금전적 보상이 있는 노동시장 내부의 일자리 사이의 인구 이동
4. 노동시장 내부에서 임금노동과 비임금노동 사이의 이동

<그림 7-3>은 미국에서의 노동지위변동에 관해 주요한 이동방향을 도식화하고 있다. 그 변동의 첫 번째 범주를 살펴보면, 지난 2세기 동안 미국인들은 실제 상당한 노동량의 순감소(net reduction)를 경험했다. 평생 노동 이외의 활동에 보내는 시간 — 타인들을 위한 사용가치를 생산하는 활동 이외의 시간 — 이 크게 늘었다. 임금노동자들 중에서 주 평균노동시간이 1830년에 거의 70시간에서 1980년대에는 40시간을 약간 상회하는 수준으로 감소했다 (Goldin, 1994: <그림 5>). 더욱이, 18~64세의 연령집단에 속하지 않지만 유급노동을 하는 사람들의 수도 크게 줄었다. 19세 미만의 연령집단은 주로 초등·중등교육에 흡수되었던 반면, 60대 연령집단의 은퇴가 일반화되었다. 1860년에 65세 이상의 미국 남성 자유민(노예가 아닌)의 4/5가 기업에서 또는 농장에서 임금을 위해 일했으나, 1980년에는 그 숫자가 약 1/4로 줄어들었다(Goldin, 1994: <그림 6>). 마지막으로, 인간수명의 연장이 은퇴 패턴의 효과를 증가시켰다. 전체 인구에서 이들 노인인구(65세 이상)가 차지하는 비중이 점점 더 증가하는 한편, 그들의 노동시간은 급격히 감소했다. 비노동시장의 일자리에 대한 자료는 부족하지만, 미국 시간-생활비연구(U.S. Time-Budget Studies)에

<그림 7-3> 미국 내 노동지위의 이동(1780~1990)

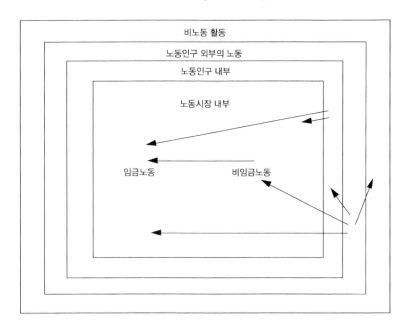

의하면, 최근 수년 동안 가사노동시간이 감소하고 있으며 텔레비전 시청과 같은 수동적 여가활동이 증가하고, 무급노동의 전반적인 하향추세를 상쇄할 만큼 자발적인 봉사활동의 비중이 늘고 있지 않다(Juster & Stafford, 1991).

두 번째와 세 번째의 이동 범주 — 노동시장 내·외부 사이의 이동 — 에서 미국은 다른 방향의 변화를 보여주고 있다. 미국인들의 노동이 점점 더 노동시장 내부로 이동하고 있는 것이다. 이러한 현상은 특히 남북전쟁의 종료시점에 급격하게 발생했는데, 법적인 관점에서 노예였던 모든 흑인 노동자들이 노동인구로 편입됐으며 실제로 그들의 다수가 노동시장 내부로 흘러들어왔다. 비록 당시 흑인들이 소작농의 준노예 신분 또는 부채 노동에 묶여 바로 임금노동으로 참여할 수 없었지만, 궁극적으로 그들은 기업의 임금노동 영역으로 흡수되었다. 제1차세계대전을 계기로 흑인들이 대도시로 대거 이주함에 따라 남부의 농업에서 북부지역의 제조업과 서비스업으로 산업인구구조의 큰 변화가 발생했다(Fligstein, 1981).

또 다른 거대 변동이 오늘날 진행되고 있는데, 다름 아니라 성인 여성들이 집안으로부터 유급고용으로 꾸준하게 이동하고 있는 것이다. 그런데 노동인구 통계가 성차별적이다. 공식통계에서는 같은 회사에 고용되는 경우에 남성과 함께 사는 여성들을 늘 빠트리고 계산하지 않는다. 과거로 거슬러 올라갈수록 더욱더 그러한 경향이 심했다. 예를 들어 1870년 인구조사국은 남성의 82%를 노동인구로 간주한 반면, 여성의 경우에는 14%만을 포함시켰다. 사실 그 당시 미국 여성들의 대다수가 농장과 가계기업에서 또는 가사노동처럼 계산되지 않는 활동에 종사하고 있었다(Bergmann, 1986: 21; Herr, 1995 및 참고문헌을 참조할 것).

그럼에도, 여성들의 증가하는 노동인구 참가비율은 진정한 변화를 나타내고 있다. 즉, 여성들이 직업 및 노동시장 밖의 노동에서 기존 남성중심의 노동세계로 이동하고 있는 것이다. 1890년에는 25~44세의 미국 여성들 중 15%만이 영리 기업을 운영하거나, 급여를 받는 직업을 갖거나, 가정 바깥에서 가시적으로 일함으로써 노동인구에 포함될 수 있었다. 1990년에 이르러서는 그 비율이 75%에 달했다(Goldin, 1994: <그림 7>. 자세한 내용은 Smith and Ward, 1985를 참조하고, 여성 가정부들의 노동인구 계산 제외에 대한 내용은 Carter & Sutch, 1996을 참조할 것). 게다가, 1940년 이후에는 결혼과 비시장노동 사이의 오래된 상관관계가 해소되기 시작하여, 모든 여성들 중 젊은 기혼여성들의 유급고용이 급격히 늘어났다.

네 번째의 이동범주 — 노동시장 내부에서 다른 형태의 고용으로부터 임금노동으로 이동하는 추세 — 역시 빠르게 진행되고 있다. <그림 7-2>에서 볼 수 있듯이, 관리자와 행정가를 피고용인의 범주에서 제외하더라도 미국 노동인구에서 임금노동자의 비중은 1800년 이후 지속적으로 증가해왔다. 반면, 가장 크게 감소한 노동유형은 '자영업자(self-employed)'들이었다. 자영업의 범주에 포함되는 장인·전문직 종사자·어업종사자 그리고 (압도적으로 많은) 농부들은 타인에게 고용되어 시급 혹은 월급의 임금을 받기보다는 자신이 직접

제품이나 서비스를 생산·판매하여 생활하는 사람들이다. 비록 그들이 상점주인, 예술가 및 독립 전문직의 형태로 존재하지만, 자영업자들은 1800년대에 절대다수를 차지했으나 현재의 공식적인 미국 노동인구통계에서 10% 수준으로 크게 감소했다. 다른 한편으로, 행상과 마약판매상 등의 비공식적인 경제활동인구를 포함하면, 자영업자의 비중은 훨씬 많아질 것이다(Portes, Castells & Benton, 1989).

이러한 고용구조의 광범위한 변동은 미국의 면방직·석탄채굴·보건의료 산업으로 역시 파급되었다. <그림 7-4>는 현금화(monetization)와 시간규율(time discipline)의 측면에서 1800~1995년의 기간에 세 부문의 변화를 도식화한 것이다. 1800년에는 세 산업부문이 초창기의 소상품생산, 가내노동 또는 강제부역노동에서 태동했으며, 기업소속의 유급일자리로 구성되는 오늘의 노동시장과 같은 형태는 당시에 거의 존재하지 않았다. 세 부문 모두 현금화와 시간규율의 대세를 좇아갔으나, 각기 다른 형태와 진행속도로 변화했다.

보건의료부문은 1800년대에 분산된 형태로 숙련된 의료서비스를 주로 집에서 제공하여 낮은 시간규율을 보이는 한편, 그 보상형태가 매우 다양했다. 1990년대의 보건의료부문을 살펴보면, 상대적으로 상당한 수준의 현금화가 이루어진 반면, 시간규율은 감독의사(매우 낮음)에서부터 주방노동자(매우 높음)에 이르기까지 매우 다양했다. 역사적으로, 권력·명예·소득에 있어 분명한 차이를 보이는 성역할 구분이 유지되어 왔다. 한쪽에 내·외과 전문의(남성들이 이전에는 지배적이었다가 최근에는 아예 독점하고 있는)와 다른 한쪽에 간호사(여성이 절대다수를 차지하는) 사이에 현저한 차별이 존재하는 것이다. 산업 차원의 통합과정을 통해 이 부문은 본질적으로 이원적인 계층구조 — 전문성을 갖춘 소수의 의료인과 다수의 보조자들 — 로부터 기술자와 병원관료조직을 관장하는 행정가들로부터 지원받는 전문의료팀으로 전환되었다. 이러한 전문직화(professionalization)의 경향에도 불구하고, 이 산업부문은 전반적으로 단기적 현금화와 특히 시간규율이 더욱 강화되는 방향으로 이동했다. 그러한 변화는 민간 가정의료에서 공공병원으로 보건의료활동의 구조가 바뀐 것을 잘 대변하

<그림 7-4> 면방직 · 석탄채굴 · 보건의료 부문의 노동조직 변화(1800~1995)

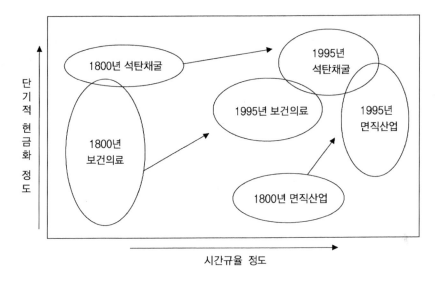

고 있다. 미국의 경우, 내과의사는 대표적인 예외에 해당되었는데, 이들은 일정하게 개인 사업자의 지위와 전문적 자율성을 유지했다. 그러나 제2차세계 대전 이후 보건의료부문은 전체적으로 기업·직무·임금·직업이동으로 특징지을 수 있는 순수한 노동시장으로 편입되어 재조직화했다.

1800년의 면방직산업은 자체 규율(self-discipline)과 간헐적인 현금화로 특징지을 수 있는 수직(hand-loom, 手織)작업 방식에서 일당제 방적노동자들에 대한 엄격한 공장 규율에 이르기까지 다양했다. 그 당시에는 방적공장의 생산 증가분에 맞추어 수직노동자의 수가 계속 증가했다. 수직을 비롯한 의류제작과정의 기계화는 궁극적으로, 전형적인 프롤레타리아화된 산업을 형성하여 전체적으로 노동시장으로 조직화되었다. 1995년에 이르러서는 엄격한 규율에 종속된 임금 노동자들이 기계화된 공장에서 대부분의 면직물을 생산하고 있다. 고급 재단사의 아틀리에, 대형 방직사업장과 수천 개의 저임금 노동착취공장들로 분업화되어 있는 의류제조 부문과는 달리 면방직산업은 공장생산의 고전적인 유형으로 지속되고 있다.

탄광산업은 늘 현금거래에 의존했다. 그러나 1800년에서 현재에 이르는 거의 모든 기간에 탄광업에서는 보건의료나 면방직산업에 비해 하도급이 더 큰 비중을 차지하는 한편, 탄광부들은 시간급이 아니라 성과급의 임금을 받으면서 더 많은 자율성을 보장받았다. 19세기에는 광산 소유주들이 탄광부 이외의 노동자들에 대해서만 규율을 잡을 수 있었으나, 20세기 후반에 이르러 석탄채굴이 기계화되고 전면적으로 재조직화되면서 면방직산업에서와 같이 단기적 현금화와 엄격한 시간규율에 기반하는 작업체제로 이행했다. 대체로, 세 산업부문은 자본주의 산업의 일반적 경향을 좇아 단기 현금화와 강한 시간규율의 방향으로 변화해왔다.

미국 혁명의 시기에 대부분의 미국인들은 유년기부터 사망할 때까지 장시간의 노동을 했으며, 아주 가끔 임금노동에 참여했다. 그 당시 그들은 (오늘날 우리가 이해하는 의미의) 직업이라는 것을 거의 갖지 않았으며, 따라서 요즘같이 은퇴라는 것도 존재하지 않았다. 이제 세상은 바뀌었다. 오늘날 미국인들은 남녀를 불문하고 10대 후반에 비로소 노동시장에 참여하고 20~60세 사이의 연령시기에 타인의 사업장에서 매주 40여 시간을 일하다가 그 이후 대부분 유급고용으로부터 은퇴하고 있다.

어떤 의미에서는 1780년 이후 미국 경제에 일어난 일들이 사회변동, 즉 일상생활의 현금화, 대도시의 성장, 학교교육의 확산, 출산율 감소, 인구 고령화, 이혼율의 증가 등에 크게 기여했다. 하지만 핵심적인 변화들은 노동현장의 조직과 그 조직의 외부세계와의 관계에서 발생했다. 농업에서는, 자본화(capitalization), 기계화, 그리고 상업화가 기존 자급자족의 가족농장을 두 가지의 상이한 사업유형으로 대체했다. 상인이나 가공업체에 납품하기 위해 과일, 야채, 가금류를 생산하는 소규모의 자본·노동집약적 사업유형과 곡물과 가축을 국내외 시장으로 판매하는 대규모 자본집약적 사업유형이 그에 해당된다(비록 가족들이 종종 두 가지 사업방식을 동시적으로 시도하기도 했지만, 최근 수십 년 동안에 그들은 결국 경쟁력 있는 자본주의적 기업형태로 운영하지 않을 수 없게 되었다).

제조업에서는 자본화와 기계화가 기업들의 사업영역을 확대했고, 중소기업

<표 7-1> 육아 방식 분포(1965, 1987)

| 육아서비스 제공주체 | 어린이의 비중(%) | |
| --- | --- | --- |
| | 1965년 | 1987년 |
| 보육센터 | 6.4 | 24.4 |
| 친척 | 46.7 | 37.0 |
| 가족 | 15.8 | 22.3 |
| 가정방문 육아 | 15.3 | 6.2 |
| 취업모(집 또는 직장에서) | 15.0 | 8.9 |
| 어린이 스스로 | 0.5 | 0.3 |
| 기타 | 0.3 | 1.0 |
| 합계 | 100.0 | 100.0 |

자료: Touminen(1994: 232).

들로 하여금 대기업을 위한 전문화된 생산활동에 치중하도록 했으며, 공장, 기업 그리고 기업집단의 형태를 갖춘 대형 조직을 등장시켰다. 서비스부문에 서는 자본화와 기계화가 보다 더디게 진행되었다. 하지만 이 부문에서조차 정보통신 기술의 발달에 힘입어 개인 또는 가족기업들의 수많은 무리 중에서 관료적인 대형 기업들과 복수사업부의 조직들이 성장했다. 광범위한 노동시장 과 시간규율의 임노동은 이러한 변동의 부산물이자 도구로서 등장했던 것이다.

임노동의 그러한 변화는 자본주의적 영역의 밖, 즉 가정, 길거리 상권(street trades), 학교 등에 영향을 미쳤다. 예를 들어 전후 미국 어머니들의 유급 고용이 증가함에 따라 아동 보육에 대한 새로운 수요가 창출되었다. 1965년 미국에서 380만 명 이상의 5세 이하 유아들이 취업모와 살고 있었는데, 1987년이 되어서 는 그 수치가 910만 명으로 늘어났다(<표 7-1> 참조할 것).

이러한 상황전개는 모두 노동과 연관되었으며, 해당 가정 밖의 친척 아닌 사람들이 제공하는 육아노동의 비중이 급격히 늘어났다. 비친척의 육아노동이 1965년의 38%에서 1987년 53%로 증가했다. 자본주의 노동시장에 대한 기혼 여성들의 확대된 참여는 가족구성원들의 역할분담에도 영향을 미쳤다. 사용자 들은 가정과 직장에 대한 기혼여성들의 이중적인 부담을 해소하는 데에 관심을 갖기 시작했다. 비록 전체 사용자의 5%만이 직장 내 육아시설을 제공하고 있으나, 50% 이상의 사용자들이 육아에 대한 도움 ― 정보, 경제적 지원, 카운셀링, 업무시간 조정, 또는 육아서비스 그 자체 ― 을 주고 있다(Reskin & Padavic, 1994: 157~158).

　최근에 들어 미국과 서유럽에서는 이러한 주요 경향이 반전되는 기미가 나타나고 있다. 생산조직의 파편화로 대표되는 이러한 변화의 조짐은 컴퓨터 기술, 체인점 영업(franchising), 북서부지역에 집중되어 있던 대규모 생산시설(예, 선박, 철강, 자동차 등)의 이동, 영구적 실업, 파트타임과 임시직 고용, 비공식 부문 고용, 그리고 잠재적 노동인구의 불완전고용 확산 등에 기인하고 있다. 판매유통부문과 보건의료부문에서의 '셀프 서비스(self-service)'는 실제 여성들이 두 부문에서 담당하는 무급노동의 양을 증가시켰다(Glazer, 1993). 노동조합과 정부가 협력하여 가정에서 여성들이 담배, 직물 및 다른 산업 생산품을 만드는 것을 규제했던 지난 세기 이후, 미국 정부는 최근 들어 가정과 시장의 의무를 조화시키기 위해 오히려 화이트칼라 여성 노동자의 재택근무를 허용하거나 장려하는 방향으로 그 정책방향을 바꾸었다(Boris, 1994a). 간헐적인 파트타임 고용과 보잘것없는 복지혜택, 저임금 그리고 압도적인 여성 노동인구로 특징지을 수 있는 미국의 인력파견산업은 1970년에 18만 4,000명의 고용규모에서 1993년에는 150만 명으로 급증했다(Parker, 1994: 29). 또한 이러한 경향은 서구 국가들에서도 노동의 일반적인 특징에 심대한 영향을 주고 있다. 복지권리, 연금 그리고 가족행복(household well-being)이 가구구성원들의 고용에 크게 의존하기 때문에 이러한 변화는 앞으로 상당 기간 동안 서구인들의 삶에 많은 영향을 미칠 것으로 전망된다.

## 크고 작은 변화들

유럽과 미국에서 노동시장의 등장에 관한 거창한 이야기에 사로잡혀 유사한 과정들이 미시적 수준에서 노동의 변화를 가져왔다는 사실을 간과해서는 안 된다. 구체적으로 말하면, 노동은 ① 투입되는 노력의 직접적인 변경, ② 그 노력에 수반되는 타인들과의 관계 재편이라는 두 가지의 차원에서 변화해왔다. 작업의 속도와 절차에 관한 테일러주의적인 설계방식은 확실히 노동의 변화를 가져왔으며, 노동 현장에 감독자(foremen), 노조대의원(shop steward), 정부 감독관 그리고 인사 전문가들의 등장 역시 노동의 변화를 초래했다. 전기다리미·냉장고·세탁기의 등장(가사노동에 대한 투입노력의 직접적인 변경)을 환영했던 주부들은 곧 다리미·냉장고·세탁기의 산출물에 대한 타인들의 기대수준(타인과의 관계 재편)도 높아지는 것을 깨달았다(Vanek, 1973; Cowan, 1983을 참조할 것).

직무가 노동자와 사용자 사이의 명문화된 관계로 구성되어 있음을 인식할 때 ① 사용자들의 의도적인 주도권, ② 노동자들의 특징과 사회적 관계에서의 변화, ③ 노동자-사용자 관계에 대한 재협상에 의해 기인되는 노동의 실재적인 변화와 꾸며낸 허구 사이의 애매한 구분을 명확히 할 수 있다. 올리비에 준즈(Olivier Zunz)는 미국에서 기업들과 화이트칼라 노동이 자리를 잡아가면서 세 가지 요인이 함께 작용하는 것을 보여주었다. 일례로 듀퐁 사(Du Pont company)가 점차 거대해지면서, 지역 판매상으로 서비스를 제공했던 독립적 상인들은 계약이 파기되거나 혹은 회사 조직의 일부로 흡수되어 자율성을 상실하고 이전의 보상금(fees)과 수수료를 대신하여 급여를 받게 되었다. 유사하게 철물점 주인들과 같은 자율적인 중개상 집단도 듀퐁의 회사직원들로 교체되었다(Zunz, 1990: 30~33).

벌링턴 엔 미주리 리버로드(Burlington and Missouri River Road)라는 회사는 그 지역의 철도를 따라 정착을 유도하기 위해 땅을 팔았는데, 그 당시 부동산개발부서장인 토잘린(A. E. Touzalin)은 다음과 같이 일을 추진했다.

(그는) 우선 부서 조직을 재편하고 직무를 정의하여 직무기술서를 작성했다. 출납계는 무엇을 해야 하는가? 그(출납계)의 업무책임은 회계담당과는 어떻게 다른가? 또한, 그는 특정 직무를 부하직원들에게 위임하기도 했다. 한 직원은 계약서를 작성하고 다른 직원은 개인적으로 관계당사자가 문의하는 질문에 응답을 하고, 또 다른 직원은 미납계좌를 추적했다. 세금 또한 담당할 사람이 있어야 했다. 토지 평가와 재판 또한 그러했다. 각각의 직무는 부서 내에서 특정 직원의 책임으로 부과되었다(Zunz, 1990: 50).

토잘린은 구별 가능한 직무들을 가려내어 해당 일자리들을 만들었는데, 이 과정은 내부적인 논리보다는 외부세계와 그 조직 사이의 관계에 더욱 의존하는 것이었다.

유사한 과정을 통해 보건의료부문에서도 병원의 관료적인 조직이 점차 확대되었다. 그런데 이 경우에 의료전문직의 막강한 권력은 병원이 의사들을 다른 노동자들과 함께 세분화된 노동분업체계 안으로 편입했던 것만큼이나 의사들 역시 병원을 재조직했음을 의미한다. 다른 집단들도 의사들이 전문적 경계를 분명히 구분하고 그 경계 안으로 진입하기 위해 필요한 자격증과 교육훈련에 대한 통제권을 행사하고 있는 것을 모방했다. 그 과정에서 보건의료부문 내부에 전문직, 기술직 그리고 기타 직종의 직무 분류는 강한 성(gender)정체성을 갖게 되었다. 실제, 직무설계과정의 전형적인 결과는 상대적으로 거의 변화가 없는 직무집단을 창출하는 것뿐 아니라 지식과 경험, 그리고 대개의 경우 성·인종·민족성·나이·시민권 및 출신계급을 고려하여 특정 직무에 적합한 사람들을 선별·분류하는 것이다.

비록 직무의 윤곽과 인력의 직무배치가 처음에는 자의적일 수 있지만, 일단 확정되면 계속 유지되는 경향이 있다. 루스 밀크맨(Ruth Milkman)은 제2차세계대전 이전 전자제품과 자동차의 생산라인에서 노동의 극단적인 성별 분업(sex-typing)이 존재했음을 보여주었다. 그리고 그녀는 전쟁 기간 중 남성 노동자의 부족으로 인해 디트로이트의 제조업자들이 어떻게 일부 직무들을 '여자들의 일'로 재조정했는지를 기술하고 있다. 특히, 당시 제조업자들은 그 직무 재조정을 합리화하기 위해 손재주와 정확성이 요구되는 업무에서 심지어 여성들의 우월성을 강조하기도 했다(Milkman, 1987: 58~59). 하지만 전쟁이 끝나자 다시 사용자들과 노동조합 그리고 제대한 남성 노동자들은 서로 협력하여 여성들을 다시 제한된 수의 성차별적인 직무들로 몰아냈다. 밀크맨은 전자산업과 자동차 산업에서 장기적으로 볼 때 직무의 성(性)분업이 일단 확립되면 계속 유지되며 이를 정당화하려는 작업장 내의 신화들이 축적된다는 사실을 발견했다.

직무구조의 가장 급격한 변화가 사용자들의 계획적인 주도권 또는 노동자들의 구성 변화에서 주로 기인한 것이지만, 노동자-사용자 간의 관계에 대한 재협상 역시 지속적으로 큰 영향을 미친다. 우리는 그러한 재협상의 다양한 형태들을 살펴보았는데, 듀퐁 사 판매중개인에 대한 회사 관료조직체계로의 흡수, 병원 중심의 보건의료체계의 제도화, 그리고 전후 디트로이트 산업의 재조직화가 그 예들이라 하겠다. 재협상은 대규모 파업 혹은 전원 해고에서부터 공공연한 협상, 그리고 직무·노동자 배치의 미시적 조정에 이르기까지 매우 다양하다. 극단적으로 "1885년에 맥코믹(McCormick) 공장의 관리자들이 조합원인 주물노동자들과 분쟁을 겪게 되었을 때 그들은 조합원 전원을 해고하고 주물기계들을 설치했으며 미숙련노동자들을 신규 채용했다"(Rodgers, 1974: 26). 비슷하게, 19세기 말 미국의 한 직물공장에서 사용자가 보고하기를, "어느 토요일 오후 그들(방적노동자)이 퇴근한 후, 우리는 바로 공장에 들어가 망치로 모든 방적기들을 부쉈다. 월요일 아침, 방적노동자들은 자기들이 할 일이 없어진 걸 보고 놀랐다. 이제 그 방은 소녀들이 돌리는 링정방기(ring spinning frame)들로 가득 차 있다"(Gordon, Edwards & Reich, 1982: 115).

또 다른 극단에서, 우리는 노동자들의 일상적인 전략들을 발견하게 된다. 역설적으로 두려움 혹은 악의로 규정에 맞추어 엄격하게 일하는 이들을 포함하여 모든 노동자들은 일정하게 자신의 직무를 재규정한다. 볼티모어 공장에서 지게차 운전수로 7개월간 일했던 정치학자 리처드 페퍼(Richard Pfeffer)는 비록 자본주의적 노동에 대한 비판적인 분석을 했음에도 불구하고 그 자신이 직무에 사로잡혀 있는 것을 발견했다. 그는 한편으로 폐기물들을 효율적으로 다루는 것을 힘들게 만드는 상사와 장비 그리고 동료들에 대해 분개했지만, 다른 한편으로는 여러 작업혁신을 꾀해 직무를 보다 원활하게 만들고, 사고의 위험을 줄이며 개인적 시간을 더 많이 가질 수 있게 했다(Pfeffer, 1979). 시카고 지역에서 기계조작공으로 일했던 급진적 사회학자인 마이클 뷰러웨이(Michael Burawoy)처럼, 페퍼도 그 모든 것이 관리자 게임이라는 것을 인식하고 있으면서도 지시받는 것보다 더욱 열심히, 더 효과적으로 일했다(Burawoy, 1979). 그런데 그들은 그러한 노력으로 관리자의 지침과는 무관하게 자기 나름으로 직무를 재조정했던 것이다.

이러한 사례들이 보여주듯이, 직무(또는 일자리)는 실제로 사람들을 변화시킨다. 특정 직무에 부여되어 있는 보상 — 내재적이든 외재적이든 — 뿐 아니라 그 직무에 배태된 일상적 절차와 사회적 관계들이 지식과 숙련 그리고 개인적 스타일을 변화시킨다(Miller, 1988: 340~349). 특정 직무에 맞는 유형의 사람들을 고르는 것은 그런 측면에서 직무 간의 차이를 설명하지만, 한 직무에 오랫동안 일하면 직무특수적 스타일을 형성하게 된다. 세일즈맨의 사회성, 교수의 장황함, 선원의 불경스러움 등이 그러한 예에 해당된다. 요컨대, 우리는 직무 혹은 직무의 부재(실업상태)가 사람들의 삶을 규정하고 역으로 사람들이 그들의 직무들을 재규정해나가는 일련의 중요한 거래과정을 다루고 있는 것이다.


## 기술변동

진행 중인 직무 변화의 두 측면인 기술과 노동분업의 변화가 학술적으로 큰 관심을 끌어왔다. 우리는 기술과 노동분업의 변동을 거듭 논의해왔다. 각각의 경우를 좀더 들여다보면, 단지 효율성을 위한 노력의 중요성뿐 아니라 역사에 의해 형성되고, 문화에 뿌리내리며, 협상과 투쟁을 통해 전진해온 사회적 관계들의 중요성을 다시 확인할 수 있다.

기술, 강제, 자본, 사회적 관계 그리고 문화가 상호 작용하여 노동에 대해 다양한 결과를 낳았다는 사실은 특정한 발명의 역사 속에서 분명하게 드러난다. 헨리 페트로스키(Henry Petroski)는 그의 흥미로운 책『유용한 것들의 진화(The Evolution of Useful Things)』(1992: 22~33)에서 "실패를 통해 형태들이 만들어진다"고 선언했다. 미래를 확고한 자세로 바라보기보다 발명자들은 일반적으로 이전 발명품의 단점에 주목한다. 예를 들어 특허 출원은 어떻게 새로운 발명들이 기존의 문제들을 고치는지에 대해 역점을 둔다. 발명품의 대다수는 비슷한 목적으로 발명된 기존 장치들에 대한 비판으로부터 출현한다. 그리하여 그들은 기존 장치들의 작동원리와 설계목적을 비롯한 많은 특성들을 이해하여 흡수하고 있다. 페트로스키에 따르면, 발명은 벽에 붙어 있는 담쟁이와 같이 역사와 떨어질 수 없는 강한 경로의존적인 과정이 되는 것이다. 그 자신이 토목기사였던 페트로스키는 기계 발명품을 결코 하찮게 생각하지는 않았으며, 그것들의 창조를 전향적인 응용과학의 관점에서 설명하는 것을 거부하고 불확실성, 시행착오, 회고적인 합리화, 그리고 역사적인 특수성의 내용을 갖고 이해하려 했다(Bijker, Hughes & Pinch, 1987).

나폴레옹전쟁 말기에 돈킨(Donkin)과 홀(Hall)의 영국 '저장소(preservatory)'에서 시작된 통조림 음식의 역사를 살펴보자.

50년 뒤 미국 남북전쟁 당시의 군인들이 여전히 그랬듯이, 군인들은 캔에 들어 있는 배식물들을 칼이나 총검 심지어 소총을 이용하여 꺼내려 했다. 돈킨과 홀은 이것을 보다 더 많은 고객들에게 판매하기 위해서 어떻게 하면 캔 속의 내용물들을 편하게 꺼낼 수 있는지를 알려줘야 했다. 그런데 1824년에 되어서도 윌리엄 페리(William Peary)의 북극 탐험대가 챙겨갔던 구운 송아지 통조림에는 다음과 같은 설명이 적혀 있었다. "끌과 망치로 뚜껑 상단 모서리를 뚫으시오"(Petroski, 1992: 185~186).

빈 (통조림) 용기의 무게가 1파운드도 넘게 나갔다. 어떤 측면에서 그것은 말린 고기나 조린 생선보다는 확실히 발전된 것이었지만, 다른 측면에서는 (상징적으로 그리고 문자 그대로) 더욱 부담스러웠다. 대부분의 기술적 혁신들은 특히 초기 단계에서 혼합된 특징들을 갖는다. 그 점이 바로 단순히 기술적 변화를 효율성으로만 설명하려고 하면 설득력이 떨어지는 이유이다. 또한, 그것이 중요한 기술 혁신들이 상당한 이해의 충돌로부터 발생하고 그 충돌을 야기하는 이유이기도 하다.

기술적 변동을 보다 더 깊게 분석하기 위해서 우리는 우선 사용자들의 이해와 전략들을 고려해야 한다. 사용자들은 보다 순종적이면서 특별한 기능을 갖춘 저임금 노동자들을 선발하기 위해 종종 새로운 기술들을 이용했다. 여성 역사학자들은 이와 관련된 많은 사례를 발견했는데, 1937~1938년에 고임금·장기근속의 남성들을 유순한 저임금 임시직 여성들로 교체하기 위해 라디오 생산라인의 대대적인 재구조화를 추진한 필코(Philco)의 사례가 그에 해당된다 (Cooper, 1991: 344~349). 보다 일반적으로, "장기적으로 볼 때, 총요소 생산성의 지표로 측정된 기술발전은 해당 부문의 여성노동인구 비중과 긍정적인 상호관계를 갖고 있다. 즉, 여성 집약적 부문들이 더 큰 기술 진보를 이루었던 것이다"(Goldin, 1987: 186). 하지만 주지해야 할 사실은 총요소 생산성의 증가가 단지 좁은 의미에서 기술 발명에서만 기인한 것은 아니라는 점이다. 그것은 보다 경쟁력 있는 노동자의 충원, 더 효과적인 감독, 새로운 인센티브 시스템, 보다 나은 원자재 등에 연관되어 있다. 여기에서 우리는 기술과 조직의 변화들 사이의 상호작용을 확인해볼 수 있다.

사실, 기업가정신 그 자체가 기술 혁신의 경로에 강한 영향을 미친다. 예를 들어 재봉틀의 발명과 그 기능 향상은 아이작 싱어(Isaac Singer)와 같은 발명가·기업가와 그 재봉틀의 다양한 개선을 원하는 고객들 사이의 상호작용에 크게 의존했다. 싱어 이전에 이미 다른 사람들이 재봉틀을 발명했지만 널리 보급시킬 수는 없었다. 싱어는 기술적 천재는 아니었지만 자신의 제품을 새로운 용도에 적용하는 데는 날카로운 안목을 가졌다. 그는 잠재적인 고객들을 찾아 자신의 기계들을 적절하게 변형시켜 만든 제품을 파는 데 대부분의 시간을 보냈다. 그는 기술과 시장 사이의 상호작용을 잘 촉진했던 것이다(Thompson, 1984). 창조적인 발명품의 기술적 논리 그 자체가 그 기계를 다양한 노동과정에 통합하는 것을 결코 결정하지는 못한다.

사용자들이 기술변동에 자신의 흔적을 남기듯이, 노동자들도 그러하다. 기술 변화에 관한 고전적인 사례의 하나로서 미국에서 자동방적기(self-acting mule)의 도입과정을 살펴볼 수 있다. 그 방적기는 방적노동을 감독자의 주도하에 엄격한 시간통제를 받는 직업으로 변화시켰으며, 이 일자리에는 남성들이 자신을 보조하는 소년 한 명과 함께 일했다(자세한 내용은 제3장을 참조할 것). 미국 노동자들만 놓고 보면, 자동방적기가 분명히 탈숙련화의 수단으로 간주될 수 있을 것이다. 하지만 영국에서는 똑같은 기계가 각기 두 명의 보조원을 고용한 하도급 장인들의 수중에 남겨져 있었는데, 그 장인들은 자기 직종에 대한 진입을 통제하면서 20세기에 들어서기까지 생산속도의 증가를 성공적으로 저지했다(Cohen, 1985a; Freifeld, 1986; Lazonick, 1990). 인식, 사회적 관계, 그리고 권력의 측면에서 방적작업은 미국에서보다는 영국에서 장인기술에 의존했고, 이러한 현상 때문에 영국의 방적공들은 미국으로 이주했을 때 분쟁과 문화적 충격을 경험하게 되었다(Cohen, 1985b). 그래서 동일한 발명품이 두 나라에서 서로 상이한 노동과정으로 통합되었던 것이다.

미국과 영국의 비교가 예시하듯이, 가용한 노동력의 특성 및 조직형태는 사용자 주도의 기술 혁신에 영향을 준다. 혁신에 대한 연구는 그동안 과도하게 결정론적인 관점에 서서, 기술변동에 대한 노동자들의 영향은 거의 등한시한 채 노동과 노동자들에 대한 기술변동의 '영향'을 찾는 데에 주력했다. 신고전학파 이론들이 제시하듯이, 사용자들은 노동, 자본 그리고 기술의 다양한 혼합방식들에 대한 (비용-수익의) 산출조건들을 계산한다. 하지만 그들(사용자)은 단지 생산성을 높이기 위해서뿐 아니라 조직에 대한 통제를 위해 기술혁신을 추구한다. 다시 말해 권력과 품질의 기준이 효율성의 기준과 서로 교차한다는 것이다. 더욱이 노동자들은 자신이 수행하는 노동의 특성과 그들의 노동통제 모두에 관심을 갖고 있다. 에드워드(P. K. Edwards)가 지적하듯이, 1880년대와 1970년대 사이에 발생한 미국의 파업들은 임금이나 복지보다 오히려 직무통제를 위한 투쟁에 주력했다는 점에서 예외적이라 할 수 있다(Edwards, 1981: 233~242). 비록 미국 자본가들이 결국 노동과정의 재조직화를 위한 권력을 장악하기는 했지만, 노동자들도 종종 그런 파업들을 승리로 이끌었다. 그 결과, 노동자들은 기술변동의 방향과 속도에 영향을 미쳤던 것이다.

미국 인쇄산업은 사회적 관계와 기술 간의 상호작용을 잘 보여준다. 남북전쟁 이후 도입된 자동조판기계는 근본적으로 식자공 직종을 아예 없애버렸다. 대신, 강력한 인쇄공 노조에 가입한 남성 식자공들은 (새로운 노동과정에서) 그 직종의 은밀한 숙련에 대한 독점을 강화했고, 최근까지 여성들에게 낮은 보수의 직무들만을 넘겨줬다. 그들은 워드프로세서를 포함한 일련의 새로운 기술들을 흡수하여 유연한 조직을 만들어갔다. 신기술들은 여성들이 인쇄업의 높은 직위에 진입하는 것을 촉진했지만 그 변화의 속도를 결코 결정하지는 못했다(Hartman, Kraut & Tilly, 1986: I장 29~32, Baron, 1982를 참조할 것).

비서들의 세계에서도 유사한 상호작용을 찾아볼 수 있다. 19세기 말에 많은 여성 비서들이 남성들이 장악했던 사무직의 세계를 대체하기 시작하면서 비서들과 그의 상사들은 그들의 일상 업무에 많은 기술 발명들 — 타자기, 녹음기, 복사기, 첨단 전화기, 컴퓨터, 워드프로세서 — 을 도입했다. 최근 수십 년간 많은 대기업들이 임원 대비 워드프로세서 업무수행의 비서 비율을 급격히 줄였다. 하지만 개인비서들은 그들이 함께 일하는 임원들과의 협조를 얻어 상사들의 직무를 보다 효과적으로 지원해야 하는 핵심적인 업무 책임을 완수하기 위해 새로운 사무장비들을 활용했다. 그 과정에서 그들은 사무실에서 어떤 장비를 구입하여, 어디에 설치하며, 어떤 컴퓨터소프트웨어를 채택할지, 그리고 어떤 시간일정에 따라 그 장비를 활용할지에 대해 상당한 통제력을 행사했다(Hartmann, Kraut & Tilly, 1986: I, 32~47; Murphee, 1987).

더욱이, 활용되고 있는 기술들은 행위자와 여러 요인들 간의 상호작용뿐 아니라 과거 결정의 잔여(residual)를 반영한다. 키보드를 칠 때 생기는 문제를 줄이기 위해 만든, 느리지만 안정성 있는 쿼티(QWERTY) 타자기 키보드[어떤 역사가들에 따르면, 타자기 세일즈맨들이 제일 윗줄에서 '타자기(typewriter)'라는 말을 빨리 칠 수 있게 하기 위한 것이라고 함]는 매우 명쾌하게 각 개발단계에서 주위의 문화, 사회적 관계, 경제적 조직 그리고 관련 기술이 작용한 결과로서 모든 기술 혁신의 경로의존성을 잘 보여준다. 대체로 쿼티 키보드를 다른 자판기로 교체하는 것이 효율적으로 보이지만 누구도 그러한 교체에 드는 비용을 투자하려 하지 않았다(David, 1986, 그 반론에 대해서는 Liebowitz & Margolis, 1990을 참조할 것). 비슷하게, 어떤 것이 먼저 발을 들여놓는가에 따라 교류전원(AC)과 직류전원(DC) 방식이 각각 세계에서 일정 지역을 나누어 장악하고 있다. 이 모든 것이 역사의 개입에 의해 만들어진 결과인 것이다.


## 노동분업


아담 스미스(Adam Smith)의 핀 공장은 하나의 작업에 포괄되는 직무의 범위를 논의함에 있어 중요한 의미를 갖고 있다. 핀 제조의 단계를 잡아 늘이기, 곧게 만들기, 절단하기, 뾰족하게 만들기 등으로 구분하면서, 스미스는 노동의 분업이 세 가지 측면에서 비용절감을 실현할 수 있다고 주장했다(Smith, 1937): ① 전문화에 따른 작업능력의 향상, ② 장비 설치시간의 절감, ③ 기계화의 가능성 증대. 하지만 스미스는 시장의 범위 — 결과적으로 생산의 잠재적 규모 — 가 노동분업에 한계를 가져다줄 것으로 내다봤다.

　마르크스주의자들은 스미스 이론에 대해 두 가지 비판을 가했다. 마르크스를 추종하여, 해리 브레이버만(Harry Braveman, 1974)은 자본가들이 노동자들을 탈숙련(deskill)하기 위해 직무를 세분화한다고 주장한다. 다양한 직무들을 고려할 때, 숙련은 반드시 직무 범위와 연관되어 있는 것은 아니다. 숙련이 거의 필요 없는 많은 직무(예: 건축 보조원, 간호사 보조)들도 상당히 넓게 설계되어 있기도 하다. 하지만 중간수준의 숙련은 직무의 다양성과 높은 연관성을 보이는 경향이 있다. 숙련된 제조노동자들과 비서들은 기계조작원과 서류행정 사무원에 비해 더 많은 과업을 수행할 수 있다. 사용자들은 비용절감을 위해 단순화된 직무들의 자리를 상대적으로 값싼 노동으로 채울 수 있다. 마그린 (Marglin, 1974)은 이러한 비용절감의 설명논리에 반대하면서, 중앙집권화의 경우와 마찬가지로 자본가들이 노동자들로부터 노동과정에 대한 통제권을 빼앗기 위해 노동의 세분화된 분업구조를 확립했다고 지적한다. 즉, 브레이버 만이 효율성을 강조했다면, 마그린은 권력을 부각하는 것이다.

이러한 이론들 모두는 보다 세분화된 노동분업을 요구한다. 그러나 사례연 구들은 훨씬 복잡한 상황을 보여준다(Flynn, 1985; baran & Parsons, 1986; Hartmann, Kraut & Tilly, 1986; Spenner, 1988; Rumberger, 1987; Kuhn, 1990: 56~76). 직무 범위를 세분화하고 탈숙련하는 것은 오히려 숙련을 향상시키는 결과를 갖기도 한다. 반복적인 직무들은 자동화와 더불어 사라지는 한편, 새로 운 넓은 범위의 직무들이 등장하고 있다. 데이비드 하웰과 에드워드 월프(David Howell & Edward Wolff, 1991)는 1960년과 1985년 사이에 미국 노동인구의 숙련 구성 변화에 대한 조심스런 분석을 통해 전반적으로 인지적이며 상호작용 하는 숙련들이 증대하는 방향으로 직무 구성이 이동하고 있음을 보여주고 있다.

실제, 탈숙련은 가끔 숙련을 없애기보다는 재배치하는 것으로 이해될 수 있다. 생산에 대한 지식이 기계조작원으로부터 (제조 과정에서 이전에는 존재하지 않았던 직무범주들인) 엔지니어 또는 프로그래머로 옮겨갔다. 그 결과, 엔지니어 링과 프로그래밍의 직무가 탈숙련되거나 ― 보다 정확히 말하자면 숙련등급이 세분화되는 방향으로 변화되었다(Kraft, 1977). 한때는 고도의 숙련을 갖춘 의사들이 수행했던 직무가 지금은 중급 숙련을 갖춘 공인간호사와 간호보조원 들에 의해 처리되고 있으며, 그 결과 의사들의 직무가 좁아진 반면 간호사들의 직무범위는 확대되었다(Chris Tilly, 1984). 크리스 틸리(Chris Tilly, 1996)의 연구 에 따르면, 건강보험회사가 비용청구서의 코딩업무를 전산화했을 때, 그 회사 는 그 직무를 보다 단순화된 자료입력직무와 보다 다양한 문제해결 직무로 분리했다.

그렇다 하더라도, 우리는 지난 세기 동안 대부분의 일자리에서 직무 세분화를 향한 테일러주의적인 변화의 궤적을 확인할 수 있다. 그 과정은 특히 관리자들이 확고하게 통제권을 장악하고 있던 미국 직물업계에서 급격히 진행되었다. 반면, 숙련노동자들이 채굴작업에 필요한 특수 지식을 터득하고 있어 오랫동안 생산과정을 통제해온 광산업계에서는 그 변화가 더디게 진행되었다. 많은 생산직무 안에서 협소한 직무 설계는 한때 다른 직무들로 분산되어 있었던 기능들을 통합하는, 새로운 포괄적인 직무들(예: 엔지니어, 설비보수 기능공, 중간관리자)을 등장시켰다. 면방직, 석탄 그리고 보건의료 산업들에서는 이러한 과정이 비슷하게 전개되었다. 세 산업에서는 노동분업의 진행과정이 다양한 양상을 보였는데, 섬유산업에서는 상대적으로 빠르게, 탄광에서는 상대적으로 더디게, 그리고 보건의료부문에서는 간헐적인 방식으로 발생하면서 아직도 진행 중에 있다. 그 과정을 거치면서 평균적으로 직무의 범위는 상당히 좁아지게 되었다. 하지만 노동분업의 추진단계를 거치면서 모든 직무들이 과업의 세분화를 통해 단순화되기보다는 적은 수의 기술적 과업들과 많은 수의 표준화되고 쉽게 숙달되는 일상적인 과업들로 보다 결정적으로 분화되었다. 과업들이 숙련직무 혹은 미숙련직무로 분류되는지의 여부는 단순히 기술에만 의존하기보다는 전통, 믿음, 그리고 산업 내부의 투쟁에 좌우되었다. 이들 세 산업에서 우리는 일반적으로 직무의 결정적인 탈숙련화 사례를 찾아볼 수 없지만, 보건의료부문의 경우 (필수훈련 시간 및 대체성으로 측정되는) 숙련 수준이 확실히 장기적으로 두드러지게 증가했다.

특히 일본 대기업들이 선도하는 최근의 경영혁신들은 부분적으로 생산직무의 협소화 추세를 반전시켰다. 개선활동과 총체적 품질관리(total quality management) 등은 한때 감독자·품질검사자·기계보전공·청소부 및 비서들이 수행하던 주요 업무들을 공장 작업자의 업무영역으로 통합했다(Best, 1990). 직무 세분화의 이점들 — 효율성 향상, 노동비용 저렴화, 또는 노동통제 강화를 겨냥했던 — 은 직무범위의 확대를 통해 얻어지는 노동자 헌신 증진, 혁신 적응성,

작업처리량(throughput, 혹자는 speed-up 곧 '노동속도 강화'라 칭하는) 증가에 의해 상쇄되었다.

무엇이 특정 직무들의 범위를 결정하는가? 사용자들은 과거 관행의 역사, 협상, 그리고 투쟁에 의해 규정되는 맥락 안에서 비용 최소화, 유연성, 그리고 통제를 종합적으로 고려하여 결정한다. 이때, 노동자들과 특히 그들의 노동조합은 (사용자의 결정에 대해) 저울질한다. 예를 들어 미국 노조들은 세분화된 직무규정의 전통적인 체계를 방어하려는 '직무통제 조합주의(job control unionism)'에 입각하여 노동속도강화에 반대하는 투쟁을 전개했다. 과업들이 직무 안으로 일단 자리 잡게 되면, 사용자들과 교육기관들이 그 수용된 과업내용(예: 비서, 요리사)에 대한 훈련을 실시함에 따라 그 과업체계는 분명한 관성을 갖고 유지된다.

노동분업에 대한 분쟁이 반드시 관리자와 노동자 사이에만 발생하는 것은 아니다. 노동자집단들은 주변 직무들의 내용에 대한 통제권을 둘러싸고 서로 다툴 수 있다. 간호사들이 간호보조원과 같은 새롭고 폭넓은 직무범주를 도입하여 자신의 직무 영역을 넓히려고 하자, 의사들이 그에 대항하여 자신의 지휘하에 있는 의사 보조원 직무를 만들어 같은 일을 수행하도록 했던 것이다 (Reverby, 1976). 비록 이러한 직무 영역에 대한 분쟁은 사소하게 보이지만 각 당사자들에게는 매우 위급한 일이었다. 결국, 내과의사들은 주로 여성 전문직과 기술 노동자들로 구성되는 부하 직원들과의 공생적 관계를 구축함으로써 보건의료부문에서 자신의 특권적 지위를 유지해왔다. 하지만 간호사들이 노조 조직화와 여성운동에 자극받아 그 평온한 합의질서를 위협하기 시작했고, 그때부터 다시 (의사와 간호사 간의) 전쟁이 시작되었다.

의사 보조원의 예에서 볼 수 있듯이, 노동분업에서 중요한 것은 단지 누가 무엇을 수행하는지가 결코 아니다. 직무체계 및 그와 연관되어 때때로 경합하는 직업 명칭들은 신분, 보상, 권위 서열상의 위치, 그리고 승진에의 접근성과 직결되어 있다. 사용자들과 노동자들은 협력과 갈등을 통해 그러한 연결고리들을 구축하는데, 이때 이들은 생산성뿐 아니라 다른 믿음을 고려하고, 기존의 네트워크들과 사회적 분리 축들을 포괄하게 된다. 요컨대, 노동의 변화를 결정 짓는 복잡하고 분쟁적이며 상황의존적인 과정들이 역시 노동의 다양성, 특히 직무들 간의 차이를 낳고 있는 것이다. 다음의 장들에서 어떻게 그러한 과정이 발생하는지를 자세히 살펴보기로 한다.

# 제8장 다양한 노동과 분절된 노동

## Varied Work, Segmented Work

노동과 일자리의 질은 어떻게 그리고 왜 그렇게 다양한가? 지금까지 우리는 매우 분명하게 직무에 대한 보상을 생산성에만 연결시키려는 단순한 기능주의적 논리를 거부해왔다. 그런데 우리는 일자리의 질이 체계적으로 다양하다 — 함께 변화한다(covary) — 는 견해를 갖고 있다.

이 장에서는 일자리의 질에 대한 개념과 특정의 쟁점들을 논의하는 것으로 시작하려 한다. 그런 다음, 일자리의 핵심적인 특징들에 있어 공변(covariations, 共變, 역자주: 함께 변화하는 경향)을 개략적으로 검토하고, 분절이론(segmentation theory)이 이러한 공변 유형을 이해하는 데 유용한 수단을 제공한다는 점을 강조한다. 다음에 두 장(제9장과 제10장)에서는 노동시장분절 및 내부노동시장의 미래에 대해 살펴보기 전에, 매칭(matching), 보상, 그리고 이동성의 체계에서 나타나는 차이들을 좀더 면밀히 분석할 것이다.

## 좋은 일자리의 개념 정의

우리는 일자리를 영속적이고 형식적으로 한 개인에게 할당한 노동계약들의 축적으로 정의했다. 일자리가 무엇인지를 정의하면서, 좋은 일자리를 정의하는 과정에서 우리는 여전히 개념적인 어려움에 직면하게 된다. 이 장에서 핵심적으로 다루어지는 개념 정의의 쟁점은 일자리의 다양한 특징들이 묶여지는 정도이다. 노동시장분절론의 관점에 따르면, 일자리의 여러 특징들 또는 지배적 규칙들은 한묶음으로 움직인다. 폴 오스터만(Paul Osterman)은 "마치 각 범주에서 규칙 하나씩을 골라 안정된 고용관계를 확립하는 것은 가능하지 않다"고 언급했다(1958: 58). 오히려 규칙들의 특정한 구성방식만이 서로 잘 부합한다. 이는 좋은 일자리와 나쁜 일자리 사이에 많은 질적 차이를 지적하는 것이다. 노동시장의 분절성은 전형적으로 채용과 공급의 사회적 네트워크와 생산네트워크를 연결함으로써 유지되는 것이며, 그 결과 일자리와 일자리 보유자 간의 구별을 해소하게 된다.

대조적으로 신고전학파는 일자리의 질에 대해 쾌락주의적(hedonic) 관점을 채택하고 있다. 각각의 일자리는 사용자에 의해 (일정한 한계 안에서) 그의 의지대로 변화시킬 수 있는 많은 특성들의 묶음이다. 이러한 특성들에 대해 다양한 평가를 하는 노동자들은 시장 수요에 맞추어 특정 일자리를 지원하기로 선택하여 자리를 옮김으로써 자신의 의사를 표시한다. 한 측면에서 나쁜 일자리가 다른 측면에서도 나쁠 것이라고 예측할 이유는 없다. 실제로 보상격차(compensating differential)이론은 일자리의 바람직하지 않은 측면들은 대체로 더 높은 임금에 의해 상쇄될 것이라고 예측한다(Rosen, 1986). 이것은 모든 일자리가 동일하게 좋다는 것을 의미하는 것은 아니지만, ① 좋은 일자리와 나쁜 일자리 사이의 차이가 질적인 단절이라기보다는 세분화된 연속선(continuum)상의 등급으로 구별되며, ② 모든 좋은 일자리 또는 모든 나쁜 일자리가 특정한 속성들을 공유할 것이라 예상할 이유가 없다.

경험적 연구는 일자리의 질에 대한 분절론 시각과 쾌락주의 시각 사이에서 어떠한 입장을 분명하게 지지하지 않는다. 일자리 특성들은 군집(cluster)되어 있는데, 특히 좋은 일자리는 많은 측면에서 좋을 수 있지만, 그 특성의 묶음이 완벽하거나 균일한 것과 거리가 멀다. 보상격차는 몇 가지 사례에서 발견될 수 있지만(특히 사망 위험에 대한 보상), 그러한 예는 일부에 불과하다. 반면에,

우리는 분절론 시각이 더욱 유망할 것이라고 주장한다.

이 장에서 일자리의 질을 정의함에 있어 다른 쟁점들은 덜 주목을 받지만, 살펴볼 만한 가치는 있다. 예를 들어 '좋은 일자리'라는 개념은 어떤 일자리가 누가 그 일자리를 차지하는 것에 관계없이 좋다는 것을 의미한다. 요컨대, 우리는 일자리들의 등급을 매기는 것은 개념적으로 이러한 일자리들에 위치하는 사람들을 분류하기에 앞서 이루어지는 것으로 가정한다(Granovetter & Tilly, 1988). 그러나 사실 이것은 과잉 단순화(oversimplification)이다. 일자리의 보유자는 그 일자리에 대한 특정한 기대를 갖고 있으며, 그 일자리에 대한 사용자의 관점은 그 자리를 차지하고 있는 종업원에 의해 영향을 받는다. 따라서 일자리의 보유자는 그 일자리를 규정한다. 어떤 경우에는 그들이 개별적이고 의식적인 방법으로 그들의 일자리를 주조(鑄造)한다(Miller, 1988). 다른 경우에는 재직자의 재능, 기술 또는 생산성이 결정적으로 작용한다. 유명배우는 무명배우보다 영화 출연으로 더 많은 보수를 받는다. 그러나 일자리 보유자의 특성이 일자리에 미치는 가장 큰 영향력은 성별에 의한 직무분리와 같이 대규모의 직업별 또는 산업별 분리가 존재할 때 발생한다. 파울라 잉글랜드(Paula England)와 그녀의 동료들(1994)은 미국에서 일반적으로 여성의 비중이 더 높은 직업에서는 여성과 남성의 보수가 더 낮다는 것을 입증했다. 성별 분리 그 자체는 어느 사회에서나 공통적으로 나타나지만, 어떤 일자리가 여성적이거나 남성적으로 정의되는 것에서는 많은 차이가 존재한다(Reskin & Hartman, 1986: 7). 이러한 차이에도 불구하고, 여성의 일자리는 일반적으로 낮게 평가되며, 이는 일자리 자체의 내재적인 특성이라기보다는 일자리 보유자의 특성이 그 평가과정에 강력하게 작용하는 것을 보여준다. 우리는 이러한 난점을 염두에 두면서 분석을 단순화하기 위해 빈번하게 일자리를 그 일자리 보유자와 독립적인 것으로 다룰 것이다.

하지만 또 다른 두 가지 쟁점이 많은 경험적 연구자들에게 익숙한데, 중심적 경향성의 측정에 따른 변이의 은폐와 절대적·상대적 측정 사이의 선택이 그 쟁점들에 해당된다. 집합 그리고 분포를 개괄하기 위한 중심 경향의 측정은 중요한 변이를 숨길 수 있다. 예를 들어 평균적인 특성을 기준으로 볼 경우, 미국의 파트타임 일자리는 나쁜 일자리이다. 왜냐하면 그들은 다른 일자리보다 낮은 보수와 적은 복지혜택을 제공받고 이직률이 매우 높기 때문이다. 그러나 대부분의 파트타임 일자리가 이러한 특성에 일치하지만, 일부의 파트타임 일자리들은 몇 가지 측면에서 주위의 상용직(fulltime) 일자리보다 더 좋은 것으로 평가될 수 있다. 이같이 좋은 파트타임 일자리는 종종 전문직 수준에서 중요한 인력 충원을 위해 만들어진다. 그러한 파트타임 일자리는 보통 동일한 수준의 시간당 임금 및 표준적인 복리후생(시간 기준으로 따질 경우 더 많은 복지혜택에 해당됨)을 제공하고, 기업에 대한 장기적 애착심을 갖게 하며 업무일정의 탄력적인 조정을 허용한다(Chris Tilly, 1992, 1996). 유사하게, 일자리 질의 지표로서 시계열상의 평균 또는 중위 임금을 추적하는 것은 임금 불평등이 날로 증가하는 경우에는 부적절하다. 실제, 미국과 대부분의 선진국에서는 그러하다.

일자리의 질에 대한 절대적-상대적 측정의 선택문제는 그 집합의 쟁점에 밀접하게 연관된다. 물론, 절대-상대의 구분은 빈곤과 같이 관련된 개념에 대한 논의를 촉발하고 있다(Citro & Michael, 1995; Ruggles, 1990). 일자리 질의 상대적인 측정은 해당 국가 내에서 일자리의 분포(예를 들어 얼마나 많은 일자리들이 중위 임금의 절반 이하에 해당되는지, 또는 일자리 질에 대한 또 다른 측정지표들을 조사하는) 또는 국제적 수준(예를 들어 한 나라의 평균 또는 중위 임금을 준거집단이 되는 다른 나라들과 비교하는)을 참조하여 정의될 수 있다. 다음으로, 절대적 측정은 어떤 고정 기준[예를 들어 4인 가족의 빈곤선(poverty line)] 또는 어떤 기준 연도의 수준을 참조하여 정의될 수 있다.

마지막의 개념적·경험적 쟁점은 '좋은 일자리'의 개념 정의 자체가 변화한다는 것이다. 좋은 일자리의 의미는 시간, 장소, 문화 그리고 계급에 따라 근본적으로 다르다. 오랜 시간에 걸쳐 나타난 매우 극적인 변화의 하나로서 노동자들의 후속세대들은 물질적 보상에 중점을 두기보다는 다니엘 얀케로비치(Daniel Yankelovich, 1993)가 '표출적(expressive)' 가치라고 표현했던 일자리의 즐거움과 의미 있는 공헌의 느낌에 더욱 중점을 두고 있다. 얀케로비치는 미국에서 이러한 방향으로 현저한 변화가 나타났다는 사실을 제시했다. 1962년의 갤럽 여론조사에서 '오늘날 미국에서 성공을 위한 공식'에 대해 조사했을 때, 단지 6%만이 즐거움을 느끼는 일자리를 가지는 것이라고 답했다. 1983년 조사에서는 비슷한 응답의 비중이 49%로 증가했다. 1986년에 조사된 30~40대의 남성과 여성 중에서는 60%가 그들의 부모세대에 비해 '일자리에서 만족을 추구'하는 데 더 많은 중점을 두고 있으며, 13%만이 이러한 만족을 덜 강조하는 것으로 답했다.

국가 간 조사에서는 대부분의 산업국가에서 노동에 대해 비슷한 추세가 나타난다(Yankelovich et al., 1985). 특히 스웨덴의 경우에 흥미로운 추세를 보이는데, 스웨덴 경제의 지배적인 부문이 1차 산업(농업, 산림, 수산업)에서 2차 산업(제조업) 그리고 3차 산업(서비스)으로 빠르게 이동하고 있다. 이러한 산업구조 변동은 연속된 연령집단(age cohort)의 노동 태도에 그대로 반영된다. 고령 인구집단이 노동의 주된 목적으로 생존과 생계를 꼽은 반면 중년층의 스웨덴 사람들은 물질적 성공을 언급하고, 청년층은 윗세대에 비해 표출적 가치의 실현을 더 많이 강조하는 것으로 나타났다.

표출적 가치로의 이동은 두 가지 중요한 측정 쟁점을 제기한다. 첫째, 이러한 차원에서 일자리 특성의 측정은 이를테면 달러 기준의 임금 구매력의 측정보다 훨씬 주관적이다. 어떤 일자리가 개인 성취의 원천으로서 기능할지를 상상하는 것조차 대체로 경제적 복지뿐 아니라 사회적 맥락 — 생산네트워크 및 다른 사회적 네트워크에 배태된 공유가치들 — 에 의해 결정된다. 둘째, 가치의 변화는 일자리의 질에 기여하는 상이한 특성들의 '가중치'가 고정된 것이 아니라는 점을 뜻한다. 이러한 쟁점들은 일자리 질의 종단적인 변화에 대한 평가를 더욱 어렵게 하며, 그 결과 실제로 일자리의 성취감에 대한 시계열 분석은 거의 존재하지 않는다.

그러나 우리가 일자리의 질을 측정하려는 관점에서 가치의 변동이 아직 완전히 역전된 것이 아니라는 사실은 다소 위안이 된다. 어느 나라에서도 표출적 가치의 강조가 물질적 성공의 지표를 능가하지는 못한다. 1991년에 미국인의 40%가 여전히 가장 중요한 것을 물질적 성공이라고 응답한 반면, 단지 22%만이 무형의 성공을 최고 순위에 두었다(Yankelovich, 1993). 심지어 표출적 가치를 노동의 가장 중요한 측면으로 평가했던 스웨덴 국민들 사이에서도 1/4 미만의 사람들만이 표출적 가치를 우선시했다(Yankelovich et al., 1985). 그러면 이 문제를 추후 연구의 중점 과제로 남겨두기로 하고, 우리는 이 장의 논의 내용에서 성취감의 원천으로서의 일자리에 대해 더 이상 관심을 두지 않을 것이다.

## 일자리의 질에 대한 측정기준

미국에서 일자리 질의 측정에 대한 최근의 주목할 만한 발전으로 크리스토퍼 젱크스, 로리 퍼먼 그리고 리 레인워터(Christopher Jencks, Lauri Perman & Lee Rainwater, 1988)를 꼽을 수 있다. 그들은 1980년에 일자리 특성에 대한 설문조사를 실시했는데, 조사에서 평균 일자리 점수를 100으로 설정한 (상대적) 비율 척도(따라서 평균 일자리보다 두 배로 좋을 경우에는 200으로 측정될 것임)에 따라 각 노동자들이 자신의 일자리를 평가하도록 했다. 회귀분석통계기법을 이용하여, 젱크스와 그 동료들은 이러한 점수가 소득, 직무의 불결함, 작업의 반복성 정도 등을 포함하는 48개의 일자리 특성과 어떻게 연관되는지를 분석했다. 그들은 노동자들이 매긴 점수에 대해 가장 강한 상관관계를 지닌 14개의 변수를 선택했고 이들 변수를 종합하여 만든 각 일자리의 예상점수를 직무호감지수(Index of Job Desirability: IJD)로 산출, 제시했다. 본질적으로 이 지수는 경험적으로 일자리의 질에 대한 쾌락주의 모델을 도입한 것이다. 각 특성이 일자리의 전반적인 질에 독립적으로 기여한다고 가정한다.

　직무호감지수는 어떠한 개선효과가 있는 것인가? 젱크스와 동료들이 지적한 바와 같이, 일자리의 질에 대한 대부분의 연구에서 경제학자들은 소득이라는 단일측정지표를 사용했으며, 사회학자 역시 직업 지위라는 단일측정지표를 활용했다. 이러한 단일측정지표의 선택은 그 측정지표에 대한 자료를 쉽게 구할 수 있다는 점에서 이해할 만하다. 그러나 각각의 이러한 측정 전략은 결점을 갖고 있다. 소득은 다른 일자리 특성의 영향을 배제한다. 젱크스 등은 직무호감지수의 비금전적 요소들에서의 변이가 소득에서의 변이에 비해 2배 이상 크다는 사실을 입증했다(Rosental, 1989를 참조할 것). 직업 범주들은 매우 이질적인 일자리를 종합한 것이다('월급제 관리자: 사업서비스'에 해당되는 다양한 일자리들을 고려해보라). 직무호감지수의 14개 구성요소에서 나타나는 대부분의 변이는 세부적인 (세 자리 수) 직업분류에서 나타나고 있다. 직무호감지수는 노동시장에서의 성취도에 대해 인종, 성별, 교육 및 노동시장 경험이 미치는 영향을 설명하는 데 소득 또는 표준적인 직업지위 지표보다 더 유용하다.

직무호감지수를 검토해보면 우리는 바로 두 가지 시사점을 얻을 수 있다. 첫째, 여러 단점에도 불구하고, 소득과 직업지위는 일자리의 질에 대한 약식 (quick-and-dirty) 측정지표로서 나쁜 것은 아니다. 두 개 지표 모두는 직무호감지수 자체와 강한 상관관계를 보이고 있다. 또한, 이들 지표들은 분절론 시각에서 예측되는 직무호감지수의 구성 요소들과도 상관관계를 보이고 있다. 직무의 불결함과의 부정적인 상관관계, 휴가일수와의 긍정적인 상관관계 등이 그 예에 해당된다. 둘째, 생계를 위한 일자리 특성들과 노동 성취의 현안들은 직무만족에 강하게 영향을 준다. 직무호감지수에는 소득(+), 휴가일수(+), 실직위험(−)뿐 아니라 작업 반복성(−), 감독의 빈도(−), 직무종사자들의 평균 교육수준(+), 그리고 자율적인 결정능력(+)이 포함된다.

물론, 직무호감지수와 연관된 문제로는 그 지표가 일회적인 조사에 기반한 것이기 때문에 폭넓은 일반화와 종단적인 변동 분석을 어렵게 하는 단점을 안고 있다는 점을 지적할 수 있다. 게다가, 그 지표는 무엇이 '일자리'인가를 정의하는 문제를 교묘하게 처리하면서 일자리와 덜 공식적이지만 지속적인 노동계약들을 구분하기보다는 일자리에 대한 노동자들의 정의를 당연한 것으로 간주하고 있다.

## 노동계약의 공변관계: 계약과 자율성

수많은 개념적 난점에도 불구하고, 우리는 일자리들 사이의 차이점들을 점검해볼 수 있다. 사실, 노동시장 및 일자리에 초점을 맞추기 전에 노동계약의 변이에 대해 보다 폭넓게 살펴보는 것이 유용할 것이다. 가장 흥미로운 점은 노동의 특성에서의 변이일 뿐 아니라, 그 특성들의 공변관계이다. 노동기제를 구체화함으로써 노동의 질을 열거하기 위한 일련의 차원들을 제시한다. 한 번에 한 쌍의 노동기제를 조사함으로써 노동계약에서의 변이를 도식화할 수 있다. <그림 8-1>은 계약(단기적인 현금화로 단순화시킨)과 자율성(시간규율로 단순화시킨)의 차원들을 교차시킨 위치에 노동계약들을 배치하는 하나의 접근 방식을 예시하고 있다. 앞 장에서는 같은 차원의 축들을 활용하여 노동의 역사적 전개추세를 추적해보았다. 또한 이 그림은 인센티브와 배태성에 관해 선택된 정보를 요약하고 있다.

<그림 8-1>에서 P는 생산자, R은 수령자를 나타낸다. '시간규율'은 생산자의 단기적인 노동시간 처분에 대한 직속 수령자의 통제를 의미하고, '단기적 현금화'는 노력, 개수, 또는 시간에 따른 금전적인 보상이 지배적인 상태를 지칭한다. 화살표들은 (보상, 강제 그리고 헌신의 효과들을 합산한) 인센티브를 통해 표현되는 권력의 균형을 표시하는데, 쌍방향 화살표는 대략 동등함을 나타낸다. '노동-경영'의 협소한 사고방식은 수령자가 일반적으로 생산자를 지배하고 있다고 제시하지만, 보다 넓은 시각에서 보면 이러한 사고방식은 명백하게 사실과 다르다. 예를 들어 대부분의 사람들이 의사 또는 변호사와 상담할 때 알 수 있듯이 전문직 종사자들은 종종 그들의 수령자에게 상당한 권력을 행사한다.

일부 사례에서, 이 그림은 복수의 생산자들과 수령자들의 상호작용을 보여주고 있는데, 이들 간의 관계를 추가적인 화살표로 표시하고 하나의 노동계약이 보다 광범한 계약형태들에 배태되어 있음을 도식화하고 있다. 잘 조직된 직종의 숙련노동자들이 그들을 고용한 지역 기업가들을 분할·지배했던 것처

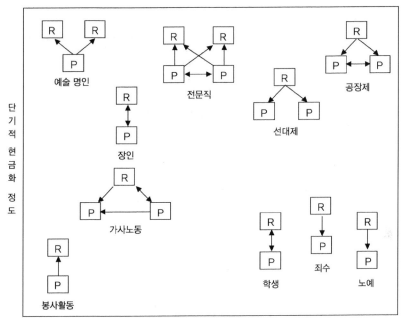

<그림 8-1> 노동계약의 형태

예술 명인

전문직

공장제

장인

선대제

가사노동

봉사활동

학생

죄수

노예

단기적 현금화 정도

시간규율 정도

럼, 연결구조(connectedness)의 비대칭성은 일반적으로 연결된 측에 유리하게 작용한다. 대부분의 노동계약은 생산자들과 수령자들을 보다 광범한 위계구조, 연합, 그리고 시장 안으로 위치시킴으로써 많은 다른 계약들과 연결된다. 기업 내 위계구조의 측면에서 관리하는 사람은 단지 관리자만이 아니다. 데이비드 고든(David Gordon, 1996: <표 2-1>)은 1991년에 실시한 미국 노동인구에 대한 조사에서 관리자의 80%가 관리·감독의 책임을 지고 있다고 보고한 반면, 전문직 29%, 사무직 또는 영업직 사원 16%, 숙련노동자 12%, 그리고 심지어 미숙련노동자 2%도 관리·감독 책임을 지는 것으로 보고했다. 이 그림은 복잡한 권력관계를 파악할 수 있는 단서를 제공할 뿐이다.

<그림 8-1>의 좌상단에서 시작하여, 예술 명인들은 다른 사람에 의한 시간규율을 거의 받지 않는 상태에서 일하면서 공연별로 돈을 받으며 서로

연결되어 있지 않은 수령자들에 대해 상당한 통제권을 행사한다. 이러한 측면에서 바이올린의 거장은 세상 물정에 밝은 야바위 노름꾼과 거의 다르지 않다. 공연예술과 같이 예술 명인을 중심으로 하는 산업들은 일반적으로 돈을 지불하는 청중이 당황하지 않게 신비로운 체험을 하기에 충분한 문화적인 혁신을 만들어냄에 있어 명인의 작업을 조정하려는 공연기획자들을 불러모은다. 한편, 자신만의 개인적 스타일 및 예술적 발명품들을 창조하려는 미래의 명인들은 스타의 자리에 오르기 위해 경쟁한다. 공연기획자들과 예술 명인들 사이의 상호작용이 이루어지는 산업 등에서는 연주자들이 단기적인 계약에 의거하여 프로젝트 단위로 일하고, 종종 동시에 다수의 계약들을 맺으며, 빈번하게 실업상태를 경험하고, 대부분 처음에 그들을 매혹시켰던 예술 명인의 지위로 나아가는 개인적 기회를 갖지 못한다(Menger & Gurgand, 1996).

그림의 우하단으로 이동하여 한편으로 예술 명인의 산업들과 다른 한편으로 전문직, 장인, 그리고 선대제 사이의 유사점과 차이점을 비교하기로 한다. 서로 긴밀하게 연결되어 있는 전문직 종사자들은 그들 서비스의 수령자에 대해 개별적·집단적 영향력을 행사하는데, 이때 서비스 수령자들은 예술 명인의 고객들처럼 거의 연결되어 있지 않다. 선대제에서 상인은 서로 분리되어 상대적으로 연결되지 않은 수많은 생산자들과 계약을 체결하여 그의 주문이 지배하는 생산속도에 따라 작업이 이루어지도록 한다. 반면, 조립라인공장의 전형적인 감독체제에서는 서로 연결된 노동자들이 상급자의 엄격한 감시하에 생산한다. 장인들은 상대적으로 평등한 조건에서 소비자에게 개별적으로 생산한 물건을 판매한다.

그림의 아래쪽을 살펴보면, 가구들의 경우 현금화되지 않은 생활세계에서 평등과 불평등의 관계들이 혼재하는데, 여기서는 생산자가 종종 다른 생산자에 대해 권력을 행사하지만 거의 시간규율을 강제하지는 않는다. 많은 무급 자원봉사자들은 수령자에게 자신의 서비스조건을 부과하고 거의 시간규율 없이 일하는 반면, 똑같이 보수를 받지 않는 노예들은 대체로 그들이 만든 생산물의 수령자에 의해 부과된 엄격한 시간규율하에서 노동한다. 이 그림에서 죄수는 노예와 유사하지만, 훨씬 단기적인 현금 보수를 받으며 시간규율이 덜한 조건에서 일한다. 학생들은 때때로 노예나 죄수처럼 느끼지만, 실제로 그들은 그들 자신의 시간에 대해 더 많은 통제권을 가지며 상호간의 헌신에 의해 교사들에게 상당한 영향력을 행사한다.

이 그림은 특정 계약의 제한된 범위 안에 위치한 다른 생산자들과 수령자들에 대한 배태성을 고려하기 어렵게 만든다. 그러나 다른 연결관계들은 권력의 비대칭성 그리고 특정 당사자가 강제 또는 헌신에 의존할 수 있는 능력을 결정한다. 노예 소유주, 교사 그리고 보조감독자 모두는 그들의 권위를 행사하기 위해 폭넓은 권력 관계들에 의존한다. 이 공간에서 노동계약의 실제 위치는 보다 넓은 네트워크들과 계약들의 망에 대한 그들의 관계에 좌우되는데, 이때 그 네트워크와 계약 모두가 노동에 의해 만들어지거나 관련된 것이 아닐 수도 있다.

제3장에서 살펴본 것처럼, 면방직, 탄광 그리고 보건의료 부문에서 노동계약은 이 그림에서 우측으로 점차 이동하다가 프롤레타리아화의 과정을 거치면서 우상단으로 옮겨갔다. 면직물 직공은 가내노동과 장인으로부터 선대제하의 노동을 거쳐 공장노동자로 이동했다. 석탄광부는 (<그림 8-1>에서 전문직과 장인에 매우 근접한 위치의) 숙련노동자로서 그들의 위치를 오랫동안 유지할 수 있었지만, 결국 기계화 및 관리자 통제에 굴복하여 공장 노동과 유사한 위치로 전락했다. 영국과 미국에서 모두 보건의료는 지난 200년 동안 가내노동에서 전문직 노동으로 바뀌었다. 보건의료부문에서 병원과 진료소에로의 집중화 경향은 가정 내 간호의 역할을 지속적으로 축소시키고 의사들에 종속되는 비전문직인 노동자들의 계층을 증가시켰는데, 이들 비전문직 노동자는 시간규율과 (사례비가 아닌) 임금의 지급에 더 많이 지배받게 되었다. 이러한 위계구조의 밑바닥에는 병원 세탁소, 주방 및 설비관리부서에 근무하는 노동자들이 공장과 별반 다를 바 없는 조건에서 오랫동안 일해오고 있다. 최근 영국의 국영의료체계와 미국의 관리의료체계는 의사들의 노동계약을 재편성하여 그들의 상당수를 독립된 전문직의 위치로부터 시간규율에 종속된 월급쟁이로

전환시켰다(그럼에도 불구하고, 1994년에 미국 의사의 급여 중위값이 여전히 15만 달러로서 공장 노동자의 임금과는 상당한 차이를 보이고 있다!).

우리는 경찰, 선원, 여승무원, 위탁 판매원, 매춘부와 포주, 도둑 무리, 관료제 하의 과학자들 그리고 그 이상의 많은 직업들을 특징지을 수 있는 다른 형태의 노동계약을 서술할 수 있는데, 그 계약들은 시간규율, 현금화, 인센티브, 그리고 배태성에 대한 다양한 결합방식을 보일 것이다. 그러나 노동계약들에 대한 그동안의 검토를 통해 다음과 같은 결론을 도출하게 된다.

1. 노동계약은 시간규율과 단기적 현금화 — 보다 일반적으로, 자율성과 계약 — 의 함수로서 체계적으로 변화한다.
2. 역사와 문화는 (공장, 가구, 노예의 상이한 위치에서 예시하듯이) 이러한 계약의 특성에서 중요한 역할을 수행한다.
3. 제3자와의 관계는 노동계약의 특성과 집행에 깊게 영향을 미친다.
4. 성숙된 노동시장은 특히 광범위한 시간규율과 높은 수준의 현금화를 결합하는 구역(그림의 우상단)에서 형성된다.

현금화와 시간규율이 없다면 자본의 보유자가 빈번하게 상충되는 목적을 추구하는 다른 (노동)이용자들의 통제로부터 노동력을 분리시키기 매우 어렵기 때문에, 노동시장은 다른 구역이 아니라 바로 그 구역에서 형성되는 것이다. 장기적 합리성이 요구하는 것이 무엇이든 관계없이, 단기적으로 농민들, 독립 장인들, 가내 노동자들 그리고 소상품 생산자들은 대체로 자본가 또는 관료가 규정·통제하는 유급 고용의 일자리로 영구적으로 통합되는 것에 저항했다. 그러나 높은 현금화와 시간규율의 생산방식은 자본가에게 유리한 방향으로 작용했으며, 동시에 다른 경쟁적인 생산방식들로부터 자본을 분리시키고, 그 경쟁의 생산방식들이 생존할 수 있는 기반을 축소시켰다.

## 노동시장과 유사 노동조직들

<그림 8-2>는 높은 수준의 현금화·시간규율로 대표되는 구역을 구체적으로 표시하면서 노동시장 안의, 또는 그와 인접한 많은 노동계약들의 위치를 나타내고 있다. 이 그림은 다양한 종류의 계약들이 효율성, 품질 그리고 권력에 대한 요건을 만족시키는 방식을 요약하고 있다. 노동계약이 노동자, 사용자, 일자리, 충원, 채용네트워크와 공급네트워크를 통합하고 있다면, 노동은 노동시장 안에 위치하게 된다. 일반적으로, 노동시장에서 채용, 직무배치, 승진, 전직 및 퇴출의 경우 사용자들은 경쟁하는 노동자들 사이에서 상당한 선택권을 행사하면서, 노동자 권력, 가용한 조직모델들 그리고 생산·판매의 요건들에 대응하여 매우 상이한 인센티브체계를 채택한다. 노동시장에서 충성체제 (loyalty system)는 노동조건이 헌신을 촉진하고 이에 크게 의존하면서 또한 추가적인 인센티브로서 부가급여와 고임금을 배제하지 않는 노동시장 일자리로 특징지을 수 있다. 충성체제는 좋은 성과에 대한 보상으로 장려금, 보너스, 수수료 또는 신분상승 및 특권을 제공하는 포상형태로 변화하고 있다. 최고경영자 직위를 향한 내부노동시장과 같은 토너먼트(tournament)형 노동시장은

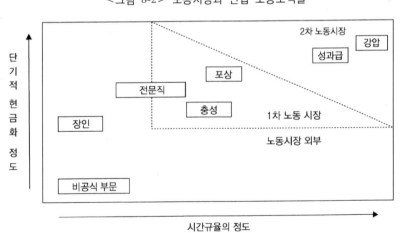

<그림 8-2> 노동시장과 인접 노동조직들

그 두 가지 특징을 결합하고 있다. 이러한 유형의 토너먼트는 포상으로 승진 기회를 제공한다.

사용자가 노동자들을 소모적이고 쉽게 교체할 수 있는 존재로 취급하는 곳에서는 성과급(payment by results: PBR)과 강압방식(drive)이 발견된다. 성과급은 개수노동, 도급노동, 수수료, 하도급 그리고 유사한 형태로 노동자들이 개별적 또는 집단적으로 실제로 생산하는 것에 대해 보상한다. 대조적으로, 강압체제(drive system)에서는 사용자가 감시, 직무 표준화, 처벌, 그리고 실직 위협의 수단을 활용하여 노동자의 시간과 노력에 대해 폭넓은 통제력을 행사하고 있다. 대체로, 광범위한 시간규율의 영역에서 인센티브는 (노동에 의해 형성된 것이든 노동영역 외부에서 유입된 것이든 관계없이) 기존 대인관계의 작동에 덜 의존한다. 물론, 포상과 성과급 사이에, 그리고 충성체제와 (공포에 기반하는) 강압체제 사이에 뚜렷한 경계는 존재하지 않는다. 이러한 명칭들은 노동시장의 생산자가 실제로 일하는 많은 조건 중에서 몇 가지 두드러진 집단들을 단순히 표시하는 것이다. 그러나 노동시장 안에서 단기적 현금화와 시간규율은 상관관계를 갖고 있다. 가장 일반적인 형태들은 두 변수가 정비례의 방향(좌하단에서 우상단으로)으로 증가하는 그 대각선을 따라 위치하고 있다.

## 노동시장 분절

<그림 8-1>과 <그림 8-2>를 통해 우리는 노동계약들이, 그리고 특히 일자리들이 다양한 노동기제들에 의해 규정되는 변이 공간의 특정 영역에 무리지어 존재한다고 주장했다. 또한, 실제로 많은 일자리 특성들이 체계적으로 공변한다는 다수의 증거가 있다. 예를 들어 젱크스, 펄먼 그리고 레인워터(Jencks, Perman & Rainwater, 1998)는 어느 일자리를 '좋은' 것으로 만드는 거의 모든 특성들은 서로 긍정적인 상관관계를 갖는다고 주장한다(<표 8-1>). 더 높은 소득, 현장직무훈련에의 접근성, 작업일정의 자율적 결정능력은 서로 긍정적

<표 8-1> 일자리 특성들의 상관관계

| | C1 | C2 | C3 | C4 | C5 | C6 | C7 | C8 | C9 | C10 | C11 | C12 | C13 | C14 | C15 | C16 | F3 |
|---|---|---|---|---|---|---|---|---|---|---|---|---|---|---|---|---|---|
| 좋은 감독(C1) | 1.000 | | | | | | | | | | | | | | | | |
| 추가기간(C2) | 0.149 | 1.000 | | | | | | | | | | | | | | | |
| 자업시간 결정(C3) | -0.255 | -0.170 | 1.000 | | | | | | | | | | | | | | |
| 지겨분한 일(C4) | 0.121 | -0.127 | -0.117 | 1.000 | | | | | | | | | | | | | |
| 현장직무교육(C5) | -0.023 | 0.031 | 0.168 | -0.059 | 1.000 | | | | | | | | | | | | |
| 단체협약(C6) | 0.167 | 0.198 | -0.290 | 0.156 | -0.147 | 1.000 | | | | | | | | | | | |
| 위계적 관리제게(C7) | 0.343 | 0.362 | -0.319 | -0.100 | -0.032 | 0.304 | 1.000 | | | | | | | | | | |
| 지방공공부문(C8) | -0.002 | 0.206 | -0.100 | -0.053 | -0.019 | 0.120 | 0.104 | 1.000 | | | | | | | | | |
| 연방공공부문(C9) | 0.020 | 0.184 | -0.107 | -0.050 | 0.023 | 0.169 | 0.150 | -0.082 | 1.000 | | | | | | | | |
| 노동배복성(C10) | 0.132 | -0.049 | -0.264 | 0.148 | -0.261 | 0.125 | 0.091 | -0.107 | -0.030 | 1.000 | | | | | | | |
| 35시간 이상 근무(C11) | -0.137 | -0.044 | 0.240 | 0.093 | 0.096 | -0.175 | -0.279 | 0.041 | -0.094 | -0.176 | 1.000 | | | | | | |
| 실직 위험(C12) | 0.120 | -0.043 | -0.111 | 0.077 | -0.113 | 0.071 | 0.185 | -0.051 | -0.007 | 0.171 | -0.092 | 1.000 | | | | | |
| 화력 요건(C13) | -0.100 | 0.125 | 0.283 | -0.381 | 0.183 | -0.148 | 0.010 | 0.160 | 0.006 | -0.378 | 0.115 | -0.108 | 1.000 | | | | |
| Log(소득)(C14) | -0.140 | 0.057 | 0.342 | -0.058 | 0.228 | 0.025 | -0.138 | -0.022 | -0.005 | -0.304 | 0.349 | -0.142 | 0.350 | 1.000 | | | |
| Log(소득제급)(C15) | -0.129 | -0.193 | 0.157 | -0.039 | -0.048 | -0.112 | -0.164 | -0.093 | -0.056 | -0.037 | -0.006 | 0.076 | 0.058 | 0.038 | 1.000 | | |
| 직업지위(Duncan 점수)(C16) | -0.159 | 0.140 | 0.294 | -0.410 | 0.210 | -0.209 | -0.001 | 0.100 | 0.097 | -0.361 | -0.062 | -0.152 | 0.588 | 0.321 | 0.029 | 1.000 | |
| 직무선호지수(F3) | -0.368 | 0.165 | 0.529 | -0.370 | 0.427 | -0.085 | -0.259 | -0.036 | 0.157 | -0.536 | 0.438 | -0.313 | 0.625 | 0.725 | 0.147 | 0.535 | 1.000 |

주: 실직 위협은 응답자가 향후 2년 동안 일자리를 잃을 확률의 주정치이다. 감독 빈도의 측정치표는 다음의 값으로 구성된다: 전혀 없다(0), 연간 또는 하루 1회 미만(0.5), 메일(1).

자료: Christopher Jencks, Lauri Perman and Lee Rainwater, "What Is a Good Job? A New Measure of Labor Market Sucess," *American Journal of Sociology* 93(1988) pp.1322~1357, Table A.1.

인 상관관계를 갖는 한편, 잦은 감독, 노동의 반복성 그리고 실직 위험과는 부정적인 상관관계를 갖고 있다.

이러한 경험적 규칙성은 분절된 노동시장의 개념을 제시해준다. 노동시장 분절성의 개념은 적어도 존 스튜어트 밀(John Stuart Mill)의 『정치 경제의 원리 (principles of political economy)』까지 거슬러 올라간다. 밀은 고용과 임금이 시장 경쟁에 의해서보다는 관습과 제도(길드와 전문직과 같은)에 의해 지배되는 노동 시장의 '비경쟁적인 집단'에 관해 서술했다. 제2차세계대전 이후 미국에서는 노사관계와 빈곤의 현안들에 대해 새로운 관심이 조성되면서 분절의 문제가 크게 주목 받았다. 클라크 커(Clark Kerr, 1954)는 노동시장의 '분열화(balkaniza- tion, 역자주: 발칸반도에서 민족집단들 간의 극심한 분열상황을 지칭하여 비유한 표현 임)'에 대해 언급했고, 몇 년 후 피터 되린저와 마이클 피오르(Peter Doeringer & Michael Piore, 1971)가 '분절'이라는 개념을 대중화시켰다.

사실, 분절은 서로 상관관계를 가진 노동기제들뿐 아니라 노동계약 집단들 간의 이동을 제한하는 장벽들을 포괄한다. 일반적으로, 노동자는 그들의 노동 생애 대부분을 특정 구획(segment) 안에서 보낸다. 각 구획에서의 노동은 서로 다른 규칙에 따라 수행되고 다른 자격제도를 가지며 상이한 네트워크를 통해 충원된다. 사용자들과 재직 노동자들은 함께 '부적절한' 침입자들로부터 다양 한 구획들(특히 상대적 특권이 부여된 구획들)의 경계를 방어한다. 적절성은 가장 확실하게는 숙련(구직자의 숙련이 필요 이상 또는 필요 이하의 수준일 경우에는 부적절함)에 의해 판단되지만, 귀속적 특성과 네트워크 연줄과도 관련된다. 노동시장 분절성은 네트워크의 분리를 통해 범주별 불평등을 초래한다.

그렇다면 분절된 구획들은 무엇인가? 비록 산업·기업·인구학적 집단의 계층 화원리가 일자리 분절성과 많은 공통점을 갖고 있지만, 대안적인 분석단위들 이 아니라 일자리의 계층구조에 우리의 관심을 집중하기로 하자. 이러한 한계 안에서도 미국 노동시장에 대한 분류법(taxonomies)이 널리 발달했다(Althauser & Kalleber, 1981; Caplow, 1954; Edwards, 1979; Gordon, Edwards & Reich, 1982). 그렇지만 개념상의 혼란 이면에는 상당히 분명한 합의가 존재한다. 우선, 우리는 1차 노동시장과 2차 노동시장을 유용하게 구별할 수 있다. 1차 노동시장의 일자리들은 승진에 대한 체계화된 경로와 정당한 절차에 대한 제도적 보호를 특징으로 한다. 반면 2차 노동시장의 일자리는 불안정하고 이직률이 높으며 보호되지 않고 전형적으로 저숙련의 저임금으로 특징지어진다. <그림 8-2>를 다시 살펴보면, 1차 노동시장과 2차 노동시장 사이의 경계선이 성과급과 강압체제로부터 장인, 전문직, 충성, 그리고 포상체제를 구분한다.

이번에는 1차 노동시장이 지난 세기 동안에 (제조업) 생산직, 월급제 (관리직), 그리고 숙련공의 일자리들로 분절화되었다(Osterman, 1987, 1988). 최근까지 제조업 생산직 노동자들을 위한 표준모델이었던 산업(생산직) 노동시장(industrial labor market)은 장기근속, 직무사다리(job ladder), 현장직무훈련의 숙련형성, 협소한 직무설계, 의사결정권의 결여, 그리고 일시해고에 의한 제한적 고용안정 등을 주요 특징으로 삼고 있다. 다른 한편으로, 월급제 노동시장은 관리자 혹은 기업소속의 전문직·기술직 노동자를 대상으로 작동하며, 다시 장기근속, 직무사다리, 현장직무훈련의 숙련형성뿐 아니라, 폭넓고 탄력적인 직무설계, 상당한 의사결정권과 자유재량 그리고 암묵적인 평생고용보장으로 특징지어진다.

그렇다면 산업노동시장과 월급제노동시장 모두는 내부노동시장, 즉 이동과 승진의 규칙에 의해 연결되고 선택된 입직구(port of entry)를 제외하면 외부로부터의 접근이 봉쇄된 일련의 일자리로 구성된다. 숙련노동시장(craft labor market)은 숙달된 목수 또는 컴퓨터 프로그래머와 같은 노동자들의 특성, 즉 짧은 근속기간, 특정 회사보다는 직종에 대한 충성, 특정 회사의 직무사다리를 올라가기보다는 숙련을 축적하거나 회사를 전전하는 방식의 경력개발, 현장 외부의 훈련과정을 통해 습득한 숙련(도제 또는 교육을 통한)과 같은 특징들을 갖고 있다. 분절은 역사적 현상이다. 1919년에 섬너 슬리처(Sumner Slichter)는 "지금까지 사용자들이 노동조합주의에 대항하는 수단으로서 체계적인 승진과 더불어 그들의 공장 노동을 세분화된 직무들로 조직하는 전략적 기획의 가능성을 충분히 인식하지 않았다"고 썼다(436). 다른 한편으로, 되린저(Doeringer)와 피오르(Piore)는 1971년까지 (미국) 노동력의 80%가 이러한 특성을 가진 내부노동시장에서 일하고 있다고 (어쩌면 약간 관대한 분석에 의해) 평가했다.

역사는 여전히 멈추지 않는다. 미국의 노동시장에 이러한 범주들을 적용하는 데 한 가지 명백한 문제가 제기되는데, 1940년대 (그리고 일부 대규모 업체의 경우에 1920년대 또는 그 이전) 이래 비교적 안정적으로 유지되던 산업노동시장과 월급제노동시장이 1980년대 초반 이후 급격하게 변하고 있다는 것이다. 산업노동시장으로 분류되는 생산기능직 일자리들 사이 '고성과 작업조직(high performance work organization)'의 현장관리 접근방법은 많은 경우에 노동자들의 직무범위와 의사결정권한을 확대했으며 현장외부 교육훈련의 역할을 강화했다. 다른 한편, 인력감축(downsizing)은 대다수의 화이트칼라 노동자들과 일부 블루칼라 노동자들에게 이전에 제공했던 평생고용보장의 암묵적인 관행을 붕괴시켰다. 따라서 이전에 산업노동시장과 월급제노동시장으로 특징지어졌던 일자리들에서 장인노동시장과 2차 노동시장의 요소들이 크게 늘어나기 시작했다. 경영학 용어로서 기업들의 고용관행이 평생고용모델에서 취업능력(employability)모델 ─ 노동자들이 새로운 숙련을 기술을 습득하지만, 그들의 일자리가 장기적으로 지속될 것을 보장하지 않는 ─ 로 이동해오고 있다. 내부노동시장은 점차 외부화되고 있는 것이다. 제10장의 말미에서 우리는 이러한 변화의 정도를 검토하고 노동시장 분절에 대한 우리의 접근이 그 변화들을 설명하고 향후 변화를 예측하는 데 유용할 것이라는 점을 논증할 것이다.

## 분절의 논리

분절 이론들은 일반적으로 기능적이거나 역사적인 논리를 채택했다. 각 논리에 대한 몇 가지 예를 살펴보기로 하자. 기능적 논리는 효율성에 초점을 맞추면서 다음의 내용을 포함한다.

- 인센티브체계로서 내부노동시장. 경력개발의 약속이 책임회피를 방지하고 가치 있는 숙련 또는 독점적 지식을 가진 노동자를 보유하는 데 도움이 될 수 있다. 이러한 체계의 극단적인 사례는 19세기의 석탄채굴로 특징지을 수 있는 기업도시와 (일자리의) 가족승계에서 찾아볼 수 있다.
- 안정적인 부문과 유동적인 부문으로 수요의 분할. 제품 수요의 이러한 분절은 1차 노동시장의 대기업들과 2차 노동시장의 중소기업들을 구분하거나 (Berger & Piore, 1980), 단일 회사 안에서 핵심적 종업원들과 주변적 종업원들의 분리를 설명해줄 것이다(Appelbaum, 1987).
- 노동자의 성과에 대한 가용한 정보의 다양한 형태들과 부합하는 매칭, 인센티브 그리고 성과급 및 이동성의 체계 구축. 따라서, 아더 스틴치콤(Arthur Stinchcombe, 1990b: ch.7)에 따르면, 전문 운동선수처럼 개인적 생산성을 쉽게 관찰할 수 있는 노동자들은 그들의 생산성에 의거하여 충원·보상·승진된다. 일상적인 팀워크를 요구하는 일자리의 노동자들은 감독자의 평가에 기초하여 보상을 받으며, 매우 다양한 고유 직무를 수행하는 전문직 종사자들(예: 의사)은 동료 평가에 의해 판단된다.

명백하게, 분절의 토대를 이루는 효율성의 차원들은 매우 다양하다! 그러나 그 자체가 다양한 요소들로 구성되는 효율성은 관찰되는 노동시장 분절을 설명하기에 충분치 않다. 역사가 다시 한 번 개입한다. 예를 들어 월터 리흐트 (Walter Licht, 1991: 71)가 언급한 것처럼, 미국 기업들에서 다수의 인사정책들은 "오래된 형식과 방법이 지속되는 것으로 유명하다." 또한, 의사들과 간호사들이 오랜 투쟁을 통해 전문직 신분을 창출한 것은 집단적 전략의 힘을 잘 보여준다. 역사적인 설명은 다음의 요소들에 대해 논의한다.

- 효율성(작업 수행의 현행방식에 대한 친숙도에 기초하는)과 기득권의 방어에 의해 강화되는 관성의 거대한 힘. 스틴치콤(Stinchcombe, 1986: ch.10)은 유연한 시각을 견지하며 결코 한 가지의 설명논리에 얽매이지 않았는데, 그는

많은 직무들이 도입 시기의 조직적인 형태들을 반영하고 있음을 관찰했다. 하나의 사례로서 건설부문의 숙련공 구조를 들 수 있다.

• 계급투쟁의 줄다리기. 고든, 에드워즈 그리고 라이시(Gordon, Edwards & Reich, 1982)는 미국 프롤레타리아의 초기 동질화와 이후 분절화를 사용자들의 노동력 통제전략 — 처음에는 노동자의 탈숙련화를 통해, 그리고 나중에는 산별 노조에 대항하여 그들의 분열을 꾀하는 — 에 의해 비롯된 것으로 설명했다.

우리는 분절을 설명하기 위해 기능적 논리와 역사적 논리 모두가 반드시 필요하다는 점을 반복해서 강조한다. 역사와 역사적으로 형성된 문화를 포괄하는 것은 분절에 대한 훨씬 더 만족스러운 설명을 제공한다. 게다가, 역사를 고려하는 것은 몇 가지 원칙을 인식하는 것을 요구한다. 우선, 노동시장 분절의 역사적인 전개는 매우 상황의존적이다. 노동이 실제 <그림 8-1>에서 체계적으로 '우상단 방향(더 많은 시간규율과 단기 현금화쪽)'으로 이동했지만, 특정 일자리들이 그 우상단의 구역에 위치하게 된 것은 대부분 협상에 의해 결정된 것이다. 산업화에 의해 강요된 필연적 질서에 대한 목적론적 이야기는 이러한 위치를 명확히 하는 데 별 도움이 되지 않는다. 실제, 우상단 방향의 추세가 지배적일지라도, 예외가 없지 않다. 관리의료가 입원기간을 단축시킴으로써, 보건의료의 일정 부분은 높은 현금화-시간규율의 병원체계로부터 낮은 시간규율의 가정보건 노동자들과 대부분 무급 가족친지들이 제공하는 가정의료로 전환했다(Glazer, 1993).

둘째, 협상은 다수의 당사자들이 참여하는 과정이다. 사용자들이 그들 혼자 힘으로 노동시장 분절의 기본 틀을 결정하는 것은 아니다. 특히 노동조합이 조직되었을 때, 노동자들이 노동시장 구획들의 경계, 규칙 및 다른 특징들에 대해 협상한다(Rubery, 1978). 예를 들어 미국 산업별노동조합회의(Congress of Industrial Organizations: CIO) 산하에 항만하역노조를 비롯한 산별노조들은 2차 노동시장을 1차 노동시장으로 전환하기 위해 치열하게 투쟁했으며, 종종 성공을 거두었다(Kahn, 1976). 국가 역시 반복적으로 개입하며, 특히 기업과 노동자 사이의 충돌이 치열해질 때 종종 중재의 역할을 수행한다.

셋째, 역사적 전환의 유형들은 노동시장의 부문별로 현저한 차이를 보인다. 이러한 변이(variation)는 폭넓은 일반화를 어렵게 만든다. 고든, 에드워즈 그리고 라이시(Gordon, Edwards & Reich, 1982)는 1870년대부터 제2차세계대전에 이르는 기간을 미국 노동자계급의 동질화 시기로, 그리고 그 다음의 수십 년을 분절의 시기로 묘사했다. 이들의 일반화는 백인 남성들이 직면한 노동시장에 대해서는 어느 정도 잘 설명해준다. 그러나 백인 여성들과 유색 인종의 경우에는 사실 노동시장을 정반대로 특징짓는 것이 보다 정확하다(Albelda & Tilly, 1994). 대체로, 19세기 말과 20세기 초는 인종과 성별에 따른 심각한 분절을 경험한 시기였다. 미국 흑인들과 라틴계 이주자들은 농업과 가내 서비스에 집중했고 아시아계 이주민들 또한 일부 부문에 집중되어 있었으며, 중산층 여성들이 기본적으로 가사노동을 수행하고 있는 가운데 모든 인종과 계급의 여성들은 철저한 직종분리를 경험하고 있었다. 대조적으로, 제2차세계대전과 그 이후의 경기호황 그리고 시민운동과 여성운동의 활성화에 힘입어 차별받던 인구집단들은 매우 다양한 작업장, 직업 그리고 산업으로 진입함으로써 주류 노동시장에 제한적이나마 진입했다. 기존의 가사노동 또는 소작일을 담당하던 사람들의 경우에는 그 시기가 주류 노동시장에의 통합이라기보다는 때늦은 프롤레타리아화〔고든 등(Gordon et al., 1982)이 1820~1890년대의 시기로 규정하던〕가 진행되었던 시기로 기록되고 있다.

분절은 일자리들을 분류하고 분리시킨다. 그것은 일자리 또는 다른 노동계약들을 특징짓는 일곱 가지 기제들(인센티브, 배태성, 계약, 자율성, 매칭, 이동 그리고 훈련)을 분류·분리하는 것이다. 다음의 두 장에서, 우리는 매칭, 인센티브 그리고 이동성이라는 세 가지의 특별한 기제들에서 나타나는 다양성을 추적함으로써 일자리의 변이와 분절에 대해 보다 상세하게 살펴보기로 한다.

# 제9장 노동의 불평등: 채용

## Inequality at Work: Hiring

무엇이 기업의 채용결정을 좌우하는가? 답은 간단하다. 이윤 극대화를 추구하는 기업으로서는 돈 벌 기회가 만들어지면 누군가를 채용하는 것이다. 그렇지 않을 경우에 기업은 채용하지 않는다. 그래서 기업이 채용 여부를 결정하기 위해서는 노동자의 **한계이윤생산**, 즉 노동자의 추가 산출물을 팔아 얻을 것으로 기대되는 한계이윤을 그 노동자에게 지불해야 하는 임금과 비교해봐야 한다.

— 데이비드 콜랜더(David Colander), 경제학자

(1995: 666, 원문 강조)


(49년전 로스앤젤레스에서) 대부분의 노동력은 백인들이었고, 그 노동력의 최하위집단이 흑인들이었다. …… 시민권법 등의 제정을 통해 흑인 공동체는 (이전에) 경험하지 못했던 지위로 상승했다. …… 그 (흑인) 노동력이 사라지고 중남미 국가들로부터 대규모 이민이 이루어지면서 노동력의 최하층은 라티노(latino)의 차지가 되었다. 우리가 신문에 채용 광고를 내더라도 백인 취업 희망자는 매우 드물고, 흑인들 역시 찾는 경우가 거의 없었다.

흑인 아이들은 도대체 일할 의사가 없는 것처럼 보인다. …… 그들은 실업상태로 사회복지에 의존하거나 마약거래를 하면서 돈벌이를 할 수 있는데, 왜 낮은 임금의 일자리에 연연하겠는가? 시내에는 가난한 사람들과 노숙자들 그리

고 구걸하는 사람들이 무척 많다. …… 내가 LA 공항에 잠시 들렀을 때, 어느 흑인이 내게 다가와 말하길, "어이 친구, 내가 5달러가 필요하네." 그야말로 당당하게 구걸하는 태도였다. 내 어릴 적의 기억에는 어느 사람이 아버지 가게에 들어와서 말하기를, "내가 돈이 필요하니 50센트 벌이로 가게 바닥을 청소해도 되겠습니까?"라고 말했다. 그런데 그런 태도는 더 이상 찾아볼 수 없고, 지금은 서슴없이 "25센트, 아니 1달러를 내게 나누어달라"는 투로 바뀌었다. 어느 누구도 그 돈을 벌기 위해 일하려 하지 않는다.

— LA 교외의 소규모 제조업체 백인 소유주

모스와 틸리(Moss and Tilly, 1996: 265~266)에서 인용


소집단 면담자: 당신이 사무실 문을 열고 들어올 때 고용주들이 무얼 원할 것으로 생각하십니까? 그들이 어떤 유형의 사람을 원할까요?

피면담자 1(모두 시내에 거주하는 젊은 흑인 남자들): 열심히 일하는 사람. 단정하고, 깨끗하며, 열심히 일하는 사람.

피면담자 2: 고분고분한 사람. 그렇지, 자기 성질을 잘 다스릴 줄 아는 사람 말이야.

피면담자 3: 자격증 …… 무슨 일이든 그에 필요한 경험 같은 거.

면담자: 그밖에, 고용주들이 다른 무엇을 기대할까요?

피면담자 1: 백인 노동자들!

면담자: 왜 당신은 백인 노동자들이라고 생각하나요?

피면담자 1: 왜냐하면 그들은 우리가 하는 일을 제대로 알지 못한다고 생각하기 때문이죠. 늘 이런 식이지요.

피면담자 2: 왜냐하면 그들은 백인 정부가 모든 걸 차지하고 있고, 백인 학생들만이 학교와 모든 걸 얻고 있다는 걸 알고 있기 때문이죠. 그들은 백인 종업원에게서 무엇을 얻을 수 있을지를 잘 알고 있지요.

피면담자 3: 흑인에 대한 너무 부정적인 시각이 많아요. 그런 시각이 당신 마음속에 담겨 있고, 모든 사람들이 그런 생각을 하지요. 이처럼, 인종차별

의식이 별 대단한 것이 아니게 되고 있죠. 당신은 그 인종차별의식에 사로잡히거나, 아니면 이를 극복할 수 있지요. 그러나 당신은 역시 현실적이어야 합니다. 많은 사람들이 이 나라에서 인종에 대해 얘기하길 꺼려 한다는 점에서 말입니다. 인종은 정부의 민원서비스 등에서 거론되어서는 안 되는 문제이지요. 그래요, 당신은 당신의 인종 때문에 불리한 위치에 처할 수 있다는 점을 분명히 인식해야 하는 것이지요. 그런데 나는 내 작은 동생들이 이러한 인종차별을 극복할 수 있을 정도로 고등교육을 받아야 한다고 생각하기도 합니다.

— 보스턴 시내의 젊은 흑인 남자들 대상의 소집단 면담조사 인용

(Jobs for Future, 1995: 13~18)

경제학자에게 누가 채용되며, 얼마의 임금이 지급되는가에 대해 물어보면, 당신은 늘 생산성에 초점을 둔 답을 얻게 될 것이다. 공평하게 말하자면, 앞서 인용한 데이비드 콜랜더는 다음 페이지에서 다음과 덧붙이고 있다. "사회적 상호작용이 임금결정에 영향을 미친다. 만약 당신이 상사와 사이좋게 지낼 경우에는 당신의 한계생산성에 대한 그의 평가가 그렇지 않을 경우에 비해 높게 나타날 것이다"(Colander, 1995: 670). 그러나 그의 주된 논의는 생산성에 관한 것인 반면, 사회적 상호작용의 역할은 단지 주변 얘기 정도로 다루어지고 있다. 이러한 점은 경제학 이론에서 두 가지 고려(생산성과 사회적 상호작용)의 상대적 위상을 정확하게 드러내주고 있다.

다른 한편으로, 사용자 또는 구직자에게 같은 질문을 던질 경우 당신은 전형적으로 사회적 상호작용이 훨씬 더 중요하다는 답을 얻게 될 것이다. 이때, 그들의 대답에는 때때로 기업과 노동윤리, 취업기회 또는 그 기회의 결여에 대한 도덕적 교훈들이 포함되어 있을 것이다. 그렇다, 생산성 문제는 그림의 일부일 뿐이다. 이를테면, '열심히 일하기'와 '자격증'이 생산성과 관련된 것이다. 그러나 권력과 조직 유지의 문제들 역시 중요한 일부를 구성하고 있다. 예를 들어 '단정하고 깨끗한 외모'와 '고분고분한 태도'는 생산성 그

자체와 관련되기보다는 관리자-노동자 관계에 더 큰 연관성을 가지고 있다. 또한, '흑인 애들이 아마도 일하기를 원하지 않을 것이라거나, 그들이 우리가 스스로 하고 있는 일을 제대로 알지 못하고 있을 것이라 생각하고 있는' 고정관념과 태도가 그러하다. 만약 당신이 나이든 누군가에게 물어본다면, 그들은 LA 지역 제조업자가 위에서 얘기하듯이 역사적 변화를 종종 언급할 것이다.

우리는 이러한 관점 모두가 노동자 사이의 불평등을 설명하는 데에 상당한 가치를 갖는 것으로 주장한다. 생산성을 강조하는 기능적 설명과 사회적 관계의 등장·강화·전개과정을 추적하는 역사적 설명을 함께 연계시키는 것이 필요하다. 노동자 불평등에 대해 가장 돋보이면서 가장 쉽게 측정될 수 있는 요소들로서 누가 채용되는지, 얼마의 임금이 지급되는지 그리고 승진이 가능한지를 살펴볼 수 있다. 이들 세 가지 요소는 우리의 일곱 개의 기제 중에서 세 가지〔매칭, 인센티브(보상 포함), (직업) 이동〕에 해당된다. 불평등 문제를 잘 드러내기 위해 이러한 세 가지 기제를 집중적으로 살펴보려 하는데, 이 장에서는 매칭에 대해 다루고 다음 장에서 인센티브와 이동에 대해 논의하기로 한다. 각 기제에 대해 두 가지 겹치는 물음을 던져볼 수 있다. 매칭·인센티브·이동의 주요 시스템은 무엇이며, 각 노동계약에서 어느 시스템이 지배적일지를 결정하는 것은 무엇인가? 다양한 시스템들에 걸쳐 영향을 미치는 요소 중 일반적으로 누가 채용되는지, 얼마의 임금이 지급되는지 그리고 승진이 가능한지를 결정하는 요소는 무엇인가? 매칭, 인센티브, 그리고 이동 모두에 대해서는 우리가 앞서 논의했던 다음의 다섯 요인들이 영향을 미치고 있다: 생산성, 선호, 네트워크, 협상 그리고 관성.


## 매칭과 인센티브 그리고 이동의 연계구조

매칭, 인센티브 그리고 이동은 서로 연결된 과정이다. 노동계약이 무엇보다 노동자들 간의 관계와 이들에게 제공되는 보상을 명시하고 있다는 점을 상기해

보자. 특정의 노동계약을 한데 묶음으로써 사용자들과 노동자들은 일자리를 동시적으로 **연결**(link)시키고 그 일자리에 대해 서로에게 상대적인 가치(value)를 부여하게 된다. 일자리들은 동일한 노동계약이 그 담당 노동자들의 상호작용을 요구하는 만큼 연결되어 있으며, 배태성의 중요한 형태를 갖추고 있다. 일자리들은 그들에 부여되는 보상·강제·헌신이 상이할 정도로 그 가치가 다르다. 가치부여가 언제나 단일한 연속적인 위계구조를 낳는 것은 아니다. 어느 일자리가 높은 임금을 지급한다면, 다른 일자리는 보다 쾌적한 근무환경을 제공하게 되고, 세 번째 일자리는 보다 많은 권력을 주는 것처럼. 그러나 분절된 노동시장에서는 이렇게 상이한 보상들이 서로 연계되어 있다. 이때, 우리는 보상체계 또는 승진기회 어느 하나만을 제대로 살펴보더라도 이러한 분절구조를 충분히 파악하게 된다. 더욱이, 관료화된 기업에서 일자리들의 연결성(linking)과 가치부여(vaulation)는 조직도·임금체계·복리후생프로그램·직급승진의 위계적 구조 속에서 공식적인 형태로 가시화되고 있다. 이러한 조직기제들이 없는 경우에도 바로 직무 편성의 과정을 통해 연결과 가치는 형체를 드러내기 마련이다.

　그런데 노동자들과 직무를 연결하는 **매칭**과 연결성 및 가치부여를 명확하게 구분해 이해할 필요가 있다. 연결과 가치부여가 직무들 간의 연관성을 의미하는 것이라면, 매칭은 노동자와 일자리를 짝지어주는 것을 뜻한다. <그림 9-1>은 이러한 차이점을 잘 예시하고 있다. 기업들에서는 직무와 노동자 간의 전반적인 결합방식이 주로 채용, 용역계약 체결, 승진, 이직, 그리고 전직 등으로 발생하는 한편, 그 세부적인 결합은 직무수행자의 노동계약을 일상적으로 수정하는 형태를 보이게 된다. 전반적인 결합의 과정에서 이해당사자들은 역시 직무의 내용·연결·가치를 수정하기 위한 교섭을 진행하게 된다. 이러한 사실은 스타 선수가 성적이 저조한 팀에 합류하기로 입단계약을 체결할 때 여러 좋은 조건을 얻게 되는 경우에서 잘 드러나고 있다. 더욱이, 사용자들은 전형적으로 특정 직무를 구성함에 있어 어떠한 사람을 그 자리에 채울지에 대한 구상을 나름대로 하게 된다. 직무 수행의 자격조건을 공표할 때, 사용자들

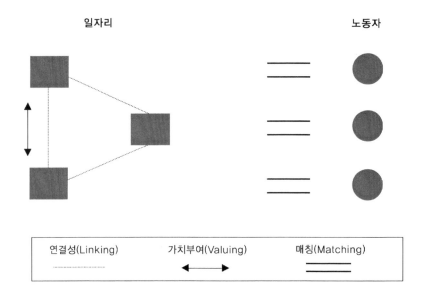

<그림 9-1> 연결성, 가치부여 그리고 매칭

일자리

노동자

연결성(Linking)　　가치부여(Valuing)　　매칭(Matching)

은 직무와 노동자 간의 기대되는 결합형태들에 대해 구체적인 내용과 연결 그리고 가치를 제시하고 있다. 분석의 목적을 위해 여기서는 직무의 연결성·가치부여·매칭 개념을 구분하고 있으나, 실제 상황에서는 이 세 가지 요소들은 끊임없이 상호작용하고 있다.

예를 들어 19세기의 면방직 공장에서 '뮬방적업자(Mule spinner)'는 각 직무별로 명확히 정의된 수행책임을 제시했고, 노동자와 조수 그리고 현장감독자(foreman)의 직위에 맞추어 노동계약을 체결했다. 비록 직무가 방적기 조작이라 하더라도, 그 업무의 실제 수행은 다른 직무와의 적잖게 **연결되어** 있는 것이다. 급여와 직무위상 그리고 자율성을 기준으로 그 직무는 조수와 감독자 사이에 위치하고 있어 중간 수준의 **가치**를 가지게 된다. 그 직무에 도달하기 위해서는 조수에서 승진하는 경우와 감독자가 외부에서 직접 채용하는 경우로 노동자-직무 간의 두 가지 **매칭**의 형태로 나타나고 있다. 그런데 뮬방적기의 숙련노동자는 자신의 조수를 채용하여 관례에 따라 근로조건을 협상하고 일상적인 작업공정에 자신만의 수행방식을 적용하며, 동료 노동자들과 협조와 업무지시를 위한 자신의 연결관계를 만들어가게 된다. 이처럼, 연결성과 가치부여 그리고 매칭은 한데 얽히게 되는 것이다. 그럼에도 우리는 어느 정도 매칭만을 구분하여 특정 직무의 결합과정을 형성하는 주요 동인을 파악할 수 있을 것이다.

## 노동자와 일자리를 연결하기

노동의 세계를 살펴보면, 다양한 귀속적 범주의 사람들이 고르게 분포되어 있지 않음을 쉽게 알 수 있다. 다른 범주들보다도 성별·인종·민족의 구분에 따른 불균등이 선명하게 드러난다. <표 9-1>은 1994년 당시 미국에서 여성, 흑인 또는 히스패닉 노동자들이 특정 직업들에 얼마나 불균형적으로 편중되어 있는지를 잘 보여주고 있다. 이 표의 직업들은 우리의 관심 산업분야인 보건의료·석탄채굴·직물제조부문에서 직업분리(occupational segregation)현상을 강조하기 위해 선택된 것이다.

<표 9-1>은 우리가 익히 알고 있는 많은 고용패턴을 보여주지만, 여전히 놀라운 사실을 담고 있기도 하다. 21세기를 목전에 둔 미국에서 여성들이 치과 위생사의 100%를 차지하는 한편 자동차 수리공으로는 단지 1%라는 사실을 어찌 판단해야 하는지? 히스패닉계가 농업 노동자의 38%를 차지하는 반면 농장 감독자 및 농기계 조작원의 단지 2%를 대표한다는 사실과 흑인의 경우 겨우 치과보조원의 3%인 반면 간호보조원의 29%를 차지하는 점을 어떻게 이해할 수 있을까? 직업분포의 차이는 성별에 의해 가장 크게 벌어지게 되는데, 이러한 사실은 직업의 수준에서는 성별 분리(gender segregation)가 인종이나 민족성에 의한 분리보다 더욱 현저하다는 점을 확인시켜주고 있다. 그럼에도, 흑인과 라틴계 사람들이 비슷하게 특정 직업 — 특히 서비스직, 기계조작원, 그리고 (라틴계에 대해서는) 농업 관련 직업 — 에 집중되어 있다는 점에 유의할 필요가 있다.

<표 9-1> 미국 내 여성·흑인·히스패닉 노동자들의 직업 분포(1994년 기준)

| | 여성 | 흑인 | 히스패닉 |
|---|---|---|---|
| 총 합계 | 46% | 10% | 9% |
| 임원, 행정가, 관리직 | 43 | 7 | 5 |
| 의료보건 분야 관리직 | 80 | 5 | 4 |
| 교육 관련부문 행정가 | 62 | 12 | 5 |
| 전문직 | 53 | 7 | 4 |
| 산업엔지니어 | 15 | 6 | 4 |
| 의사 | 22 | 4 | 5 |
| 치과의사 | 13 | 4 | 5 |
| 간호사 | 94 | 9 | 3 |
| 영양사 | 92 | 14 | 2 |
| 기술직 | 52 | 10 | 5 |
| 치과 위생기사 | 100 | 0 | 3 |
| 보조 간호사 | 95 | 19 | 4 |
| 방사선 기사 | 74 | 8 | 8 |
| 토목기사 | 20 | 7 | 6 |
| 영업직 | 49 | 7 | 7 |
| 영업점 점주 | 28 | 4 | 3 |
| 현금출납원 | 84 | 10 | 5 |
| 행정보조 사무직 | 79 | 12 | 8 |
| 사무감독자 | 60 | 14 | 7 |
| 비서 | 99 | 8 | 6 |
| 우체국 사무원 | 44 | 28 | 8 |
| 서비스직 | 60 | 17 | 13 |
| 개인주택 청소부/하인 | 96 | 20 | 31 |
| 소방수 | 2 | 9 | 5 |
| 치과 보조원 | 97 | 3 | 10 |
| 간호보조원 | 89 | 29 | 9 |
| 정밀기계 제조·수리 | 9 | 8 | 10 |
| 자동차 수리공 | 1 | 7 | 11 |
| 광산 채굴공 | 1 | 6 | 9 |
| 정밀기계공 | 24 | 9 | 12 |
| 기능·조작·노무직 | 24 | 15 | 14 |
| 기계조작원, 조립공, 검사자 | 38 | 15 | 15 |
| 섬유, 의류, 가구 기계조작원 | 74 | 22 | 20 |
| 섬유재봉기 조작원 | 86 | 19 | 24 |
| 자동차 조립공 | 11 | 15 | 10 |
| 농업·임업·어업 종사직 | 19 | 5 | 17 |
| 농작기계 관리자 및 조작원 | 25 | 0 | 2 |
| 농업노동자 | 17 | 7 | 38 |

자료: U.S. Department of Commerce, *Statistical Abstract of the United States, 1995* (Washington, D.C.: U.S. Government Printing Office, 1995), <표 649>.

<표 9-1>에서 보여주는 직업 구분이 주로 보건의료산업 분야이기 때문에 광업이나 섬유봉제보다 이 부문에 대한 내용을 좀더 살펴볼 수 있다. 보건의료는 여성지배적인 산업이다. 예를 들어 이 부문에서는 관리직과 기술자가 미국 경제 전체와 비교하여 여성일 확률이 거의 두 배가 되고 있다. 그런데 이러한 여성적인 산업영역에서조차 직업분포의 성별 차이가 매우 주목할 만하다. 치과 위생사와 보조원은 절대적으로 여성인 반면, 치과의사 대부분은 남성인 것이다. 남성들이 매우 드물게 간호사의 자리를 차지하는 한편, 의사 직업의 거의 80%를 차지하고 있다. 흑인들의 경우에는 보건의료부문의 위계구조 속에서 가장 밑바닥에 집중되어 있다. 구체적으로, 흑인들이 의사, 간호사, 영양사, 보조간호사, 그리고 간호보조원에 각각 얼마의 비중을 보이는지를 비교해보라. 보건의료 직업군에서 임금과 지위가 하락하는 만큼, 흑인들이 차지하는 비중이 일관되게 높아지는 것을 알 수 있다. 히스패닉 노동자들에 대해서는 어떠한 패턴이 드러나고 있지 않은데, 이들이 보건의료직업에 대한 진입이 상대적으로 제한되어온 점과 관련되어 이해될 수 있다.

<표 9-1>은 광업과 섬유봉제 부문에 대해서도 유용한 정보를 제공하고 있다. 여성들은 다른 기계조작원 직업들에 대해서는 낮은 참가비율을 보이는 것과는 달리 재봉사의 직업을 거의 독차지하고 있다. 여성 엔지니어는 여성기계조작원보다 훨씬 드물다. 채굴공으로 분류된 광부는 자동차 수리공과 마찬가지로 여성의 참여를 거의 찾아볼 수 없다, 히스패닉계와 흑인은 상대적으로 기계조작원 직업, 특히 재봉사에 많이 몰려 있는 것으로 나타난 반면, 광부와 엔지니어에는 전반적으로 참여도가 낮다.

여기에 무슨 일이 벌어지고 있는 것일까? 노동시장조직과 사회적 차별은 논리적으로 별개의 과정이지만, 사용자들과 노동자들은 교묘히 조작하여 이들을 종종 일치시키고 있다. 사람과 일자리 간의 매칭을 좀더 깊숙이 살펴보면, 왜 그리고 어떻게 이런 일들이 발생되는지를 이해하게 된다. 매칭은 실제로 세 개의 흐름으로 구성된다. 채용과 승진 그리고 이직(자발적 퇴직 또는 비자발적인 해고를 통해서)이다. 승진과 특히 채용이 일반적으로 가장 많은 관심을 끌고

있기는 하지만, 퇴출의 상이한 비율 역시 고용 구성에 지대한 영향을 미치고 있다. 예를 들어 대형 지방정부기관의 인사담당자가 모스와 틸리(Moss and Tilly, 1996: 261)에게 이렇게 말한다. "내 개인적 느낌으로는 많은 수의 젊은 흑인들이 그들의 거친 태도 때문에 그들의 감독자를 겁먹게 한다. 이런 경우 그 감독자는 이들의 태도문제를 지적하고 고치려 하기보다는 때를 기다려 해고할 방법을 찾으려 한다." 그럼에도, 유사한 요인들이 채용과 승진 그리고 이직에 작용하고 있다. 다음 장에서 승진에 대한 문제를 상세하게 다루기로 하고, 여기서는 채용문제로 국한하여 우리의 논의를 단순화하기로 한다.

신고전학파의 가장 단순한 모델에서 사람과 일자리 간의 연결은 사용자와 노동자 간의 상호 탐색의 과정을 거쳐 이루어진다. 구체적으로, 사용자는 주어진 일을 담당하기 위한 인적자본(human capital)을 갖추면서 가장 저렴한 노동자 또는 특정 임금 수준에 가용한 가장 높은 숙련도를 보유한 노동자를 찾고자 하는 한편, 노동자는 자신의 인적자본을 갖고 최대의 보상을 얻을 수 있는 일자리를 찾게 된다. 이러한 탐색을 하는 양당사자는 기본적으로 생산성을 추구한다. 한편으로 사용자는 생산활동에서의 생산성(사용자)을, 다른 한편으로 노동자는 자신의 만족 극대화라는 목표를 충족하려는 생산성을 추구하는 것이다. 전체적으로 이렇게 표준화된 이론은 일정한 장점을 갖고 있다. 한계범위 안에서 사용자들은 보다 저렴하고 높은 자격조건의 노동력을 선호하게 되는데, 이때 자격조건을 강조할수록 일반적으로 노동자에 대한 자본의 위험부담액이 증가한다는 점에 유의할 필요가 있다.

그런데 보다 상세하게 살펴보면 표준이론은 명백히 잘못된 것이다. 사용자는 주어진 자질을 갖추며 가장 저렴한 노동자들을 효과적으로 탐색하지 못하는데, 미국에서는 이러한 노동자들이 전형적으로 여성, 고령자, 소수인종으로 구성되어 있다. 따라서 성별·연령·인종을 노동력의 특성에 포함했을 때만이 우리는 이렇게 비정상적인 현상을 표준이론으로 설명할 수 있게 된다. 레스킨과 루스(Reskin & Roos, 1990)가 표현하듯이, 일자리 대기열(job queue)이 노동자의 관점에서 일자리의 바람직한 정도를 상대적으로 나타내는 것이라면, 특성

대기열(quality queue) — 레스킨·루스의 분석에 따르면 성별 대기열(gender queue) — 은 사용자의 관점에서 노동자의 바람직함을 서열화하는 것이다. 특성 대기열에서 높은 위치를 차지하는 노동자들은 일자리 대기열에서 훨씬 빠르게 올라갈 수 있다. 이처럼, 사용자들과 노동자들은 단순히 매칭의 가격과 특성 그리고 양에 그치기보다는 더 많은 협의주제를 갖고 마주하는 것이다.

그러면 우리는 생산성에 다른 네 가지의 중요한 요소들 — 선호, 네트워크, 협상, 그리고 관성 — 을 추가함으로써 매칭 메커니즘의 공식을 보다 확장할 수 있다. 이들 요소는 엄격히 구분되는 것이 아니고, 서로 중복되거나 강화하는 방향으로 작용한다. 어떻게 각 요소는 매칭의 과정을 구조화하는가?

## 매칭의 생산성

노동자의 자격조건이라는 형태로서 생산성은 매칭에 대한 인적자본이론(Human capital theory)이 설명하려는 출발점이자 최종 결론이지만, 우리 논의의 단초를 제공하기도 한다. 적절한 자격조건은 결정적으로 문제의 제품이나 서비스 그리고 노동의 수혜자가 추구하는 목적에 좌우된다. 알렉산드르 솔제니친(Aleksandr Solzhenizyn, 1975: 265~266)은 강제수용소에서의 보상체계와 바깥 세계의 보상체계 사이에 존재하는 분리를 다음과 같이 묘사하고 있다. "수용소에서는 의료보조원, 이발사, 아코디언 연주자가 되는 것이 매우 유리했고, 그 이상의 위치를 감히 넘볼 수 없었다. 당신이 양철공, 유리제조공, 또는 자동차수리공이더라도 그런대로 지낼 만했을 것이다. 그러나 당신이 유전학자 또는 (맙소사!) 예술사학자거나 철학자라면 그때는 고난의 길을 피할 수 없게 된다. 2주 안에 당신은 노역에 시달려 죽고 싶어할 것이다."

다른 한편으로, 겉보기에 전혀 공통점이 없는 일들이 매우 유사한 자격요건을 요구할지 모른다. 피터 로이터, 로버트 맥쿤 그리고 패트릭 머피(Peter Reuter, Robert MacCoun, & Patrick Murphy, 1990)는 워싱턴 D.C. 지역에 거주하면서 마약거래에 관여하는 것으로 파악되는 젊은 사람들 중에서 3/4이 합법적인 일자리에서 수입을 갖고 있으며, 그들의 절대 다수가 고용되어 1주일에 5일 이상을 일하고 있다는 사실을 발견했다. 마약거래로 시간당 더 많은 수입을 올리는 남자들이 역시 합법적인 일로도 더 높은 임금을 지급받는 것으로 드러났다! 잡범 출신 작가인 나단 맥콜(Nathan McCall)에게 이러한 상관관계는 그리 놀라운 사실이 아니다.

"나는 (마약)거래가 보기보다 쉽지 않다는 것을 재빨리 발견했다. 마리화나를 파는 것은 내가 투자하기 바라는 그 이상의 돈과 시간이 요구되는, 하루 종일 뺑뺑이 치는 일이다. …… 나는 마침내 근사한 단골손님 집단을 만들 수 있었는데, 그 역시 문제점이 있는 것을 곧 발견했다. …… 그놈들은 언제나 외딴 곳에서 만나 물건을 전달받기를 바랐는데, 나는 길거리에서 대부분 시간을 보내며 일해야 했던 것이다. …… 마약거래상 사이에서 경쟁은 치열했다. 나는 다른 거래상보다 같은 값에 약간 많은 양을 제시하여 경쟁우위를 가지려 노력했다. 왜냐하면, 내가 마리화나에 약간의 오레가노(oregano, 역자주: 향신료의 한 종류)를 첨가하여 무게를 늘리지 않으면 경쟁자에게 내 수입을 빼앗길 수 있었기 때문이다. 또한, 나는 소문난 효력을 갖고 있는 색다른 브랜드의 마리화나를 갖고 있다는 소문을 퍼뜨려서 손님들을 유인하려 했다. …… 나는 이 사업을 유지하기 위해 거의 회계사 못지않아야 한다는 사실을 깨닫게 되었다. 나는 벌어놓은 돈을 저축하고 다음 장사에 재투자할 수 있도록 그 돈을 잘 관리해야 했다. …… 마침내, 나는 홀로 마약 장사를 하는 데에 너무 많은 일이 요구된다는 것을 알게 되어 한 친구를 채용했다. 그 친구가 나를 위해 마약거래를 나서게 되면서 나는 얼마의 마리화나를 그에게 전해주고 얼마나 되는 수입금을 받아야 하는지를 일일이 챙겨야 했다. …… 나는 결국 좋은 마약거래상이 되기에는 충분한 수련이 안 되어 있는 것을 인정해야만 했다. 마약거래는 그 당시나 그 이후로도 내가 가져본 일 중에서 가장 힘든 것이었다. 오늘까지 마약거래상이 일하기 싫은 게으른 사람들이나 하는 일이라고 사람들이 얘기하는 것을 들으면 절로 웃음이 나온다"(MaCall, 1994: 124~ 127).

간추려 얘기하면, 성공적인 마약거래는 성실성과 규율 그리고 영업·재무·회계·관리의 능력이 요구되는 것인데, 특히 이러한 능력은 다른 종류의 기업경영자와 관리자들에게 기대되는 것과 매우 유사하다.

사용자들은 학력증명서, 경력기준, 기능의 시범 또는 자격증과 같은 다양한 방법으로 노동자를 심사한다. 채용심사는 특히 MIT 대학의 산업생산성위원회(Commission on Industrial Productivity: Dertouzos et al., 1989: ch.6)에서 '유형 A' 국가(예: 미국, 스웨덴, 영국)로 분류한 나라들에서 특히 결정적인 역할을 담당한다. 이들 나라에서는 일본이나 독일과 같이 사용자들이 일반적인 숙련과 전문적인 기능에 대한 훈련을 제공하는 '유형 B' 국가와 달리 매우 전문화된 기능훈련이 공식교육기관을 통해 수행된다. 캐나다에서 진입단계의 직무에 대한 교육요건은 50년 넘게 평가되어온 이들 직무의 인지능력이 복잡해짐에 따라 더욱 높아지고 있다(Hunter, 1988). 달리 얘기하면, 매칭 메커니즘은 기능훈련체계와 매우 긴밀하게 상호작용하는 것이다.

교육에 대한 접근성은 계급·인종·성별에 의해 계층화되어 있기 때문에 (Bowles and Gintis, 1976), 학력증명서에 의존하는 채용심사는 이들 범주에 따라 걸러질 수밖에 없다. 그런데 교육은 노동세계 대부분의 영역에서 고용전망에 거의 영향을 미치지 못한다. 보스턴 인근의 백인 노동자계급 주거지역 세 곳에서 젊은 사람들과 면담조사한 내용에 기반하여 하워드 위엘(Howard Wial, 1991: 406)은 다음과 같이 보고하고 있다. "고등교육은 …… 대학교육을 받은 노동자들에게서조차 (주변 일자리에서 핵심 일자리로 이행하기 위해) 상대적으로 중요치 않은 것으로 무시되고 있다."

경험이나 직무 숙련에 의존하는 채용심사 역시 범주별 불평등을 재생산할 수 있다. 디트로이트 지역의 기계제조업체 인사담당 실장이 모스와 틸리(Moss & Tilly, 1992)에게 밝힌 바에 따르면, 그녀는 흑인 구직자를 채용하지 않는데, 왜냐하면 "내가 기계제조공장에서 일해본 흑인 구직자를 본 적이 없기 때문이다. 일 경험이 우리 작업을 위해 필요한 데 말이다." 이러한 중간 규모의 공장에 일자리를 구하려는 노동자들은 소규모 공장에서 경험과 훈련을 가질 것이 기대되고 있다. 그런데 이 분야의 사업가와 숙련노동자는 절대적으로 백인이 많다. 따라서 소규모 공장의 채용네트워크 그리고 (신규 구직자에게 기능훈련을 제공하는) 이들 공장의 소유주와 노동자들이 가진 선호에 의해 흑인들은 철저히 배제되고 있는 것이다. 로저 왈딩거(Roger Waldinger, 1986~1987: 389)는 뉴욕에서의 비슷한 관찰을 소개하고 있다. "각 집단은 자신들의 첫 자리를 좌우하는 숙련을 갖고 노동시장에 진입하고 있다. 모피 가공의 전통적인 도제훈련이 일반화되어 있는 카스토리아(Kastoria) 지방 출신인 그리스인들은 주로 모피산업에 취업하게 되고, 이스라엘 사람들은 뉴욕·텔아비브·앤트워프에 집중되어 있는 전통적인 유태인 사업인 다이아몬드상가에서 일자리를 구하게 되며, 구자라트 지역 무역상 출신의 인도인들은 소상점인 주인으로 자리 잡고 있다." 이처럼, 종종 숙련은 네트워크를 통해 전수되는 것이다.

채용심사에서의 결정은 명시적이든 암묵적이든 훈련시키지 않겠다는 결정이기도 하다. 이러한 점은 이 장의 도입부에서 소개되었던 젊은 흑인들의 소집단 면담기록(Jobs for the Future, 1995: 7)에서 잘 드러나고 있다.

면담자: 왜 당신이 구하지 못하는 일거리가 있는 것이죠?
피면담자 1: 당신은 그럴 말할 자격이 없어요.
피면담자 2: 미안하지만, 나는 바보가 아니요. 당신이 내게 뭘 가르쳐 준다면, 나는 제대로 일해줄 수 있소. 어떤 것은 좀더 시간이 걸리겠지만, 다른 것들에 대해서는 내가 보다 빨리 작업할 수 있소. 만약 그들이 내게 계속 일자리를 유지시켜 준다면, 나는 잘해나갈 것이오. 그러나 그들 대부분은 당신이 바로 경험을 갖고 들어오길 원하죠.

두 번째의 피면담자가 지적하듯이, 현장기능훈련(on-the-job-training: OJT)과 선행 경험은 서로의 대체물이다. 선행 경험을 요구하려면, 사용자들은 그 선행

조건을 충족시키는 노동자들이 주변의 교육훈련체계 또는 이주자들의 대규모 유입을 통해 충분히 공급될 수 있다는 점에 확신을 가져야 할 것이다. 노동력 부족에 직면하게 될 때, 사용자들은 종종 임금을 높이기보다는 채용조건을 완화할 것이다.

더욱이, 특정 직무에 요구되는 자격조건의 평가와 특정 노동자가 보유하는 자격조건의 평가 모두 변함없이 주관적인 요소를 포함하고 있다. 필립 모스와 크리스 틸리(Philip Moss & Chris Tilly, 1996)의 면담조사에 응한 디트로이트와 LA 지역 사용자들의 절대 다수는 고등학교 이상의 학력을 요구하지 않는 직무들에 대해 가장 중요한 자격요건들 중 하나로 '소프트 스킬(soft skill)' — 감독자·고객·동료 노동자들과 편안하게 응대할 수 있는 태도와 능력 — 을 언급하고 있다. 또한 이들의 다수는 흑인들이 이런 숙련을 결여하고 있다고 지적했다. 그러나 모스와 틸리는 이런 관점이 상당한 고정관념과 문화적 간극에서 비롯되며, 더욱이 상호작용에서의 편안함은 취업예정자에게만 의존하기보다는 감독자·고객·동료 노동자들에 의해서도 좌우된다고 결론내리고 있다. 사용자들의 절대 다수는 사전 면접을 가장 중요한 선발심사 기제로 꼽고 있다. 그런데 LA 지역 공공부문 인사관리 담당직원이 지적하듯이, 다수의 사용자들은 '그들이 면접심사에서 직무와 취업신청자들을 평가하고 심사하는 데 다분히 개인심사자의 편견이 작용하고 있고, 누구도 이로부터 자유롭지 않다'는 점에 동의했다(Moss and Tilly, 1996: 270). 이처럼, 사용자의 선호와 믿음 그리고 이에 기반하는 선택이 자격조건의 비교에 자연스럽게 스며들게 되는 것이다.


## 매칭의 선호

사용자와 노동자의 선호와 느낌 역시 노동자들과 일자리를 연결하는 데 중요하게 작용한다. 선호는 사용자와 노동자들이 (단순히 기업 수익 또는 임금 수준을 높이는 것만이 아니라) 그들의 만족도를 극대화하려는 존재로 간주될 수 있다는 점에서 생산성과 유사한 개념이다. 어느 사용자의 경우 자격조건을 덜 갖추었지만 같은 민족출신인 노동자를 채용하는 것에서, 그리고 어느 노동자의 경우 낮은 임금을 지급하지만 친한 친구들과 어울릴 수 있는 일자리를 선택하는 것에서 잘 나타난다. 이론적으로, 이러한 점은 매칭에 관한 표준적인 신고전학파의 이론적 모형과는 일정하게 동떨어진 것이다. 그런데 실제에서는 이러한 괴리가 더 폭넓게 발생하고 있을 것이다.

과연, (괴리가) 얼마나 큰 것일까? 처음에는 사람들이 선호와 믿음이 엄격한 생산효율성으로부터 매칭을 크게 벗어나게 하지 않을 것이라 가정할지 모른다. 그런데 앞서 인용한 경제학자 데이비드 콜랜더(David Colander)가 지적하듯이 결국에는 "이윤극대화를 도모하는 기업이 그렇게 함으로써 돈벌이가 된다고 생각하면 그런 사람을 채용할 것이다." 노동자의 입장에 대해 젱크스·퍼먼·레인워터(Jenks, Perman, and Rainwarter, 1988)는 무엇이 좋은 일인가에 관한 관점은 인종·성별·연령·학력에 의해 유의하게 변화되지 않는다는 분석결과를 제시하고 있다. 앞서 소개한 소집단면담에 참여하는 길거리의 젊은 흑인들은 약삭빠르게 여가와 임금을 교환할 줄 아는 '경제적 존재(homo economicus)'임을 나타내는 얘기를 다음과 같이 — 적어도 때때로 — 밝히고 있다.

> 면담자: 당신들이 일자리를 찾을 때, 통상 어떤 종류의 일자리를 찾나요?
> 피면담자 1: 당신은 구할 수 있는 일자리 중에서 가장 높은 임금을 주는 것을 찾겠죠. 나 역시 그런 일자리를 찾지요.
> 피면담자 2: 당신이 구할 수 있는 가장 손쉬운 일을 찾지요. 당신은 내가 하는 얘기를 잘 알 것이라 생각되는데, 왜냐하면 그들은 제대로 교육받지 못한 우리를 채용하지 않을 것이기 때문이죠. 당신도 인정하듯이, 당신은 당신이 얻을 수 있는 일자리를 찾아 가겠죠(Jobs for the Future, 1995: 7).

그러나 제5장과 제6장에서 살펴본 바와 같이, 사용자와 노동자는 제한적 합리성(bounded rationality)에 제약받으며 여러 개의 목표를 추구하게 된다.

그 결과는 단순히 잡다한 무정형으로 나타나기보다는 그 변이의 체계적인 패턴을 보이고 있다. 자본주의적 노동시장과 전문직 직업부문은 통상 범주별 불평등을 유지하는 방식으로 조직되어 있다. 사용자들은 비록 무의식적일지라도 종교·계급·인종·민족성·성별·연령 또는 성적 취향에 상응하는 범주별 구분 기준에 따라 일자리를 배치함으로써 이러한 결과(범주별 불평등)가 발생하는 것에 기여하고 있다. 간추려 얘기해서, 사용자들은 자신의 선호와 신념에 기반하거나 채용될 노동자들이 접촉하게 될 고객과 기존 노동자들 그리고 공급업체 사람들의 선호와 신념을 고려하여 특정 범주의 노동자집단을 다른 범주의 노동자집단에 비해 편애하는 방식으로 채용함으로써 차별을 낳고 있는 것이다. 제2차세계대전 이전에 피츠버그 소재의 철강공장에서는 민족출신에 따라 정교하게 그 구분선들이 조성되어 있었다. 그 당시 어느 현장감독자는 '가장 적합한 직무 형태에 따라 피츠버그에 존재하는 36개 민족집단을 범주화하는 세 가지 색깔의 복잡한 도표를 작성하여' 활용했다. 그에 따르면, "동구사람들은 '물건 나르는' 일이나 보일러 화부 그리고 온도와 대기조건이 상당히 변하는 직무에 가장 잘 어울리며, 또한 허드렛일을 '잘' 소화하는 것으로 평가되었다"(Weber & Morawska, 1985: 292~293).

직업 명칭(occupational labeling)은 인종·민족·계급·시민권·성별에 따른 고용 차별을 조장하고 있다. 왜냐하면 그 명칭은 공직자들과 사용자들로 하여금 실제 업무수행과 채용조건에서 유사한 일들의 범주 사이에 분명한 구분선을 긋고 (어떤 이유에서든) 상이한 종류의 노동자들을 선발하도록 장려하고 있기 때문이다. 대규모 제조공장에 일하는 여성 기계공으로부터 아주 생생한 일례를 들을 수 있다.

나는 대형 선반에 일하는 남자들과 똑같은 일을 탁상선반(bench lathe)에서 수행하고 있다. …… 우리는 제품생산을 위해 같은 일을 하고 있다. …… 우리는 같은 장비를 다루고 있고, 동일한 훈련을 받았다. 모든 여성 용접공들은 남자들과 똑같이 회사에서 운영하는 용접학교를 다녀왔다. 우리는 용접공으로 인증되는 동일한 테스트를 통과했다. …… 단 한 가지 차이점은 우리가 훈련을 마쳤을 때 그들은 모든 여성들을 14임률등급의 용접공으로 배치하는 한편 모든 남자들은 18등급의 용접기로 보낸 것이다. 여성들은 남성들보다 소규모 부품을 생산하고 있으나, 우리는 똑같은 숙련을 보유하고 용접작업을 수행해야만 한다. …… 사실, 우리가 남자들의 용접작업 일부를 맡도록 되어 있었으나, 남자들이 이를 싫어하여 결국 관리자가 그 작업 일부를 따로 분리하여 여자들에게, 그것도 보다 값싼 임금으로 수행하도록 하고 있는 것이다"(Reskin & Hartmann, 1986: 49).

모든 종류의 일에서 개인적인 보상의 차이는 동일 직무에 대한 상이한 임금수준으로 나타나기보다는 주로 직무 간의 보상 차이로부터 나타나고 있다. 남녀 임금격차의 대부분은 오랫동안 남성과 여성이 차별적으로 보상되는 성분리의 직무들에서 일하고 있다는 사실에서 비롯되고 있다. 이는 정확하게 '동등한 가치(comparable worth)', 즉 상이한 명칭이 부여되어 있지만 인적자본(human capital)과 현행 업무성과에서 본질적으로 동일한 조건을 요구하는 남성지배적인 직무와 여성지배적인 직무에 대해 동일 임금수준을 강제해야 한다는 주장과 연계되어 있다(England, 1992).

별개의 직업범주로서 사무직 업무가 창출되고 이에 수반하여 이들 직무의 여성화(feminization)가 이루어진 사실에서 인구학적 기준에 따른 직무들의 유형화가 역사적으로 발생하는 전개과정을 잘 살펴볼 수 있다(Miller, 1988). 19세기 말과 20세기 초에 행정업무가 팽창함에 따라 기업들은 관리직으로부터 사무직 업무를 분리하기 시작했다. 그들의 당초 목적은 임금 삭감과 사무직무에 대한 통제 강화에 있었다. 경제활동에 참가하는 여성들이 저임금과 제한된 승진기회 그리고 종속적 지위를 감수하는 노동력을 제공해주는 한편, 남성들은 행정업무 중에서 관리직과 전문직 계층으로 점차 분리·편중되었다. 그 결과, 사무직의 여성화는 별개 직업 집단으로 그 직무의 지위와 저임금을 고착화했던 것이다. 분명한 직업 경계는 사무직 업무와 한때 별로 구분되지 않았으며 지금도 업무수행을 공유하고 있는— 예를 들어 비서와 관리자 사이의 핵심활동으로 남아 있는 업무조율(coordination) — 다른 직업들과의 노동력 이동을 매우 제한하고 있다. 그 과정은 역시 직업의 성분리 현상을 강력하게 만들어내고 있다(<표 9-1>에서 관리자와 비서 직무의 여성 비율을 비교해보라!).

노동자들은 동일한 차별 범주들 안에 직업 틈새(occupational niches)를 통제하고 직업탐색 방식을 조직함으로써 사용자가 만들어내는 직업차별구조를 보완하는 역할을 담당하고 있다. 노동자들은 인종·민족성·성별의 구분선을 넘어서 양질의 일자리가 무엇이라는 점에 대해 합의할 수 있을지라도, 그들 역시 인구학적으로 유사한 사람들과 일하기를 선호하고 있는 것이다(Shellenbarger, 1993b; Tajfel & Turner, 1986). 이러한 사실은 기존의 네트워크가 매칭에 작용하는 힘을 잘 설명해주고 있다. 배제된 집단범주에 속하는 사람이 채용되는 데에 성공했어도, 그 장벽은 여전히 존재하고 있다. 동료 노동자들은 신입 노동자를 환영할 수도, 거부할 수도 있는 것이다. 수잔 아이젠버그(Susan Eisenberg, 1992a)는 미국의 건설부문 숙련직종에 취업하려는 여성들의 이야기로 이러한 점을 잘 예시하고 있다. 여성을 막기 위해 남성 건설 노동자들은 훈련 거부, 멀리하기(shunning), 언어폭력, 태업 그리고 물리적 폭력을 포함하는 다양한 행태를 보였다. 동료 노동자들로부터 환영받지 못하는 노동자집단은 바로 이직하거나 쇠퇴하는 기피직종에 취업하는 경향을 보여주었다.

예비 노동자들은 역시 생활여건과 문화에 기반하는 선택을 하기 마련이다. 한시적인 일자리를 구하는 이주자들과 학생들은 장기간의 훈련기간을 요구하는 직무를 피하게 되고 종종 장기적인 관점에서 보면 바람직하지 못한 일자리를 손쉽게 선택하게 된다. 십대와 육아여성 그리고 노년층의 노동자들은 단시간 근로에 지나치게 편중되어 있다. 여성들은 때때로 무슨 직업이 여성에게 '적절할' 것인가에 대한 내면화된 관점에 입각하여 그들의 직업선택 폭을 제한하고 있다. 적절한 일에 대한 문화적 관습은 다양한 집단들에 대해 매우 중요하다. LA 지역 지방정부 기관에서 생산직 노동자들을 채용하는 중국계 필리핀 출신의 인사담당자가 모스와 틸리(Moss & Tilly, 1992)에 밝힌 바에 따르면, "동양계는 육체적인 노동을 '만족할 만한' 직업으로서 여기지 않기 때문에 (이런 일에) 거의 지원을 하지 않고 있다."

## 매칭의 네트워크

사용자와 노동자가 갖고 있는 선호와 신념체계는 그들이 사람들 간의 네트워크에 연계되어 있을 때 가장 강력히 매칭에 영향을 끼친다(Powell & Smith-Doerr, 1994). 매칭은 사용자들이 필요한 노동자들을 찾는 **채용네트워크**(recruitment network)와 예비 노동자들이 일자리를 찾는 **공급네트워크**(supply network)가 연결되어 성사되는 것이다. 두 종류의 네트워크 모두 언제나 일반 노동경제학 이론들이 가정하는 것보다 작고 선택적인 형태로 존재한다. 그 이론들의 연장선에서 특정 기업 내에서 일자리를 이미 보유하고 있는 노동자들을 중심으로 사용자의 선택이 제한됨으로 내부노동시장(internal labor market)이 (사용자와 노동자 사이의) 거래를 변형시킨다는 주장이 제기되고 있다. 일반 이론들에 따르면, 기업 안에서 경험들을 쌓은 노동자들이 직무이동을 하게 되면서, 그리고 한 직무에서 보인 노동자의 성과정도가 다른 업무의 수행능력에 대한 고급 정보를 제공하기 때문에 내부노동시장이 발전하게 되는 것이다. 외부로부터 충원되는 노동자들은 기업의 특수한(firm-specific) 지식을 결여하고 있으며, 그 능력에 대해 평가하기가 더욱 어렵기 마련이다. 그러나 다시 살펴보면 채용네트워크 — 기업 내부이든 외부이든 — 는 내부노동시장이론들이 제시하는 것보다 실제 사용자들을 위해 더 많은 역할을 수행한다. 그 네트워크가 사용자를 포함하는 후원자와 고객의 돈독한 연결고리를 형성시켜주기도 하고, 채용에 대한 선호(차별로 이어지는)를 촉진하게 하며, 구직 노동자들의 자질에 대한 알선자의 일정한 연대책임을 보장하게 된다.

구체적인 경우에 채용과 공급의 네트워크들이 합쳐져 있다 하더라도, 둘 사이의 구별은 분석적인 관점에서 매우 중요하다. 두 종류의 네트워크는 성별·

민족성·인종·연령·시민권·거주지에 따라 매우 상이하다. 그러므로 이들 네트워크의 결합방식은 어떤 노동자들이 특정 기업에 실제 취업하게 되는지에 대해 강한 영향을 미친다. 그 결과, 다른 기업들의 유사한 일자리에 매우 상이한 종류의 노동자들이 채용된다. 더욱이 그 상호 결합관계가 일단 형성되면 그대로 지속되는 경향을 띠게 된다. 즉, 네트워크 안에 위치한 사람들은 자신과 비슷한 노동자들을 충원하려 하는 것이다. 왈딩거(Waldinger, 1986~1987: 390)가 지적하듯이, "정보와 후원의 네트워크들이 종종 인종적으로 제한되기 때문으로 직종별 폐쇄성을 보이는 경향이 강하다." 실제로 그 효과들은 양방향으로 작용한다. 이주자집단들의 다양한 역사에서 잘 드러나듯이, 공동의 출신지에 기반하는 상호부조와 정보교환은 그 민족성을 강화하거나, 심지어 새로운 민족성을 창조해내기도 한다(Portes & Rumbaut, 1990; Yans-McLaughlin, 1990). 오스터만(Osterman, 1980)은 보스턴 지역에서 흑인 청년과 백인 청년이 갖고 있는 상이한 네트워크들이 그들에게 매우 다른 직업경력을 만들어주는 것으로 언급하고 있다. 네트워크는 역시 성별에 따라 구분되기도 한다. 아이젠버그(Eisenberg, 1992a)는 건설부문 노동자들의 아들이 언제, 어떻게 건설업 도제프로그램을 지원하는지를 쉽게 알고 있는데 여성들이 그 지원을 위해서 매우 각별한 노력을 경주해야 하는 것을 발견했다.

대부분의 일자리 연결은 개인적 접촉과 비공식적인 지역기관들을 통해 이루어진다(Granovetter, 1981, 1986, 1995; Corcoran, Datcher & Duncan, 1980; Holzer, 1987). 네트워크는 중소기업들의 채용에서 핵심적인 역할을 담당한다. 예를 들어 미국에서 전체 노동인구의 40% 이상을 고용하고 있는 50인 미만의 450만 개 중소기업에서는 그러하다(U.S. Department of Commerce, 1988). 그런데 대규모의 관료적인 조직들에서 인종집단들이 특정 부서 또는 사업장 전체를 '독차지'하기도 한다. 이런 경우는 인종구성원들이 이미 다수를 차지하는 작업장 환경에 더하여 네트워크의 선별효과에 의해 초래되는 것이다. LA 지역의 대규모 자동차부품업체에 흑인들이 지원하지 못하는 이유를 물었을 때, 그 회사의 라틴계 대변인은 "아마도 그들(현장 노동자들)이 주위에서 라틴계 사람들만 볼 수 있기 때문"이라고 답변한다(Moss & Tilly, 1995: 26). 더욱이, 앞서 인용한 기계제작업체의 사례에서 논의한 바와 같이 큰 사업장의 사용자들이 이미 네트워크에 의존하여 채용하는 중소기업들로부터 필요한 숙련과 경험을 갖춘 노동자들을 뽑아오면서 인종집단 편중현상이 더욱 강화되는 것이다.

노동자들 사이에 이러한 연고관계의 소문이 널리 퍼져 있다. 어느 폴란드 출신의 이민자가 1970년대에 십 년 전에 가졌던 일자리를 회고하며 다음과 같이 얘기하고 있다.

> 당신이 일자리를 구할 수 있는 유일한 길은 당신을 일자리로 연결시켜줄 수 있는 누군가를 통해서이다. 이러한 사실은 공식적인 지원서류가 단지 농담거리일 뿐 아무것도 아니라는 것을 뜻한다. 그들(현직 노동자들)은 지원서류들을 모두 쓰레기통에 쓸어버리곤 한다. 철도회사의 일자리에 얼마나 많은 사람들이 지원했던가에 관계없이, 나 자신은 처남 덕분에 그곳에 취업할 수 있었다. 병원에서의 일자리 역시 우리 아버지가 넣어준 것이다. 지금의 정육점 일자리도 내가 어울려 운동하던 친구가 마련해준 것이다. 달리 말하자면 당신의 지원서류는 아무 쓸모가 없다는 것이다(Bodnar, Simon & Weber, 1982: 56~57).

노동자들의 관점에서는 채용과정이 순전히 정실주의(favoritism)로 보인다. 사용자들은 하급자들과 채용에 대한 통제권을 둘러싼 다툼을 경험하게 되는 경우, 또는 외부로부터 공정한 채용방식을 요구받게 될 경우에 종종 인사부서를 설치하고 관료적인 채용절차를 마련하기도 한다. 그럼에도 불구하고 사용자들은 선발에 들이는 노력을 줄이고 불확실성을 피하기 위해 여전히 신규 노동자들의 채용과정에서 기존의 우수 종업원들의 선발에 사용되었던 그 네트워크들에 의존하게 된다.

대부분의 채용과정에서 현직 노동자와 예비 노동자들은 사전에 개인적 접촉을 하기 마련이다. 특히 상사가 신규채용을 위해 현직 노동자들에게 일할 만한 사람의 소개를 부탁할 경우에는 더욱 그러하다. 스코틀랜드의 애버딘

(Aberdeen)에 위치한 대규모 생선가공업체의 관리자는 그 공장에서 일하는 여성 노동자들에 대해 다음과 같이 말하고 있다.

나는 그들(여성 노동자들) 사이의 연고관계를 정확히 알고 있지는 못하지만, 그들이 많은 가족관계를 갖고 있는 것은 사실이다. 그들을 통해 소개받은 사람들은 이직률이 낮고, 더욱이 좋은 일꾼들이라서 크게 만족하고 있다. 우리(관리자들)는 신입사원들을 교육시키지 않는다. 문제만 발생하지 않으면 그저 우리는 가만히 있고, 그들이 알아서 젊고 좋은 일꾼을 데려와 알아서 훈련까지 시켜준다. 신입사원들이 취업 이전부터 알고 있는 사람들과 같이 일하면서 잘 지낼 수 있다면 정말 이보다 좋은 채용방식이 존재하겠는가(Grieco, 1987: 13).

이러한 채용절차는 크게 노동시장 정보의 수집비용을 낮춰주는 한편, 차별적으로 선별하는 기존의 채용방식을 더욱 강화한다. 미국 중소기업들에 대한 1993년의 설문조사에 따르면, 이들 기업의 88%가 기존 종업원들과 연고관계를 갖고 있는 사람들을 주로 채용하는 것으로 나타나고 있다. 6,700명을 고용하고 있는 대형 인쇄공장에서 그 종업원들의 절반이 다른 노동자들과 친척관계를 가지고 있는 것으로 드러나기도 했다(Shellenbarger, 1993a).

매칭에 대한 네트워크의 지배적인 영향을 가장 극명하게 보여주는 사례는 특정 직업의 노동력 공급에 대해 장거리 이주자들의 네트워크가 형성되어 거의 독점적인 영향력을 행사하는 것에서 찾아볼 수 있다. 연쇄이주(Chain migration)는 한 출신지역으로부터 특정 지역으로 집단적으로 이동한 이주자들이 양쪽 지역의 경제활동 여건에 따라 왕복 이동을 촉진하는 정보와 지원을 제공하는 복수의 연고관계가 유지되는 현상을 의미한다. 이러한 이주방식은 노동력의 대규모 이동유형 중에서 가장 오래되고 중요한 역사를 가지고 있다. 연쇄이주방식에서는 이주자 개인들이나 그 가족들이 ① 출신지역의 친척들에게 자주 상당 금액을 송금하고 있으며, ② 출신지역에 적잖은 재산이나 사업체를 보유하고 있고, ③ (해당 민족의) 의례행사를 위해, 이주 지역의 휴일 기간에,

그리고 은퇴 이후에 출신지역으로 돌아가며, ④ 이주 지역에서 출신민족의 정체성과 집단생활을 형성하고, ⑤ 결혼 역시 출신지역의 장거리 연고를 통해 성사되고 있다.

일단 특정 일자리들에 대한 공급네트워크가 확립되면, 연쇄이주의 흐름은 그 구성원들과 사용자들 모두에게 유리하게 작용한다. 노동자들의 입장에서 패사니(paesani, 역자주: 이탈리아의 시골 동향사람들)는 취업기회에 관한 정보를 고향에 전해주고 이주 지역에서의 정착을 위해 정보·숙식·동료관계·집단적 정체성·구직활동 등의 다양한 지원을 제공한다. 사용자들의 입장에서는 이주 자들이 유연하고, 특히 해고 가능한 노동력을 제공한다. 또한, 그(이주자)들은 그 특성들이 잘 알려져 있고, 일자리를 중심으로 어느 정도 연대감을 형성하고 있으며 잘못된 행동에 대해 그들 자체의 집단적인 규율이 가능하기 때문에 적절한 수준의 직무성과를 보장해준다.

이와 유사한 과정 — 물론 축적된 자본과 신용관계가 핵심요소로서 존재해 야 한다는 점을 제외하면 — 을 민족 기업(ethnic enterprises)의 설립에서 찾아볼 수 있다(Light & Karageogis, 1994). 1970년대 후반의 LA 지역에서 3,000평방피 트(역자주: 약 84.3평) 넓이의 식당을 개업하기 위한 초기 3개월의 소요비용으로 대략 25만 달러가 필요하며, 주유소 임대를 위해서는 최저 5만 달러 가까운 비용이 필요했다(Light & Karageorgis, 1988: 243). 그러한 사업을 시작하기 위해 한국계 이민자들은 그들 고향사람들이 운영하는 신용부금, 즉 '계(契)'에 크게 의존했다. '계'는 이민자들 사이에 이미 형성되어 있는 연대감으로부터 시작되 었지만, 그 운영과정에서 회식자리와 경조사 부조를 통해 그리고 좋든 싫든 서로의 직업경력에 간여하게 되어 새로운 연대감을 만들어주고 있다. 계모임 을 밑천 삼아 시작하는 소규모업체들은 보통 단일 가구 중심으로 가족들의 무급노동을 활용하고 있는 한편, 일정 규모 이상의 사업체에서는 전형적으로 동료이주자들의 친척들을 고용하고 있다. 따라서 이주-신용관계-기업활동-고 용이 서로 긴밀하게 묶여 있어 비한국계를 실제적으로 배제하는 폐쇄적인 시스템이 유지되고 있는 것이다.

그 폐쇄 정도는 다양하지만, 이러한 시스템들은 미국에서뿐 아니라 세계 어느 곳에서도 기업활동과 고용의 영역에서 크게 번성하고 있다. 그라노베터(Granovetter, 1995: 140~141)가 보고한 바에 따르면, 최근 설문조사에서 영국 노동자들의 30~40%가 친구와 친척을 통해 일자리를 찾는 것으로 나타났다(Harris et al., 1987: 94; Fevre, 1989: 92). 같은 조사에서 일본 노동자의 35%(그리고 도쿄 지역 남성 노동자의 55%) 그리고 네덜란드 경영자들의 61%가 개인적 인간관계를 통해 일자리를 찾고 있는 것으로 밝혀지고 있다(Watanabe, 1987; Boxman, DeGraaf & Flap, 1991).

어느 정도 지리적 범위를 넘어서는 네트워크의 연고관계는 전형적으로 공간적 인접성 또는 거리에 의해 지배되고 있다. 예를 들어 최저임금에 가까운 급여를 주고 있는 소규모 공장 사용자의 경우 이웃주민들의 취업 대부분이 상호 네트워크를 통해 이루어지고 있다. 그런데 그 공장의 위치가 거기서 일할 사람들을 결정하는 핵심 요인으로 작용한다. 왜냐하면, 최저임금의 일자리를 위해 예비 노동자들은 장거리 통근할 여유가 없기 때문이다.

따라서 미국에서는 거주공간의 인종적인 분리가 일자리 접근에 결정적인 영향을 미친다(Jencks & Mayer, 1990; Kirschenman, Moss & Tilly, 1996). 평범한 숙련을 요구하는 일자리를 제공하는 사업체들(특히 제조업체들)은 흑인들의 밀집 거주지역으로부터 더욱 멀어진 근교지역으로 이동하고 있다. 사업장 위치가 부분적으로는 부동산 가격 또는 고속도로 접근과 같은 '중립적인' 사업 관련 이유로 인해 이동했다. 그러나 사용자의 위치선택이 종종 그 지역의 인종과 계급구성과 관련된 요인들에 좌우되기도 한다. 실제, 그들은 범죄율이 높거나 노동자들의 자질을 의심하여, 또는 단순히 불편하게 느껴 특정 지역을 기피한다. 결과적으로 일자리와 소수인종 간의 '공간적 불일치(spatial mismatch)'는 세 가지 방식으로 일자리 접근에 영향을 미친다. 첫째, 교통비용이 장거리 구직자들에게 장애요인으로 작용한다. 물리적 거리로 인해 소수인종 밀집지역의 통근비용이 크게 증가한다. 둘째, 다른 조건이 동일할 경우 그 거리가 멀수록 구인 정보를 얻기 어렵게 된다. 핵심 정보를 제공해주는 네트워크가 부분적으로는 지역적인 제약을 받고 있는 것이다. 그런데 그 외의 조건이 언제나 동일하지 않다. 장거리의 연쇄이주가 보여주듯이, 물리적인 거리가 변함없이 장애요인으로만 작용하는 것은 아니다. 셋째로, 대부분 소수인종의 취업지원자들에게는 그들의 거주지역과 연관되는 낙인(stigma)이 찍혀 있다.

사업체의 위치선택은 채용네트워크에 의해 좌우된다. 즉, 노동력에 대한 접근성이 위치 선정을 위한 핵심적인 고려요인의 하나인 것이다. 그러한 선택들은 역으로 채용네트워크를 변화시키기도 하는데, 일자리에 대한 지리적인 접근성이 기존의 네트워크를 강화하기도 하고, 새로운 네트워크를 형성하기도 한다. 공장 이전을 둘러싼 극적인 사례들이 많지만, 이러한 공간적 효과는 기존 설비의 재배치가 아니라 신규 사업의 위치에 의해 기본적으로 작동한다. 그리고 일자리는 기본적으로 적정한 지리적 범위에 의존하게 되는데, 이를테면 소상점의 경우 걸어서 통근할 수 있는 거리의 노동자들을 채용하게 되며, 다국적기업의 경우에는 다른 대륙 출신의 최고경영자를 선발하기도 한다.

## 매칭의 협상과 관성

매칭의 결과는 이해당사자들 사이의 협상에 의해 좌우된다. 협상은 둘 이상의 당사자들이 미래의 성과에 대한 합의에 따라 보상, 처벌, 위협, 그리고 약속을 교환하는 상호작용으로 구성된다. 협상은 이해당사자들의 요구가 상호간에 집단적으로 제기되는 것인 만큼 분쟁으로 발전되기 마련이다. 갈등들이 늘 협상을 통해 해결되는 것은 아니다. 많은 경우에 노동자들과 사용자들은 고용 상황에 대한 불만을 표출함에 있어 앨버트 허쉬만(Albert Hirshman)의 표현에 따르면 '목소리 내기(voice)'보다 '퇴장하기(exit)'를 선택한다. 구체적으로, 개별 노동자들은 직장을 그만두거나 문제의 사업 분야에서 일자리를 찾는 것을 포기하게 되고, 사용자들은 종업원들을 해고하거나 바로 채용할 수 없게 된다. 그런데 협상은 외부노동시장과 내부노동시장 모두에서 등장한다. 장거리 이주의 사례에서 보여주듯이, 특히 노동공급에 대한 심각한 장애요인이 존재할 경우 외부노동시장에서 협상이 발생하게 된다. 미국의 역사에서 아프리카 노예무역, 철도공사를 위한 중국인 남자들의 이주, 그리고 멕시코 농장노동력의 수입은 정부와 사용자 및 다른 이해당사자들 간의 협상과 통제로부터 비롯되었다. 작은 예로서 제1차세계대전의 노동 부족 기간에 헨리 포드(Henry Ford)가 인종분리정책을 유지해오던 디트로이트 지역의 포드공장들에 남부지역의 흑인 노동자를 충원하기 위해 흑인 종교지도자들을 설득한 사실을 상기해볼 수 있다(Granovetter & Tilly, 1988).

협상은 내부노동시장에서 더욱 현저하게 나타난다. 내부노동시장에서는 노동자들이 기업특수적인 지식을 보유하고 생산의 속도와 훈련의 질에 대해 어느 정도 통제력을 행사하고 있으며, 집단적인 행동을 조직할 수 있는 기회를 갖고 있다. 노동자들은 특정 집단을 배제하기 위해 협상을 이용하게 된다. 이러한 예는 담배제조 노동조합들이 그 산업에서 중국인 노동자들이 취업하는 것을 막았던 사실에서 확인된다. 19세기 말에서부터 20세기 초반에 사용자들이 노조의 파업을 깨기 위해 이전에 배제되어온 인종 출신의 노동자들을 대거 사용했다. 그 결과, 파업의 성패여부가 그 산업 또는 사업장에서의 인종구성에 종종 중대한 영향을 미쳤다. 비슷하게, 전국농장노동조합(the United Farm Workers)은 1960년대와 1970년대에 캘리포니아 지역의 목장들을 조직화하면서 미국에 거주하는 중국계, 필리핀계 그리고 중동계 노동자들을 정착시키는 데에 주력한 반면, 반노조의 농장주들은 종종 이들을 멕시코 이주자들로 대체하려 했다. 1970년대와 1980년대의 경제·재정적인 불경기로 인해 민간부문과 공공부문의 일자리가 크게 줄어들게 되자, 많은 노동조합들은 정리해고에 대한 '선임권(seniority)' 원칙을 고수했던 반면, 일부 정부기관과 사용자들은 낮은 근속년수의 여성과 흑인들에게 일자리를 제공하기 위해 적극적 우대조치(affirmative action)를 준용하는 정리해고 규정을 도입하려 했다. 이 모든 경우에서 협상은 분쟁의 수준으로 발전하게 되었다. 노동조합과 같은 노동자집단들이 사용자들과 대립하면서 나라를 분쟁의 소용돌이로 몰아넣었던 것이다.

노동자들의 하위 집단들은 — 노동조합이 있든 없든 — 종종 자신의 요구를 관철하기 위해 협상을 활용한다. 하나의 공통적인 관행은 어느 노동자집단이 나 자신의 집단으로부터 감독자를 선발하도록 요구하는 것이며, 이렇게 선임 된 감독자는 그 집단에 속해 있는 노동자들을 우선적으로 채용하게 된다. 크리스 틸리(Chris Tilly, 1989a)에 따르면, 1970년대와 1980년대 많은 보험회사 에서 여성종업원과의 협상을 통해 파트타임 전문직이라는 새로운 직무범주가 만들어졌다. 그 여성들은 직장생활 중에 출산하게 될 경우 같은 수준의 급여와 복지혜택을 보장하는 파트타임 일자리를 요구했던 것이다. 보험회사들이 여성 직원들의 전문성을 쉽게 대체할 수 없었기 때문에 그들의 요구에 굴복했다. 이전 시기라면 회사를 떠나야 했을 여성들이 지금은 전문직 일자리를 유지할 수 있게 되었다.

협상에 참여하는 당사자들은 각각 그 협상과정에 독특한 자원들(예: 강압적 권력, 정당한 요구, 특수지식 등)을 동원한다. 그 당사자들은 사용자와 구직노동자 를 넘어서 현직 노동자, 노동조합, 노무용역 사업자, 정부, 그리고 다른 조직들 까지를 포함한다. 당사자에게 가장 중요한 자원이 종종 강력한 다른 당사자와 의 연대이다. 실제, 매칭과정을 통해 차별적인 배제를 경험한 집단의 구성원들 은 제3자, 특히 국가에 제소하여 구제받기도 한다. 예를 들어 1970년대 후반에 여성들이 건설업종에 취업하기 시작했을 때, 그들은 연방정부가 노동조합과 노무용역 사업자들에 대해 압력을 행사했기 때문에 도제프로그램(apprentice-ship program)의 혜택을 받을 수 있었다. 노동조합들은 한편으로 수습도제 신청 자격에 대한 연방정부의 요구사항에 순응했지만, 다른 한편으로 적대적인 남성 동료 노동자들로부터 여성 취업자들을 보호하기 위한 노력을 경주하지는 않았다. 1981년에 정권이 바뀌자 연방정부의 압력이 완화되면서 건설업종의 취업 여성 노동자 수는 감소하게 되었다(Eisenberg, 1990, 1992a, 1992b).

마지막으로, 관성이 노동자와 일자리를 연결하는 데에 적잖은 영향을 준다. 우선, 관성은 누가 — 개별적으로든, 소속집단별로든 — 특정의 일자리를 보유 하게 되는지에 대해 크게 영향을 미친다. 아더 스틴치콤(Arthur Stinchcombe,

199b: 253)이 지적하듯이 "전반적으로 사용자들의 핵심적인 제도적 특성은 대체로 지난해와 마찬가지로 같은 일에 같은 노동자를 고용할 것이라는 점이다." 일용직 인력(daily labor)의 노동시장은 전형적인 형태라기보다는 예외에 해당된다. 그리고 어느 노동자를 대체할 때, 동일한 채용·공급네트워크들은 기득권에 기반하는 협상을 통해 기존 구성원들의 인종·민족성·성을 재생산하는 경향을 보인다. LA 지역에서 일하는 건물청소 용역업체의 관리자가 필립 모스(Philip Moss)와 크리스 틸리(Chris Tilly)에게 다음과 같이 밝히고 있다.

> 만약 여기(병원)의 주변지역에, 이를테면, 히스패닉계 인구들이 밀집되어 있다면, 입소문을 통해 흑인들은 이곳에서는 전혀 직업을 구하려 하지 않을 것이다. 만약 어떤 지역에 기본적으로 흑인이 다수를 차지한다면, 히스패닉계 사람들은 그곳에서 취업하려 하지 않을 것이다. 내게 떠오르는 일례로서 대부분 어느 회사에 흑인들을 중심으로 청소부팀을 구성했을 경우 그 팀의 관리자가 히스패닉계 사람이라 하더라도 히스패닉계 사람이 일하게 되기는 매우 어렵다. 당신이 흑인과 히스패닉계 사람들의 차이를 애기할 때, 직장에 있는 흑인들은 매우 고립되어 있는 느낌을 갖게 될 것이다. 왜냐하면, 히스패닉계 사람들은 한데 몰려 일하면서 자신의 모국어로 이야기를 하고 있으니 나를 포함한, 어떤 흑인도 자동적으로 그 히스패닉계 집단 밖에 있는 느낌을 갖지 않을 수 없기 때문이다(Moss & Tilly, 1992).

다음으로, 관성은 매칭 절차 그 자체를 안정화한다. 노조의 취업알선센터, 일용노동시장, 채용네트워크, 그리고 구인광고절차 모두는 일단 자리 잡히면 다른 기존의 메커니즘들과 동일한 이점을 가지게 된다. 사용자의 입장에서든, 구직자의 입장에서든 공통적으로 현행 매칭의 접근방식을 고수하려는 기득권이 증대하게 되는 것이다. 따라서 예를 들어 영국과 미국에서 탄광의 노동력을 주로 기존 광부의 가족에서 충원하는 세대 계승의 방식은 상당한 기술변화와 아동노동 금지법률, 그리고 증가된 노동계층 이동을 겪게 되면서 비로소 근본적인 변화를 보이게 되었다.

탈숙련화(deskilling)와 숙련향상(upskilling)을 둘러싼 갈등에서 잘 드러나듯이 직무자격요건도 역시 관성을 갖고 있다. 예를 들어 많은 병원들이 간호사를 대신하여 저임금의 간호보조원을 채용하여 환자 목욕·급식과 침대정리와 같은 간호 업무를 수행하도록 하고 있다. 그러나 예상되는 바와 같이 간호사들이 크게 저항함에 따라 그러한 인력정책의 변화가 더디게 진행되거나 아예 중단되기도 했다. 그 같은 변화의 효과적인 추진을 위한 교육사업을 맡고 있는 의료컨설팅회사인 에이피엠(APM Inc.)의 관리파트너는 다음의 사실을 인정하고 있다. "이것은 매우 힘든 일이다. 우리가 직급을 줄이려 하면 사람들이 난리를 친다. 그런데 당신이 아무 잡음 없이 이러한 일을 추진할 수 있겠는가?"(Anders, 1995: B1). 다른 한편으로, 사용자들(또는 노동자들)은 다른 사회적 관계를 유지하기 위해 직무구조를 분명하게 바꾸기도 한다. 어느 대형 출판사를 상대로 성차별 소송사건이 접수되었을 때, 이 회사는 몇몇 여성종업원들을 편집직원이라는 새로운 직책으로 승진시켰는데, 그와 동시에 '선임편집직원'이라는 직책을 만들어 여러 남성종업원들을 그 자리로 승진시켰다. 폴 오스터만(Paul Osterman, 1979: 463)에 따르면, "이러한 회사의 조치는 남녀 간의 신분차이를 유지하기 위해 직무구조를 교묘히 이용하고 있는 현실을 잘 보여주고 있다."

## 매칭의 종합

생산성, 네트워크, 협상, 그리고 관성의 상호작용은 늘 같은 방식은 아니지만 집단 간의 불평등을 재생산하고 있다. 이러한 상호작용은 시공간을 넘어 노동자집단들과 일자리들 사이에 매우 상이한 결합형태를 만들어낸다.

사회마다, 심지어 서구 사회에서조차, 성별로 무슨 일을 하게 될지 기대되는 정도가 매우 다양하다. 예를 들어 덴마크, 폴란드, 그리고 소련에서는 치과

의사들이 기본적으로 여성인데, 이는 미국에서 93%의 치과의사가 남성인 것과
는 매우 대조적이다. …… 소련에서 의사와 도로청소부 대부분은 여성이다.
…… 산업사회를 넘어설 경우 그 다양성은 더욱 커진다. 서양에서 주로 여성들
이 담당하는 가정부 일을 인도에서는 전형적으로 남성들이 맡고 있고, 또한
건설업종의 일자리를 남녀가 대등하게 점유하고 있다. 서아프리카 여성들은
다른 나라들의 경우 남성들이 주로 수행하는 매우 조직적인 장거리무역 업무에
상당수 참여하고 있다(Reskin & Hartman, 1986: 7).

크리스 틸리는 보스턴 지역 병원과 샌프란시스코 지역 병원에서 일했던 의료기
록 사무직 일자리에서 이러한 다양성을 경험했다. 그 일자리들은 본질적으로
동일한 것이었음에도 불구하고, 보스턴 지역의 의료기록보관실에서는 그 직무
가 여성들의 일로 간주되고 있는 반면, 샌프란시스코 지역의 의료기록보관실
에서는 필리핀계 남성들이 다수를 차지하고 있으면서 그 일이 여성에게는
부적합한 중노동으로 인식되고 있다. 불평등과 직업분절성은 특정 네트워크
또는 노동자집단에 대한 일자리의 특수한 매칭이라기보다는 항상적인 형태로
존재한다.
　네트워크에 의해 매개된 채용의 상이한 결과로서 대부분의 지역 수준의
노동력은 인종·민족출신·성별에 따라 분리되어 있다. 국가수준으로 합산할
경우에 지역 간 편차가 사라지기 때문에, 지역 수준의 직업구성을 살펴보면
우리가 앞서 검토한 국가 수준의 자료에 비해 훨씬 강한 분절성이 드러나게
된다. 예를 들어 1971년 당시 토론토에서는 이탈리아계 남성들이 다른 민족출
신 남성들에 비해 벽돌공이나 타일부착공(tile setter)이 될 가능성이 16.8배
높았으며, 이탈리아계 여성들이 비이탈리아계 여성보다 봉제업에 취업할 확률
이 11.5배 높았다. 또한, 이탈리아계 남자들은 이발사(14.4배), 건설일용직(12.6
배), 미장이(11.4배), 그리고 굴착공사 또는 도로포장(6.0배)의 일자리에 과도하
게 집중되어 있었다. 다른 민족 출신의 일자리 집중에 대해서는 <표 9-2>를
참조할 수 있다.

<표 9-2> 민족성과 직업의 상호관계(1990년)

(단위: %)

| 출신 민족 | 남성 | 여성 |
|---|---|---|
| 유태인 | 의료보건 10.2 | 영업감독자 4.3 |
| 포르투갈계 | 건설노동 9.2 | 청소부 10.3 |
| 중국계 | 요리사와 웨이터 5.2 | 봉제노동 3.5 |
| 서인도 출신 | 의료보건 3.9 | 간호사보조 7.1 |

자료: Breton, Isajiw, Kalbach and Reitz(1990: 166).

중국인 식당지배인과 유태인 의사와 같이 민족출신들의 전형적인 직업분포가 손쉽게 눈에 띄는 것은 우연이 아니다. 이러한 전형들은 타당성을 가졌던 시기를 지나서도 종종 계속 유지됨으로써 일자리와 사업체의 범주별 차별성을 더욱 심화시키고 있다.

차별성은 누구를 포함시키고, 누구를 배제하는 것을 의미한다. 그러므로 그것은 불평등을 낳게 된다[보다 상세한 논의를 위해서는 그라노베터와 틸리(Granovetter & Tilly, 1988)를 참조할 것]. 우리의 분석이 맞다면, 고용관계에서 범주별 차별성의 확인과 설명, 그리고 해소법은 신고전학파 연구가 통상 제시하는 것보다 훨씬 복잡해진다. 신고전학파의 분석은 직무배치의 차별성을 단지 다음의 두 가지 요인으로 좁혀 간결하게 설명하고 있다: ① 한계생산성(인적자본에 의존할 것으로 예상되는) 더하기, ② 사용자·노동자·소비자의 외생적인 (exogenous, 外生的) 선호[차별에서 구체화되거나(Becker, 1957), 차익으로 보상되는 (Rosen, 1986)]. 우리의 다소 거친 대안적 분석에 따르면, 직무 배치가 복수의 행위자들 사이의 끊임없는 협상에서 비롯된다는 점, 사용자와 구직자 모두 매칭과정에서 분절화된 네트워크를 크게 활용하고 있다는 점, 사용자들과 기존의 취업 노동자들이 순전히 구직자들의 숙련에만 관심을 쏟는 것이 아니라는 점, 모든 당사자들이 기업 안에서 그들의 권력과 특혜와 위세 그리고 자율성을 유지할 수 있도록 연대감을 새로 만들거나 유지하려는 많은 노력을 경주하고 있다는 점이 제시된다. 노동차별성에 대한 이러한 논의는 다음 장의 임금과 승진에서도 계속될 것이다.

# 제10장 노동의 불평등: 임금과 승진

## Inequality at Work: Wages and Promotion

## 인적자본(Human Capital)이론을 넘어

임금수준을 결정하는 것은 무엇인가? 의심할 여지없이 임금결정에 대해 가장 폭넓게 받아들여진 이론이 인적자본이론이다. 보다 생산적인 노동자가 더 많이 받고, 인적자본(능력과 숙련)이 대부분 생산성을 결정하게 되며, 사람들이 천부적으로 그리고 자신의 투자에 의해 인적자본을 갖게 되는 수준은 매우 차이가 크다. 그러나 인적자본이론이 설명하지 못하는 것도 적지 않다. 표준적인 인적자본 연구는 개인들 사이에 임금격차의 얼마만큼이 인적자본의 차이에 의해 설명될 수 있는지를 발견하기 위해 주로 회귀분석을 이용하고 있다. <표 10-1>은 에리카 그로센(Erika Groshen, 1991)에게서 차용한 것으로 그 분석의 전형적인 결과를 보여주고 있다.

자세하게 논의할 필요 없이 개인의 교육과 연령이 인적자본 변인에 해당된다. 연령은 불완전하지만 노동력의 경험을 대표함과 동시에 나이가 들면서 축적되는 삶의 지혜를 함축하기도 한다. 연령의 제곱값은 수학적으로 어느 한계까지 그 연령이 긍정적인 영향을 미치다가 그 이후에 부정적인 방향으로 변화되는지의 비선형 관계를 규명하기 위해 포함되어 있는 것이며, 실제 그러한 것으로 판명되고 있다. <표 10-1>에서는 인적자본이론이 개인들 간의

<표 10-1> 미국에서의 개인 간 임금격차에 대한 변인들의 설명력(1990년)

| 독립변인 | 임금격차의 설명 비중 |
|---|---|
| 교육년수, 연령, 연령$^2$ | 26% |
| 교육년수, 연령, 연령$^2$, 직업 | 42% |
| 교육년수, 연령, 연령$^2$, 직업, 인종, 성별, 조합원지위 | 48% |
| 교육년수, 연령, 연령$^2$, 직업, 인종, 성별, 조합원지위, 산업 | 51% |

주: 표본은 미국 내 비농산업에 종사하는 18~54세 연령의 임금노동자 전체를 포괄하고
있음. 종속변인은 시간당 소득의 자연대수값임. 직업과 산업은 중분류(두자릿수) 수준의
더미변인을 지칭함.

자료: Erica Groshen, "Five Reasons Why Wages Vary Among Employers," *Industrial
Relations* 30(1991), pp.350~381, Table 1.

임금수준 차이에 대해 약 1/4 정도만을 설명하고 있는 것으로 드러났다. 개인의
직업·산업·인종·성별·조합원 지위를 고려할 경우, 그 설명력은 두 배 정도
증가하지만 여전히 임금격차의 남은 49%는 설명되지 못하고 있다.

보다 상세한 연구들이 같은 지역 안에서 유사한 사업장과 유사한 일자리
가운데에서조차 적잖은 임금차이가 있음을 발견하면서 그 성가신 49%를 부각
시켜주고 있다. 랭턴과 페퍼(Langton & Pfeffer, 1994)는 그러한 연구들을 다음과
같이 인용하고 있다.

- 존 던롭(John Dunlop, 1957)은 보스턴 지역에서 고철을 실어 나르는 트럭운
  전기사가 시간당 1.27달러를 받는 반면, 잡지를 운송하는 트럭운전기사가
  같은 노동조합 소속임에도 불구하고 시간당 2.49달러로 거의 두 배의 임금을
  받고 있는 것을 발견했다.
- 도날드 트라이맨과 하이디 하트만(Donald Treiman & Heidi Hartmann,
  1981, <표 12>)은 미국 노동통계부의 지역임금조사(현재는 직종임금조사
  로 개칭됨)에 의해 특정 대도시 지역 안에서 세분화된 직업별로 지급되는
  임금의 격차가 크다는 것을 지적하고 있다. <표 10-2>에서 이러한 격차를
  잘 보여주고 있는데, 1990년대 초반 애틀랜타, 디트로이트, 로스앤젤레스
  지역에서 6개 직업에 대한 최고임금과 최저임금 간의 상대적 비율을 예시하

<표 10-2> 미국 대도시 지역에서의 임금격차(1990~1991년)

| | 임금총액 기준 최저임금 대비 최고임금 비율 | | |
|---|---|---|---|
| | 애틀랜타 | 디트로이트 | 로스앤젤레스 |
| 시간당 임금(정규근로) | | | |
| 트럭 운전기사 | 2.3 | 2.9 | 4.3 |
| 지게차 조작원 | 2.9 | 3.5 | 3.0 |
| 건물 관리/청소부 | 3.8 | 3.8 | 3.8 |
| 주당 임금(정규근로) | | | |
| 접대원(receptionist) | 2.0 | 2.7 | 2.3 |
| 간호사 | 1.7 | 1.5 | 1.8 |
| 컴퓨터 프로그래머 수습단계 | 2.1 | 1.9 | 2.2 |
| | 중위임금 기준 최저임금 대비 최고임금 비율 | | |
| | 애틀랜타 | 디트로이트 | 로스앤젤레스 |
| 시간당 임금(정규근로) | | | |
| 트럭 운전기사 | 1.8 | - | 1.4 |
| 지게차 조작원 | 2.0 | 1.3 | 1.3 |
| 건물 관리/청소부 | 1.2 | 1.8 | 1.5 |
| 주당 임금(정규근로) | | | |
| 접대원(receptionist) | 1.4 | 1.3 | 1.2 |
| 공인간호사 | 1.1 | 1.2 | 1.3 |
| 컴퓨터 프로그래머 수습단계 | 1.5 | 1.3 | 1.2 |

주: 중위임금(middle range)은 전체 노동자의 임금을 4등분하여 상위 1/4과 하위 1/4을 제외하고 남은 집단의 임금분포로 정의함. 간호사는 애틀랜타와 로스앤젤레스 지역에는 공인산업간호사(registered industrial nurses)만을 대상으로 하며, 디트로이트 지역에 대해서는 1급 공인간호사만을 지칭함.

자료: U.S. Bureau of Labor Statistics, *Area Wage Survey: Los Angeles-Long Beach, California, Metropolitan Area, December, 1990.* Bulletin 3055-55(1991); U.S. Bureau of Labor Statistics, *Area Wage Survey: Atlanta, Georgia, Metropolitan Area, May 1991.* Bulletin 3060-14(1991); U.S. Bureau of Labor Statistics, *Occupational Compensation Survey: Pay and Benefits-Detriot, Michigan, Metropolitan Area, December, 1991.* Bulletin 3060-60(1992).

고 있다. 임금총액을 기준으로 살펴보면 어느 도시의 어떤 직업이든 최저임금 대비 최고임금의 비율이 최대 4배를 넘고, 적어도 2배에 가까운 차이를 나타낸다. 임금의 상위 1/4과 하위 1/4을 제외하는 '중위임금(middle range)'에 초점을 둘 경우, 최고임금이 전형적으로 최저임금에 비해 30% 이상 높은 것으로 나타나며, 몇몇 경우에는 거의 2배에 달하고 있다. 예상대로, 이전 가능한 인증된 숙련도를 갖고 있는 공인간호사들이 가장 작은 편차를 보인다. 건물관리청소부들이 가장 큰 격차를 보이는데, 이 직업을 위해 요구되는 제한된 숙련수준을 전제할 때 그들의 임금은 고용 사업장을 둘러싼 제도적 여건에 훨씬 더 좌우되는 것이다. 다른 보상 형태에서의 격차는 더욱 크다 (U.S. Bureau of Labor Statistics, 1991b). 애틀랜타 지역에서 생산직 노동자들의 유급휴일도 0~16일로 상당한 격차를 나타낸다. 5년의 근속 이후 사무직 사원들에게 제공되는 휴가일수 또한 0~8주로 큰 편차를 보여주고 있다.

• 조나단 레너드(Jonathan Leonard, 1989)는 <표 10-2>에서 보여주는 동일직업 내 상위-하위 임금격차가 캘리포니아 주의 두 개 군에 위치하는 전자산업 내부에 존재하는 것을 확인했다. 비서·건물관리청소·증권서기·생산직 감독자에 대해 최고임금을 지급하는 기업이 최저임금의 기업에 비해 두 배 이상을 지급하고 있다.

이렇게 임금격차의 상당 부분이 설명되지 않는다고 해서 인적자본 모형이 무의미한 것은 아닐 것이다(Baker, Jensen & Murphy, 1988). 임금 차이의 설명되지 못하는 부분이 능력과 그로 인한 생산성의 관찰되지 않은 격차에 기인할 수도 있는 것이다. 그러나 보다 만족스러운 접근은 보상과 다른 포상기제들에 대한 한결 더 풍부한 연구모형을 만들어보는 것이다. 우리의 분석틀 안에서 보상을 여러 인센티브 중의 하나로 고려하면서 이러한 탐구를 시작해보기로 한다.

## 인센티브체계

인센티브시스템은 보상에 강제와 헌신을 결합하고 있다. 인센티브의 체계적인 편차는 <그림 8-1>과 <그림 8-2>에서 예시하는 노동지도 안에서 확인해볼

<그림 10-1> 노동계약의 유형들

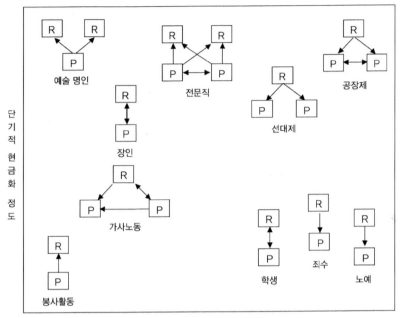

수 있다. 편의상 <그림 8-1>을 <그림 10-1>로 다시 제시하기로 한다. 강제, 보상, 그리고 헌신이 그 지도상에 어디에 위치하는 것인가? <그림 10-1>을 중심으로 살펴보면, 강제집약적인 노동계약은 낮은 현금화와 높은 시간규율의 구역(우하단)에 집중되어 있으며, 그 구역에서는 노동의 수령자(recipient)에게 권력이 집중되어 있기 마련이다. 순수한 형태의 보상〔여기서는 예술명인으로 대표되어 있으나, 기본적으로 마약거래상, 행상, 신용사기꾼, 그리고 재무차익거래자 (arbitrageur)를 포함시킬 수 있다〕은 높은 현금화와 낮은 시간규율의 구역(좌상단) 에 위치하는데, 그 구역에서는 생산자에게 유리한 방향으로 세력관계가 조성 된다. 강제와 보상의 혼합된 형태는 높은 현금화와 높은 시간규율의 구역(우상 단)에서 찾아볼 수 있으며, 이 경우에는 생산자와 수령자의 권력이 대체로 비슷하게 균형을 이루거나 각축을 벌이게 된다.

마지막으로, 헌신에 치중하는 시스템은 (<그림 10-1>에서 전문직, 장인, 가정주부, 자원봉사자로 대표되며, <그림 8-2>에서는 충성과 포상의 시스템으로 확대되는) 중간 지대에 위치하며, 이 경우에는 헌신에 의해 뒷받침되지 않은 채 보상으로 고용되는 노동력만으로는 그 기관/조직을 꾸려나가기에는 충분치 않다. 그 구역에서는 전적으로 강제 또는 보상에 의존하는 조직들은 생존하기 어렵다. 이를테면 간호사를 고용하는 사용자들이 강제와 보상에 대해 강조하는 방식이 크게 상이하다 할지라도, 플로렌스 나이팅게일(Florence Nightingale) 이래 그들은 거의 항상 헌신을 강조해오고 있다.

이들 유형에 보상, 강제 그리고 헌신에 배정되는 자원들이 불완전하지만 서로 중복되어 있다는 사실에 유의할 필요가 있다. 하나의 자원으로 조직적 존경심을 생각해보자. 존경심으로 성과를 포상하는 것(보상), 존경심을 철회하겠다는 위협(강제), 그리고 상징적으로 중요한 외부 연줄을 통해 존경심을 이끌어내기(헌신)는 서로 중첩되어 있다. 엘리트 군장교 집단과 같이 자원이 풍요로운 조직들의 경우에는 세 가지 인센티브를 충분히 제공할 수 있지만, 대부분의 조직들에서는 제한된 자원풀로 인해 그들 중 일부를 선택적으로 주로 이용하게 된다. 예산제약 안에서 보상, 헌신 그리고 강제는 자원배분을 둘러싸고 경쟁관계에 있는 것이다. 그 결과로서, 실제 생산조직들은 이들 인센티브에 대한 상대적인 강조점에서 적잖은 차이를 보이게 된다.

헌신, 보상, 그리고 강제에 대한 생산조직의 상대적 활용비중이 그 운영에 중요하게 영향을 미친다. 일반적으로, 헌신에 대한 강조는 조직을 유지시키고, 보상에 대한 강조는 단기적 효율성을 향상하며, 강제에 대한 강조는 단기적인 통제를 강화한다. 세 가지의 강조점은 나란히 품질, 효율성, 그리고 권력이라는 목적을 각각 실현하는 데에 각별한 능력을 발휘한다. 헌신에 주로 의존하는 조직들은 일반적으로 구성들에 대한 단기적인 통제력을 희생하는 대신에 장기적인 충성을 얻게 된다. 반대로, 그 권력자가 구성원들에 대한 장기적인 통제력을 행사하려는 조직들은 보상보다 헌신과 강제를 동시에 강조하는 노동계약을 선택하는 반면, 더 이상의 관계유지가 필요 없이 일회적인 노력을 요구하는 조직들은 금전보상으로 처리하고자 한다. 어느 누구도 길거리 자동판매기에 가장 잘 부합되는, 즉석의 현찰거래 방식으로 병원을 경영할 수는 없는 것이다.

역사, 문화, 생산논리 그리고 다른 사회적 구조에의 배태성이 어떻게 조합을 이루는가에 따라 조직들에 대한 헌신·보상·강제의 상이한 적용방식이 설명될 수 있다. 또한, 이러한 인센티브들은 현금화(monetization)와 시간규율(time-discipline)의 척도에 따라 조직활동의 위치에 영향을 미친다. 그래서 이러한 노동계약의 지도를 작성함에 있어 우리는 생산논리를 강조하게 된다. 그러나 역사, 문화 그리고 배태성의 절대적 중요성은 국제비교를 할 경우와 시간상의 변화를 추적하려 할 때 분명하게 드러난다.

미국과 비교하여, 일본의 노동계약은 헌신성에 의존하는 경향을 보이는 한편, 한국의 불안정한 노사관계는 사용자와 노동자의 양측 모두가 강제력을 주로 행사해온 결과를 반영하고 있다. 그러한 편차는 통제범위(span of control), 즉 관리자 1인당 노동자 수에서 잘 나타나고 있다. 강제력은 보다 강력한 감독체제와 높은 상관관계를 가지게 되어, 관리자 1인당 적은 수의 노동자로 구성되는 것이다. <그림 10-2>는 데이비드 고든(David Gordon)의 연구를 활용하여 산출한 것으로 16개 산업화국가들의 통제범위를 비교하고 있다. 이들 국가 중에서 미국이 6명의 노동자에 대해 1명의 관리자를 배치할 정도로 가장 밀도 높은 관리통제를 강요하고 있다. 일본의 경우 관리자 1인이 16명의 노동자를 통솔함으로써 관리통제가 훨씬 작게 나타났다. 이탈리아, 스웨덴, 그리고 스위스가 가장 느슨한 관리통제를 하는 나라로 밝혀졌으며, 이들 국가 에서는 관리자 1인당 25명 이상의 노동자들이 배정되어 있었다. 분명히, 포드, 도요타, 피아트 그리고 볼보에서 자동차를 생산하는 데 요구되는 조건들이 그렇게 다르지는 않을 것이다. 비교대상의 16개 국가들에서 생산활동의 조합 방식도 그렇게 상이하지 않을 것이다. 대신에, 이러한 패턴들은 16개 국가들에 서 노사관계의 역사적 경로와 사회적 규범 그리고 공유된 인식체계를 반영하는 것으로 이해될 수 있다. 고든(1994)은 통제범위가 노동자의 교섭력 및 강한 복지국가와 매우 높은 상관관계를 갖고 있다는 사실을 발견했다.

<그림 10-2> 산업화 국가들에서의 통제범위(1980년)

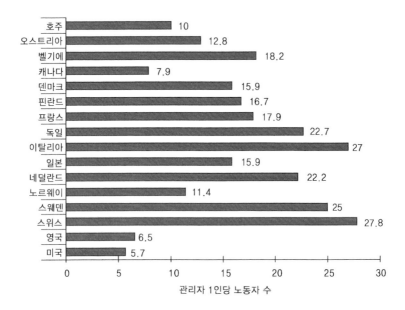

주: 관리·행정사원 대비 생산직·사무직·서비스직 노동자의 비율로 계산된 국가 수준의
   통제 범위를 나타냄.
자료: David Gordon, "Bosses of Different Stripes: A Cross-National Perspective on Moni-
   toring and Supervision," *American Economic Review* 84②(1994): 375~379(Figure).

상당 기간에 걸쳐 인센티브체제의 변동, 또는 현상 유지를 설명하기 위해서
는 기능적인 생산본위의 논리를 넘어서는 것이 요구된다. 면방직산업에서의
개수임금제(piece rates)를 생각해보자. 그 경쟁적인 산업에서 기술변화가 급속
하게 이루어지고 있을 때, 개수임금제는 기업들에게 진퇴양난의 문제를 안겨
주었다. 공장소유주가 생산성 향상에 기반하여 임금요율을 삭감하려 하면,
그들의 조치는 노동자들로 하여금 생산물량을 제한하고 더 이상의 기술혁신을
반대하게끔 만들 위험성을 안고 있었다. 그런데 그 기업들이 임금요율을 삭감
하지 않는다면, 기존 노동자들의 기대를 고려할 필요가 없게 되며 새로운
기술을 도입·활용하고 있는 신규 사업체들과의 경쟁을 이겨낼 수 없는 또

다른 문제점에 직면하게 되었던 것이다. 하지만 개수임금제는 미국과 영국에서 산업혁명 이전 시대에서부터 20세기로의 전환기에 이르기까지 건재했다. 19세기 중반에는 미국 노동자의 1/4, 영국 제조업 노동자의 1/3 그리고 체셔(Cheshire)와 랭커셔(Lancashire) 지역의 면직물 제조공 85%가 개수임금제로 노동대가를 지불받았다(Huberman, 1996).

마이클 후버만(Michael Huberman, 1996: 396)은 랭커셔 지역의 면직물 제조공 사례연구를 들어 "당사자들 간의 정기적인 의사소통이 존재하는 '성숙된' 노동시장의 중요 특징으로서 다원적인 임금·고용관행들이 표준화되고 변화에 저항하는 것"을 강조하고 있다. 19세기 랭커셔 지역에서는 고정요율의 개수임금제가 기본적인 '임금제도'로 정착되었으며, 그 관행은 1820년대에서부터 시작되어 놀랍게도 제2차세계대전 이후까지 유지되었다. 그 지역에서는 낮은 노동이동성, 높은 노조조직률, 긴밀한 공동체 유대감이 공장소유주들과 노동자들로 하여금 개수임금요율의 삭감과 제품가격 인하를 가로막아왔던 것이다. 임금요율을 낮추려는 기업들은 그들의 평판에 큰 상처를 받았고, 노동시장과 지역공동체로부터 여러 제재를 받게 되었다. 노동자들은 계속되는 생산성 향상에 기여함으로써 임금요율의 상향조정으로 보상받을 수 있었다. 노동자들과 사용자들이 큰 노력을 들여 확립한 임금체제는 해외 저임금노동과의 경쟁압력으로 인해 영국의 면방직산업이 더 이상 생존불능하게 된 이후에서야 비로소 대폭 수정되었다.


## 보상의 수준

다시 한 번 제9장에서 살펴본 성별·인종·민족성의 기준에 따라 직업구성을 검토해보기로 하자. <표 10-3>은 이들 직업에서 풀타임 남녀 노동자의 중위 연간소득을 예시하고 있다. 앞서 살펴본 정도로 직업구분이 세분화되어 있지 않지만, 광산노동자(광부)가 "채굴직업"으로 명시되어 있으며, 그들의 임금이 육체노동으로서는 상당히 괜찮은 것으로 나타나고 있다. 지배적으로 여성들이 담당하는 봉제작업은 <표 10-3>에서는 대략 여성 기계조작공으로 분류될 수 있는데, 그들의 임금은 평균적으로 남성 광부 임금의 절반에도 미치지 못하고 있다. 보건의료부문의 종사자의 임금은 이들 두 개 산업 노동자집단 보다 폭넓게 분포되어 있다. 의사들은 광부보다 훨씬 더 많이 벌고 있는 한편, 간호사들은 이들과 거의 비슷한 임금을 받고 있으며, 여성 의료서비스 보조원 들은 여성 기계조작공과 거의 비슷한 수준의 저임금을 받고 있다.

이들 특정 노동자집단을 넘어서 살펴보면, 몇 가지의 규칙성이 분명하게 드러난다. 각 직업집단 안에서는 감독자들이 노동자들보다 더 많은 소득을 올리고 있다. 남녀 간 비교가능한 모든 직업범주에서 예외 없이 여성들이 남성들 보다 적은 임금을 받고 있다. 그리고 남녀의 직업분포를 살펴보면 차이는 더욱 벌어진다. 대분류상의 각 직업범주 안에서 여성들이 많이 집중되어 있는 직업일수록 남녀 공통적으로 임금수준이 낮은 것을 알 수 있다.

매칭과 관련하여, 생산성·선호·네트워크·협상·관성의 조합은 이들의 임금 체계를 결정한다. 특히, 노동시장에서 노동자들에 대한 보상은 다음의 아홉 개 요인들에 의해 다양한 수준을 보이게 된다.

1. 소속 기업의 시장지배력
2. 기업의 노동자 일인당 투자비용 규모
3. 기업 자본에 대한 노동자들의 자율적인 통제권 행사 수준
4. 기업의 총량적 성과에 대한 노동자 생산성의 기여 정도
5. 노동자 기여의 대체 가능성
6. 특혜신분집단에 대한 노동자의 소속 여부
7. 1~6 변인들에서 높은 점수를 받고 있는 중요한 인물에 대한 노동자의 네트워크 근접성
8. 기업, 산업, 직업 안에서 보상체계를 규율하는 제도적 특성
9. 1~8 변인의 초기 조건이 지니는 관성적 효과

<표 10-3> 미국 내 직업별 남녀의 연간 소득총액(1992년 기준)

| | 중위 연간소득 | | |
|---|---|---|---|
| | 남성 | 여성 | 여성 비율 |
| 총합계 | 30,538 | 21,440 | 41% |
| 임원, 행정가, 관리직 | 42,509 | 27,945 | 41 |
| 전문직 | 44,015 | 31,261 | 48 |
| 엔지니어 | 47,765 | 41,955 | 6 |
| 의사 | 87,224 | 52,233 | 18 |
| 공인간호사와 건강측정/환자관리사 | 41,418 | 36,006 | 85 |
| 기술직 | 33,092 | 24,681 | 46 |
| 보건의료기사 | 34,413 | 22,949 | 70 |
| 간호사 | - | 22,936 | 94 |
| 기타 기술직 노동자 | 33,328 | 27,030 | 30 |
| 영업직 | 31,346 | 17,924 | 38 |
| 영업점 점주/관리자 | 33,888 | 19,872 | 33 |
| 현금출납원 | 14,230 | 11,928 | 73 |
| 행정보조 사무직 | 27,186 | 20,321 | 77 |
| 사무감독자 | 38,099 | 26,599 | 61 |
| 비서, 타이피스트 | - | 20,614 | 98 |
| 서비스직 | 20,606 | 12,931 | 51 |
| 개인주택 청소부/하인 | - | 9,668 | 89 |
| 경찰과 소방수 | 36,136 | - | 8 |
| 의료서비스 보조원 | 17,291 | 15,243 | 88 |
| 정밀기계 제조·수리 | 28,923 | 19,045 | 8 |
| 자동차 수리공 | 20,933 | - | 1 |
| 광산 채굴공 | 37,977 | - | 2 |
| 정밀기계공 | 30,817 | 17,481 | 19 |
| 기능·조작·노무직 | 23,005 | 16,609 | 23 |
| 기계조작원, 조립공 | 23,315 | 15,019 | 36 |
| 자동차 조립공 | 25,566 | 17,436 | 7 |
| 농업·임업·어업 종사직 | 14,897 | 10,079 | 11 |
| 농작기계 관리자 및 조작원 | 15,294 | 12,801 | 11 |
| 기타 농업관련 직업 | 12,213 | - | 15 |

주: 여성 비율은 해당 직업의 정규직 노동자들 중 여성이 차지하는 비율을 뜻함. 기술직의
중위소득은 저자가 전체적으로 산출한 것임.

자료: U.S. Department of Commerce, *Money Income of Households, Families, and Persons
in the United States, 1992* (Washington, D.C.: U.S. Government Printing Office,
1993).

따라서 다음의 지위에 있는 노동자들이 가장 높은 보상(임금, 복지, 비금전적 혜택)을 받고 있는 것을 확인할 수 있다. 독과점지위(1)의 자본집약적인(2) 기업들에 고용되어 있으며, 특권층 인구집단(예: 남성 6)에 소속되고, 고가의 기계장치 또는 설비를 다루는 직무(3)를 차지하고 있으며, 담당 기계설비의 조작기능이 대체되기 어렵고(5), 기업의 수익성에 중대한 영향을 미치며(4), 대체불가의 전문성과 자본에 대한 폭넓은 통제력을 가지고 있는 다른 노동자들(예: 관리자)과 긴밀하게 연결되어 있고(7), 노동조합·전문가집단·정부관료제의 보호를 받으며(8), 역사적으로 이상의 유리한 조건들로부터의 혜택이 지속되는 일자리가 이에 해당한다. 반대로, 불리한 인구집단으로 경쟁에 노출되어 있으면서 자본집약도가 낮은 기업에 소속되어 있으며 손쉽게 대체가능하고 기업의 자본설비에의 접근성이 별로 없으며, 조직 내부의 실력자로부터 먼 거리에 있고 어떠한 제도적 보호도 받지 못하면서 이상의 불리한 여건이 오랫동안 지속되어온 일자리에 있는 노동자들은 당연히 가장 낮은 보상을 받게 된다.

　　이 이론을 뒷받침하는 몇 가지 사례를 살펴보기로 하자. 면직물 기계공은 대부분 여성으로 치열한 경쟁에 노출된 낮은 자본집약도의 산업에서 쉽게 대체가능한 일을 수행하면서 남성 광부에 비해 훨씬 적은 임금을 받고 있다. 왜냐하면 광부들은 위축되기는 하지만 여전히 강력한 노동조합의 보호를 받고 있으면서 자본집약적이며 독점적인 특성의 산업부문에서 쉽게 대체되기 어려운 일들을 수행하고 있기 때문이다. 면직물 공장과 탄광을 살펴보면, 자본설비의 이용에 대한 상당한 자율권을 행사하며 기업의 성과에 실질적인 기여를 많이 하는 관리자들이 가장 높은 임금을 받고 있다. 그런데 특수한 가치의 지식을 보유하면서 전문직 단체로부터 보호를 받고 있는 전문직 종사자들도 그에 못지않은 고소득 수혜자이다. 대체가능성의 기준으로 살펴보면, 비록 의사와 변호사가 기업성과에 대해 제한적으로 기여한다 할지라도, 그들에게는 다른 가용한 일거리가 많이 존재하는 만큼 그들의 서비스를 얻기 위해서는 많은 보상이 지급될 필요가 있는 것이다. 중요 정책결정자의 수행비서는 기업활동에 대한 높은 영향력과 그들의 네트워크 지위로 인해 동일한 숙련을 갖춘 다른 비서들에 비해 높은 임금을 지급받고 있다. 노동자들과 일자리의 가시적인 특성이 유사함에도 불구하고 산업과 기업 차원의 임금격차가 존재하고 있다는 사실에 대해 시장지배력, 일인당 자본투자비율, 그리고 규제제도들이 부분적으로 설명해주고 있다.

매칭과 관련하여, 표준적인 경제이론은 임금에 대한 **생산성** 위주의 결정요인들로서 일인당 자본투자규모, 자본설비의 활용에 대한 재량권, 기업성과에 대한 노동자의 기여 정도에 주목하고 있다. 그러나 선호, 네트워크, 협상, 그리고 관성이 끈질기게 임금체계에 상당한 영향력을 행사한다. **선호**는 노동자들의 귀속적인 범주에 따른 임금격차를 부분적으로 설명해준다. 이를테면, 잘 알려져 있다시피 남녀 간의 임금차이 대부분이 남성과 여성이 다른 직업을 갖고 있다는 점에서 설명될 수 있는 것이다. 그런데 <표 10-3>에서 잘 드러나는 바와 같이, 같은 직업 안에서 인적자본의 차이를 통제했을 경우에도 여성들이 남성들에 비해 낮은 임금을 받고 있다. 더욱이, 동일가치노동을 주창하는 사람들이 통상 지적하듯이, '여성들'이 '남성들'보다 저임금의 차별대우를 받게 되는 것은 뿌리 깊은 문화적인 판단으로 체화되어 있는 사용자들의 선호와 인식체계를 반영하고 있다. 비슷한 차별적인 구분이 다른 귀속적인 개인특성에 따라 형성된다. 19세기 캘리포니아에서 농촌 건설공사를 담당하던 중국 노동자들은 미숙련으로 간주되는 반면, 도시 건설공사를 맡았던 백인들은 고숙련으로 받아들여졌던 것이다(Johnson, 1989).

귀속적인 특성들이 모든 여건하에서 동일하게 중요한 것은 아니다. 예를 들어 제프리 페퍼(Jeffrey Pfeffer, 1977: 553)가 발견한 바에 따르면 사회경제적 출신배경이 월급수준에 미치는 영향은 현업부서보다는 지원부서에서, 대기업보다는 중소기업에서, 그리고 제조업보다는 금융부문에서 더 크게 나타나고 있다. 그의 결론은 "귀속적 특성의 이용이 업무성과를 측정하기 어려울수록, 또는 높은 사회경제적 신분네트워크가 업무성과의 중요한 결정요인으로 연결되는 정도에 따라 증대된다는 가설에 부합하고 있다"는 것이다.

더욱이, 귀속적 특성의 효과는 생산성과 네트워크로 넘쳐흐르게 된다. 여성 건설노동자들은 자신이 환영받지 못하는 소수자라는 사실을 인식하게 될 때 덜 생산적이게 된다. 그들이 능력 부족이라서 그렇다기보다는 남성 동료 노동자들이 그들에 대한 훈련과 업무협조를 거부하고 심지어 그들의 작업을 방해하기 때문일 것이다. 네트워크에 대한 연결은 더욱 결정적이다. 사회적 네트워크는 어느 정도 귀속적 특성에 따라 분리되어 있다. 그 결과, (제9장에서 이미 살펴보았듯이) 네트워크는 누가 어떤 일자리를 얻게 되는지, 그리고 어떤 노동자들이 이미 취업해 있는 종업원과 연결되어 있는지를 결정한다. 그래서 인구집단별로 많은 임금격차를 보이는 것은 단순히 노동자의 생산성 또는 사용자의 임금차별에 의해서 그렇게 되기보다는 매칭과 승진에 대한 네트워크의 작용을 반영하고 있다.

사실, 네트워크는 노동자들이 발견할 수 있는 일자리와 그 일자리의 임금수준, 그리고 어떤 경우에는 보상체계 전체에 영향을 미친다. 아는 사람을 통해 일자리를 발견할 경우 좀더 좋은 임금조건을 확보할 수 있을 것으로 예상된다. 그런데 임금효과는 네트워크가 구직자를 누구에게 연결시켜주었는가에 좌우된다. 보스턴 지역 노동자의 구직활동 성과를 연구한 루이스 팔콘과 에드윈 멜렌데즈(Luis Falcón & Edwin Melendez, 1996)에 따르면, 비록 지인(知人)의 소개로 취업하게 된 비(非)라틴계 백인들은 소개 없이 취업한 사람들에 비해 높은 임금을 받고 있지만, 흑인들, 그리고 상대적으로 덜한 정도이긴 하지만 라틴계 사람들은 자신의 네트워크를 통해 일자리를 얻게 됨으로써 오히려 임금, 근로시간 그리고 부가급여에서 손해를 보고 있다. 네트워크가 보상체계를 바꿀 정도로 강력할 때 그 보상관행을 더욱 왜곡시키게 된다. 예를 들어 미국 동북부 뉴잉글랜드 지역 수산업은 크게 '친족'어선들과 '사업체'어선들로 양분되어 있다. 전자에는 이탈리아계와 포르투갈계 이민자 선원들이 강한 친족 연결망을 통해 결속되어 있는 한편, 후자의 경우에는 양키(Yankee, 뉴욕 주 토박이), 노르웨이계 그리고 비(非)지중해 출신 선주들이 대부분 노동시장으로부터 고용한 선원들로 채워져 있다. 친족어선들은 소득배분원칙에 따라 선원들에게 임금을 지급하고 있는 반면, 사업체어선들은 시장임금을 제공하고 있다(Doeringer, Moss & Terkla, 1986).

또한, 뉴잉글랜드 어선들 사이에 존재하는 보상체계의 차이는 임금결정에서 협상의 근본적인 역할을 잘 드러내주고 있다. 매우 다양한 제도들의 작용에 따라 협상의 조건과 구조가 달라진다. 어선의 선원으로 활동할 수 있는 데에는 친족의 연계성이 가장 중요한 제도적 조건으로 작용하듯이, 다른 산업들에서는 노동조합과 공공서비스체계가 비슷한 역할을 담당한다. 호주의 임금심판위원회 또는 프랑스의 업종교섭 — 노동조합과 사용자단체가 체결한 단체협약이 단체교섭의 참여여부에 관계없이 특정 업종의 노동자 전체를 대상으로 구속하게 되는 — 보상체계에 대해 매우 가시적인 영향력을 행사하게 된다. 그러나 매우 유연하고 탈규제화되어 있는 것으로 악명 높은 미국의 노동시장에서조차 수천만 명의 노동자들의 임금이 노동조합, 최저임금법(연방, 주 그리고 지방수준의), 또는 임금 관련법들에 의해 결정되고 있다. 협상은 '순수한' 시장모델에 의해 예측되는 것으로부터 크게 벗어나는 임금 유형을 만들어주고 있다. 미국의 노조부문에서는 임금인상의 안정적인 경향이 노동수요의 변화에 별로 영향을 받지 않다가 오랜만에 극적인 조정기를 겪어왔다. 그러한 조정기는 1920년대 초반, 1960년대 초반, 그리고 1980년대 초반에 발생했다. 각 시기에는 사용자들이 평소와 달리 자신들의 교섭력을 크게 강화했던 것으로 보인다 (Mitchell, 1986).

협상은 임금에 대해 기업의 시장지배력이 미치는 영향을 매개한다. 시장지배력이 크다는 것은 임금지불능력이 높다는 것을 의미하지만, 오직 협상과정만이 그 능력이 실제 고임금으로 연결될 것인지 여부를 결정할 수 있다. 기업집중이 높은 산업들에서는 노조조직률이 낮은 수익률과 상관관계를 보이고 있다. 경험적으로 노동조합들이 과점기업들로 하여금 그들의 독점지대수익을 (노동자들과) 공유하도록 하고 있는 것이다(Freeman & Medoff, 1984).

그리고 노동조합이나 정부 규제기관이 간여하지 않은 노동계약에서조차 공정성의 규범은 반드시 등장한다. 알프레드 마샬(Alfred Marshall, 1925: 213, Solow, 1990에서 인용)은 한 세기 전에 다음과 같이 선언했다. " '하루의 적정노동에 대한 적정임금(a fair day's wage for a fair day's work)'이 주어져야 한다는 원칙은 모든 노동자가 동일 직종의 주위 노동자들이 보여주는 표준적 효율성에 맞추어 성심껏 일하는 경우에는 그 직종의 노동자들이 받는 임금수준으로 보상되어야 한다는 것을 뜻한다. 따라서 그 원칙은 노동자들에 대해 소속 직종 또는 계층의 노동자들이 향유하는 생활여건의 수준을 보장해야 한다는 것을 의미하기도 한다."

공정성 개념은 특히 내부노동시장 안에서 발달하게 되며, 폴 피고스와 찰스 마이어스(Paul Pigors & Charles Myers, 1981: 362, Solow, 1990에서 인용)는 다음과 같이 그 결과를 기술하고 있다. "임금과 보수의 격차는 거의 모든 조직 안에서 사회적 신분을 두드러지게 한다. 만약 그 차이가 직무의 상대적 중요성에 부합하지 않다는 것을 종업원들이 알게 되었을 경우, 그들은 공평하지 않은 기업정책에 대해 매우 격분하게 될 것이다." 그러나 공정성 개념이 보편적이라 하더라도 구체적인 내용은 지역과 국가별로 다양하며, 시대별로도 변천한다.

마지막으로, 관성은 보상체계의 변화를 완만하게 만들며, 현행의 임금유형 들을 낳았던 배경조건이 바뀌었음도 불구하고 그 유형들이 지속되도록 작용한 다. 오늘 특정 직무의 담당자를 선정하는 최선의 기준을 바로 '어제 그 직무를 수행했던 사람'으로 삼듯이, 현재 임금의 최선 기준을 과거 임금으로 정하고 있는 것이다. 특정 사용자들에게 고용된 근속기간 동안 개별 종업원들이 받은 임금에 대한 종단분석은 시계열상의 강한 상관관계가 존재하고 있음을 밝히고 있는바, 각 시기의 임금이 이전 시기의 임금과 높은 상관관계를 갖고 있는 것이다(Baker & Holmstrom, 1995). 1910~1920년대 미국에서 일반적이었던 명목임금의 삭감은 그 이후 매우 드물게 되었으며, 다만 성과배분(profit sharing) 보너스의 확산을 통해 보상수준의 조절이 일부 이루어지기는 했다. 기업이 임금을 삭감하려 할 경우, 그들은 주로 현직 종업원들이 아니라 신입사원들의 급여를 낮춘다. 공정성의 규범이 분명히 임금의 하방경직성을 낳는 데 중요하 게 작용하고 있다. 미국에서 실시된 여론조사들에 따르면 명목임금 삭감에 대해 강하게 반대하는 국민정서가 존재하는 것이 확인되고 있다(Jacoby &

Mitchell, 1990; Kahneman, Knetch & Thaler, 1986). 새로운 사실은 아니지만, 앞서 인용한 마샬은 다음과 같이 덧붙인다. "그리고 더욱이 공정성의 일반적인 개념에 따르면 노동자들은 당연히 적정임금을 받아야 하며, 그들의 시간이 그 임금수준을 얻어내기 위한 투쟁으로 소요되어서는 안 되며, 간접적인 수단으로 그들의 급여를 삭감하려는 계속되는 시도들이 그들을 걱정하게 해서는 안 된다."

## 작업노력의 촉진

효율성임금이론(efficiency wage theory)은 생산성 논리에 입각한 임금결정모형을 확장하여 부활시키는 데 중요한 역할을 했다. 이 이론은 사용자들에게 보상이 두 가지 주요 기능 ― 양질의 노동자를 충원하기와 노동자들로 하여금 최선의 노력을 다하면서 그 일자리에 머물도록 하기 ― 을 수행하고 있다는 사실에서 비롯되었다. 최근까지 일반적인 경제학모형 대부분은 후자의 기능을 간과하여 왔다. 노동자의 노력을 촉진하는 문제는 바로 권력과 관련된 좀더 폭넓은 문제와 직결되어 있다. 그런데 이 문제는 신고전학파에서 주인-대리인의 문제로 표현되고 있는 한편, 마르크스학파의 경우에는 노동력(labor power)에서 노동(labor)의 추출로 이해되고 있다.

1980년대 초 이후 날로 확산되고 있는 효율성임금모형(Akerlof & Yellen, 1986)은 인센티브 문제를 포괄하고 있다. 기본적인 노력규제(effort regulation)의 효율성임금모형(Shapiro & Stiglitz, 1984)에서는 사용자들이 해고 위협을 통해 노동자들로 하여금 태만하지 않도록 한다고 설명하고 있다. 노동자들에게 일자리 상실을 보다 고통스럽게 만들기 위해 사용자들은 그들의 임금을 시장가격 수준보다 높게 책정한다. 많은 사용자들이 임금을 인상한 결과로서 균형실업(equilibrium unemployment)을 높이게 되어 사용자들에게 유리한 협상력을 조성하게 된다.

이러한 이론모형은 사용자권력에 대한 신고전학파의 개념을 확장하고 있다. 일반 경제학이론에서는 일반적으로 그들의 연구관심을 왈라시안 권력(Walrasian power) — 다른 사람과의 사업거래로 대체할 수 있는 권력 — 으로 제한하고 있다. 종업원을 해고하거나 일자리를 그만두거나, 또는 용역사업자를 교체하는 것이 그러한 예에 해당된다. 효율성임금모형은 사무엘 볼스와 허버트 진티스(Samuel Bowles & Herbert Gintis, 1993)가 정의하고 있는 '칼자루 권력(shot-side power, 역자주: long-side는 칼날에 해당됨. 즉 칼자루에 해당하는 short-side를 누가 잡느냐에 따라 권력의 향방이 결정됨)'이라는 개념을 추가적으로 포함하고 있다. 칼자루 권력은 공급부족상태에서 (노동)판매자들이, 또는 공급과잉상태에서 (노동)구매자들이 누리는 권력으로서 특히 노동부문에서는 높은 실업률이 지속되는 여건하에서 사용자들에게 주어지게 된다. 그러나 효율성임금모형은 여전히 권력의 복합적이고 갈등적인 특성을 무시하고 있다. 그 모형에서는 (노동자들의 투입노력 수준을 감시하는 것을 포함하는) 생산기술을 외생적인 것으로 간주한다. 하지만 자본가들은 노동에 대한 그들의 통제력을 강화하기 위해 기술 혁신을 도모하고 있다. 실제, 리처드 에드워즈(Richard Edwards, 1979)가 지적하듯이 자본가들은 노동의 통제를 위해 다양한 접근법을 적용하고 있는데, 대표적인 유형으로서 직접 감시(단순 통제), 기계속도 조작(기술적 통제), 노동자들로 하여금 기업의 규칙과 목표를 내면화하도록 유인하기(관료적 통제)를 꼽을 수 있다. 이에 대응하여 노동자들은 개인적으로 그리고 집단적으로 자신의 직무에 대한 통제력을 확대하기 위해 투쟁하고 있다. 보통 성문화된 규정들은 애매하기 마련이고, 협상과 거부의 대상이 되곤 한다.

에드워즈(Edwards)의 관료적 통제가 잘 예시하는 바와 같이, 사용자들은 단순히 노골적인 강제력을 행사하기보다는 노동자의 노력을 유도하기 위해 충성심과 다른 이념수단에 의존하고 있다. 조지 애켈로프(George Akerlof, 1982)는 신고전학파 이론의 대안적 접근으로서 '부분적 선물교환(partial gift exchange)'이라는 이론모형을 제시하고 있다. 그에 따르면, 특정 부서의 노동자들은 그들과 회사 간의 일상적인 상호작용을 통해 조성되는 '공정한 노동(fair day's work)' 규범을 창출·유지하고 있다. 기업은 시장가격 이상의 임금을 '선물'로서 노동자들에게 지급하고, 노동자들은 이에 답하여 최저기준 이상의 노력을 제공하게 된다. 선물 교환이 어떻게 이데올로기가 노력에 영향을 미치는지에 대한 유일한 설명요인은 아니다. 예를 들어 마이클 뷰러웨이(Michael Burawoy, 1979)는 노동자의 노력을 사용자가 지휘하고 있는 '게임'의 산출물로 서술하고 있다.

사용자-종업원 상호작용의 역사는 직무수행을 위한 규범과 협상을 규정하게 된다. 노동자들의 동의수준 역시 문제의 일자리를 대체할 만한 대안들의 인식에 좌우되는데, 그 대안 인식은 개인과 집단의 역사성에 의해 주조되는 것이다. 이를테면, 사용자들은 종종 매력적이지 못한 일자리를 채우기 위해 이민자집단에 의존하게 된다. 왜냐하면 이민자들은 그 일자리를 출신지역에서 경험했던 열악한 일자리들과 비교하기 때문이다. 그러나 일단 이민자들이나 그 자식 세대가 자신을 현행 경제체제의 영구적인 구성원으로 간주하게 되면, 그들은 대안적인 일자리들에 대한 인식을 갖게 되고 그때부터 거의 공통적으로 반항하기 시작한다(Piore, 1979b; Sabel, 1982).

## 사례: 미국에서의 임금불평등 증가

원칙적으로 우리의 접근은 총량 지표로서 보상 분포의 변화에 대해서, 그리고 기업과 산업 수준의 차이와 변동을 설명하는 것을 도와줄 수 있을 것이다. 소득불평등의 움직임에 대해 생각해보자. 1940년대와 1970년대 사이에 대부분의 산업화된 국가들은 적어도 소득과 복지의 균등화를 보여왔다. 그러나 1970년대 중반 이후 그 흐름이 점차 불평등 증대의 방향으로 전환되었다. 선진국들 중에서 이러한 변화추세는 미국에서 가장 두드러지게 나타났다. 1970년대 이래, 미국에서의 소득불평등은 급격하게 확대되었다. 1979~1993년 사이에 상위 90분위(전체 노동자 90%보다 높은 소득을 올리는)의 풀타임 노동

<표 10-4> 미국 시간당 임금의 분포(1979~1993)

| | 1979 | 1989 | 1993 |
|---|---|---|---|
| **남성** | | | |
| 소득수준 | | | |
|   최하위 10% | 6.79달러 | 5.80달러 | 5.21달러 |
|   중위 50% | 13.46달러 | 12.08달러 | 11.39달러 |
|   상위 90% | 23.81달러 | 23.92달러 | 23.93달러 |
|   최하위 10% 대비 상위 90% 비율 | 3.51 | 4.12 | 4.59 |
| 1979년 기준 상대비율 | | | |
|   최하위 10% | 100% | 85% | 77% |
|   중위 50% | 100 | 90 | 85 |
|   상위 90% | 100 | 100 | 101 |
|   최하위 10% 대비 상위 90% 비율 | 100 | 118 | 131 |
| **여성** | | | |
| 소득수준 | | | |
|   최하위 10% | 5.69달러 | 4.69달러 | 4.78달러 |
|   중위 50% | 8.31달러 | 8.72달러 | 8.72달러 |
|   상위 90% | 15.25달러 | 17.40달러 | 18.19달러 |
|   최하위 10% 대비 상위 90% 비율 | 2.68 | 3.71 | 3.81 |
| 1979년 기준 상대비율 | | | |
|   최하위 10% | 100% | 82% | 84% |
|   중위 50% | 100 | 105 | 105 |
|   상위 90% | 100 | 114 | 119 |
|   최하위 10% 대비 상위 90% 비율 | 100 | 138 | 142 |

주: 1993년 달러 가치 기준으로 전년도 임금 환산. 모든 수치에서 농업 및 자영업 취업자 제외.

자료: Susan N. Houseman, "Job Growth and the Quality of Jobs in the U.S. Economy," *Labour, special issue* (1995: S.93~124, Table 6).

자가 벌어들이는 시간당 소득이 하위 10분위에 있는 노동자에 비해 남성의 경우에는 31%, 여성의 경우에도 42%가 증가했다(Houseman, 1995: <표 6>을 가공한 <표 10-4>참조할 것).

미국의 소득불평등은 인종·학력·산업 등 거의 모든 범주에서 확대되어 왔다. 다만, 성별 임금격차는 부분적으로 완화되었다. 1979~1993년 사이에 대졸 이상의 학력을 가진 남성의 중위 시간당 임금은 고졸 중퇴의 남성에 비교하여 거의 50%나 더욱 증대되었다(Houseman, 1995: <표 7>). 그런데 소득불평등은 각 학력범주 안에서도 역시 증가했다. 대졸자의 범주 안에서조차 많은 사람들이 힘겹게 살아가고 있다. 1991년에 25~34세 연령범주의 남녀 대졸자 중 각각 1/6과 1/4이 4인 가족의 빈곤선(현재의 달러 가치로 환산하면 약 1만 6,000달러 수준에 해당되는)보다 낮은 소득을 올리고 있었다(Danziger & Gottschalk, 1995). 한 시점에서 확대되는 임금불평등이 반드시 상당 기간에 걸친 계층이동에서의 불균등을 의미하는 것은 아니다. 그러나 이 장의 마무리에서 더욱 상세하게 내부노동시장의 미래를 전망하며 논의하고 있듯이, 실제 미국에서는 상향계층 이동은 크게 줄어든 반면 하향계층이동은 증가하여 왔다.

이 장의 앞 절에서, 우리는 보상을 일자리의 서열 등급이라는 측면에서 주로 고려했다. 그런데 1940~1970년대 기간의 소득불평등 감소추세와 그 이후의 증가추세를 통해 직업 등급은 변하지 않았고, 오히려 그 등급 사이의 간격만 확대되었다. 제2차세계대전 기간과 그 이후 1970년대 중반까지의 시기에서는 경제성장과 복지국가 확대 그리고 노조 영향력이 합쳐져 노동계층 간 임금분포를 크게 향상시켰다. 1970년대 중반 이후에는 그 세 가지 조건 모두가 뒤바뀌게 되었다. 따라서 소득불평등의 등락에 작용해온 배경원인들을 간략히 살펴본 바에 따르면 협상, 특히 노조와 사용자 그리고 국가의 역할이 매우 중요하다는 사실이 드러나고 있다.

예를 들어 지난 20년 넘게 미국이 경험해온 불평등의 증가추세를 보다 상세하게 살펴보기로 하자. 다음의 세 가지 경제변동 현상이 불평등의 증가추세를 설명하는 데 도움을 주고 있다. 첫 번째 현상으로 날로 치열하고 유동적인 시장경쟁의 증대를 꼽게 된다. 1994년 당시 미국의 수출·수입 총액이 전체 국민총생산의 1/5 수준에 머물고 있다는 점을 고려할 때, 세계화(globalization)는 이렇게 확대되는 시장경쟁 여건의 한 측면만을 보여준다고 하겠다. 미국에서 격화되는 시장경쟁의 배경에는 탈규제(deregulation)와 가속화되는 기술변동, 그리고 실제 기업 주식의 매수 또는 매수 위협을 통해 잘 드러나듯이 단기이익을 추구하는 주주들의 증대되는 영향력이 어느 정도 작용하고 있다. 그 결과, 이전 시기에 독과점 지위를 누리던 기업들이 치열한 경쟁상황에 놓이게 되고, 새로운 산업부문이 시장경쟁의 중심에 서게 되었던 것이다. 두 번째의 변동현상은 가속화되는 기술혁신 그 자체이다. 경쟁상황이 더욱 강화되는 점에 더하여, 기술변화는 노동자의 일자리 삭감과 직무재편을 촉발해오고 있는 것이다.

이들 두 가지 요인 각각은 냉혹한 시장지배적인 생산성 변동뿐 아니라 제도와 사회적 관계의 변화를 의미하는 것이다. 탈규제화, 교역규칙의 변경, 그리고 다국적기업의 등장과 발전조차 제도적인 변화를 나타내는데, 그 변화는 국가, 기업들, 그리고 (상대적으로 낮은 정도이긴 하지만) 노동자들과 그들의 조직들 사이의 전략적 상호작용에 의해 만들어지는 것이다. 최근 기술변화의 핵심동력이라 할 수 있는 컴퓨터는 사실 이윤추구를 위해서라기보다는 인구조사와 전쟁수행을 위해 발명된 것이었다. 어떤 경우에서든, 기술변화가 문제없이 생산성 향상을 통해 새로운 임금수준으로 이어지는 것은 아니다. 실제로 통계분석에 따르면 업무용 컴퓨터를 이용하는 것과 높은 임금이 유의미한 상관관계를 보여주고 있다(Krueger, 1993). 그러나 독일의 소득분포에 대한 연구(DiNardo & Pischke, 1996, 미국 조사에서는 비교가능한 소득자료가 포함되어 있지 못함)는 대략 동일한 수준의 임금프리미엄이 계산기, 연필 등으로 수작업을 수행하는 노동자들에게도 주어지고 있다는 사실을 보여주고 있다. 분명히 숙련이 아니라 신분이야말로 임금결정과정에 핵심적으로 작용하고 있는 것이다.

사실, 역사와 문화가 단순하게 생산물시장과 기술변동의 제도적 환경을 조성하여 임금불평등에 영향을 미치는 것은 아니다. 우리의 핵심 주장은 노동시장 그 자체가 사회적 관계에 의해 결정적으로 영향을 받는다는 것이다. 미국에서와 마찬가지로 대부분의 산업국가들은 치열해지는 시장경쟁(미국보다 경쟁압력의 상승 정도는 덜할지라도)과 날로 빨라지는 기술변동을 경험하고 있다. 그러나 이들 나라에서는 노사관계체제에 대한 심각한 압박요인들이 존재하긴 하지만, 미국에서 나타나는 불평등의 급격한 증가현상을 보이고 있지는 않다.

이러한 차이를 설명하기 위해서는 세 번째 요인이 필요하다. 미국 기업들 대부분은 새로운 경쟁압력에 대응하기 위해 품질개선보다는 비용절감과 생산속도 증가를 추구하고 있다. 이러한 기업정책은 생산직 노동자들의 임금을 지속적으로 낮은 수준으로 머물게 하는 한편 그 전략을 실행하는 관리자와 전문직 종사자들을 위한 보상을 크게 인상하는 방향으로 체계적으로 작용하고 있는 것이다.

사용자들은 노동조합에 대해 총체적인 공격을 가해오고 있다. 1970년대 중반에서부터 1990년대 중반에 이르기까지, 노조조직률은 거의 절반 수준으로 하락했다. 그들(사용자)은 정부를 설득하여 최저임금의 인상을 자제시켜 왔다. 물가인상률을 조정할 경우 연방 최저임금의 가치가 1979~1989년 사이에 약 1/3 정도 감소했다. 최근 (최저임금) 인상은 그 감소분의 일부만을 보전하는 것일 뿐이다. 사용자들은 이전 시기에 경영자의 임금수준을 제한해왔던 공정성의 규범을 무너뜨리는 데에 성공했다. 1995년에 비즈니스위크(Business Week)는 "미국 기업들은 지금 전례 없는 정도로 노동시장을 지배하고 있다"고 밝혔다(Berstein, 1995: 56). 미국에서 증대되는 불평등은 한 쪽(사용자)의 힘이 협상에서 지나치게 강해진 결과라 할 수 있다.

물론, 임금격차는 단지 경제불평등의 한 요소에 불과하며, 임금 이외에도 비임금소득과 재산 그리고 소비 등의 요소들이 존재한다. 그러나 임금격차는 다른 산업국가 대부분에서보다 미국에서 소득불평등에 가장 강력하고도 직접적인 방식으로 기여하고 있다. 미국의 낙후된 복지수준에서 연유하는 많은 원인들이 작용한 결과로 말이다. 미국 정부에서 제공하는 금전적 복지비용은 다른 선진국에 비해 턱없이 낮은 수준이다. 이에 더하여, 민간 사용자들이 정부보다 건강보험과 연금혜택을 훨씬 더 많이 제공하고 있으며, 그 결과 임금수준을 억제하는 결과를 낳고 있다. 더구나, 미국 정부가 지급하는 현금소득이전의 대부분[예: 사회보장급여(social security), 공공의료보험(Medicare), 실업수당, 노동자보상, 복지수당]이 과거 또는 현재의 일자리에 좌우되거나 그에 따라 차별화되고 있다. 미국 정부는 저임금이나 무임금(실업상태)에 대해 보상하기보다 국가차원의 임금구조가 낳고 있는 불평등문제를 더욱 심화시키고 있는 것이다.


## 승진(promotion)과 일자리이동(mobility)

임금과 더불어, 기업들이 제공하는 또 다른 주요 보상으로 승진을 꼽을 수 있다. 승진은 일자리이동의 특정 형태를 나타낸다. 이동은 사용자들에게 중요하다. 왜냐하면, 그들은 훈련을 제공하고 노동자들의 사기를 진작하기 위해 직장 내 이동을 주로 활용하기 때문이다. 이동은 승진 기회로 활용되는 만큼 노동자들에게도 중요하다. 대부분 사람들은 승진을 매우 중요하게 받아들인다. 왜냐하면 승진은 임금과 부가급여(perquisites)를 증대시켜 줄 뿐 아니라 영예·존경·권력 그리고 자본에의 높은 접근가능성을 보장해주기 때문이다. 미국에서 많은 사람들은 장기간 일자리를 보유하고 있다. 1991년에 45~54세 연령집단의 남성이 현재의 직장에 근무한 경력 연수의 중위값(median)이 12년을 넘어섰다. 동시에, 미국 노동자들은 놀라울 만큼 활발한 일자리이동을 경험하고 있다. 전체 노동자의 10%(25세 이상 노동인구의 8%를 포함하여)가 매년 직업을 바꾸고 있다(U.S. Bureau of Labor Statistics, 1992b). 이러한 노동통계자료를 종합해보면, 일자리이동의 다양한 유형을 확인해볼 수 있다.

세 가지의 일자리이동 유형이 두드러진다. 배관공이나 컴퓨터프로그래머와 같은 숙련노동자들은 때때로 빠르게 일자리를 옮기지만, 일관되게 자신의 직종 일을 수행하면서 공식적으로 또는 비공식적으로 그 직종 안에서 자신의 등급을 상승시킨다. 2차 노동시장의 노동자들은 중요한 숙련의 축적 없이 사용자를 바꾸거나, 때때로 직업을 아예 바꾸는 방식의 일자리이동을 보여준다. 2차 노동시장을 활용하는 사용자들의 경우 종종 상용직 노동자들의 연간 이직률이 200~300%에 달하고 있다(Chris Tilly, 2001). 마지막으로, 월급제 사원들과 제조업 생산직종의 내부노동시장에서는 노동자들이 승진을 통해 소속 직장에서 상위직급으로 이동하게 된다. 내부승진의 규칙은 전형적으로 연공서열(senority: 생산직과 하위 사무직 사원 대상) 또는 업적평가(merit: 관리직과 전문직 대상)에 기반하고 있다.

## 일자리이동 지도그리기

<그림 10-1>에서 보여주듯이 시간규율과 단기 현금화에 따른 노동계약의 분류는 인센티브에 대해 많은 것을 알려주었다. 일자리이동과 훈련의 등급좌표는 일자리와 노동시장의 다른 차원에서 나타나는 다양성을 명백히 드러내주고 있다. <그림 10-3>에서는 노동계약을 계약 내부에서 훈련의 시행정도와 이직에서부터 (현직)유지와 승진에 이르는 이동의 종류에 따라 분류하고 있다〔후자의 이동 축은 현직유지를 배제한 채 '승진과 이직(up or out)'을 결합하는 노동계약형태도 존재하는 만큼 나소 단순화된 측면이 있음을 밝혀둔다〕.

훈련-이직의 조합에서 많은 규칙성이 드러나고 있다. 첫째, 일자리이동과 훈련은 높은 상관관계를 보이고 있다. 대부분 노동계약, 특히 노동시장 안의 고용계약은 이직으로부터 계약외부의 훈련을 거쳐 승진과 내부훈련에 이르기까지 대각선으로 분포되어 있다. 숙련, 미숙련, 임시직 노동자들은 이직과 노동계약 외부 훈련에 몰려 있다. 관리자와 군 장교 그리고 성직자들은 승진과 내부훈련의 정반대 구석에 위치하고 있다. 범죄자들과 반숙련노동자들은 현직유지의 위치에 놓여 있으며, 그 근처에는 노예와 소규모 가족기업의 종업원들이 그들 계약조건 안에서 훈련을 받으면서 강제와 헌신의 굴레에 잡혀 있기도 한다. 가정주부와 전문직 종사자들은 대략 중간지대에 자리 잡고 있다.

그 대각선의 양극단에 위치하는 집단들은 다른 측면에서도 역시 상이하다. 그들은 각각 외부노동시장과 내부노동시장에 상응하고 있다. 전자(외부노동시장)에 해당되는 경우에는 노동계약에 배태되어 있는 핵심적인 사회적 관계가 기업이나 다른 생산조직의 외부에 위치하는 경향을 보이는 한편, 후자(내부노동시장)의 경우에는 많은 사회적 관계가 기업 등의 조직 내부에 존재하고 있다. 말단 사원에서 사장으로 승진한 입지전적인 최고경영진은 그 대각선의 전체

<그림 10-3> 고용계약별 훈련과 일자리이동

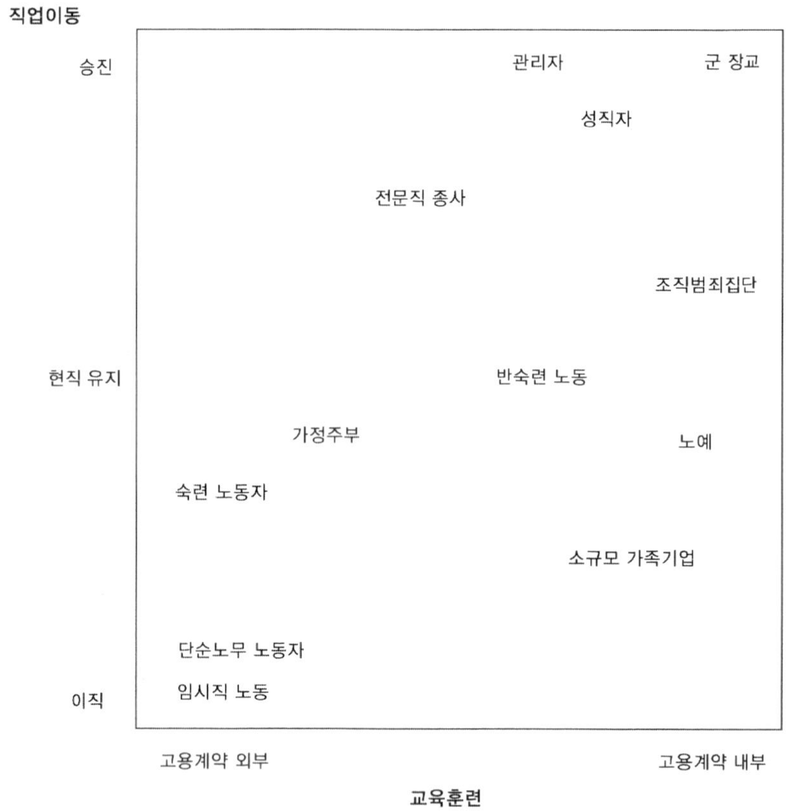

**직업이동**

| | | |
|---|---|---|
| 승진 | 관리자 | 군 장교 |
| | 성직자 | |
| | 전문직 종사 | |
| | | 조직범죄집단 |
| 현직 유지 | 반숙련 노동 | |
| | 가정주부 | 노예 |
| 숙련 노동자 | | |
| | 소규모 가족기업 | |
| | 단순노무 노동자 | |
| 이직 | 임시직 노동 | |
| | 고용계약 외부 | 고용계약 내부 |

**교육훈련**

길이만큼을 이동해온 직업경력을 보이겠지만, 대부분의 평범한 직장인들은 훈련과 이동이 교차하는 특정 영역 안에서 머물게 된다. 예를 들어 오늘날 패스트푸드 체인점들은 공통적으로 그곳의 노동자 대다수를 <그림 10-3>의 좌하단(외부충원과 높은 이직률의 조합)에 집중시키고 있는 한편, 예비관리자로서 승진사다리에 오를 개인적 스타일과 사회적 특성을 갖춘 일부의 노동자를 찾으려 애쓰기도 한다.

　패스트푸드 체인점에서 채택하고 있는 이원적인 노동력관리방식은 사실 노동시장에 폭넓게 확산되어 있다. 높은 이직률과 승진사다리의 조합방식은 기업체별로 매우 다양하지만, 대부분의 대기업들은 최소한 두 개의 상이한 내부노동시장을 조성하고 있다. 그 하나는 낮은 승진등급으로 제한되거나 아예 승진기회가 없는 일자리로 구성되며, 기업 내 지위상승의 희망 없이 철저한 통제하에 업무를 수행하도록 하고 있다. 후자에 속하는 집단의 경우에는 위계적인 직무체계 속에서 기업의 고위 임원들에 의해 엄격하게 평가·선발되어 지휘·후견·정보·승진·연대의 요소들을 갖춘 조직체계 안으로 진입하게 된다. 전자는 **이직풀**(turnover pool)로, 후자는 **지휘풀**(command pool)로 부를 수 있을 것이다. 초기 직무가 보상과 내재적 어려움에 있어 별로 차이를 보이지 않는 곳에서조차 이 두 개의 풀은 복장·태도·부가급여·계급출신·인종·민족성·성별·시민권 등에서 공통적으로 매우 대조적인 차이를 보여준다. 이러한 이원체계는 기업 안에 양극화된 권력구조를 만들어내고 있는 것이다.

기업체들은 이직풀을 관리하기 위해 보상과 강제력을 활용하는 한편, 지휘풀을 동기 부여하기 위해 헌신을 활용하려는 노력을 기울인다. <그림 10-3>에서 예시하고 있는 일자리이동-훈련의 공간은 <그림 10-1>의 현금화-시간 규율의 공간에 비해 덜 직접적으로 통제 문제를 드러내고 있다. 그럼에도 불구하고, 인센티브는 그 공간에 걸쳐 체계적으로 변화하고 있기도 하다. 이직에서 승진의 방향으로 그리고 외부훈련에서 내부훈련의 방향으로 헌신의 중요도가 더욱 커지고 있다(숙련노동자들과 전문직 종사자들은 기업조직에 대한 헌신 대신 자신의 직종이나 전문직에 대한 헌신을 가지게 되면서 대표적인 예외로 나타난다). 반대 방향으로는 보상의 크기가 커지고 있다. 장기적 관계를 갖지 않는 숙련노동자와 임시직 노동자들은 기본적으로 단기적 금전보상에 의해 동기가 부여되고 있는 것이다. 강제력은 현직유지 또는 높은 이직률의 노동계약에서 가장 폭넓게 사용되며, 다음으로 다루기 힘든 숙련노동자와 전문직 종사자를 단속하는 수단으로 활용되고 있다.

단지 두 유형의 풀로 서술하는 것은 지나치게 단순화하는 문제를 안고 있다. 보다 일반적으로 내부노동시장의 분절성은 지휘의 지위에 있는 풀에서부터 장래성이 없는 일자리의 풀까지의 연속선(continuum)으로 나타난다. 이에 따라,

인센티브가 조직충성에서부터 직접적인 감시에 이르기까지 다양하게 제공된다. 보상 역시 조직충성의 극단에서는 일반적으로 월급제와 비금전적 복지 그리고 연금혜택이 제공되는 반면 감시의 극단에서는 시간급 임금과 최소한의 복지혜택이 주어지는 상당한 차이를 보이고 있다. 그러므로 노동자들을 인종·민족성·시민권·계급출신·성별에 의해 내부노동시장의 분절영역에 차별적으로 배치하는 것은 그 범주에 따라 보상의 체계적인 차이를 낳고 있는 것이다.

기업 안에서 지휘풀을 승진풀로부터 구별하는 동일한 논리가 역시 기업과 산업 간의 차이를 설명해주고 있다. 기업들과 산업들은 사용자들과 노동자들이 (때로는 정부 관료와 노동조합들이 간여하는 가운데) 인센티브 시스템, 노동충원 절차, 보상, 그리고 지휘풀과 이직풀 간의 일자리 배치를 망라하는 상이한 인력관리체제에 대해 협상하는 그 정도가 매우 다르다. 일반적으로 이야기하자면, 높은 보상을 제공하는 동일한 조건(예: 자본집약산업, 자본설비에 대한 노동자의 넓은 재량권, 조직성과에 대한 대체불가한 노동자 기여의 높은 수준, 선택된 귀속적 집단에의 소속, 다른 영향력 있는 노동자들에 대한 네트워크 근접성, 기업의 시장지배력, 그리고 보상에 대한 강력한 제도적 보호) 역시 충성체제, 노동자의 충원 통제권, 그리고 폭넓은 지휘풀을 선호한다.

그러나 풀 그 자체의 성격은 기업들과 산업들에 걸쳐 상이하게 나타나기도 한다. 이직풀의 경우에조차 전체적으로 자본집약적인 기업과 산업에서 노동자 1인당 자본투자비율이 낮은 기업·산업에 비해 노동자들에게 상대적으로 높은 임금, 유리한 복지혜택 그리고 고용안정을 보장하고 있다. 그러한 산업의 노동자들은 평균적으로 노조를 조직할 능력과 협상에서의 영향력을 더 많이 보유·발휘하고 있다(Conell, 1980, 1989; Hanagan, 1989b). 또한 이 산업의 사용자들은 어용노조와 온정주의적인 복지프로그램을 제공함으로써 노동자들의 노조조직화와 집합행동을 회피하려는 경향을 보이기도 한다. 이러한 경향성은 '중심부' 산업과 '주변부' 산업을 구별하는 핵심적인 배경원인이 되고 있다.

## 승진유형 설명하기

내부 승진의 유형에 있어 기업 간 그리고 산업 간 차이는 내부노동시장에 대한 세 가지 의문점을 제기한다. 첫 번째로, 특정 조직에서 어느 정도로 상급 직위가 승진을 통해 채워지는지, 그리고 어떤 직무가 승진으로 충원되는지를 결정하는 요인은 무엇인가? 조지 베이커, 마이클 깁스, 그리고 벵트 홀스트롬 (George Baker, Michael Gibbs & Bengt Holmstrom, 1994: <표 II>)이 수집한 자료는 그 물음에 적절한 답을 제공하고 있다. 그들이 조사한 중규모 서비스기업들은 여덟 직급의 고용구조를 갖고 있으며, 각 직급별로 내부 충원의 비율을 하위직급에서 상위직급 순으로 정리하면 다음과 같다.

- 직급 1: 1%
- 직급 2: 73%
- 직급 3: 70%
- 직급 4: 75%
- 직급 5~8: 90%

왜 직급 2~4의 경우 내부 충원율이 1%(직급 1)나 90%(직급 5~8)가 아니라 대략 75% 수준을 보이는가? 어째서 조직의 상위직급에서는 내부승진의 충원율이 더 높게 나타나는 것인가?

생산성 논리가 해답의 출발점을 제공한다. 기업들은 기업특수적 지식이 더 많이 요구되며 외부 취업희망자의 선발평가가 어려운 곳일수록 내부승진을 더욱 활용하게 된다. 노동자들에게 기업특수적 지식을 갖추도록 하는 데 적잖은 비용이 들며, 일단 숙련개발의 투자가 이루어지면 기업들은 그 투자의 대가를 얻어내려 한다. 승진사다리는 역시 사용자들에게 노동자의 능력을 평가·판별하는 기회를 제공한다.

또한, 기업들은 (인센티브체계와 인력충원 메커니즘이 개념적으로는 동시적으로 존재하는 것이지만) 다른 인센티브체계보다 노동자의 헌신에 의존하는 경우에

승진을 보다 많이 활용하게 될 것이다. 히로시 이시다(Hiroshi Ishida, 1995)와 그 동료들은 일본과 미국의 금융부문 대기업들을 연구하여 이들 회사에 취업한 대졸 사원들이 입직 초기에 자동적으로 승진하고 있음을 발견했다. 일본 기업에서는 거의 모든 사원들이 대리 직급으로 승진되고, 그들의 90%가 과장 직위에 이르렀다. 그런데 대리로 승진하기 위해서는 최소한 근속기간이 10년이거나 또는 연령이 33세에 도달하는 것이 요구되는데, 대부분은 13년 이후에서야 승진되었다. 승진의 보편성이나 승진시기의 동시성이 선발·훈련과정에 의해 충분히 설명될 수 있는 것은 아니다. 오히려, 그들(보편적인 승진과 동시적인 승진시기)은 회사충성을 촉발하는 기능을 수행하게 된다.

종업원 일부에게 종신고용을 제공하는 일본 기업들에서는 충성심이 숙련보다 우선한다. "많은 일본 기업들이 동기부여가 되어 있으나 경험이 없는 학생들을 채용하여 현장직무교육을 실시하는 것을 선호하기 때문에"(Ishida et al., 1995: 7) 직업경력과 직무관련 숙련을 갖고 있는 취업신청자들은 실제 불이익을 당하고 있다. 기업특수적 지식과 심사와 더불어 충성심을 고려할 때 내부승진이 기업의 위계구조에서 상위 직급에 더 일반적인 이유를 잘 이해할 수 있다.

협상의 역사와 현재 지형에 따라 승진에 대한 의존 정도가 달라진다. 노동자들과 그들의 노조조직들은 상향 이동의 기회를 요구한다. 직무계층 간의 경계가 매우 엄격하게 구별되어 있는 미국의 병원산업에서 노동조합들은 교육훈련 프로그램을 설립하기 위한 협상을 요구해오고 있다. 이러한 요구에 대한 사용자들의 반응은 부분적으로 생산성 측면의 수익·비용에 의존할 뿐 아니라, (노동자에게 사용자의 경영권을 침해할 기회를 제공하는 것에 반대하면서) 승진이 노동자들을 포섭하는 정도에 대한 그들의 평가에 좌우된다. 보다 일반적으로, 기업들은 조직내부의 이동체계를 설계하거나 재설계할 때 노동자의 기대와 요구를 고려한다. 그들은 노동자의 기대를 충족시키거나 선점하기 위해 승진체계를 설계한다. 후자의 사례에서 예시하듯이, 제조업을 포함한 미국 기업들 중에서 파견업체를 통해 신규사원을 충원하여 정규직으로 승진시키기 위해 그 파견임시직 사원들을 심사하는 기업의 수가 날로 증가하고 있다. 이러한 관행은 수습기간 중에 신규사원들이 복지 또는 고용보장을 요구하는 것을 방지하기 위한 의도에서 등장하고 있다.

무엇이 공평하고 정당한지에 대한 일반 통념 역시 직위하락이 실질적으로 존재하지 않는다는 베이커 등의 연구결과를 지지한다. 이들의 발견은 매우 특기할 만한 내용이 아니기 때문에 더욱 주목받을 만하다. 왜 이런 현상이 발생하는 것일까? 임금삭감과 마찬가지로, 노동자들은 직위강등을 도저히 감내하지 못할 것이다. 업무성적이 저조한 종업원들에 대해 기업들이 덜 중요한 일자리로 이동시키거나, 같은 업무를 수행하도록 하거나, 아예 파면·퇴직시키는 경우가 일반적인 한편, 직위강등을 하는 경우는 거의 없다.

확립된 승진체계가 반드시 직위상승에 대한 노동자들의 실질적인 영향력 행사를 의미하는 것은 아니다. 오히려 그 정반대의 경우가 사실에 가깝다. 일본 기업의 약 1/3이 종업원들의 개인적인 경력 신택을 도와주기 위한 상담서비스를 제공하는 경력개발프로그램(Career Development Program: CDP)을 도입·운영하고 있다. 그런데 업계에서 CDP를 효과적으로 사용하는 것으로 알려져 있는 일본 기업들을 대상으로 실시한 설문조사에서는 대부분의 종업원들이 "다음 직위가 무엇일 것으로 생각합니까?"라는 물음에 대해 "그런 경력문제를 고려하는 것은 내가 아니라 회사이다"라고 하거나 "내 자신이 그 문제를 고려하긴 하지만, 관련 정보가 부족하여 나는 막연한 경력 비전만을 가지고 있을 뿐이다"라고 응답하고 있다(Amaya, 1990: 46~50).

승진에 관한 두 번째 질문으로서, 직무가 승진에 의해 충원된다고 할 때 이러한 직무로 연결시켜주는 경로는 과연 무엇인가? 전형적으로 우리는 승진 사다리와 연결되어 있는 직무집단들을 발견하게 된다. 베이커, 깁스, 홀스트롬(Baker, Gibbs & Holmstrom, 1994)은 중규모의 서비스기업들에서 인사정보를 얻어 분석한 결과 모든 일자리는 기본적으로 하나 또는 두 개의 다른 일자리로 연결되어 있으며, 종합적으로는 크게 일곱 개의 경력경로(career paths)에 포괄되는 것을 발견했다. 직무집단들은 종종 수직적인 그리고 수평적인 경계에 의해 분리되어 있다. 예를 들어 크리스 틸리(Chris Tolly, 1996)가 연구한 보험회사들의 경우 서비스직, 사무직, 전문직/관리직에 대해 별도의 승진사다리를 갖고 있었으며, 전문직/관리직 계층에 대해서는 그 승진사다리가 기능영역별로 구분되어 있었다. 각 직무집단 안에서는 상위 직위로 올라갈수록 이직풀 지위에 대한 지휘풀 지위의 상대적 비율이 낮아지긴 하지만 이직풀과 지휘풀이 전형적으로 공존하고 있다.

또한, 생산성 논리는 이러한 직무 범주화를 설명하는 하나의 요인을 명확히 해준다. 기업들은 기업특수적 지식의 중복성에 기반하여 (기능 영역별로 상이한 형태로) 경력경로 또는 승진사다리를 만들게 된다. 다른 요인으로는 네트워크 (예: 민족적 공통성이 승진경로로 작용하는 경우), 선호와 선입관(예: 어떤 집단이 가장 충성스럽고, 어떤 집단이 하급자들로부터 충성을 받을 만하며, 어떤 승진경로가 적절하고 정당한 것인가에 대한 관점들), 그리고 협상을 꼽을 수 있다.

선호와 선입견에 기반한 차별이 근본적으로 승진사다리를 새롭게 변화시킬 수 있다. 특히, 차별의 수혜자들이 그들의 (승진)요구를 관철시키려 할 때 그러하다. 20세기 초에 미국 남부지역의 철도회사들은 흑인들을 제동수(brakeman)와 화부(fireman)로 채용했으나 그들이 차장이나 엔지니어로 승진하는 것을 금지했다. 이러한 특수성으로 인해 남부 철도회사들은 미국 내 다른 지역의 철도회사들에서는 일반화되어 있는 연공형 승진사다리를 도입할 수 없었다. 백인들이 지배하던 노동조합들은 그 승진제한조치를 옹호했을 뿐 아니라 흑인들을 중간 직급의 일자리로부터 쫓아내려고 투쟁하기도 했다(Sundstrom, 1990).

승진에 대한 차별의 세부적인 유형들은 제도의 역사와 요구에 따라 매우 다양할 수 있다. 어느 피츠버그 보험회사에서는 파트타임 노동자들이 정규직 일자리로 전직신청을 하는 것을 금지하고 있다. 크리스 틸리(Chris Tilly, 1996)에게 밝힌 회사 관리자의 설명에 따르면, 이러한 규정은 장기 파트타임 일자리를 희망하는 사람들을 유인하기 위해 설계된 것이다. 다른 한편으로 수많은 식품점과 미국 우정국에서는 거의 모든 노동자들이 파트타임직을 거쳐야만 정규직으로 진입할 수 있다.

일단 승진사다리가 확립되면, 관례에 의해 그 체계는 고착화된다. 승진 규칙을 변화시키는 것은 현직 노동자들의 불만과 저항을 촉발할 수 있는 일이기 때문에 기업들은 일반적으로 큰 환경변화에 의해 요구될 때에만 그 승진체계를 개조하려 한다. 보스턴 보험회사의 관리자는 크리스 틸리에게 다음과 같이 말한다.

전형적으로, (회사의) 문화는 초기단계에서 채용하여 그렇게 빠르지 않더라도 일정하게 사람들을 승진시키는 것이었다. 그런데 그 문화가 변화하기 시작하고 있다. 특히, 재무와 정보처리 등의 몇 개 부문을 중심으로 말이다. 우리는 지금 고급숙련 인력을 구하기 위해 큰 경쟁을 치르고 있다. 우리의 업무수요가 매우 빠르게 성장하고 바뀌고 있기 때문에 내부에서 승진시켜 활용할 만한 시간이 없는 것이다. 그래서 우리는 중견사원으로 경영학 석사(MBA)들을 바로 채용하고 있다. 이러한 조치는 종업원 관계에 여러 문제를 야기하고 있다. 직급 14 또는 15에 채용된 MBA들은 최하위 직급에 있는 사람들과 동일한 태도를 보인다. "나는 이미 2년이나 여기 있었는데, 언제 승진되느냐?"는 식으로 말이다. 이에 대해 구식의 관리자들이 답하기를 "우리들은 이미 네게 다른 동료 노동자들이 누리지 못한 특혜를 주었다"고 한다. 우리는 이러한 문제를 어떻게 해결할 것인지에 대해 명확한 계획은 없다, 그냥 무시하거나 새로운 해결책을 찾든 해야 할 것이다. 이 문제는 밑으로부터 또 다른 반발을 불러일으킨다. 잘못 대응하면, 하급직원들이 불만을 터트리거나 이직하는 일들이 발생할 것이다(Chris Tilly, 1989b).

세 번째이면서 마지막 질문은 범주적 측면에서 누가 승진경로에 선택되는가이다. 누가 승진할지는 노동자의 지식 정도에 달려 있는데, 이 경우 기업특수적 숙련보다는 자격증과 일반 직무숙련에 대한 노동자집단들의 차별적인 접근 가능성에 좌우된다. (승진절차 그 자체에서 그리고 승진단계를 결정하는 훈련과 경력상담을 통해) 네트워크와의 차별 역시 매우 중요하게 작용한다. 예를 들어 미국 기업들에서 여성들에 부과되는 '유리천정(glass ceiling, 역자주: 특정 인구집단의 승진을 제한하는 차별적 관행)'은 이미 잘 알려진 사실이다. 로자베스 캔터 (Rosabeth Kanter)가 연구한 대기업에서는 '남성'과 '여성'의 직무들이 그들에게 제공되는 이동기회에 있어 체계적인 차이를 드러내고 있다. 여성에 대해서는 다음과 같이 묘사될 수 있다.

> 이동은 매우 드물고, 사회적 접촉의 기회는 강한 동료네트워크가 쉽게 발달되는 사무실 업무에서 매우 크다고 할 수 있다. 전통 때문에 그리고 선배 여성직원들 중 상위직급으로 승진한 예가 매우 드물기 때문에 여성들 스스로 조직 위계구조상의 성공을 낮게 평가하는 조직문화를 지지하기가 쉽다. 또한 조직에 걸쳐 남성과 여성의 분포현황 역시 여성들이 승진을 바라보는 심리적인 여과장치 또는 관점에 중요하게 작용한다. 여성이 인드스코(Indsco)에서 상위직급으로 올라갈수록, 그녀는 점차 여성 동료사원이 줄어드는 것을 확인하게 되는 반면, 남성들은 그 조직체계의 모든 직급에서 많은 남성 동료집단을 손쉽게 발견한다. 따라서 '동료친구들을 떠나게 된다'는 우려감과 승진에서 오는 사회적 불안감이 사무직 여성들에 의해 종종 제기되는 문제인 반면, 관리직 남성은 전혀 이러한 문제를 느끼지 않고 있다(Kanter, 1977: 151; Epstein, 1981 참조할 것).

비슷한 직무이동 문제가 대기업 안에서 인종·민족적 소수집단들을 괴롭히고 있다.

네트워크는 내부노동시장에서 상향 이동의 결정에 있어 특히 중요하게 작용한다. 승진에 대한 네트워크의 중요성은 그 승진절차의 공식성 정도에 반비례하게 된다. 피라미드 판매조직은 한 극단을 대표하는데, 이 경우에는 네트워크만이 유일하게 조직 내의 직위상승 기회를 제공하게 된다. 이와 유사한 형태가 다른 사업체 조직유형에서 나타나기도 한다. 셜리 마르크(Shirley Mark, 1990)에 따르면, 첨단기술업체들에서 엔지니어들은 프로젝트그룹에 참여하면서 승진하게 되는데, 지인관계의 네트워크로 구조화된 비공식절차에 의해 아시아계 미국인들의 참여가 절대적으로 배제되고 있다. 허미니아 이바라(Herminia

Ibarra, 1992)가 연구한 홍보대행업체에서도 비슷한 절차에 의해 여성들이 주변화되고 있다. 조밀스 브래독과 제임스 맥파트랜드(Jomills Braddock & James McPartland, 1987)가 발견한 바에 따르면, 사용자가 직접 종업원들에게 접근하여 일자리를 제안하거나 직무이동의 신청을 유도하는 경우에 내부 승진을 통해 충원되는 종업원이 백인일 가능성이 매우 높게 나타난다. 반대로 문서화된 절차에 따라 직무이동이 시행될 경우에는 백인 종업원의 승진확률은 크게 줄어든다. 차별적 태도에서 비롯되는 것으로 일반적으로 알려져 있는 배제현상은 부분적으로는 네트워크의 분절성에 기인하고 있는 것이다. 네트워크와 차별에 더하여, 연공서열(seniority)과 적극적 우대조치(affirmative action) 등에서 잘 드러나듯이 승진에의 접근가능성은 결정적으로 유력한 주체들 간의 공식·비공식 협상에 좌우되기도 한다.


## 내부노동시장의 종언?

역설적으로, 연구자들이 지난 20년 넘게 미국 노동시장의 분절성을 유형화(taxonomy)하는 동안 노동시장이 그 유형화를 진부하게 만들 정도로 크게 변화하기 시작했다. 제조업으로부터 서비스산업으로 고용인구의 이동과 심화되는 세계경쟁에 대한 사용자들의 대응 등으로 인해 제조업적 특성(장기적이며, 규칙의존의 종속적인 고용)에 부합하는 노동력의 비중이 크게 감소했다(Harrison & Bluestone, 1988; Albelda & Tilly, 1994). 더욱 일반적으로, 미국 사용자들은 생산직 종업원들이나 사무관리직 사원들의 인력관리에 있어 내부노동시장으로부터 탈피하여 기업 간 이동과 외부 훈련기관에 더 크게 의존하는 고용체제로 옮겨가고 있다. 이렇게 폭넓은 외부화(externalization) 경향은 부분적으로 성인 재교육기관의 빠른 발달과 '군더더기 없는 슬림화 경영'을 강조하는 기업의 사업전략에 기인하고 있다(Appelbaum, 1987; Noyelle, 1987; Carré, duRivage & Tilly, 1995). 노동자들의 확대된 이동은 자발적으로 직업을 전전하는 형태를 보이는 한편, 인력감축(downsizing)의 비자발적인 형태를 보이기도 한다. 일부 증가하는 일자리가 2차 노동시장 부문이나 숙련노동시장 부문의 형태에 일치하는 경우도 있지만, 다른 일자리들은 다양한 노동시장 부문의 특성을 결합하여 새로운 형태로 등장하고 있다.

1996년 초에 AT&T가 약 4만 명의 노동자를 정리해고하려고 준비하던 때에 인사관리담당 부사장인 제임스 메도우스(James Meadows)가 ≪뉴욕타임스(New York Times)≫에 말하기를, "사람들은 스스로를 이 회사에 자신의 숙련기술을 팔기 위해 찾아온 사업자, 즉 자영업자로 바라볼 필요가 있다"라고 했다. 그는 덧붙여, "AT&T에서 이미 임시직 노동자 다수가 우리 조직내부에 존재하고 있지만, 더 나아가 노동력의 모든 개념을 한시적인(contingent) 것으로 변화시켜야 한다"라고 말했다. 그에 따르면, 사람들은 고용관계를 대신하여 점점 더 '프로젝트' 또는 '사업영역'을 가지게 되며, 그 결과 우리 사회는 '고용은 없지만, 일이 없는 것은 아닌(jobless but not workless)' 방향으로 진화되고 있다(Andrew, 1996: D10). 메도우스의 발언은 취업형태가 임노동방식에서 계약방식으로 전환되고 있으며, 일정 한계 안에서 개인적 거래형태로 변화하고 있는 최근의 노동시장 현실을 시사하고 있다. 대규모 설문조사도 취업에 관한 태도와 기대에 있어 비슷한 변화를 드러내고 있다. 노동자들과 관리자들은 동일하게 10년 전보다 현재의 사용자에 대한 종업원의 헌신도와 종업원들에 대한 사용자의 헌신도가 훨씬 낮은 것으로 평가하고 있다(Cappelli, 1995). 미국에서 가장 장기고용을 대표하던 사용자였던 우정국(US Postal Service)조차 우편분류업무를 자동화하고 외주화함으로써 파트타임 일자리와 '한시적' 인력을 양산하기에 이르렀다.

미국에서 일자리가 실제로 점점 더 임시직으로 변하고 있는 것인가? 답은 반반이다. 남성들에 대해서는 일자리가 임시직으로 전환되고 있지만, 여성에 대해서는 오히려 상용직화되고 있다(Farber, 1995; Rose, 1995, 1996). 이러한 변화를 종합해볼 때, 그 변화의 정도를 감지하기가 쉽지 않다(Farber, 1995. 일부 측정지표는 근속경력의 전반적인 감소를 나타내고 있기도 한다. Swinnerton &

Wial, 1995를 참조할 것). 그런데 그 순수효과를 가려내는 것이 반드시 고용관계의 변화가 중립적이라는 점을 의미하는 것은 아니다. 여성의 근속기간 증가는 여성들이 일자리를 쉽게 그만두기보다는 오래 잔류하는 선택을 하는 경향이 늘어나는 노동공급의 변화를 반영하는 것으로 주장할 수 있다. 하지만 남성의 근속기간 단축은 기본적으로 노동수요의 변화를 반영하는 것으로 사용자들이 정리해고와 공장폐쇄의 조치들을 더 많이 단행하는 것을 의미하고 있다. 노동자들에게 가용한 취업기회를 평가해볼 때, 노동수요의 변화가 결정적인 요소로 나타나고 있는 것이다.

인구통계청(Census Bureau)의 퇴직노동자 설문조사(Displaced Worker Survey: DWS) 자료 역시 장기간의 일자리 기회가 줄어드는 것을 보여주고 있다(Farber, 1996). DWS 자료는 영구 정리해고(permanent layoffs)라는 극단적인 조치에 초점을 맞추고 있다. 다소 경제침체로부터 벗어난 1991~1993년 기간의 퇴직률이 1981~1983년의 혹심한 경제불황 국면보다 높게 나타나고 있다. 소득변동의 패널조사(Panel Study of Income Dynamics)를 활용한 연구에 따르면, 역으로 1980~1992년 기간의 퇴직률이 전체적으로 1968~1979년 기간의 수준을 넘어서고 있다(Boisjoly, Duncan & Smeeding 1994). 이들 두 기간 사이에 정리해고된 사람의 비중이 1/3 증가했으며, 해고노동자의 비율은 두 배로 늘어났다.

근속기간이 단축되는 것은 노동자들의 이익에 반하는 것인가? 일부 경영잡지에서는 잦은 일자리이동이 학습과 지위상승을 촉진하는 것으로 주장하거나, 짧아진 근속기간을 퇴보로 간주하기보다는 단순히 직업보유의 유형과 규칙에서 나타나는 변화라는 점을 강조하고 있다. 언론기자들은 우리에게 단기 직업을 전전하는 이동의 수혜자들을 소개하기도 하는데, 이를테면 25세의 임시직 노동자인 제이슨 엘리엇(Jayson Eliot)은 "나는 일자리를 원치 않고 있으며, 이후에도 결코 한 일자리에 묶여 있지 않을 것이다"라고 밝히고 있다(Flynn, 1996). 피오르와 세이블(Piore & Sabel, 1984)이 저술한 유연전문화(flexible specialization) 문헌이 일자리이동의 긍정적 시각에 대한 학술적인 뒷받침을 제공하고 있다. 유연전문화이론에서는 기업규모가 작을수록 그리고 유동성이 높은 고용형태일수록 수공업적인 생산조직으로 복귀하기 쉬우며, 기업보다는 직종에 대한 애착이 높고 그 직종 안에서 직위상승의 가능성을 갖게 된다.

그런데 첨단기술자인 엘리엇에 대한 상반된 사례로서 캐롤라이나 지역 임시직 육체노동자들의 얘기를 들어볼 필요가 있다. 공정고용을 위한 캐롤라이나 연합(Carolina Alliance for Fair Employment)은 1994년에 이러한 임시직 노동자들과 워크숍을 개최하여 각 참가자들에게 네 단어로 자신의 직장생활에 대해 묘사할 것을 요청했다(Gardner & McAllister, 1995). 그 목록에는 일부의 긍정적인 단어(예: 훌륭한, 희망 있는, 능력 있는, 유능한)를 포함하고 있기는 하지만, 대부분의 단어는 다음과 같이 부정적이었다. 기죽이는(5회), 중요치 않은(2회), 슬픈, 나쁜, 예측할 수 없는, 학대받는, 거친, 화난, 실망스런, 메스꺼운, 바라보기도 싫은, 소모적인, 외부인의, 불안정한, 이용당하는, 저임금의, 괴롭히는, 미래가 없는, 압박당하는, 위협받는, 불행한, 어울리지 않는, 의기소침한, 개선여지가 있는, 불쾌한, 아주 힘든, 증오, 고약한, 처량한, 불공평한, 피곤한, 그리고 과로하는!

임시직 일자리가 비정규 고용의 한 극단을 대표하지만, 젱크스, 펄만 그리고 레인워터(Jencks, Perman & Rainwater, 1988)에 따르면 다음 2년간 일자리 상실의 예상 위험률이 10% 증가할 때마다 그 일자리에 대한 평가가 10%의 임금삭감만큼 낮아지는 것으로 분석되고 있다. 1970년대에 비해 1980년대에 일자리 이동에 연관된 소득감소분이 작아지기 했지만, 여전히 소득감소는 이루어지고 있는 것이다. 같은 직업 내에 잔류하는 일자리이동의 경우에서조차 1980년대에 한 번 직장을 이동한 남성 노동자들이 두세 번 일자리를 옮긴 남성 노동자들에 비해 연간 11% 정도의 소득을 더 올리고 있으며, 상응하는 비교에 있어 여성의 경우에는 그 소득프리미엄이 32%에 달한다(Rose, 1995). 이러한 경험적 자료를 살펴보면, 대부분의 노동자들이 단기고용을 근로조건의 쇠퇴로 경험하고 있는 것을 확인하게 된다.

오랜 시간에 걸친 임금변동의 문제는 장기 고용 여부와 밀접하게 관련되고 있다. 전반적으로 임금소득의 변동은 1970년대와 1990년대 초반 사이에 줄어들었다(Buchinsky & Hunt, 1996). 더욱이, 미국에서 하향이동은 두드러질 정도로 더욱 일반화되고 있다. 가장 왕성하게 경제활동을 하고 있는 성인연령층의 소득변동을 추적한 결과, 스테판 로즈(Stephen Rose, 1994)는 1970년대에는 전체의 1/5 정도가 실질소득의 5% 이상 감소를 경험했으나 1980년대에 들어 그 비중이 1/3로 늘어났다는 사실을 밝혀냈다. 다른 지표에서도 드러나듯이 남성과 여성은 정반대의 경향을 보인다. 남성은 연소득이 삭감될 가능성이 높아진 반면, 여성의 소득하락 확률은 더욱 낮아지고 있다. 그런데 (연소득에서 노동시간의 효과를 통제했을 경우) 시간당 임금기준으로 살펴보면 남성과 여성 모두 지난 10년 동안 소득감소의 경향이 높아지는 것을 확인케 된다.

무엇 때문에 소득의 하향이동 확률이 높아지는 것일까? 로즈는 일자리이동의 빈도증가에 의해 남성 노동자들의 소득하락이 더욱 크게 발생하는 것을 대략 절반 정도로 설명하고 있다. 그러나 다른 기업수준의 변동에 관한 자료들은 더욱 복잡한 그림을 제공한다. 일자리이동의 빈도가 증가함과 동시에, 고용안정의 이점들이 감소하고 있는 것이다. 1980년대 동안에 보상의 일반적인 특징이었던 동일 직장 내 장기근속의 경제적 이득이 급격히 감소했다(Constantine & Neumark, 1994). 그리고 새로운 형태의 작업조직이 등장하여 관리직 계층을 줄이고, 미숙련 생산직 노동자들을 다기능팀으로 재편함으로써 전통적인 직무사다리의 계단들이 감소되었다(Cappelli, 1993; Cappelli & O'Shaughnessy, 1995). 요컨대, 특정 사용자의 직장에서 상향이동의 가능성이 줄어든 가운데, 직장 간 일자리이동을 통한 지위상승의 기회가 이를 보전하지 못하고 있다.

고용관계의 '임시직화(casualization)'는 비단 미국에서뿐만 아니라 프랑스, 이탈리아, 일본 그리고 다른 나라들에서도 공통적으로 나타나고 있다. 그런데 이들 국가에서 분명하게 보이는 수렴현상은 사실을 호도할 수 있다. 프랑스와 이탈리아에서는 사용자들이 주로 1960년대 말과 1970년대 초의 노동자 전투성에 대항하기 위해서 그리고 해고에 대한 정부와 노조의 규제를 회피하기 위해 비공식고용과 외주하청에 더욱 치중하게 되었다. 미국 사용자들은 점증하는 국내외 시장경쟁의 압력에 직면하여 특정 규칙을 회피하기보다는 노동자들의 장기고용 기대를 무디게 하는 방향으로 주력했다. 일본 사용자들의 비정규 노동 활용 증가가 초기에는 더 많은 수의 여성, 학생, 불법이주노동자들을 흡수하여 노동부족 상황을 극복하려는 시도를 반영하고 있으며, 나중에는 환율변동에 의해 초래된 급격한 불경기에 대응하려던 것으로 이해될 수 있다. 일부 연구자들은 일본과 독일의 경제가 지금 미국형의 저헌신(low commitment) 노동시장으로 이동하고 있다고 하지만(Economists, 1996), 그러한 예측은 아직 시기상조처럼 보인다.

이러한 사실은 미국에서 내부노동시장의 종언을 알리는 것인가? 분명하게, 특히 남성에 대한 낡은 내부노동시장모델은 해체되고 있다. 미국 경제언론은 직장 간 이동에 기반하는 새로운 경력모델이 등장하고 있다고 소개하고 있다. 수공업 노동시장과 매우 유사하게 이러한 '취업능력모형(employability model)'에서는 노동자들에 대한 사용자의 헌신이 고용지속성에 있는 것이 아니라 노동자들로 하여금 취업가능성을 더 높게 만드는 숙련의 제공에 있는 것이다. 그러나 지금 일부 노동자에게 일자리이동이 분명 새로운 기회를 가져다주기도 하지만, 평균적으로는 특정 사용자에 대한 장기 고용이 남녀 모두에게 더 많은 경제적 보상을 안겨주고 있다. 다른 나라 노동자들이 늘 그러했듯이, 미국 노동자들도 노동시장의 불안정성으로부터 자신을 보호하기 위한 길을 찾으려 노력하게 될 것이다. 노조조직률의 하락과 격화되는 생산물시장 경쟁 때문에 노동자들이 협상력을 잃고 있지만, 그들의 힘, 특히 때로 국가를 동맹자로 동원할 수 있는 힘이 여전히 고려되어야 할 것이다.

이 모든 것들을 감안할 때, 1990년 말 미국에서의 노동시장 상황은 안정된 새로운 체제라기보다는 과도기처럼 보인다. 그 최종 결과는 아직 예측하기 어렵다. 기업 내 노동시장의 특정유형들이 재건될 가능성도 크게 높지는 않지만 존재한다. 대신에, 노동자의 (생활)안정성은 국가가 제공하거나 규제하는 '사회보장 안전망', 특히 직장이동시 휴대가능한 복지프로그램들 또는 특정 산업이나 지역의 기업 간 노동자 이동에 대한 기준을 부과하는 새로운 형태의 노동조합과 노동자조직에 기반하거나, 또는 이들 두 가지 요인을 결합하는 방식으로 재구축될 수 있을 것이다. 분명한 사실은 어떤 새로운 시스템에서든 인센티브와 이동의 메커니즘이 늘 생산성, 선호, 네트워크, 협상 그리고 관성에 의해 규정된다는 점이다. 또 다른 명백한 사실은 새로운 시스템이 노동자들과 사용자들 그리고 국가 간의 각축을 통해서 만들어질 것이라는 점이다.

# 제11장 노동 현장의 분쟁

## Contention at Work

어떻게 그리고 왜 노동자들은 분쟁을 일으키는가?

역사, 문화 그리고 분쟁의 레퍼토리

분쟁의 토대와 대상으로서 노동조직

미국의 노동분쟁

기나긴 파시스트 정권의 노동자통제와 제2차세계대전의 대혼란기를 지난 이후, 이탈리아의 사용자, 노동자 그리고 정부는 1920년대 무솔리니(Mussolini)가 권력을 장악하기 전에 존재했던 노사분쟁의 파동에 다시 휩싸이게 되었다. 1944년 이후 노동운동은 치열하고 폭력적이었으며, 때로는 승리를 구가하면서 하나로 통합됐다. 1948년 전국적인 총파업은 이탈리아 노동자들의 결의를 극적으로 과시했지만 1940년대 말에는 그 파업열풍이 곧 수그러들었다. 1950년대 말까지 파업들이 상대적으로 소규모로 가끔 발생했으며, 1960년대 초반에 노사분쟁은 완만하지만 비정기적인 형태로 발생했다. 그러다가 결국 댐이 무너져 1968년과 1970년대 중반 사이에 거대한 투쟁이 폭발했고, 그중에는 이탈리아인들이 뜨거운 가을(autunno caldo, hot autumn)이라 부르는 1969년의 격렬한 분쟁상황도 포함되어 있다.

그 격동기에 학생들, 가톨릭 활동가들, 그리고 다양한 노동자집단들이 포괄적인 요구를 제기하며 때로는 함께, 때로는 서로 상충되는 목적을 갖고 새로운 투쟁방식을 동원했다. 그 시기의 파업 파동(strike wave, 역자주: 특정 시기에 노조 파업 및 노동자들의 집단분규행위가 집중적으로 발생하는 현상을 지칭함)은 노사분쟁의 형태에 특기할 만한 혁신을 가져왔다.

완전히 색다른 파업용어들이 등장했는데, '태업(sciopero bianco)', '파상 파업(sciopero a singhiozzo)', '체스판 파업(sciopero a scacchiera)', '사업장 행진(corteo interno, 공장 부지를 돌며 미참가 노동자들의 파업참여 독려)', '공장폐쇄(presidio al camcello, 물품의 반입·반출을 저지하기 위한 공장문 봉쇄)' 등이 그러한 예에 해당된다. 이러한 혁신들은 '난폭한(wild)' 것은 아니었다. 그들의 논리는 (투쟁)자원의 최소한 지출로 최대한의 혼란을 발생하게끔 하는 것이었다(Tarrow, 1989: 188).

이와 함께, 파업 이외에 시위, 대규모 집회, 반국가 폭력과 같은 노동계급 행동 형태들이 증대했다. 그런데 1975년 이후에는 파업활동이 급격히 줄었다. 비록 1970년대 초기에 등장했던 대규모 시위형태의 산발적인 파업이 지속되기는 했으나, 파업의 실제 발생건수는 급격히 감소했던 것이다.

전후 이탈리아의 노사분쟁과 강력한 좌파 정당들은 세계적으로 정치적인 관심사가 되었고, 학구적인 연구대상으로 주목받기도 했다. 제1차세계대전 이후 거대한 노동자운동이 파시스트의 정권 장악으로 이어졌기 때문에, 민주주의 지지자들은 이탈리아가 다시 극우 운동에 휩싸일 것을 걱정했다. 급진파와 보수파 모두 (두려움과 희망을 가지면서) 전후 이탈리아가 역사적인 계급투쟁과 거대 공산당의 등장으로 인해 혁명의 잠재적 가능성을 품고 있는지 여부에 대해 질문했다. 이후의 정치적 경험이 파시즘의 복귀는 물론 혁명 시나리오의 발생가능성을 줄였지만, 이탈리아의 노사분쟁에 대한 매력을 증대시켜 주었다.

예를 들어 1950~1978년 사이에 발생한 이탈리아의 파업들에 대한 면밀한 분석을 통해 사회학자인 로베르토 프란조시(Robert Franzosi)는 노사분쟁의 원인과 결과에 관한 중요한 결론을 도출했다(Franzosi, 1995). 전문가답게 매우 다양한 입증자료들을 분석하면서, 그는 다음의 내용을 제시하고 있다.

1. 비록 완전히 사라진 것은 아니지만, 이탈리아의 전후 파업들은 여러 산업부문들에 걸쳐 집중된 방식으로 발생했다.

2. 파업의 진정국면마다 학자들과 정치평론가들은 조직 노동의 전반적인 와해 또는 소멸을 얘기하곤 했지만, 이러한 분석은 다음 차례의 파업 파동의 시기, 강도, 형태 그리고 중심축에 의해 무색해졌다. 각 국면의 파업들은 다음 국면을 위한 새로운 조건을 만들어주었다.

3. 각 파업 파동은 노사관계에 커다란 변화를 안겨주었다. 예를 들어 '뜨거운 가을(autunno caldo)'을 계기로 공장 수준의 노동자조직구조가 설립되었고 오랜 역사를 갖고 있던 전국사용자협회가 크게 약화되었다.

4. 사용자들은 통상 파업활동의 급증에 대응하기 위해 노조조직의 노동자들을 다른 미조직노동자들로 대체하거나 아예 노동을 배제하기 위한 대안적 생산 요소(예: 자동화)에 의존했다. 이러한 사용자 전략들이 얼마만큼 성공을 거두었는지는 부분적으로 가용한 기술에 좌우되었을 뿐 아니라, 서로에 대한 그리고 국가에 대한 경영진과 조직노동(organized labor, 역자주: 노동 조합을 지칭) 간의 권력 위상에 의해 영향을 받았다.

5. 새로운 기술과 자본집약적 생산에 대한 사용자들의 투자는 전체 (생산)시스 템을 바꾸는 방식으로 이루어지기보다는 노동자 투쟁성의 흐름에 뒤이어 노사관계의 새로운 형태를 추구·도입하려는 의도에서 이루어졌다.

6. 단체협약의 약정기간들은 파업활동에 정례적인 리듬을 부여했다(이 기간에 발생하는 파업은 국가 또는 공장 수준에서 3년의 교섭주기를 벗어나므로 법적으로 규제받게 됨).

7. 다른 조건의 영향이 동일한 것으로 가정할 때, 노동배제적인 정부와 고실업 은 파업을 억제했던 반면, 노조의 조직적 힘과 경제호황은 파업을 촉진했다.

이러한 연구결과들 중 일부 내용(예를 들어 파업에 대한 실업의 부정적 효과)은 이미 알려져 있던 현상들을 재확인했고, 다른 내용들(예: 파업 파동에 따른 교섭구 조와 기술의 변화)은 노사분쟁에 관해 널리 수용되어온 가설들에 도전하는 것이 었다. 비록 프란조시 자신은 우리의 분석틀과 비슷하게 수정된 마르크스주의 적 제도학파의 관점을 취했지만, 그의 연구성과들은 모두(마르크스주의, 제도학파, 그리고 신고전학파)에게 중요한 시사점을 제공해주었다.

게다가 프란조시의 결론은 여러 측면에서 각 시각의 일반적 견해에 대해 문제를 제기한다. 그 결론에서는 마르크스주의자들의 주장과는 달리 혁명적인 운동에 가담하기보다는 노동현장의 요구를 관철시키기 위해 집단적으로 노동력의 제공을 중지하는 행위(파업의 핵심적 특성)가 실제로 기존의 생산체제를 더욱 강화하는 것으로 밝히고 있다. 그 결론들에 따르면 제도학파 학자들은 기회주의적이며 관습에 얽매여 있는 노동자들이 위험부담이 있는 분쟁상황에 광범위하게 동원되는 것을 설명해야 하는 과제를 안고 있다. 그 결론들은 파업이나 정치적 개입이 시장의 우월한 심판능력을 이겨낼 수 없다는 신고전학파의 주장을 거부한다. 프란조시의 중요한 발견은 파업을 단순히 노동자들의 불만이나 이해의 직접적인 표출만이 아니라 노동자들, 사용자들 그리고 국가 간에 중대한 이해관계의 현안을 둘러싸고 끊임없이 발생하는 투쟁의 에피소드로 이해되어야 한다는 점이다.

아무도 이탈리아의 주요 경제적 행위자들 사이의 관계, 그들의 투쟁에 의해 만들어진 제도들, 파업과 다른 투쟁형태들 사이의 연계성, 그리고 지속적으로 변화하는 생산조직에 대한 구체적인 역사를 살펴보지 않고서는 프란조시의 결론을 이해하지 못할 것이다. 비록 관찰자들이 투쟁에서 주요 행위자들의 행동을 그들의 내적 동기(예: 노동자들의 좌절감, 사용자들의 탐욕 그리고 유사한 특성들)로 설명하는 습관을 갖고 있지만, 프란조시는 그의 분석에서 전략적 상호작용(strategic interaction)을 핵심요소로 삼고 있다. 그는 "둘이 있어야 탱고를 출 수 있다"(Franzosi, 1995: 15)고 밝히면서 파업과 그 준비 활동들을 춤에 비유하고 있다.

프란조시가 지적하듯이, 노사갈등(industrial conflict)은 분쟁의 두드러진 형태다. 이때 분쟁은 만약 실행된다면 타인들의 이익에 영향을 미치는 요구를 상호간에 집단적으로 제기하는 것을 뜻한다. 그러므로 분쟁은 협상의 특수한 집합적 형태이며, 다음의 세 가지 요소로 구성된다: ① 요구 제기(claim-making), ② 전략적 상호작용(strategic interaction), ③ 지지자, 동맹자, 경쟁자 그리고 요구의 대상을 위한 인센티브로서 헌신, 강제 그리고 보상의 배치방식. 분쟁관계의 행위자들은 최소한 **요구자**(claimant)와 **요구의 대상**(object of claims)으로 구성되며, 대개 요구는 양방향으로 제안되고 가끔 둘 이상의 당사자들이 간여하기도 한다. 쟁점이 되는 요구들은 노동계약에 관한 것이며, 더러는 노동계약의 적용과 관련되기도 한다. 예를 들어 노조 활동가의 해고에 반대하는 노동자들은 때때로 노동계약에 호소하면서 그 활동가가 자신의 직무책임을 다했고, 해고조치가 회사로부터의 퇴출에 관한 명시된 규정을 위반한 것이라고 주장한다.

더욱이 노동에 관한 분쟁은 기본적인 경제 변화들의 부수현상이 결코 아니며 생산조직에 중요한 영향을 미친다. 예를 들어 프란조시는 1960년대의 분쟁들이 생산과 노사분규에서 "대중 노동자(mass worker)" ― 대규모 공장의 일관흐름공정에서 엄격한 시간규율하에 일하는 생산자 ― 의 중심성에 종지부를 찍고, 대형 공장에서 작업팀들과 (더욱 유연하고, 파업 위험이 없는 소규모 기업들에 대한) 광범한 외주하청의 이용을 촉진시켰다. 노사분쟁은 노동조직 그 자체에 심대한 영향을 미쳤고, 그로 인한 작업체제의 변화는 이후 노사분쟁의 추가적인 발생가능성에 영향을 주었다.

또한, 프란조시의 분석은 이탈리아의 파업 형태들이 어떻게 다양한 행위자들 사이의 전략적 상호작용에서 비롯되고 있는지를 잘 보여주고 있다. 관련된 행위자에는 해외 세력도 포함되어 있다. 1940년대 말부터 미국의 정치가들, 사업가들 그리고 노조 지도자들은 이탈리아에 대한 소련의 영향력을 두려워했다. 전쟁 시기의 저항운동연합으로부터 등장하여 1948년과 1950년의 총파업들을 주도했던 공산당계열의 노동총동맹(General Confederation of Labor: CGIL)에 대한 대항세력으로 비공산계열의 노동조합 결성을 지원하기 위해 1950년부터 상당 금액의 세탁된 미국 자금이 이탈리아로 유입되었다(Franzosi, 1995: 114~115). 그 당시 많은 이탈리아 사용자들은 고전적인 분할·지배의 게임을 전개했는데, 그들은 CGIL과의 교섭을 거부하면서 비공산계열 노조들과 단체협약에 대해 협상했을 뿐만 아니라, CGIL에서 탈퇴하는 노동자들에게 보너스를 주거나 CGIL의 경쟁노조들로 하여금 공장 내 생산라인 인력의 채용과 해고를 통제할 수 있도록 허용했다. 하지만 1960년대의 투쟁기간에 CGIL은 노동자들에게 실리적 이득을 더 많이 안겨주는 전략을 전개하면서 다른 노조들과 효과적인 동맹관계를 구축하기 시작했다. 그와 동시에, 대기업과 중소기업 간의 연합전선이 붕괴되기 시작했으며, 자본의 분열은 단합된 노동자들의 전략적 우위를 강화시켜주었다.

## 어떻게 그리고 왜 노동자들은 분쟁을 일으키는가?

전후 이탈리아의 노사분쟁 경험은 우리가 이전의 장들에서 살펴본 거래 분석 (transactional analysis)과 잘 부합한다. 그것은 계속적으로 재협상된 노동계약들이 모든 주요 행위자들(예: 노동자들, 가구, 노조, 기업, 사용자단체, 정당 그리고 다양한 정구기구들)의 집단적인 행위를 초래하는 데에 중심적인 역할을 담당한다는 것을 잘 보여주고 있다. 조정된 행동을 위한 각 행위자의 인센티브, 기회, 그리고 수행능력은 다른 행위자들과의 공유된 인식 그리고 그들과의 관계의 역사에 좌우되었다. 집합행동 형태에서의 혁신들은 제도적인 변화의 유형을 따랐고, 가끔은 발명과 차용의 현저한 흐름에 집중되기도 했지만 항상 이전 형태에 기반했으며 종종 잘 확립된 일상 절차의 수정된 형태로 나타났다. 투쟁의 열기 속에서조차 거래비용 요구를 제기하는 가능한 방식들을 결정했으며, 이때 기존의 사회적 관계와 문화에 부합하는 방식을 더 선호했다. 더구나 행동과 변화의 물결은 노동자에게만 발생한 것이 아니었다. 모든 당사자들은 조직재구조화, 기술적 혁신, 그리고 전략적 술책을 수단으로 활용하여 새로운 기회와 위협에 대응했다. 경영자의 입장에서 보면, 공장폐쇄와 생산변화의 물결은 노동자들의 파업 파동을 몰고 왔던 동일한 과정에서 기인한 것이었다.

집단적 분쟁에 관한 체계적인 연구에서 (노동 분석에 대해 우리가 늘 강조했듯이) 관심대상이 이미 10여 년 동안 개인주의적 분석으로부터 관계적 분석으로 이동해왔다. 일찍이 파업참가에 관한 개인주의적 설명 — 합리주의자와 비합리주의자 모두 — 이 지배적이었는데, 이러한 시각의 연구자들은 개인적 이해관계가 가끔 집단적인 행동으로 분출되거나, 또는 그 반대로 개인들이 열정, 환상 및 이해관계의 그릇된 인식에 사로잡혀 사회운동, 파업 그리고 다른 형태의 분쟁행위에 참여한다는 것을 보여주려 애썼다. 사려 깊은 연구자들은 그러한 분쟁상황이 개인주의적 모델(합리주의자이든 비합리주의자이든지 간에)이 적절하게 대표할 수 있는 개인의 행위결과로서가 아니라 계속되는 사회적 상호작용으로서 나타나고 있음을 인식하게 되었다.

혁명과 사회운동에 관한 연구에서 전문가들은 다수 당사자들 사이의 전략적 상호작용모형을 만들기 시작했다. 그 모형에서는 참가자들이 변화하는 정치적 기회에 대응하고, 동원되거나 탈동원되며(demobilized), 전술적 혁신을 도모하고, 집단적 목표를 추구하며, 조심스럽게 상호작용의 성과를 검토한다(Goodwin, 1994; Marwell & Oliver, 1993; Tarrow, 1994를 참조할 것). 그들은 또한 현존하는 사회조직 안에서 집단적 분쟁의 깊은 근저(예를 들어 사회운동 활동가집단의 충원에서 연결망이 담당하는 중요한 역할)를 점차 인식했다(McAdam & Paulsen, 1993). 간추려 얘기하면, 노동의 세계 외부에서 발생하는 분쟁에 관한 연구자들은 프란조시가 이탈리아 파업 분석에서 강조하고 우리가 노동 및 노동시장의 일상적 과정에서 확인해온, 사회적으로 배태되어 있는 상호작용 과정들을 재발견했던 것이다.

대규모 집단적 분쟁과는 달리, 노동계약에 관한 많은 협상들은 개인 대 개인의 차원에서 거의 비가시적으로 발생하는데, 이를테면 상사가 규정을 재해석하거나 종업원들이 감독자의 지시를 따르지 않거나 노동자들이 서로 짜고 일상적 직무절차를 바꾸려 하는 경우에 그러하다. 노동이 계약에 의해 조직되고 그 계약들은 책무, 인센티브, 감시 및 집행에 대해 불확실성을 갖고 있기 때문에 모든 노동은 지속적으로 소규모의 협상을 수반하게 된다. 현존하는 노동기제들 — 인센티브, 배태성, 계약, 자율성, 매칭, 이동 그리고 훈련의 조합방식들과 수준 — 은 재협상의 끊임없는 계기를 제공한다. 그런 의미에서 거의 모든 노동이 타인들의 이해에 영향을 미칠 수 있는 요구의 제기(claim-making)를 수반한다. 앞의 장들에서 살펴보았듯이, 이러한 요구 제기는 종종 집단적인 형태를 띤다. 그래서 노동관계에 관한 우리의 이전 분석들이 분쟁에 큰 관심을 보였던 것이다. 자본주의 기업들 역시 수시로 경영권 다툼, 주주-경영진 분쟁, 환경문제 등에 관한 당국자-시민단체와의 분쟁, 경영권 승계 및 경영방침을 둘러싼 경영진 내부의 분열과 같은 대규모의 분쟁에 휩싸인다. 하지만 일반 노동자들이 전적으로 관여하는 공공연한 집단적인 분쟁은 상대적으로 매우 드물게 발생하며, 일상적으로 발생하지 않는 사회적 과정들을 수반한다.

자본가들과 노동자들 사이에 존재하는 권력과 조직의 현저한 비대칭을 가정할 때, 사실 노동자 주도의 대규모 분쟁은 설명하기 어려운 문제들을 제기한다. 왈라시안(Walrasian) 행상인들이 매우 낮은 가격의 판매를 거부하는 것처럼, 왜 노동자들은 불만족스런 계약의 직장을 그만두고 더 나은 협상조건을 찾아나서지 않는 것인가? 그에 대한 적절한 해답은 다음의 세 가지 점에서 찾아볼 수 있다.

첫째, 불만족한 노동자는 자신들의 계약을 변경하기 위해 개인적인 차원에서 종종 사직, 직무회피, 직무태만을 시도하거나, 교묘한 책략을 쓴다.
둘째, 노동자들과 관리자들에게 현행 계약의 대안을 찾는 데 드는 비용이 보통 상당하거나 감당하지 못할 정도로 크다.
셋째, 특정한 조건하에서 노동자들은 자신의 지위를 향상시키거나 지위 하락을 방지하기 위해 이해관계, 능력 그리고 기회를 조합하여 공동보조의 행동을 취한다.

첫 두 가지의 논점은 일상적 노동과정에 대한 우리의 분석에서 반복해서 살펴보았다. 이제 세 번째 논점 — 노동자들이 어떻게, 언제 그리고 왜 효율적이며 집단적인 방식으로 투쟁하는지 — 을 검토하기로 한다.

공유된 이해관계를 위해 함께 행동하는 노동자들은 <그림 11-1>에서 도식

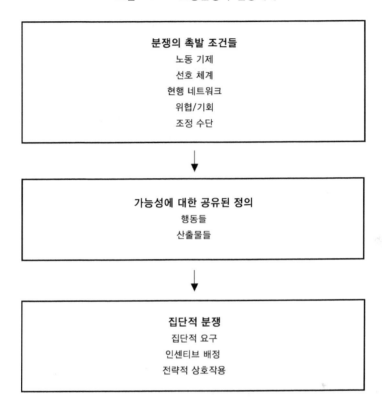

<그림 11-1> 노동분쟁의 설명체계

**분쟁의 촉발 조건들**
노동 기제
선호 체계
현행 네트워크
위협/기회
조정 수단

**가능성에 대한 공유된 정의**
행동들
산출물들

**집단적 분쟁**
집단적 요구
인센티브 배정
전략적 상호작용

화하고 있는 상황을 대면하게 된다〔우리는 이를 대단한 것으로 과시하기보다 이 도식을 '설명체계(accounting scheme)'라고 지칭하려 한다. 왜냐하면, 그것은 정확한 인과 논리 ─ 예를 들어 분쟁으로부터 공유된 인식으로의 피드백을 고려하는 ─ 를 제시 하지 못하며 어떤 설명에서든 필요로 하는 주요 요소들을 단지 종합하고 있을 뿐이기 때문이다〕. 노동자들은 그들 자신이 확립된 노동기제들을 포함하는 **'분쟁촉발 조건(precipitating conditions)'**에 놓여 있음을 확인하게 되는데, 그 조건에는 권 력·품질·효율성의 선호체계, 사회적 네트워크, 이해관계와 행동가능성에 영향 을 주는 위협과 기회의 범위, 그리고 그들의 행동을 위한 조정 수단들이 포함된 다. 노동자들은 그들이 취할 행동과 그 결과에 대한 **'공유된 정의(shared** definitions)'를 만들어간다.

이러한 공유된 정의는 주위의 문화와 과거 분쟁의 역사 사이의 상호작용에 크게 좌우된다. 그것은 집단적인 분쟁을 제한하는데, 그 분쟁은 타인에 대한 집단적 요구, 다른 참여자들과 요구대상에 대한 인센티브(헌신, 강제, 보상)의 배치, 그리고 타인들과의 전략적 상호작용을 포함한다. 우리의 설명체계는 한 번에 단 한 명의 행위자 지위만을 대표하는 방식으로 매우 단순화되어 있으며, 그 결과 미래 예측과 전략적 상호작용을 논의하기에는 부족함이 있다. 그러나 적어도 이 설명체계는 그 과정의 복잡성과 상호의존성은 전달하고 있다. 우리의 인과적 설명체계는 다음의 열 가지 요소를 포함한다.

1. 가변적인 **노동기제**들과 그것에 대한 도전들은 일반적으로 노동의 집단적 분쟁과 관련된 실질적인 요구와 즉각적인 촉발요인을 제공한다.
2. 노동자들과 자본가들은 공통적으로 그들 관계의 역사를 권리, 정의(justice) 그리고 도덕적 의무와 연결하는 담론들 속에 그들의 **선호체계**(preferred configuration)를 배태한다.
3. 관련된 **네트워크**가 생산 그 자체를 중심으로 구성된다. 이때 중요한 네트워크로는 노동조합, 성별 분업, 인종적 연대성, 그리고 공식적인 조직도에는 나타나 있지 않은 학교동창들의 인맥들이 포함된다.
4. **위협**은 종종 임금 삭감, 작업속도 강화, 공장폐쇄 등과 같이 경영자들이 주도하는 조치들에 의해 발생한다. **기회**는 빈번하게 다른 노동자들이나 우호적인 지역사회, 노조 또는 공공기관의 형태로 이루어진 외부 동맹자들을 활용할 수 있는 가능성의 증가에서 기인한다.
5. 널리 알려져 있는 **조정 수단**은 일반적으로 현장에서의 비공식적 의사소통, 노조 회의, 태업, 고충처리와 파업을 포함한다. 때때로 그것은 외부 로비활동, 시위, 보이콧, 상호부조 프로그램, 정치적인 캠페인, 광고 그리고 다른 사회운동으로까지 확대된다.
6. **계획된 행동**이란 알려진 수단과 그 가능한 변형들〔예: 뜨거운 가을(*autunno*

*caldo*)의 기간에 이탈리아 노동자들이 발명한 새로운 파업·시위전술]의 모든 레퍼 토리를 포함한다.

7. 가능한 결과에 대한 공유된 인식은 과거 다른 사람이 어떤 행동을 취했을 때 일어난 일에 대한 기억과 선호체계를 혼합한다.

8. **집단적 요구**는 현존하는 노동계약의 방어와 개선에 집중한다.

9. 노동의 **인센티브**는 헌신, 보상 및 강제로 구성된다. 이들 인센티브의 다양한 조합은 ① 동료 요구 제기자와 ② 요구의 대상 모두에게 적용된다. 일반적인 상황에서는 노동자들이 보상을 요구하는 과정에서 강제를 동원하거나 헌신을 호소한다.

10. 사용자들, 동맹자들, 정부 관리 그리고 여타의 당사자들 사이에 발생하는 **전략적 상호작용**은 (노동분쟁의) 전체 과정에 스며든다.

이러한 설명체계의 정식화는 분명히 순환논리의 문제를 안고 있다. 우리가 설명하려는 분쟁을 관찰하지 않고 달리 어떻게 위협, 기회, 노동기제 그리고 여타 요소들을 확인할 수 있는가? 그에 대한 대답은 두 개 부분으로 나누어진다. 첫째, 세 가지의 요소묶음— 촉발조건, 공유된 인식, 그리고 분쟁 —은 우리가 설명해야 할 것을 명확히 해주며, 그럼으로써 분석대상을 좁혀주고 설명 가능한 세부항목들로 구분해준다. 둘째, 이 설명체계는 설명과 그 입증을 위해 무엇을 살펴봐야 하는지를 알려주는데, 평균적인 개별 노동자의 추상적인 이해관계나 동기가 아니라 노동과 분쟁의 과거 상호작용에 의해 규정되는 사회적 관계와 문화를 강조한다.

그러면, 우리는 ① 어떻게 노동이 집단적인 분쟁을 일으키는지, ② 노동분쟁의 쟁점, 형태 그리고 강도에 있어 차이와 변화를 무엇으로 설명할 수 있는지, ③ 최근에 노동분쟁이 어떻게 변하고 있는지를 살펴보기로 한다. 이탈리아의 노사분쟁을 살펴봄으로써, 우리는 이미 앞의 두 질문에 대해 답을 제시할 수 있다. 노동은 기회구조, 상호작용 네트워크, 조정 수단, 노동 인센티브(노동기제의 일부로서) 그리고 권력·품질·효율성의 선호체계에 대해 영향을 미침으로써 분쟁을 야기하는데, 이때 그것은 실행가능한 행동과 그 결과에 대한 공유된 인식에 의해 여과된다. 이러한 측면에서의 다양성(노동에 의해서 혹은 노동 이외의 요인에 의해 유발됐든)은 분쟁의 성격에 있어 차이점과 변화를 초래하고 있다.

두 가지 질문의 답은 역시 세 번째 질문 — 노동분쟁의 최근 변화 — 에 대해 실마리를 제공한다. 우리는 오늘날의 분쟁(그것의 집단적 요구, 전략적 상호작용, 그리고 인센티브 배치)도 비슷하게 실행가능한 행동과 그 결과에 대한 공유된 인식을 통해 여과되면서 노동기제, 공유된 선호체계, 기회구조, 상호작용 네트워크, 조정 수단, 그리고 노동 인센티브의 변화에 대응하여 변화되어갈 것으로 예상한다. 최근의 변화에 관련하여 우리는 노동분쟁의 실제 기록을 조사해야 할 뿐 아니라 역사와 문화가 행동과 결과의 가능성에 대한 관리자와 노동자들의 공유된 인식을 재규정하는 방식에 주의를 기울이는 동시에 이러한 요소들의 변이에 대해 관심을 집중해야 할 것이다.


## 역사, 문화 그리고 분쟁의 레퍼토리

<그림 11-2>는 개별 행위자의 전략적 선택들을 나타낸 것이다. 이 매트릭스 안에는 요구제기 행동의 가능한 방법들(예: 공장점거)을 그 행동의 발생가능한 결과(예: 임금 증가, 노동자 권력에 대한 관리자의 양보, 불명예스런 패배, 그리고 각각의 행동에 부여된 대략의 가능성)에 연결하는 인과이론이 담겨져 있다. 행위자들이 가능성이나 인과이론들은 명시적으로 말하고 있지 않으나, 그렇다고 그들의 효용성이 줄어드는 것은 아니다. 각각의 셀은 가능한 행동과 그 행동의 가능한 결과를 연결시켜 주는데, 이는 추정되는 가능성과 인과이론의 수단들에 의해 매개된다. 따라서 D4의 셀은 관리자들이 생산중단보다는 감독자의 희생을 선택할 것이라는 단순 이론에 입각하여 이탈리아의 태업전술(sciopero bianco)이 증오 대상의 감독자를 대체하는 결과와 연결될 가능성이 10%(태업에 의해 관리자가 문제의 감독자를 해고할 확률)에 해당되는 것을 의미한다. 같은

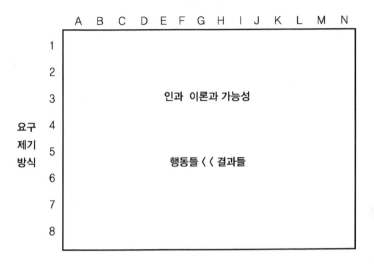

<그림 11-2> 요구제기와 결과의 공유된 정의

**분쟁의 결과**

|  | A B C D E F G H I J K L M N |
|---|---|
| 1 | |
| 2 | |
| 3 | 인과 이론과 가능성 |
| 요구 4 | |
| 제기 5 | 행동들 〈 〈 결과들 |
| 방식 6 | |
| 7 | |
| 8 | |

매트릭스에서, C4는 태업으로 인해 노동자들이 해고될 확률이 30%에 달해 그리 매력적인 전술로 평가될 수 없을 것이다.

이러한 매트릭스는 행동에서 발생 가능한 결과들로 이어지는 전향적 추론(forward reasoning, 우리가 공장을 점거하면 경찰이 우리를 강제로 끌어낼 확률은 얼마인가?)과 더불어 기대하거나 두려워하는 결과로부터 향후 추진활동을 모색하는 회고적 추론(backward reasoning, 우리가 구속되는 상황을 피하려 한다면 어떠한 행동을 해야 하는가?)을 가능하게 한다. 상호작용의 경험은 각 요소들(가능한 행동들에 대한 지식, 가능한 결과들에 대한 인식, 한 요소가 다른 요소를 초래할 가능성, 행동과 그 결과를 연결시켜주는 인과이론)을 수정한다. 예를 들어 태업기간에 노동자들은 대체노동자들이 공장문 밖에서 대기하고 있다는 것을 미리 알게 되면, 그 정보를 활용하여 인과적 예상시나리오, 즉 투쟁전술을 변경함으로써 성공 확률을 높이려 한다.

주어진 상황에서 기술적으로 실현가능한 요구 제기의 형태들을 비교함으로써(단일한 요구 제기자와 단일한 요구대상으로 구성되는 최소한의 조합으로서), 분쟁 당사자들은 매우 제한된 범위의 행동수단을 가지게 된다. 이곳저곳에서 무자비한 사용자들에 대항하는 노동자들은 그들을 폭행·살해·고소했고, 도시에서 몰아냈으며, 공장 창문들을 부수었고, 기계들을 파괴했으며, 그들의 집에 쓰레기를 던졌고, 그들의 가족을 공격했으며, 공장사무실을 점령하여 서류들을 파기했고, 경쟁기업들에게 호소했고, 기업 건물들을 장악했고, 자극적인 노래와 행사를 진행했고, 탄원서를 제출했으며, 익명의 전단을 뿌렸고, 생산을 방해했고, 종교사제단들의 개입을 요청했으며, 단체로 직장을 그만두었고, 경쟁하는 협동조합들을 설립했고, 원자재와 설비를 볼모로 장악했으며, 또 다른 방법으로 소유주들을 괴롭혔다. 그러나 이런 행동들은 승인된 분쟁 형태로서의 지위를 잃음으로써 대부분 사라졌다.

'파업(strike)'이라는 말 자체는 아마도 영국의 성난 상선 선원들이 닻을 내리고 출발하라는 그들 주인의 명령을 거부했던 행동에서 기원한 것이다. 유사하게, 불어로 '파업'이라는 단어는 'gréve'로서 17세기 파리의 일용 노동자들이 일당제 노동력을 충원했던 장소인 '그레베 광장(Place de Gréve)'에 위치한 공장에서 무자비한 소유주에게 저항하는 행동을 도모한 사실에서 비롯되었다. 두 가지의 개념 모두 19세기 영국과 프랑스에서 국가가 기업단위의 파업행위를 합법화하기 오래 전에 이미 사라진 (노동자들의) 집합행동을 지칭하는 용어였다. 역사적으로 이러한 요구제기의 다양한 수단들은 단순히 파업이나 정치적 운동의 부산물이 아니라 중심적인 행동형태로 반복적으로 두각을 나타냈던 것이다. 하지만 오늘날 불만을 품은 미국 노동자들은 노조나 공공기관에 고충을 제기하거나 파업을 위협하거나 개인적으로 퇴직하거나, 또는 은밀한 저항 활동을 벌이는 것으로 스스로를 제한하고 있다. 사용자들에게 요구를 제기할 때 그들은 제한된 수의 잘 정의된 행동수단들에만 의존하고 있다.

이러한 수단의 제약을 이해하기 위해서 연극의 비유가 도움이 될 것이다. 배우가 요구를 제기하는 일련의 연속적 행동들을 **연기**라고 한다. 특정 집단행위자들 사이의 요구제기를 특징짓는 모든 연기들은 그 집단들의 **분쟁 레퍼토리**

를 구성한다. 모든 레퍼토리는 군악대의 엄격한 연주방식보다는 재즈 앙상블의 음률을 닮았다. 그들은 정확한 반복보다는 명확하게 정립된 형태 속에서 즉흥과 조화를 장려한다. 연기는 기계적인 반복에서 벗어나 잦은 변화를 보여주는데, 이는 그들(연기)이 지속적으로 변화하는 상황에 대응하는 상호작용의 일부를 구성하며, 뜻밖의 일이 때때로 이득을 가져다주고, 의례적인 참여 이상을 요구하는 위기적 상황 속에서 노동자들이 행동에 가담할 가능성이 높기 때문이다. 하지만 많은 요인들이 노동계약이 반복되는 것과 마찬가지로 연기를 선택성과 표준화로 이끌어간다. 친근성은 사람들을 동원하는 비용과 상호작용을 통해 그들을 안전하게 안내하는 비용을 줄여준다. 친근한 일상적인 절차는 덜 친근한 절차보다 중요한 관객들에게 더욱 분명하게 그들의 메시지를 전달한다. 연기는 현존하는 개인들 간의 네트워크와 계약에 기반하여 이루어진다. 법전에 도입되어 있는 것을 포함한 확립된 권리와 의무들은 언제나 제한된 범위의 상호작용을 선호하고 다른 상호작용방식에 벌칙을 가한다.

가장 확실한 예를 들자면, 일반적으로 서구의 정부들은 19세기 후반부에 파업에 대한 노동자들의 법적 권리를 인정해주었다. 하지만 그 권리 인정은 ① 어떤 개인과 조직들이 노동자들을 대변할 수 있는지와 무엇이 정당한 파업 요구로서 적합한지에 대해서는 물론, 어떤 사람들이 특정 사용자에 대한 파업을 전개할 자격이 있는 노동자인지를 협소하게 정의했고, ② 초기의 작업중단에 자주 등장했던 많은 종류의 행동방식들(예: 파업방해자들에 대한 물리적 공격)을 불법으로 금지했으며, ③ 피케팅, 작업장 출입, 정문 폐쇄, 중재 의뢰, 그리고 파업 선언에 대해서조차 엄격한 규정을 확립했고, ④ 전체 분쟁절차를 통해 그 회사의 임금노동자들(또는 일부의 노동자집단)이 사용자의 건물로부터 비폭력적이며 질서 있게 철수하도록 하며, 사용자의 위임대표들과 협상하는 노동자대표를 선임하고, 해당 노동자집단의 체계적인 협의를 통해 교섭타결을 추인하도록 하며, 그 이후에는 혼란 없이 작업으로 복귀하도록 했다.

그와 동시에, 정부는 파업이 발생할 경우 감독·규제·조정의 역할을 담당하는 관련 기구를 설치했다. 합법적으로 설립된 노동조합은 이러한 절차를 통해 노동자들을 대변하면, 정부는 마지못해 노동조합을 이해 당사자로 추인했다. 이러한 절차들의 도입으로 분노, 욕설, 태업, 속임수, 거짓말, 또는 은밀한 술책 등을 배제한 것은 아니다. 하지만 대부분의 서구 사회에서는 파업이 노동자들과 사용자들의 상호 작용을 규율하는 반복적인 표준화된 절차로서 점차 널리 받아들여졌다. 미국에서는 '살쾡이(wildcat)'라는 표현이 확립된 절차, 특히 공인된 지역노조의 적법한 절차에 부합되지 않는 파업행위를 지칭했다.

기업단위의 파업과 그에 수반되는 것들은 초기에 비교적 잘 정립된 노동자-노동자 그리고 노동자-사용자 행동 레퍼토리들을 대체했다 예를 들어 당나귀 태우기(donkeying)는 표준임금보다 적게 임금을 받거나 지역 규정을 어긴 동료 노동자를 잡아서 당나귀(혹은 울타리 난간 같은 데)에 올려서 동네 곳곳으로 끌고 다니면서 사방에서 욕을 하고 그에게 쓰레기와 돌을 던져대는 것을 말한다. 선원과 부두 노동자들은 그와 비슷한 효과를 위해 타르를 칠하거나 노에 매달기(feathering)를 했다. '누군가를 가름대에 태워 동네에서 내쫓기(ride some-one out of town on a rail)'란 표현은 이와 관련된 관행을 말한다. 이러한 형태의 요구제기는 노동자-노동자의 행동 레퍼토리에서 거의 사라졌다.

가장 직접적으로는 파업(strike)이 동맹파업(turnout)을 대체했다. 그 동맹파업은 지역 내 불만족스런 직종노동자의 소집단이 공장들을 돌며 각 공장의 노동자들을 부추겨서 그들의 행진에 참여할 것을 종용하고, 성공하면 근처 광장에서 집회를 열어 그들이 지역 소유주들에게 제시할 요구사항들을 정하고 소유주 혹은 그들의 대표자가 모여 있는 곳에 대표를 보내어 회동을 갖도록 하면서 소유주들이 만족스런 조건을 제시할 때까지 노동자들이 일자리로 돌아가지 못하게 하는 것이다. 분명히 동맹파업과 기업단위 파업은 서로 다른 생산조직에 적용되었다. 동맹파업은 주로 상대적으로 대등한 지위를 갖는 소유주(master)와 숙련공(journeyman)으로 나누어져 있는 소규모 직종공장에 가장 잘 맞는다. 파업은 더욱 다양한 노동력으로 구성되어 있는 대기업들에 적합한 개념이다. 생산조직이 변하면서 기업단위 파업이 동맹파업을 그리 쉽고 원만하게 대체한 것은 아니었다. 사법적 판결, 지역 관습, 노동자 조직 그리고 집단적 기억이 동맹파업의 변종 — 점차 불법적 음모로 불리고 있지만 — 을 자본주의적 대공장체제의 시대에도 유지되도록 했다. 일정하게는 이탈리아의 **뜨거운 가을** 기간에 공장 지대에서의 행진은 산업단지를 자본집약적 공장으로 대체하는 동맹파업을 재발명하여 전개한 것이었다.

역사와 문화는 분쟁레퍼토리의 변화와 활용에 개입하여 작용한다. 역사는 문화의 역동적인 측면, 즉 집단적인 경험의 결과로서 공유된 이해와 그것들의 표상이 변화하는 과정으로 이해될 수 있다. 또는 문화가, 역사가 남긴 잔여물, 즉 공유된 기억, 설명, 정당화, 비판 그리고 가능성의 표상이 축적된 것으로 볼 수 있다. 어떤 견해에서든, 과거의 경험들은 지금 활용가능한 분쟁의 형태들을 심각하게 제한한다. 투쟁이 그 자신의 수단을 만들어내는 것이다.

레퍼토리는 분쟁 행동을 제한하고 또한 촉진시킨다. 왜냐하면 관련 행위자들은 기존의 행동방식에서 그들의 역할을 배웠고, 일반적으로 참여자들은 일상적인 절차와 결과를 예측할 수 있는 행동에 더 쉽게 동원되며, 그 행동들이 전달하는 의미들이 안정성을 얻게 되고, 또한 행동들이 현존하는 네트워크와 계약에 연계되며, 그 행동들이 이미 잘 알려진 제재, 절차 그리고 3자 개입의 가능성으로 뒷받침되는 중요한 권리들 및 의무들과 서로 교차하기 때문이다. 권리는 중요한 제3자의 동의를 강요할 수 있는, 공적으로 집행 가능한 요구를 뜻한다. 노동자들은 파업을 할 권리를 가지는데, 그 파업에는 노동자와 사용자들만이 아니라 경찰, 국회의원, 재판관, 소비자, 노동자 가족 등 보다 많은 당사자들이 관여하게 된다. 비록 숙련공 길드들(guilds)이 한때 그들의 동료들을 위해 임금요율을 확정하여 합법적인 제재수단으로 이를 강제했지만, 요즘 대부분의 노동자들은 지배적인 임금 수준보다 적게 받고 일하는 동료 노동자들이나 그들의 재산 혹은 도구들을 공격할 권리를 갖고 있지 않다. 팀스터 (Teamster, 역자주: 전미트럭운전사노동조합)의 조합원들은 노조 기준보다 적은 임금으로 일하는 비노조 운전수들을 공격했을 때는 구속이나 폭행혐의를 각오해야 한다. 오늘날 유일한 예외는 전문직으로서, 그들은 임금보다 적게 받는 사람들을 법적 절차를 이용해 쫓아낼 수 있다. 이처럼, 역사와 문화가 개입하고 있는 것이다.

우리의 설명이 제시하듯이, 정부 관리들이 직접적으로 개입하지 않을 때조차 국가는 노동분쟁에서 중요한 역할을 담당한다. 국가는 특정 형태의 요구제기를 허용하고 다른 형태의 요구를 처벌하는 법률을 제정·집행하고, 노동자와 사용자들의 권리들을 명문화·규제·심판한다. 국가는 노동자 조직에 대한 철저한 억압으로부터 정부기구들에 대한 노동자대표와 친노동단체들의 직접적인 참여에 이르기까지 다양한 기회 구조를 규정한다. 이탈리아에서 파업을 탄압하는 반노동(anti-labor) 정부에 대한 프란조시(Franzosi)의 연구는 다른 나라에서 관찰되는 유형들과 일치한다. 예를 들어 1945년에서 1989년까지 브라질의 파업을 분석한 살바도르 산도발(Salvador Sandoval)은 그 추세의 중요한 특징을 찾아내었는데, 강압적인 군사정부 아래서 파업은 감소했지만 요구와 그 결과는 매우 정치적으로 변했다는 것이다. 민주화와 더불어, 파업은 브라질 경제의 변동에만 직접적으로 반응하게 되었다(Sandoval, 1993: 57~75). 국가 정치는 변화하는 노동조건들이 분쟁을 야기하는 중요한 한계상황을 설정한다.


## 분쟁의 토대와 대상으로서 노동조직

그러면 어떻게 노동이 분쟁을 일으키는 것인가? 질문을 두 가지로 나누어 살펴보자. ① 어떻게 노동조직이 잠재적인 분쟁의 쟁점들을 초래하는가? ② 어떠한 조건에서 노동계약의 당사자들이 그 쟁점들을 둘러싼 투쟁의 역량과 행동성향을 획득하게 되는가?

첫째, 분쟁의 쟁점들은 어디서 오는 것인가? 한 당사자의 행동, 의무·인센티브·감시·집행의 불확실성, 또는 세력우위의 명백한 균형이 현저하게 변화하면, 소규모의 분쟁을 촉발하는 자극요인들이 등장한다. 많은 노동자들과 관리자들이 동일한 노동계약의 당사자들인 상황에서 그러한 변화가 발생하면, 대규모의 집단적 분쟁이 일어날 수 있는 조건이 무르익게 된다. 노동기제의 요소들 —

인센티브, 배태성, 계약, 자율성, 매칭, 이동 그리고 훈련 — 은 늘 분쟁적인 현안이 될 수 있는 노동의 주요 특징들을 다음과 같이 내포하고 있다.

- 인센티브(헌신, 보상, 강제): 임금, 근로시간, 부가급여, 작업규율
- 배태성(다수 생산자들, 다수 수령자, 비생산네트워크): 범주별 채용, 노조의 인정과 권리
- 계약(합병, 지속적인 계약, 직무 계약, 구매): 아웃소싱, 직무의 하도급
- 자율성(노동과정의 구체화에 대한 생산자 또는 수령자의 통제): 감시의 강도, 품질관리, 작업시간 계획
- 매칭(능력, 네트워크, 범주별, 입직): 범주별 채용, 해고 그리고 승진
- 이동(승진, 이직, 잔류): 고용안정
- 훈련(공식적인 교육, 현장직무훈련, 도제제도): 고용·유지·승진을 위한 자격조건들

이러한 기제들의 각 요소는 모든 노동계약들에 포함되어 있기 때문에 일상적인 노동거래에서 이들 요소는 작은 분쟁 현안으로 대두되는 것이다. 관리자들이 이들 요소의 계약내용을 바꾸려 할 때(예: 봉급 삭감, 노조 파괴 시도, 하도급계약의 해지, 품질관리방식의 변화, 새로운 채용제도 도입, 정리해고 실시, 승진을 위한 새로운 훈련요건 추가 등), 그러한 분쟁의 쟁점은 더욱 분명해진다. 또한 경제호황을 배경으로 노동자들이 오래 묵혔던 고충문제의 해결을 요구할 때에도 그 쟁점들은 더욱 부각된다.

그러한 쟁점들에 대한 소규모 분쟁들은 늘 일어나기 마련이다. 하지만 그것들은 거의 지속적인 집단적 분쟁의 대상이 되지 않는다. 노동자들은 집단적 행동이 자신들에게 이득을 가져다주거나 최소한 집단적인 무대응보다 나을 것이라고 생각했을 때 그러한 분쟁을 일으킨다. 물론, 노동자들의 이러한 '셈법'은 기존의 노동기제, 선호체계, 최근의 위협·기회, 가용한 연결네트워크, 알려진 조정수단, 전략적 상호작용을 위한 계획, 처분 가능한 인센티브, 가능한

행동과 결과를 조합한 공유된 인식 등이 규정하는 한계 내에서 기능한다. 기술적 발명이 그러하듯이 분쟁의 혁신은 과거와 현재에 축적되고 재해석된 경험들을 반복적으로 참조하는 경로의존성에 크게 의존한다.

그럼에도 불구하고, 더 넓은 측면에서 노동자들은 높은 보상을 가능케 하는 조건들 속에서 분쟁에 더욱 강한 영향력을 행사할 수 있다. 그러한 조건으로는 기업의 막강한 시장 지배력, 높은 자본·노동 비율, 기업의 자본설비에 대한 노동자들의 강한 통제권, 회사의 경영성과 전반에 대한 노동자의 높은 영향력, 노동자들의 특권집단 소속, 노동자권리를 강화하는 제도 등을 꼽을 수 있다. 생산을 쉽게 중단시킬 수 있고 퇴사함으로써 회사에 상당한 대체비용의 부담을 줄 수 있으며 자본을 중대한 위기에 몰아넣을 수 있는 노동자들은 다른 동료 노동자들보다 집합행동의 큰 이점을 갖게 된다. 그들의 일, 훈련 또는 비(非)노동 인맥을 통해 보다 폭넓은 내부 의사소통이 가능한 노동자들도 마찬가지로 이러한 이점을 누리게 된다.

이러한 측면에서 한때 큰 이점을 누렸던 노동자들의 대표적인 예로서 지하 광부들을 꼽을 수 있다. 그들은 광산과 지역공동체 안에서 잘 연결되어 있었고, 쉽게 값비싼 광산시설을 중단시킬 수 있었으며, 그들이 작업했던 광맥에 대한 그들만의 노하우를 축적했었다. 이러한 요인들은 비수기에 일하는 인원이 초과한 기업들보다 급박한 공급기한을 앞두고 있거나 제품재고 물량이 노동자들의 작업성과에 크게 의존하는 기업에서 더욱 두드러지게 나타났다. 시기에 따라 그 강도가 달라지는데, 미국 석탄생산의 주된 수요처가 주기적인 경기변동에 큰 영향을 받던 중공업 및 주택 난방에서 대규모 전력시설로 옮겨가자 광부들의 유리한 지위는 그들의 계절적 파업성향과 마찬가지로 급격히 줄어들었다. 경제적 호황기에 파업(특히 새로운 복지혜택을 위한 파업의 경우)이 집중되는 경향은 노동자계급이 이러한 (영향력 행사) 조건의 차이를 잘 인식하고 있었음을 반영한다.

산업별 조직의 차이점들로 인해 파업의 수준 및 종류가 산업 간 매우 다양하다. <표 11-1>에서 1980년 미국에서 발생한 파업들의 주요 쟁점현안들에

<표 11-1> 미국의 파업 발생원인과 참가자 비율(1980년 기준)

| | 파업원인의 분포(%) | | | |
|---|---|---|---|---|
| | 전산업 | 섬유산업 | 광업 | 서비스업 |
| 임금협상 | 62.4 | 87.3 | 18.5 | 41.5 |
| 임금구조 개편 | 3.1 | 0.0 | 1.9 | 39.7 |
| 고용보장 | 11.4 | 0.0 | 8.3 | 11.3 |
| 공장 운영 | 10.4 | 1.8 | 49.7 | 1.3 |
| 노조 활동 | 1.7 | 0.0 | 13.6 | 0.4 |
| 기타 | 7.7 | 10.9 | 8.0 | 5.7 |
| 합계 | 100.0 | 100.0 | 100.0 | 100.0 |
| 파업 건수* | 3,885 | 33 | 297 | 262 |
| 파업 참가자 수* | 1,366,300 | 116,600 | 5,500 | 85,600 |
| 파업건수/1000명 노동자 | 15 | 6 | 113 | 3 |

주: 엄밀하게 얘기하면, 파업 건수와 파업 참가자 수는 각각 '작업중단 건수'와 '작업중단 참가 노동자 수'를 지칭.

자료: U.S. Bureau of Labor Statistics, *Analysis of Work Stoppage, 1980*. Bulletin 2120 (Washington, D.C.: U.S. Government Printing Office, 1982).

대한 산업별 상이한 분포를 정리·예시하고 있다(레이건 행정부가 1981년 이후 파업 관련 자료의 조사비용을 크게 감축했기 때문에 그 이후 시기에는 비교 가능한 파업자료들을 구할 수 없다). 다시 직물과 광업, 그리고 (파업 발생원인의 세부자료가 없는) 보건의료부문을 대신하여 전체 서비스산업을 살펴보면, 1980년의 주요 파업들이 이들 부문에서는 발생하지 않았다. 그해에 발생한 주요 노사분규들은 걸프오일(Gulf Oil)을 비롯한 석유정제 회사들, 구리 제조업체, 영화제작사, 뉴욕 시 대중교통, 캘리포니아 주와 뉴욕 주의 건설부문, 캘리포니아 주의 슈퍼마켓들 그리고 시카고와 필라델피아의 공립학교에 집중되어 있었다(U.S. Bureau Statistics, 1982: 13~15). 하지만 11만 7,000명의 노동자들이 광산에서, 또 다른 8만 6,000명이 서비스업에서 각각 파업에 참가했다.

산업별로 파업의 형태가 크게 달라졌다. 1980년에 전체 노동인구 기준으로 노동자 1,000명 중 15명이 파업에 참여한 가운데 서비스산업과 섬유산업에서는 각각 1,000명당 파업참가자 수가 단지 3명과 6명에 그치고 있다. 그런데

<표 11-2> 미국 파업의 산업-직업별 분포(1980년 기준)

| | 전산업 | 섬유산업 | 광업 | 서비스업 |
|---|---|---|---|---|
| 전문직/기술직 | 12.1 | 0.0 | 0.0 | 55.5 |
| 사무직 | 0.3 | 0.0 | 0.0 | 0.7 |
| 판매직 | 1.4 | 0.0 | 0.0 | 0.6 |
| 생산직 | 72.8 | 100.0 | 100.0 | 11.3 |
| 경비직 | 1.0 | 0.0 | 0.0 | 0.2 |
| 서비스직 | 1.6 | 0.0 | 0.0 | 19.0 |
| 두 개 이상 직종 참여 | 10.9 | 0.0 | 0.1 | 12.5 |
| 합계 | 100.1 | 100.0 | 100.1 | 99.8 |
| 파업 참가자수* | 1,366,300 | 5,500 | 116,600 | 85,600 |

자료: U.S. Bureau of Labor Statistics, *Analysis of Work Stoppage, 1980.* Bulletin 2120 (Washington, D.C.: U.S. Government Printing Office, 1982).

광부들은 전국 비율의 7.5배, 즉 1,000명당 113명이 파업에 참가했다. 파업의 주요 쟁점 역시 산업별로 매우 상이했다. 임금협약 종료에 따른 임금협상(종종 임금삭감을 포함하는)과 임금구조개편이 1980년 미국 파업의 2/3를 차지하는 가운데, 이러한 임금 관련 쟁점들이 서비스산업과 섬유산업에서 각각 발생한 파업의 81%와 87%를 기록했다. 반면 광부들의 경우 파업의 거의 절반이 사업장 운영 — 직무통제 및 관련 문제 — 에 대한 것이었으며, 다음의 13.6% 가 노조 대표성을 위한 투쟁에서 비롯되어 매우 다른 양상을 보였다.

직업 범주별로 역시 파업 발생의 분포가 예상대로 상당한 차이를 드러내고 있다. <표 11-2>가 그 차이를 보여주고 있다. 이번에는 서비스산업이 다른 산업들에 비해 색다른 특징을 보인다. 시카고와 필라델피아에서 파업한 교사들을 비롯한 전문직이 서비스산업의 파업에서 절반 이상을 차지한 반면, 다른 산업들에서는 이 직종에 의한 파업이 아예 발생하지 않았다. 1980년에 그들(교사)은 1960년대와 1970년대에 노조를 조직하고 치열하게 파업을 전개했던 간호사들과 유사한 양상을 보였던 것이다. 생산직 노동자들은 전국적으로 파업을 도맡아 하다시피 했지만, 서비스산업에서는 단지 전체 파업자의 11.3% 를 차지했으며, 생산직 이외의 직업범주들이 다른 산업부문들에 비해 서비스

산업에서 훨씬 많이 파업에 참가했다. 물론, 조직적인 이점을 가지면서도 상대적 저임금과 초과근무에 시달리는 전문직들이 서비스산업에 집중되어 있다는 사실이 그 산업부문에서 이들의 파업 참여가 많음을 설명하는 데에 도움을 준다. 이처럼 생산조직은 분명히 분쟁의 형태를 규정한다.

노동자 집합행동에 유리하게 작용하는 조건들이 반드시 파업 촉발의 선형적 관계(X가 많을수록 Y가 많을 것이라는 공식)를 갖는 것은 아니다. 노동자들의 관점에서 보면, 파업은 때때로 확립된 고충처리절차, 비공식적 설득, 정부당국에의 탄원 및 다른 가용한 조치들에 비해 비용이 많이 드는 대안이다. 19세기에 확립된 관행에 따라 파업노동자들은 노조파업기금, 지역 신용, 그리고 가족자원으로 생계보조를 받는 대신 자신의 임금을 포기했다(이러한 행동방식이 자연스럽고 불가피한 것처럼 보인다면, 해고된 노동자들이 정부가 감독하는 실업수당을 받는 것은 말할 필요도 없이, ① 일시적 신체장애를 겪거나, ② 휴가 중에 있거나, ③ 육아휴직의 혜택을 받거나, ④ 비자발적인 공장 폐쇄로 인해 일이 없을 때, 혹은 ⑤ 은퇴가 임박할 때에 많은 노동자들이 임금을 적립하는 관행이 19세기와 20세기에 확립되어 있었던 점을 상기해보라. ③과 ④의 경우에 대한 임금지급은 미국에서보다 유럽에서 훨씬 더 일반적인 현상이었다. 이런 혜택의 모두가 힘들게 싸워서 이긴 협상으로부터 획득한 것이며, 이 중에는 원칙적으로 파업기간에 대한 임금지급도 포함될 수 있을 것이다). 파업기간의 임금상실로 인해 장기간의 파업들 — 노동자들과 사용자들이 상대적으로 대등한 힘을 가졌을 때 발생 가능성이 높은 — 은 매우 강하거나 매우 약한 노동자집단들에게 상당히 불리하게 작용한다.

사용자에 대해 우월한 힘을 가진 노동자들은 때로는 파업도 하지 않고 자신들의 요구를 관철할 수 있다. 이러한 조직적 강점을 거의 갖추지 못한 노동자들의 경우(예: 생산중단 능력의 결여, 낮은 자본-노동비율, 빈약한 내부연결망 등), 파업을 하려 하지도 않거니와, 해도 이길 확률은 거의 없다. 그들은 늘 파업이 얼마나 허망한지를 알고 있다. 결국 파업은 그 사업장을 완전히 장악하지는 못하지만, 상당한 영향력을 보유하고 있는 중간집단의 노동자들에게 가장 효과적으로 활용될 수 있다. 노조들이 전문성을 갖고 파업을 감행하겠다고 위협하며 그 파업의 타결을 위해 협상하고 사후적으로 협약 이행을 감시하는데, 이때 그들은 주로 중간집단 노동자들의 지지를 호소한다. 외과의사나 청소부는 파업도 거의 안 하고 노조에도 가입하지 않는다.

특정 기업과 산업에 오랫동안 소속되어 있는 노동자들은 일상 경험과 분쟁 에피소드의 집단기억으로부터 그들의 전략적 위치에 대해 불완전하지만 상당한 지식을 축적하고 있다. 일단 파업이 발생하면, 그 파업과 사후 결과들은 모든 당사자들에게 그들의 상대적인 강점과 약점에 대한 새로운 정보들을 제공한다. 사무엘 콘(Samuel Cohn)은 1890년부터 1935년까지 프랑스의 광산에서 발생한 광부 파업들의 성공 조건을 확인하기 위해 계량경제학적인 분석을 조심스럽게 적용했다. 파업의 성공 여부는 노동자들의 명시적 요구가 즉각적으로 충족되었는가로 측정된 것이 아니라 분석 기간의 임금변동에 의해 측정되었다(Cohn, 1993). 프란조시(Franzosi)의 이탈리아 파업에 대한 연구가 파업의 원인에 집중한 반면, 콘의 프랑스 파업연구는 그 효과들을 강조했다. 콘이 제시하는 주목할 만한 결론들은 다음과 같다.

1. 파업이 실패했을 때조차 잦은 파업들은 임금 인상을 가져왔다. 장기적으로, 사용자들은 파업을 거의 하지 않는 노동자들보다는 투쟁적인 노동자들에게 더 많은 임금을 지불해주었다.
2. 노동조건과 정치적 현안들을 둘러싼 파업들은 임금에 대한 파업보다 더 많은 장기적인 이득을 안겨주었다.
3. 단기적 파업들이 장기적인 파업보다 더 많은 이득을 가져다주었다.
4. 관료화되고 중앙집권화된 노조들이 그렇지 않은 노조들보다 조합원들에게 적은 성과를 안겨주었다.
5. 이데올로기적으로 분열된 복수 노조들은 덜 투쟁적인 노동자들에게 혜택을 주는 사용자들의 공작을 촉진함으로써 노동자들의 이득을 감소시키는 경향이 있다.
6. 하지만 이런 이득 모두는 ① 노동자들을 동원할 수 있는 능력과, ② 작업중단

이 사용자들에게 부과하는 비용을 포함하여 확실한 파업 위협의 존재 여부에 좌우된다.

이 연구결과의 일부는 우리가 이미 밝힌 원칙들로부터 직접 추론할 수 있는 것이다. 예를 들어 복수 노조의 상대적 약점을 모르는 사람은 거의 없을 것이다.

다른 결론들은 의외의 내용을 담고 있다. 그 예로서, 왜 패배하는 파업이 임금인상을 얻어낼 수 있겠는가? 투쟁적인 노동자들은 단기적인 불이익에도 불구하고 수시로 파업을 감행하고, 또한 비임금문제들에 대해서도 자주 파업한다. 전투적인 평판을 얻고 있는 노동자들 — '골치덩어리(trouble)'로 불리기도 하는 — 은 더 자주 파업을 피하기 위한 사용자들의 선제적인 임금인상 그리고 분쟁을 축소하려는 정부의 개입을 이끌어냈다〔19세기 말 프랑스의 사회주의자들과 노조 지지자들이 국가 의회에 진출하자 프랑스 정부는 미국 정부보다 더 흔쾌히 노동자들 입장에서 혹은 최소한 균형된 타협을 선호하는 방향으로 노동분쟁에 개입하게 되었다(Friedman, 1988)〕. 관료주의적이며 중앙집권화된 노조들의 지도자들은 분권화되어 있는 노동조합의 지도자들보다 관리자와의 더욱 긴밀한 관계를 발전시키며, 분쟁에서 얻을 것보다 잃을 게 더 많은데, 그 결과 전면적인 대결을 선호하지 않는다. 적어도 프랑스에서 분쟁의 효율적 위협, 그러니까 파업으로부터 이득을 얻을 가능성이 높은 것은 작업공정의 직접적인 중단에서뿐 아니라, 노동자들의 공공연한 정치활동 그리고 지역 노사분쟁과 기업 활동에 대한 정부 개입의 견인에서 비롯되고 있다.

1890~1935년 사이에 발생했던 프랑스의 파업들은 노사분규의 수준과 형태에 있어 특정 기업 외부의 조건들이 갖는 중요성을 부각시켜주고 있다. 그 기간 동안, 파업 파동이 1893년, 1899~1900년, 1904년, 1906년 그리고 1919~1920년(분석기간의 15%에 해당)에 발생하여 (분석대상 기간의) 전체 파업 참가자의 35%를 차지했다〔Shorter & Tilly, 1974: 361~362에서 계산된 것임. '파업 파동(strike wave)'은 파업건수와 파업 참가자 수가 이전 5년의 평균을 최소한 50% 이상 상회했던 모든 연도를 포함함〕. 모든 파업 파동은 다수의 기업들과

지역들 그리고 산업들을 휩쓸었다. 그 기간 이후 이탈리아에서 발생했던 파업들에 대한 프란조시의 분석이 잘 지적하고 있듯이, 각 파업 파동은 구체적으로 현존하는 정치상황에서 비롯되는 기회와 위협에 대응하고, 그 자체로서 정치적인 쟁점이 되며, 그리고 기존의 정치구도에 대한 변화를 야기하면서 국가정치와 교차하고 있다.

예를 들어 1906년에 발생한 프랑스의 엄청난 파업 파동은 1,354건의 파업과 43만 7,800명에 달하는 파업참가자를 포함하고 있는데, 그 파업 파동은 1904~1905년 프랑스 노동계의 거대한 조직 통합으로부터 도움을 받았다. 그 기간에 통일사회당(Unified Socialist Party)이 형성되었는데, 이 정당은 노동자인터네셔널(Workers' International)의 프랑스 지부이자, 전후 프랑스 사회당과 공산당의 전신 조직이다. 전국중앙조직인 노동총동맹(Confédération Générale du Travail: CGT)은 1906년 메이데이(May Day, 5월 1일)에 총파업을 통해 8시간 근무제를 쟁취하기 위한 결정적인 캠페인을 전개할 것을 결정했다[그 캠페인은 1890년 이래 프랑스에서 지속적으로 일어났던 산발적인 선동에 집중했다. 이에 앞서 20년 전 1886년 5월 1일에 미국 직종노조연합(American Federation of Organized Trades)의 주도하에 전개된 유사한 캠페인이 발생했고, 16년 전인 1890년 5월 1일에는 8시간 노동일을 위해 제2인터내셔널(Second International)이 추진한 국제적인 총파업이 발생했다]. 1906년 봄에 가톨릭 학교와 수도원의 폐지를 위한 폭력적인 투쟁은 국민선거 캠페인을 둘러싼 격동의 소용돌이로 발전되기도 했다. 1906년에 총파업을 혁명의 수단으로서 주창한 조지 소렐(Georges Sorel)의 『폭력의 성찰(Reflections on Violence)』이란 책 발간이 그러했듯이, 두 개의 정치사건은 그 해의 파업 파동에 직접적으로 정치적 맥락을 제공했다.

이런 정치적 배경에서 말 그대로 하나의 폭발적인 사건이 파업 파동을 촉발시켰다. 3월 10일, 랑스(Lens) 근처의 쿠리에레스(Courriéres)에서 가스 폭발로 인해 광부 1,200명이 숨졌던 것이다. 그 참사는 무정부주의 노조들(당시에는 이런 모순어법이 아니었지만)이 주도하는 시위를 촉발시켰고, 곧이어 생디칼리스트(syndicalist)들과 사회주의자의 경쟁노동조직들이 이에 가담했다. 얼마 지나지 않아 프랑스 광부 전체의 1/3이 파업에 돌입했다. 그러자, 사태의 중심이 광산에서 다른 부문으로 확대 이동하여, 파리에 기반을 둔 노조지도자들이 전국적인 운동을 계획하기 시작했고, 파리 노동자들이 열성적으로 파업에 동참했다. 대중 집회, 시위행진, 그리고 성명서 낭독이 기업단위 파업의 조직화를 동반하여 전개되었다. 프랑스 내무성 장관인 조르즈 클레망소(Georges Clemenceau)와 사인(Seine, 파리를 포함하는 지역)의 지사는 스파이와 형사들에게 노동활동가들을 미행하고 법 위반자들을 구속하도록 했다.

4월 20일, 지사 집무실에 근무하는 사무관은 5월 메이데이 활동과 파업 상황에 대한 전망을 보고했다. 그들은 어느 곳보다도 파리의 메이데이 파업이 큰 반향을 일으킬 것이라고 예상했다. 사인 지역의 한 보고서를 보자.

> 이미 파업에 들어간 활판 식자공과 금세공 노동자들을 제외하고도 파리에서 18만 5,000명이 파업에 참여한 것으로 파악된다. 하지만 일부 노동자의 자발적인 직무이탈이 다른 노동자들의 강제 작업중단으로 이어지기 때문에(예를 들어 페인트공이 파업하면 깔개 설치 노동자들의 작업이 수행될 수 없음), 총파업자 수는 20만 명 정도가 될 것으로 추산된다. 가장 큰 골치 덩어리는 공사장 인부, 제빵사, 상점노동자들 그리고 이발사들이다. 이들은 평화적인 파업으로는 성과를 기대할 수 없기 때문에 사보타지로 그들의 사용자들을 위협하려 할 것이다(Archive Nationale, Paris F7 13267).

그 사무관의 예상은 거의 맞아들었다. 그 한 해 동안, 사인 지역의 노동자들은 전국 파업참가자의 29%를 차지했다. 파업 파동은 메이데이를 계기로 엄청나게 확산되었다. 결국 활자판 식자공과 제련공들의 많은 수가 그 소란에 가담했으며, (파리 외곽에 집중해 있던) 자동차공장 노동자들이 역사상 최초로 파업에 가담하기 시작했다. 사실 거의 모든 산업에서 평소 파업인원보다 훨씬 많은 노동자들이 이 총파업에 가담했다(Shorter & Tilly, 1974). 정부는 적극적으로 대응하여 전국 노조지도자들을 구속했고, 프랑스 노동총동맹(CGT)의 파리본부에 대해 압수수

색을 강행했으며, 혁명적인 음모에 대한 증거를 찾으려 애썼다.

프랑스는 그 당시 전체적으로 소규모의 혁명적인 음모로 가득 찼지만, 그 음모들이 1906년 노동자들의 분쟁열풍을 유발한 것은 아니었다. 그 파업 파동은 우리가 강조해왔던 요인들의 상승작용에 의해 촉발되었던 것이다. 그 요인들로는 기존 네트워크, 조정 수단, 그리고 전국 수준에서 노동 기회의 유리한 변화, 실행가능한 행동과 그 결과들에 대한 공유된 인식의 확대, 요구들의 준비된 본보기들과 인센티브 배치 그리고 쿠리에레스 참사와 광부들의 대응 사이의 전략적 상호작용을 열거할 수 있다. 비록 프랑스의 산업 노동자들이 8시간 노동을 성취하는 데는 30년이 더 소요되었지만(1936년의 인민전선이 주도한 역사적인 파업 파동과 이에 수반했던 정치 투쟁에 의해 쟁취됨), 20세기 초에 이르러서 노동자들이 주도하는 투쟁이 생산조직과 국가 정치에 큰 영향을 미치기 시작했다.


## 미국의 노동분쟁

자본주의 세계에 걸쳐서 노동자·사용자·국가 간의 관계는 적어도 지난 한 세기 동안 국가 정치에서 큰 역할을 담당했다. 이탈리아와 프랑스에서 이미 살펴봤듯이, 노동분쟁은 미국에 비해 다른 서구 국가들에서 혁명적인 위기에 더 많이 근접했었다(Cronin, 1984; Haimson & Tilly, 1989; Haimson & Sapelli, 1992; Korpi & Shalev, 1979, 1980). 그렇다고 해서 미국 노동자들이 캐나다, 라틴아메리카 그리고 유럽의 노동자들에 비해 더 유순하게 행동한 것은 아니었다. 예를 들어 수많은 철도노동자 투쟁과 노동기사단(Knights of Labor)의 성장과 더불어 1870년대와 1880년대에 미국 노동운동의 투쟁성이 최고조에 달했다. 그 이후 미국 정부가 다른 서구 국가들에 비해 더욱 결정적으로 자본 측을 지지했고, 국가의 주도 또는 묵인하에 자행되는 노동탄압에 의해 전투적인 노동자들이 지하로 사라진 대신 정치적으로 온건한 직종별 노동조합들(craft unions)이 조직노동운동을 독점하게 됨에 따라 상황이 크게 달라졌던 것이다 (Friedman, 1988; Sexton, 1991; Voss, 1993). 뉴딜(New Deal)체제하에서 산업별 노조의 법적 인정과 조직 팽창은 미국의 노조조직률을 증가시키는 데에 큰 힘이 되었다. 그 당시에도 미국의 경영층은 노조들에게 생산과정결정에 대한 참여를 거의 허용하지 않았지만, 주요 노조들은 그러한 경영참여 배제를 받아 들였다. 오랫동안 노동 분야 기자였던 존 헤러(John Hoerr)는 다음과 같이 서술 하고 있다.

> 말하자면, 노동조합이 경제체제의 내부자가 되면서, 노동과정에서 일어나는 일들에 대한 관심을 잃게 되었다. 대의원 또는 고충처리위원을 통해 공장 현장 에서 노조의 존재는 굳건하게 유지되었다. 하지만 그/그녀(노조간부)는 조합원 들이 징계조치 또는 직무배치와 같은 관리자의 결정에 불만을 제기할 때 그 고충문제를 처리하는 협소한, 준사법적인 기능만을 수행했다. 노조는 사실상 생산적인 작업장을 만드는 것이나 공장경영에 대해 조합원들을 직접적으로 대변하는 일에 거의 아무런 역할이나 책임도 갖지 못했다(Hoerr, 1988: 34)

예를 들어 1948년에 월터 루서(Walter Reuther, 역자주: 전미자동차노조 위원장 역임)는 근본적으로 생산 관리에 대한 노동자의 참여를 포기했다. 그 당시 그가 주도하던 전미자동차노조(United Auto Workers)가 제너럴 모터스(General Motors)와 자동적인 물가연동 임금인상(cost-of-living increases)을 보장받는 대신 노조활동을 임금과 근로시간의 문제에만 제한하는 내용의 장기적인 단체협약 을 체결했던 것이다(Hoerr, 1988: 612).

더 나아가 좌파노조들에 대한 냉전시대의 탄압은 노동 전투성을 제약했으며 미국 자본에게 유리한 정치적인 환경을 다시 조성해주었다. 미국 제조업체들 이 치열한 국제경쟁에 직면하기 시작하면서, 노조 지도자들은 매우 조심스런 입장을 취하면서 임금문제, 조합원들의 고용안정 그리고 자신의 조직적 생존 을 위해서만 모든 노력을 집중했다. 트럭업종과 여타 운송산업에 대한 정부의 규제완화정책은 저임금의 미조직 노동자들에 대한 채용을 부추겼으며, 트럭운 전수노조(Teamster)와 같은 공격적인 노조들을 크게 약화시켰다(Belzer, 1995). 노조 조합원들은 자신의 지도자들에 대한 믿음을 잃었으며, 노조들은 새로운 노동자집단들을 조직화하는 데 실패했다. 노조조직률은 1945년에 미국 비농가 노동자의 35.5%를 차지하여 1954년까지 그 수준에 머물렀으나, 그 이후 급격하게 추락했다(Goldfield, 1987: 8~22). 노조 조합원들의 직업 구성도 극적으로 변화했던바, 전체 노동인구 중 전문·기술직이 차지하는 비중이 1935년의 17%에서 1990년의 30%로 급증했고, 같은 기간에 노조 조합원 중 전문·기술직의 비중은 0%(1935년)에서 1970년의 9%, 그리고 1990년에는 25%로 증가했다(Form, 1995: 41).

자본주의 국가들은 매우 다양한 수준의 노조조직률 — 합법적으로 조직 가능한 전체 임금 노동자들 중에 실제 노동조합에 가입한 노동자의 비율 — 을 보이고 있다. 1980년 무렵, 서구 국가들(일본 포함)의 노조조직률 분포를 살펴보면 다음과 같다(Rothstein, 1992: 42).

- 80% 이상: 스웨덴, 덴마크, 핀란드
- 50~79%: 아이슬란드, 벨기에, 아일랜드, 노르웨이, 오스트리아, 호주
- 20~49%: 영국, 캐나다, 이탈리아, 스위스, 서독, 네덜란드, 일본
- 20% 이하: 미국, 프랑스

비록 (파업기간 전후에 노동자들의 가입·탈퇴가 자유롭게 이루어지고, 특히 노사분쟁이 발생할 때 노조 가입이 급증하는) 프랑스가 15%로 꼴찌를 기록했지만, 미국도 18%로 비슷하게 근접하고 있으며 최근에는 더욱 하락하고 있다.

우리는 이러한 차이에서 국가의 특성에 의해 매개되는 자본의 헤게모니가 갖는 장기적인 효과를 확인할 수 있다. 세 가지의 요인들 — 정부 내 좌파 정치인들의 존재, 실업급여기금의 운영에 대한 노조의 관여, 유노조 산업에서의 노동력 규모 — 이 거의 대등하게 노조조직률의 국가별 차이를 설명해준다

(Rothstein, 1992; Western, 1993; Zolberg, 1986을 참조할 것). 또한 노조조직률의 차이는 역으로 기업경영과 국가정책에 대한 노동자들의 참여능력에 영향을 미친다. 여기에서 하나의 역설적인 결론이 도출된다. 노조조직률이 높은 국가들에서는 파업이 거의 발생하지 않은 반면, 노조조직률이 낮은 국가에서 노동자들은 다른 대체 수단이 없기 때문에 잦은 파업을 감행한다.

그럼에도 불구하고, 미국에서는 1950년대 이후 제조업에서 노동조합운동이 몰락함에 따라 파업 활동도 함께 침체되었다. 지난 한 세기 동안, 미국 노동자들은 다른 자본주의 국가들의 노동자들에 비해 상대적으로 더 오랜 기간 파업을 전개했으나 덜 성공적인 결과를 거두었다(Edwards, 1981: 41~46). <그림 11-3>은 1881년부터 1995년까지 노동자 1,000명당 파업참가자 규모의 추세를 보여준다(Edwards, 1981; Statistical Abstract of the United States, 1996; U.S. Bureau of Labor Statistics, 1982. 수년간의 묶음으로 구성된 에드워즈의 자료는 비농업 고용을 기준으로 편성된 것인 반면, 노동통계국 자료는 개인가구·산림업·어업을 제외한 모든 피고용인들을 포함하고 있다. 이런 차이에도 불구하고 두 개의 시계열 자료는 거의 비슷한 추세를 보인다).

다른 나라와 마찬가지로, 미국에서 파업들은 거대한 파동의 시기에 집중되었는데, 그 파동 시기는 주요 전쟁이 끝난 직후에 최고조에 도달했다. 그러나 1960년대 후반의 큰 증가에도 불구하고, 제2차세계대전 이후 미국의 파업활동 추세는 급격하게 하락하고 있다. 1980년에 이르러 파업참가자 비율이 지난 1세기 동안의 최저 수준으로 떨어졌다. 이처럼 저조한 파업활동은 미국 노동운동의 붕괴를 반영하고 있다.

그러나 모든 미국 노동자들이 전후 집합 행동의 침체기에 빠져든 것은 아니었다. 데이비드 웰먼(David Wellman)은 샌프란시스코 항구를 3년간 밀착 관찰한 결과 항만노조가 여전히 활동적이고 급진적이라는 결론을 내렸다.

(그 이유는) 1950년대에 그 노조에 공산주의자들의 가입이 허용되었기 때문이 아니며, 초기 창립지도자들이 사회주의적 이념에 동조적이거나 그 노조가

<그림 11-3> 미국의 파업건수 추이(1881~1980)

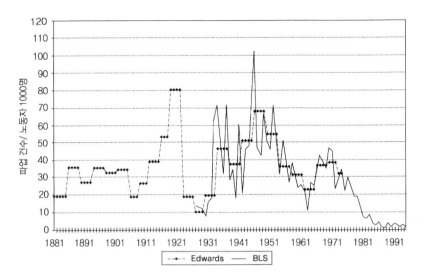

자료: U.S. Bureau of Labor Statistics, *Analysis of Work Stoppages, 1980.* Bulletin 2120 (Washington, D.C.: U.S. Government Printing Office, 1982), *Statistical Abstract of the United States, 1996* (Washington, D.C.: U.S. Government Printing Office, 1996) and P. K. Edwards, *Strikes in the United States 1881~1974* (Oxford: Blackwell, 1981).

반정부적인 외교정책 이슈들을 지지했기 때문도 아니었다. 그렇다고 그 노조가 극좌파 정치조직에 버금가는 정도로 급진적인 것은 아니었다. 급진적이라고 했던 이유는 그들이 노동조합의 가치를 표방하고 연대·평등·민주주의의 원리에 기반한 활동을 전개하고 있었기 때문이다. 또한, 연대와 평등의 가치 내에 내재된 집단적 열정과 더불어 그 노조가 불복종과 개인주의를 장려했기 때문이다(Wellman, 1995: 306).

비록 컨테이너 화물운송이 항구에서의 노동절차와 생산성을 급격하게 변화시키면서 하역노동자 수의 지속적인 감소를 초래했지만, 실제로 노동자들의 집합 행동에 유리한 조건은 여전히 유지되거나 심지어 증대되었다. 상당한 시장 지배력을 가진 기업들의 존재, 높은 자본-노동 비율, 기업자본에 대한 노동자들의 광범위한 재량권, 기업 성과 전반에 대한 노동자 성과의 높은 영향, 그리고 노동자 권리를 인정하는 제도들이 그 조건에 해당된다.

폴 존스턴(Paul Johnston, 1994)이 캘리포니아의 구체적인 사례를 통해 지적한 바에 따르면, 공공부분 종사자들은 공공서비스와 자신의 일자리를 보호하기 위해 정치적 활동에 주력하기 이전 시기인 1960년대 중반에서부터 1980년까지 꾸준히 조직화되면서, 전투적이며 파업의존적인 활동성향을 보였다. 1982년에 본의 아니게 사회학과 교수로 전직하기 전까지 전미농업노동자노조(United Farm Workers), 전미서비스노조(Service Employees International Union), 그리고 북부 캘리포니아의 다른 조직에서 노조조직가로 활동했던 존스턴은 캘리포니아 주 공공부문 노동자들의 상대적인 성공을 강조한다. 그의 사례연구는 산호세(San Jose)와 샌프란시스코의 여성 행정직원들과 도시병원 간호사들에 대한 것이었는데, 이들 노동자는 1970년대에 효과적으로 동일가치노동에 대한 동일임금을 요구했다. 그는 자신의 분석을 민간부문의 공인간호사들(지역적으로 조직되었으나 그들의 조직활동에서 다른 간호사 직원들을 제외했던)과 공공부문과 민간부문을 연결하는 '청소부에게 정의를(Justice for Janitor)' 캠페인으로 확대했는데, 이들 두 사례 모두 공공부문으로부터 투쟁열기를 전수받은 것으로 묘사하고 있다.

민간부문 노동자들은 주로 그들을 고용하는 기업 안에서 투쟁하고, 노동시장을 통제하려 노력하며, 최종적으로 여론에 호소한다. 반면에 정부기관 공무원들은 그 반대의 특성을 보인다. 애초부터 그들의 분쟁은 정치적인 성격을 가지고 있다. 정부기관 공무원들과 그들의 가족이 미국 등록 투표자의 30% 이상을 차지하기 때문에 그들은 당선된 관료들의 임기에 직접적인 위협을 가할 수 있다. 이와 더불어, 1990년에 공무원들의 43%가 노조에 소속되어 있었다(Form, 1995: 77). 이들 노조에게 조직적인 영향력은 생산을 중단시킬 수 있는 능력 — 비록 학교의 폐쇄와 쓰레기 수거의 중단은 많은 시민들에게 큰 영향을 미치겠지만 — 보다는 정치적 연대와 대중적 지지에 의존한다.

우리의 설명체계에 따르면, 노동에 기초하는 촉발 조건들은 가능한 것에 대한 공유된 인식과 여전히 상호 작용하지만, 공공부문 노동자의 경우에는 분쟁 원인으로서 민간부문의 분쟁과는 달리 당선된 관료들, 정치적 파벌, 그리고 시민의 동원이 훨씬 더 직접적으로 작용하게 된다. 개념상, 그들의 활동은 작업장의 경계에 의해 제한받지 않는다. 공공부문 노동자들의 투쟁은 마치 기업도시(company town)에 살았던 광부들의 투쟁과 흡사하다. 하지만 공공부문 '도시'들은 기업도시에서 시정부와 주정부 그리고 연방정부로 확장된 것이다.

노동현장에서의 집단 분쟁은 그 본질에 있어 일반적으로 노동을 수행하는 과정 그 자체로부터 발생한다. 역사, 문화, 과거의 사회적 관계, 노동 목적, 그리고 노동기제 모두 분쟁의 중심축, 형태 그리고 강도에 영향을 미친다. 그런데 다음의 네 가지 주요 특징들이 집단적 노동분쟁을 일상의 생산활동으로부터 구별한다.

첫째, 관련된 사람들은 그날그날의 일상적 절차들이 충족시키지 못하는 집합행동과 상호작용의 문제들에 직면한다. 그들은 (분쟁참가자의) 헌신을 확보하고 이탈을 제한하며 위험 앞에 공감대를 조성하고 비용과 이익을 효과적으로 배분해야 한다.

둘째, 전략적 상호작용은 기대, 놀람, 추측, 그리고 상대방이 중요시하는 절차·자산·정체성의 교란을 수반한다. 일상적인 노동은 이러한 위협들의 범위를 질서 있는 생산활동으로 제한한다.

셋째, 직접적인 노동의 장소 외부에 위치하는 사람들과의 관계, 네트워크, 그리고 제도들이 노동문제들에 관한 집단적 분쟁에서 한결 더 직접적이고 가시적으로 나타난다. 가족, 친구, 이웃, 정치적 행위자, 정부 관리, 경찰 그리고 일상적인 생산에 거의 관여하지 않은 사람들까지 노동분쟁을 유지·제한·중재·탄압하는 데 빈번하게 개입한다.

넷째, 집단적 분쟁은 종종 대부분의 조직 재편을 특징짓는 점진적이며 단편적인 변화 대신에 노동조직과 인력구성의 급격한 계획적인 구조조정을 초래한다. 이러한 구조조정은 대량 해고, 새로운 노동규칙, 임금체계의 재편, 새로운 노동과정의 도입 등을 포함한다.

모든 분쟁이 노동자들에게 이득을 가져다주는 것은 결코 아니다. 때때로 분쟁에 뛰어든 노동자들이 현재의 노동계약을 그대로 유지하는 것보다 불리한 결과를 얻을 수 있다. 그럼에도 불구하고 각 투쟁은 기억, 공유된 이해, 대인관계 네트워크, 노동계약, 그리고 일자리에 그 흔적을 남겨놓는다. 일상적인 노동조직으로부터 집단적인 분쟁을 거쳐 다시 변화된 노동조직에 이르는 순환 논리가 작용하고 있는 것이다.

# 제12장 결론

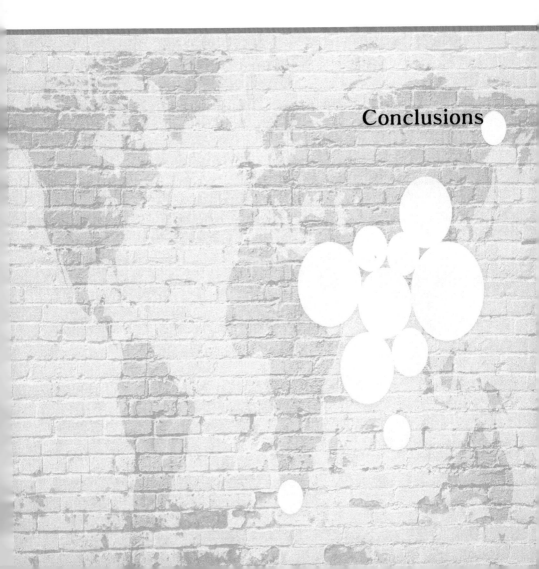

Conclusions

그래서 무엇을 하자는 것인가? 노동자, 경영자, 관료, 시민 혹은 노동연구자들은 왜 이 책에서 말하고 있는 많은 내용들에 대해 관심을 가져야 하는가? 우리의 분석은 주로 어떻게, 그리고 왜 노동의 사회적 조직이 시간과 장소에 따라 다양한가를 해명하는 것이기 때문이다. 오늘날 노동이 어떻게, 그리고 왜 변화하고 있으며, 과거의 노동과 어떻게 다른가를 이해한다면, 우리는 미래의 노동에 대한 여러 가지 가능성들을 예측해볼 수 있으며, 어떤 상황에서는 보다 바람직한 노동형태들을 창출하는 데 기여할 수 있을 것이다. 사람들이 수행하는 노동의 종류와 그러한 노력을 통해 얻는 결과물들이 직장의 안팎에서 그들의 행복과 안녕에 중대한 영향을 미치기 때문에, 노동연구의 중요성은 그만큼 크다고 하겠다. 우리가 노동을 더욱 선명하게 이해하려면, 먼저 노동의 형태들을 설명해야 한다.

이 책은 자본주의의 노동세계에 대해 보다 잘 설명하고자 했다. 이 책은 널리 인정되고 있지만 기존의 경제학 이론들에서 제대로 설명되지 못한 노동의 특징들을 집중하여 논의했다. 대부분의 노동이론들은 하나의 중심적인 노동조직(organization of work)이 보통 질서정연한 노동시장에서 잘 정의된 직무들의 이미지로 존재한다고 가정한다. 따라서 다른 종류의 노동조직들은 그것의 변종이거나 혹은 그로부터 일탈한 것으로 간주된다. 이러한 이론들과 달리,

우리는 노동이 본질적으로 다양한 형태를 취한다는 관점에서 출발하며, 그 차이의 원리를 규명하고자 했다. 면방직, 석탄채굴, 보건의료에 대한 첫 서술을 마무리하는 과정에서 우리의 연구물음을 다음과 같이 제시했다.

- 왜 노동자들은 그들의 노동에 대해 노력과 지식 그리고 열의를 보이는 정도가 다른가?
- 특정한 노동 상황에서 다음 항목의 상대적 우위를 결정하는 요인이 무엇인가?
    ① 가내생산이나 다른 소상품생산, 비공식경제와 반대되는 것으로서 노동시장의 활용
    ② 외부노동시장에 비해 내부노동시장을 통한 채용
    ③ 감독과 보상의 상이한 체계들
    ④ 구매, 하도급, 생산감독
- 어떠한 요인들이 특정 직무들의 범위와 내용, 보수를 결정하는가?
- 무엇이 범주별로 선발, 채용, 승진, 퇴출을 결정하는가? 무엇이 분절된 노동시장에서 경계를 만들어내는가? 동일한 과정으로 이 둘을 모두 설명할 수 있는가?
- 무엇이 상이한 노동자들의 임금과 여타 보수를 결정하는가? 왜 노동자들의 범주별(특히 연령, 성, 인종, 민족 등의 범주들)로 노동에 대한 보상이 다른가?
- 무엇이 직업경력에서 다양한 개인별 궤적을 설명할 수 있는가?
- 이러한 관계들과 유형들이 오랜 시간에 걸쳐 어떻게, 왜 변화해왔는가?

우리는 이러한 질문들에 대해 부분적인 대답들 — 어떤 것은 친숙한, 어떤 것은 새로운 — 을 제시했다. 전체적으로 우리는 다음과 같은 노동에 관한 다섯 가지의 지배적인 설명논리를 거부했다. ① 가용한 기술과 그 기술변화가 생산의 가능성들을 규정하며, 보다 효율적인 기술들이 이전의 기술들을 급속하게 대체한다. ② 자본의 소유자들과 관리자들은 가장 효율적인 기술들을 채택함으로써 노동자 직무를 포함하는 생산체제들을 설계한다. ③ 자본소유자

들과 경영자들은 직무요건들(job requirements)을 충족하는 값싼 노동자들부터 차례로 일자리를 제공한다. ④ 개별노동자들은 자격을 가진 노동자들에게 가장 높은 가격을 지불하는 사용자들에게 그들의 서비스를 제공한다. ⑤ 이러한 조건들을 충족하지 못하는 기업들은 다른 저비용 기업들과의 경쟁에서 실패한다.

이러한 설명에 따르면, 기술과 시장조건에 의해 규정받는 강한 제약 속에서 노동자와 사용자가 각각 단일한 의사결정을 통해 서로 협상하며, 이러한 종류의 협상은 다양한 노동조직들을 만들어낸다. 우리의 시각에서 이러한 주장들은 개별 성과와 시장효율성을 지나치게 강조하고 있는 것으로 판단된다. 또한, 이러한 주장들은 네트워크와 조직 구조, 문화, 역사, 집합행동의 의의를 크게 과소평가하고 있다.

우리는 어떠한 대안을 제시하고 있는가? 우리는 제도주의, 마르크스주의, 조직이론의 분석틀에 의거하여 노동에 대한 상호작용모형(interactional model)을 제안했다. 우리는 개인 그 자체보다는 개인들의 거래(transactions)에서 출발해, 그것이 상이한 종류의 노동계약으로 묶여지고, 이 계약들이 매우 다양한 생산과 분배의 체제들로 구체화되는 것을 확인했다. 우리는 불균등한 권력분배가 노동계약의 내용과 실행에 영향을 미치고 있음을 살펴보았다. 또한 우리는 문화(역사적으로 축적된 공유된 인식과 그 표상들)에 배태되어 있는 이러한 거래들이 어떻게 노동계약의 실행에 영향을 미치고 있는지를 검토했다. 일하는 사람(노동자)과 남에게 일을 시키는 사람(사용자)은 가능한 성과를 얻어내기 위해 어떠한 형태의 상호작용들이 가능하고, 바람직하며, 효과적인지에 관한 분명한 인식에 기반하여 행동하고 있다. 면방직, 석탄채굴, 보건의료에 대한 우리의 비교는 문화가 어떻게 역사적으로 다른 산업과 기업의 조직들에 투영되어 왔는지를 잘 보여준다.

노동에 관한 대부분의 경제 이론들은 노동이 효율적으로 조직된 노동시장에서 수행된다고 가정한다. 이와 달리 우리의 설명은 노동시장이 노동조직의 예외적이며 역사적으로 특수한 형태를 나타낸다는 점을 강조한다. 노동시장은 형식적으로 자유로운 노동을 가정한다. 노동시장은 기업 내부의 일자리에 고용된 생산자들을 둘러싼 다양한 요소들로 구성된다. 노동시장의 요소들로는 일자리와 기업뿐 아니라, 노동자들, 사용자들, 고용, 채용네트워크들, 공급네트워크들, 관련 당사자들 사이의 노동계약들이 포함되어 있다.

그러한 노동시장들은 지난 세기 이후 노동에 더욱 핵심적인 위치를 차지하게 되었지만, 다른 노동조직들(organizations of work)을 완전히 제거하지는 못했다. 자본주의 국가들에서조차 많은 노동들은 엄격하게 조직된 노동시장의 바깥에서 수행되는데, 이를테면 가정, 학교, 감옥, 비공식경제, 가족기업, 소상품생산, 그리고 기업이나 직무와 같은 것들이 존재하지 않는 상황이 그러한 예에 해당된다.

더욱이 실재하는 모든 노동시장은 수많은 분절(일자리 간의 이동에 대한 장벽들)을 포함하고 있다. 예컨대 이는 인종, 민족, 성, 시민권, 학력, 친구관계의 작용에 의한 일자리와 기업에 대한 선택적 충원, 그리고 기업, 산업, 노동범주별로 복지혜택·근로조건·보상형태의 커다란 차이들로 구체화된다. 노동시장의 세계 안에서 노동자들과 사용자들은 종종 자격을 갖춘 노동의 자유로운 이동에 대한 조직적 장벽들(예: 전문직의 독점, 조직화된 직종조합들, 특정 이주경로에 의존하는 노동충원 네트워크들, 기업 내부의 분절화된 직무사다리들, 고용에 필요한 시민권 등)을 만들어낸다.

이러한 장벽들을 확인함과 동시에, 우리는 전형적으로 ① 사용자와 노동자 모두가 조직 체계에 관한 협상을 지속적으로 진행하고 있다는 사실과, ② 양자 모두가 금전적 보상 이외에 그들 기업의 생존, 그들 공동체 내에서의 위상, 작업장 질서와 같은 복수의 목적들을 추구하고 있다는 사실을 발견했다. 사용자들은 복수의 목적들을 추구하면서 단지 보수에만 의지하기보다 노동자들의 성과에 대해 강제, 헌신, 보상을 혼합한 인센티브를 제공한다. 노동자들 역시 복수의 목적들을 추구하는데, 구체적으로 노동자들이 최대의 임금보다는 고용안정과 자율성을 선호한다.

노동조직에 대한 진부한 논의들을 비판하는 한편, 우리는 다음과 같은 정형화된 논리를 통해 노동과정에 대한 탐구를 체계적으로 진행해왔다.

- 노동은 사용가치의 생산을 중심으로 수행된다.
- 사용가치의 **생산자**와 **수령자**는 기초적인 관계로서 연결되어 있다.
- 생산자들과 특히 노동가치의 수령자들은 품질, 효율성, 권력이라는 목적들을 추구하며, 이 중 어느 것이 상대적으로 우위를 점하는가는 해당 과업에 좌우될 뿐만 아니라 사회적 관계들의 이전 역사로부터 등장하는 문화(공유된 인식과 그 표상들)에 의존한다.
- 이러한 목적들의 특수한 결합을 추구하는 과정에서, 생산자들과 수혜자들은 협상하여 **노동계약**을 만들어낸다. 특정 노동자를 특정한 직위로 연결시켜주는 모든 노동계약들은 특정한 일자리를 형성해주며, 서로 연결된 노동계약들로 구성된 모든 사회적 관계들은 하나의 **생산네트워크**로 연관된다. 그래서 직무들은 서로 연결되고(예: 외과의사와 마취의사), 서로에 대해 상대적 가치(예: 숙련기계공과 잡역부)를 가지게 되며, 동시에 특정한 개인을 특정한 직무로 연결시켜주는 매칭의 과정을 수반하게 된다.
- 사용가치의 생산자들과 수령자들은 종종 기존의 대인관계 네트워크들(예컨대 엘리트 기술학교 졸업생들의 연결망, 동일한 마을로부터 유입된 이주민들의 연결망)을 노동의 사회적 관계로 통합한다. 이러한 네트워크들은 다시 노동의 질과 산출에 중요한 영향을 미친다.
- 노동세계에서 두드러지게 나타나는 네트워크들은 **위계구조**, **시장**, **연합**이며, 이들은 각각 상이한 특성을 갖고 있다.
- 위계구조, 시장, 연합의 일부 요소들은 조직으로 통합된다. 명확한 경계를 갖는 그 네트워크 요소들에서는 적어도 하나의 지위가 다른 지위의 사회적 관계를 규정하는 권위를 갖는다. 노동조직은 기업뿐 아니라 가구, 정부, 다양한 종류의 연합단체들을 포함한다.
- 노동계약과 생산네트워크는 수령자(사용자)의 목적들을 충족시키는 방식으로 품질, 권력, 효율성의 요건을 맞추려는 다양한 **기제들**(예: 인센티브, 배태성, 계약, 자율성, 매칭, 이동, 훈련)을 수반한다.
- 이러한 기제들 중에 **인센티브들**(헌신, 보상, 강제)이 노동 동기를 유발하는

데 핵심적인 역할을 한다.

• 품질, 효율성, 권력에 대한 수령자의 요구는 대안적 기제의 활용가능성을 제한함으로써 계약과 조직들을 규정한다.

• 그런데 특정 시점에서 어떠한 계약의 내용구성은 품질, 효율성 권력에 대한 단기적 요구들에 의해 결정된 산출물이 아니라, 오히려 **문화적 틀 안에서** 형성된 역사 의존적인 협상과정에 의해 좌우된다.

이러한 주장의 다양한 논의를 기술하면서 이 책에서는 세 가지의 주요 내용을 담고 있다. ① 자본주의 경제 안에서 노동의 다양성과 최근 변화를 서술하고, ② 현재의 노동과정들을 역사적 시각에서 평가하고, ③ 노동의 특성에서 나타나는 다양성과 (과거와 현재의) 변화에 대한 부분적 설명을 제시한다. 이 책의 서술내용이 현재의 경제적 상황을 이해하는 데 도움이 될 수 있지만, 그 분석이 갖는 가치는 궁극적으로 우리가 제시한 설명의 타당성과 유익함에 달려 있다. 그러면 우리의 분석을 이끌어왔던 연구물음에 대한 대답들을 개괄적으로 살펴보기로 하자.

왜 노동자들은 그들의 노동에 대해 노력과 지식 그리고 열의를 보이는 정도가 다른가?

우리는 노동자들과 사용자들이 강제, 헌신, 보상의 다양한 결합들을 노동계약으로 구체화하기 위해 협상해왔다는 점을 일반적으로 지적했다. 이와 관련된 많은 협상들이 일상적인 주고받기로 진행되지만, 그중 어떤 것들은 공공연한 갈등(이해관계에 영향을 미치는 요구들을 집단적이며 상호적인 방식으로 표출하는 것)의 형태로 발생되기도 한다.

특정한 노동 상황에서, 어떠한 요인들이 ① 가내생산이나 다른 소상품생산, 비공식경제와 반대되는 것으로서 노동시장의 이용, ② 외부노동시장에 비해 내부노동시장을 통한 채용, ③ 감독과 보상의 상이한 체계들, ④ 구매, 하도급, 생산감독 각각의 상대적 우위를 결정하는가?

전체적으로 이 질문들에 대한 우리의 답은 문화와 상호관계 네트워크들에 의해 규정되는 중요한 한계 안에서 품질, 효율성, 권력의 다양한 결합을 추구할 때 발생하는 거래비용의 축소를 강조하는 것이었다. 유리한 제도적 조건들 하에서 충분히 성숙된 노동시장이 단기적인 효율성을 증진시킨다는 점과 일부의 아주 경쟁적인 산업들에서 효율성을 강조하는 조건들이 때때로 많이 존재한다는 점을 인정하면서도, 우리는 경쟁적인 노동시장들을 정상적인 것으로 간주하고 그 외의 다른 모든 것들을 바람직하지 못한 일탈현상으로 취급하는 이론적 접근을 거부했다.

**어떠한 요인들이 특정 직무들의 범위와 내용, 보수를 결정하는가?**

우리는 특정한 개인의 지위(직무)에 관한 노동계약의 내용들을 상이한 권력 배분의 조건하에서 생산자와 수령자들 사이에서 진행되어온 끊임없는 협상의 산출물로 이해하고 있다. 그러나 협상은 매번 새로운 채용이 이루어질 때마다 백지상태에서 시작하는 것이 아니다. 모든 노동계약들은 신규 노동자와 기존 노동자들을 연결시키는 것이고, 관리자들은 다른 기업들이나 소속 기업의 다른 부서들로부터 조직 형태들을 모방하며, 또한 어떠한 계약 형태들이 고려 가능한가는 제도적 여건에 좌우되기 때문에(이를테면, 현재의 미국 사용자들은 그들의 조상이 했던 것처럼 노예제를 유지할 수 없다), 직무구조는 단지 완만하고 점진적으로만 변화한다.

프롤레타리아화와 자본집중이 동시적으로 발생한 결과로서, 일반적으로 장기적 추세로 자본주의하의 일자리들은 단기적인 현금화와 광범위한 시간규율을 결합하는 방향으로 변화해왔다. 그럼에도 불구하고 자본주의적 노동의 근로조건과 보상이 자본가와 노동자의 상호관계에 따라 매우 다양하다. 작업

강요, 성과급, 포상, 충성, 전문직 또는 장인적 통제형태들 사이의 대략적인 구별이 그 다양성(variability)의 일부를 드러내준다. 그래서 우리는 (채용·승진관행뿐만 아니라) 보상의 수준을 생산성 목표와 사용자·노동자의 선호, 네트워크, 협상, (기존의 사업방식을 선호하는) 관성들 사이의 상호작용에 따른 결과로서 파악한다. 보다 구체적으로, 우리는 성숙된 노동시장에서의 임금결정을 다음의 요인들에 의해 결정되는 것으로 요약할 수 있다.

1. 소속 기업의 시장지배력
2. 기업의 노동자 일인당 투자비용 규모
3. 기업 자본에 대한 노동자들의 자율적인 통제권 행사 수준
4. 기업의 총량적 성과에 대한 노동자 생산성의 기여 정도
5. 노동자 기여의 대체 가능성
6. 특권적 귀속집단에 대한 노동자의 소속 여부
7. ③~⑥ 변인들에서 높은 점수를 받고 있는 중요한 사람에 대한 노동자의 네트워크 근접성
8. 기업, 산업, 직업 안에서 보상체계를 규율하는 제도들의 특성
9. ①~⑧ 변인의 초기 조건이 지니는 관성적 효과

이상의 다양한 요인들은 검증 가능한 이론으로 다루어지기보다는 연구주제의 목록으로 이해되기 쉽다. 그러나 이 목록은 임금뿐만 아니라 일반적으로 노동조건의 차이에 영향을 미치는 조직적 과정들을 적절하게 열거하고 있다.

무엇이 범주별로 선택적인 채용 · 승진 · 퇴출을 결정하는가?

　두 가지 종류의 원인들이 교차하고 있다. 첫째로 기업 안에 관리자들과 노동자들은 보수, 감독, 안전, 직무이동, 조직적 권력관계에서 각각 독특한 패턴으로 특징지을 수 있는 분절된 직무집단(job clusters)을 만들어낸다. 이런

종류의 가장 일반적인 구별기준은 이직풀과 지휘·승진풀을 분리하는 것이다. 일단 그러한 구별이 확립되면, 관리자와 노동자들은 종종 직무 범주별로 신규 사원을 채용하는데, 이를테면 경계선의 한쪽에는 남성들만으로, 또 다른 한편 쪽에는 여성들을 중심으로 직무를 배치하고 있다.

둘째로, 기업의 경계들을 관통하는 네트워크들(예: 친구관계, 이주자 집단들, 학교 동창생들)의 구성원들은 특정 직무집단에 대한 우선적 접근의 권리를 갖게 된다. 전문직과 공인 숙련직종들은 그 기준을 충족하지 못하는 노동자들을 배제하는 데 정부의 지지를 얻어냄으로써 그들의 우선적 접근을 확실하게 보장받았다. 일단 내부의 분절선과 외부의 접근기회 통제가 결합되면, 현직 노동자들을 통한 채용관행이 경제성과 안정성을 가져다줌으로써 노동자와 일자리를 결합시키는 매칭의 과정이 기존의 분절성을 확대재생산하는 방향으로 고착화된다.

무엇이 분절된 노동시장에서 경계선을 만들어내는가? 사람-일자리 매칭의 범주별 선택과 분절적 노동시장에서의 경계선, 이 두 가지를 하나의 동일한 과정으로 설명할 수 있는가?

노동시장 분절은 협상과 관성의 역사적 과정들뿐 아니라 효율성을 추구하는 기능적 과정들(전형적으로 생산비용 그 자체보다는 정보와 거래비용을 절약하는 과정)로부터 유래한다. 일반적으로 기업 내 분절과 네트워크의 구분 경계가 결합되어 기업 안에서의 범주별 구획들과 노동시장 차원의 확대된 경계선들이 만들어진다. 더욱 큰 규모의 노동시장에서는 정보와 교통의 순수한 비용들이 더욱 문제되기 시작한다. 예컨대, 대도시 지역에서 인종에 따른 주거지역의 분리는 실제로 바람직한 일자리들에 대한 차별받는 소수집단들의 접근기회를 제한하게 된다. 이와 비슷하게, 가용한 일자리에 대한 많은 정보들이 구전이나 지역매체를 통해 전달된다는 점을 감안할 때, 범주별로 정보 네트워크들의 분절(예를 들어 미국의 경우 영어권과 스페인어권 사이의 차이)은 일자리에 대한 기존의 차별적인 접근가능성을 더욱 확대해 노동시장의 분절성을 더욱 심화시키는 결과를 낳는다.

무엇이 상이한 노동자들의 임금 및 다른 보수를 결정하는가? 왜 노동자들의 범주별(특히 연령, 성, 인종, 민족 등의 범주들)로 노동에 대한 보상이 다른가?

여기서 다시 기업 내부 직무집단들의 분절과 범주별로 차별화된 채용 및 직업탐색의 네트워크들이 핵심적 역할을 수행한다. 직무집단들 내부에서 개인별 성과의 차이는 확실하게 사용자들로 하여금 차별적인 보상을 제공하도록 유인한다. 노동자들의 범주별 소속은 종종 그들의 직무성과에 영향을 미친다. 왜냐하면 그것은 다른 노동자들과의 협력이 직무성과에 영향을 미치며, 이러한 협력은 그가 어떤 범주에 소속되어 있는가에 좌우되기 때문이다. 하지만 기업과 노동시장 내부에서 범주별로 커다란 차이들을 보이는 것은 동일한 직무내부에서 상이한 성과와 차별에서 비롯되기보다는 노동자들과 일자리를 연결시키는 과정에서의 범주별 차이에 따른 것이다.

무엇이 개인별 직업경력의 다양한 궤적을 설명할 수 있는가?

생산성, 선호, 네트워크, 협상, 관성 모두가 노동자의 직업이동에 영향을 미친다. 네트워크들은 특히 중요한 역할을 담당한다. 지금까지 논의된 이유들 때문에, 노동자들이 네트워크에 소속되어 있는가 여부는 좋은 일자리에 대한 접근기회뿐만 아니라 (체계적인 일자리든 그렇지 않든 관계없이) 그들의 직업경력에 강한 영향을 미친다. 노동자들이 고용될 것인가, 일자리를 잃거나 은퇴할 것인가, 창업을 할 것인가, 비공식경제에 참여할 것인가, 자기 집에서 일할 것인가 혹은 그 밖의 다른 곳에서 일할 것인가 여부, 그리고 언제, 어떻게, 어떠한 순서로 이들을 경험할 것인가는 결정적으로 그들이 소속된 네트워크들(범주별로 분절된 네트워크들을 포함하는)에 좌우된다. 확실히 학력과 직무경험 자체가 네트워크에의 소속 여부를 결정하며, 다양한 직무수행 능력과 실제의 노동참여 경험 사이에 중요한 상관관계를 낳는다. 훈련과 직업이동은 서로를 강화시킴으로써 높은 상관관계를 보이고 있다. 그러나 효율적인 시장이 개별 노동자들과 그들이 수행할 수 있는 최선의 일자리를 결합시킨다는 일반적인 인식과 달리, 자본주의 사회에서의 노동을 엄밀하게 검토해보면 네트워크 소속 여부가 매개요인으로서 가장 강력한 영향을 미치고 있음을 확인하게 된다.

어떻게, 그리고 왜 이러한 관계들과 유형들이 오랜 시간에 걸쳐 변화해왔는가?

자본주의의 장기적인 발전과정에서 프롤레타리아화와 자본의 집중은 결정적으로 노동을 노동시장, 임노동, 위계적인 작업장으로 이동하도록 강제했다. 지난 19세기와 20세기 동안 주요 자본주의국가들에서는 이러한 변화와 더불어 인구의 대다수가 가까스로 생계를 유지하는 사회에서 벗어나 소수의 부유한 상류계층과 상당 규모의 빈곤층 사이에서 대부분의 사람들이 상대적으로 안락한 물질생활을 향유하는 사회로 전환됨에 따라 그 불평등 구조가 근본적으로 바뀌게 되었다. 노동시장과의 관계(진입 혹은 퇴출)뿐 아니라 노동시장 내부에서의 위치가 개인의 행복에 결정적으로 중요해졌다.

1940년에서 1975년 사이 자본주의 국가들에서, 고임금의 제조업 일자리들이 확대되었으며 조합원들의 생활수준 향상을 위한 노동조합들의 압력이 증대되었고 복지국가가 빈곤계층에 대한 소득지원 서비스를 제공함에 따라, 소득과 부, 생활복지의 평등화(equalization)가 일정하게 이루어졌다. 경제의 팽창에 따른 노동력의 부족은 노동자들과 노조대표자들에게 강력한 교섭력을 안겨주었다. 1975년 이후 자본주의 세계에서 이러한 경향들은 전반적으로 바뀌어 불평등이 지속적으로 증가했다. 관리자들과 주주들이 부가가치의 더 많은 몫을 차지하고 이전보다 더 많은 수의 예비노동자들이 주변적 일자리로 밀려나거나 실업자로 전락하게 되었다. 관리자들은 (비록 반드시 고용을 보장받지는 못했지만) 충성에 기반한 인센티브체계에서 더 많은 보상을 받게 되었지만, 일반 노동자들은 충성체계로부터 작업강요와 감독 및 보상의 성과급체계로 내몰려 더욱 착취를 당하게 되었다. 적어도 미국에서는 사용자들이 전문 숙련에 대한 외부고용이나 파트타임 및 임시직을 선호하면서, 내부노동시장은 현저하게 약화되고 있다. 노동과 행복을 연결하는 인과적 과정들은 이전과 마찬가지로 작동하고 있지만, 행복의 실제 분배에 있어서는 매우 다른 결과가 나타나고 있는 것이다.


그러면 미래는 어떻게 될 것인가? 우리가 미래를 충분히 예측할 수는 없다. 왜냐하면 우리의 설명에서 노동의 미래는 기술과 시장의 변화에 좌우될 뿐만 아니라 복잡한 네트워크에 의해 매개되며, 많은 우연적 협상을 필요로 하는 조직적 과정들에 의존하기 때문이다. 하지만 우리의 분석에 입각하여 실현가능한 미래와 실현불가능한 미래를 각각 예측해볼 수 있다.

노동의 미래에 대한 통찰은 노동의 조직·실행을 주관하는 컴퓨터와 모든 거래를 매개하는 새로운 커뮤니케이션 기술에 대해 종종 이런 기술의 실현가능한 상태와 실제 실현된 상태를 무심코 혼동하고 있다. 보다 신중한 예측들은 기술과 시장의 상호작용을 고려하며, 특히 비용절감적인 기술들이 시장의 요구라는 한계 안에서만 보다 값비싼 과거의 기술들을 대체하게 될 것으로 판단한다. 기술 혁신과 시장의 재조직화가 과거에 그랬듯이 미래에도 계속해서 노동에 영향을 미칠 것이라는 점에 동의하면서, 우리의 분석은 조직차원의 요구들이 새로운 기술의 채택과 이에 적응하기 위한 일상 노동의 변화를 결정할 것이라는 점을 강조하고 있다. 기술적으로 가장 실현가능한 미래가 자동적으로 실현되지는 않는 것이다.

어떠한 미래가 펼쳐질 것인가? 대부분의 사람들은 그들의 삶을 지속하기 위해 계속 노동을 할 것이다. 왜냐하면 부가가치의 생산만이 대부분의 사람들에게 필요 재화를 얻기 위한 협상수단을 안겨주는 유일한 길이기 때문이다.

절도나 상속, 국가보조금이나 소득재분배 등으로 생활을 영위할 사람은 그리 많지 않을 것이다. 역사적 경험에서 유래되는 현재의 문화와 사회적 관계들은 여전히 생산의 조직 형태에 대한 혁신을 제한할 것이다. 정부와 가구와 같은 외부 행위자들의 개입은 노동조직의 환경에 여전히 크게 영향을 미칠 것이다. 이처럼 분명한 연속성을 넘어서, 우리는 다음과 같은 경우에는 노동의 특성에 적잖은 변화가 발생할 것을 기대하게 된다.

- 생산자와 수령자 집단들 사이의 상대적인 교섭력이 크게 변화하는 경우
- 새로운 행위자들이 사용가치의 생산에 개입하는 경우
- 확산과 권위적 개입을 통해 새로운 조직 모델들이 활용되는 경우
- 생산조직을 통제하는 사람들에게 품질, 효율성, 권력의 상대적 중요성이 크게 변화하는 경우

이상의 열거된 조직 변화들이 함께 어우러져 진전되면 산업혁명에서 비롯된 경우와 같이 노동의 질에서 진정으로 엄청난 변화들이 발생할 것이다.

결론을 정리하면 가난한 나라의 저임금노동자들이 선진국 노동자들의 일자리를 빼앗고, 자본주의 사회에서 노동자들의 선호가 임금에서 여가로 이동하며, 노동절약적 기계가 발명된다고 해서, 향후 몇 십 년 안에 노동의 특성이 근본적으로 바뀌지는 않을 것이다. 자본의 국제적 이동이 더욱 강화되고, 정부가 노동자들의 법적 권리들을 강제할 능력이나 의지를 상실하게 되며, 원거리 이주로 인해 이전의 폐쇄적인 노동시장에 새로운 노동자들이 진입하게 될 경우에는 노동이 적잖은 변화를 겪게 될 것이다. 변화하는 권력관계가 새로운 기술이나 시장효율성에서의 변화보다 더욱 큰 영향을 미칠 것이다. 자본주의 사회에서 노동의 성격은 언제나 공유된 인식과 사회적 관계의 과거 역사에 의해 확립된 엄격한 제도적 한계 속에서 이루어지는 어려운 협상에 의존하기 때문이다. 따라서 노동의 미래는 여전히 투쟁 ─ 소리 없거나, 일상적이거나, 또는 매우 치열한 방식으로 ─ 에 좌우될 것이다.

Abbott, Andrew. 1988. *The System of Professions. An Essay on the Division of Expert Labor.* Chicago: University of Chicago Press; 1993. "The Sociology of Work and Occupations." *Annual Review of Sociology* 19, pp.187~209.

Abrahamson, Eric and Lori Rosenkopf. 1995. "Social Network Effects on the Extent of Innovation Diffusion: A Computer Simulation." unpublished paper, Department of Management of Organizations, Graduate School of Business, Columbia University.

Adams, Water(ed.). 1977. *The Structure of American Industry*, 5th ed. New York: Macmillan.

Adelson, Andrea. 1997. "Physician, Unionize Thyself: Doctors Adapt to Life as H. M. O. Employees." *New York Times*, April 5, pp.35~36.

Aglietta, Michel. 1976. *Régulation et Crise du Capitalisme.* Paris: Calmann-Lévy.

Akerlof, George A. 1982. "Labor Contracts as Partial Gift Exchange." *Quarterly Journal of Economics* 97, pp.543~569; 1984. "Gift Exchange and Efficiency Wage Theory: Four Views." *American Economic Review Proceedings* 74, pp.79~83.

Akerlof, George A. and William Dickens. 1982. "The Economic Consequences of Cognitive Dissonance." *American Economic Review* 72, pp.307~319.

Akerlof, George A. and Janet L. Yellen(eds.). 1986. *Efficiency Wage Models of the Labor Market.* Cambridge: Cambridge University Press.

Albelda, Randy and Chris Tilly. 1994. "Towards a Broader Vision: Race, Gender, and Labor Market Segmentation in the Social Structure of Accumulation Framework." in David M. Kotz, Terrence McDonough and Michael Reich(eds.). *Social Structures of Accumulation.* Cambridge: Cambridge University Press, pp.212~230.

Aldrich, Howard, Trevor P. Jones and David McEvoy. 1984. "Ethnic Advantage and Minority Business Development." in Robin Ward and Richard Jenkins(eds.). *Ethnic Communities in Business: Strategies for Economic Survival.* Cambridge: Cambridge University Press.

Allen, Robert C. 1982. "The Efficiency and The Efficiency and Distributional Consequences of Eighteenth-Century Enclosures." *Economic Journal* 92, pp.937~953.

Alonso, William and Paul Starr(eds.). 1987. *The Politics of Numbers.* New York: Russell Sage Foundation.

Althauser, Robert P. and Arne L. Kalleberg. 1981. "Firms, Occupations, and the Structure of Labor Markets: A Conceptual Analysis." in Ivar Berg(ed.). *Sociological Perspectives on Labor Markets.* New York: Academic Press, pp.119~149.

Amaya, Tadashi. 1990. "Recent Trends in Human Resource Development." Japanese Industrial Relations Series No.17, Japan Institute of Labor, Tokyo.

Amin, Shahid and Marcel van der Linden(eds.). 1997. "'Peripheral' Labour? Studies in the History of Partial Proletarianization." *International Review of Social History*, Supplement 4.

Amott, Teresa L. and Julie A Matthaei. 1991. *Race, Gender, and Work: A Multicultural Economic History of Women in the United States*. Boston: South End Press.

Amsden, Alice. 1990. "South Korea's Record Wage Rates: Labor in Late Industrialization." *Industrial Relations* 29. 1. pp.77~93; 1994. "Convergence, Technological Competition, and Transmission of Long-Run Unemployment." forthcoming in John. Eatwell (ed.). *Unemployment at Century's End*. White Plains, N. Y.: M. E. Sharpe.

Anders, George. 1995. "Nurses Decry Cost-Cutting Plan That Uses Aides to Do More Jobs." *Wall Street Journal*, January 20, B1, B6.

Anderson, Grace M. 1974. *Networks of Contact: The Portuguese and Toronto*. Waterloo, Ontario: Wilfrid Laurier University Publications.

Andrews, Edmund L. 1996. "Don't Go Away Mad, Just Go Away: Can AT&T Be the Nice Guy As It Cuts 40,000 Jobs?" *New York Times*, February 13, D1, D10.

Appelbaum, Eileen. 1987. "Restructuring Work: Temporary, Part-Time, and At-Home Employment." in Heidi I. Hartmann(ed.). *Computer Chips and Paper Clips: Technology and Women's Employment*. Ed. Vol.II: Case Studies and Policy Perspectives. Washington, DC: National Academy Press.

Apple, Rima D(ed.). 1990. *Women, Health, and Medicine in America: A Historical Handbook*. New York: Garland.

Aronson, Robert L. 1991. *Self-Employment: A Labor Market Perspective*. Ithaca: ILR Press.

Arrow, Kenneth. 1950. "A Difficulty in the Concept of Social Welfare." *Journal of Political Economy* 58, pp.328~346; 1994. "Methodological Individualism and Social Knowledge." *American Economic Review, Papers and Proceedings* 84, pp.1~9.

Arthur, W. Brian. 1989. "Competing Technologies, Increasing Returns, and Lock-In by Historical Events." *Economic Journal* 99, pp.116~131.

Ashenfelter, Orley C. and Albert Rees(eds.). 1973. *Discrimination in Labor Markets*. Princeton: Princeton University Press.

Ashenfelter, Orley C. and Richard Layard(eds.). 1986. *Handbook of Labour Economics*. Amsterdam: North-Holland.

Ashworth, William. 1986. *The History of the British Coal Industry*. Vol.5, 1946~1982: The Nationalized Industry. Oxford Clarendon Press.

Attewell, Paul. 1987. "The Deskilling Controversy." *Work and Occupations* 14, pp.323~346.

Averitt, Robert T. 1968. *The Dual Economy*. New York: McGraw-Hill.

Badaracco, Joseph. 1991. "The boundaries of the firm." in Amitai Etzioni and Paul R. Lawrence(eds.). *Socio-Economics: Toward a New Synthesis*. Armonk, N. Y.: M. E. Sharpe, pp.293~328.

Bae, Kyu Han and William Form. 1986. "Payment Strategy in South Korea's Advanced Economic Sector." *American Sociological Review* 51, pp.120~131.

Baer, Ellen D. 1990. "Nurses." in Rima D. Apple(ed.). *Women, Health, and Medicine in America: A Historical Handbook*. New York: Garland.

Bahl, Vinay. 1989. "Women in the Third World: Problems in Proletarianization and Class Consciousness." *Sage Race Relations Abstracts* 14, pp.3~27; 1995. *The Making of the Indian Working Class: A Case of the Tata Iron and Steel Company, 1880~1946*. New Delhi: Sage.

Bain, G. S. and Robert Price. 1980. *Profiles of Union Growth: A Comparative Statistical Portrait of Eight Countries*. Oxford: Blackwell.

Baker, George and Bengt Holmstrom. 1995. "Internal Labor Markets: Too Many Theories, Too Few Facts." *American Economic Review, Papers and Proceedings* 85, pp.255~259.

Baker, George, Michael Gibbs and Bengt Holmstrom. 1994a. "The Internal Economics of the Firm: Evidence from Personnel Data." *Quarterly Journal of Economics* 109, pp.881~919; 1994b. "The Wage Policy of a Firm." *Quarterly Journal of Economics* 109, pp.921~955.

Baker, Ggeorge P., Michal C. Jenson and Keven J. Murphy. 1988. "Compensation and Incentives: Practice vs. Theory." *Journal of Finance* 43, pp.593~616.

Baker, Thomas H. 1994. "First Movers and the Growth of Small Industry in Northeastern Italy." *Comparative Studies in Society and History* 36, pp.621~648.

Baran, Barbara and Carol Parsons. 1986. "Technology and Skill: A Literature Review." Berkeley: Berkeley Roundtable on the International Economy, University of California, January.

Barnes, Samuel H. and Max Kaase. 1979. *Political Action: Mass Participation in Five Western Democracies*. Beverly Hills: Sage

Baron, Ava. 1982. "Women and the Making of the American Working Class: A study of the Proletarianization of Printers." *Review of Radical Political Economics* 14, pp.23~42; 1991. eds., *Work Engendered: Toward a New History of American Labor*. Ithaca: Cornell University Press.

Baron, Harold. 1971. "The Demand for Black Labor: Historical Notes on the Political

Economy of Racism." *Radical America* 5, pp.1~46.

Baron, James N. 1984. "Organizational Perspectives on Stratification." *Annual Review of Sociology* 10, pp.37~69.

Baron, James N. and Michael T. Hannan. 1994. "The Impact of Economics on Contemporary Sociology." *Journal of Economic Literature* 32, pp.1111~1146.

Baron, James N. and William T. Bielby. 1980. "Bringing the Firms Back In: Stratification, Segmentation, and the Organization of Work." *American Sociological Review* 45, pp.737~755; 1984. "The Organization of Work in a Segmented Economy." *American Sociological Review* 49, pp.454~473.

Barrett, Michele and Mary McIntosh. n.d. "The Family Wage: Some Problems for Socialists and Feminists." *Capital and Class* 11, pp.51~72.

Bean, Charles R. 1994. "European Unemployment: A Survey." *Journal of Economic Literature* 32, pp.573~619.

Becker, Gary S. 1957. *The Economics of Discrimination*. Chicago: University of Chicago Press. 1964. *Human Capital: A Theoretical Analysis With Special Reference to Education*. New York: Columbia University Press for National Bureau of Economic Research; 1976. *The Economic Approach to Human Behavior*. Chicago and London: University of Chicago Press.

Begg, David K. H. 1982. *The Rational Expectations Revolution in Macroeconomics: Theories and Evidence. Baltimore:* Johns Hopkins University Press.

Belchem, John. 1990. *Industrialization and the Working Class: The English Experience, 1750~1900.* Aldershot, England: Scolar Press.

Belzer, Mike. 1995. "Truckers' Travails: Deciphering a Decade of Decline." D*ollars & Sense* 201, September/October, pp.20~23.

Berg, Ivar(ed.). 1981. *Sociological Perspectives on Labor Markets*. New York: Academic Press.

Berg, Ivar and Janice Shack-Marquez. 1985. "Current Conceptions of Structural Unemployment: Some Logical and Empirical Difficulties." *Research in the Sociology of Work* 3, pp.99~117.

Berg, Maxine. 1985. *The Age of Manufacturers: Industry, Innovation and Work in Britain 1700~1820.* Oxford: Blackwell.

Berg, Maxine, Pat Hudson and Michael Sonenscher. 1983. *Manufacture in Town and Country before the Factory*. Cambridge: Cambridge. University Press.

Berger, Suzanne and Michael J. Piore. 1980. *Dualism and Discontinuity in Industrial Society*. Cambridge: Cambridge University Press.

Bergmann, Barbara R. 1986. *The Economic Emergence of Women*. New York: Basic Books.

Berk, Sarah Fenstermaker. 1985. *The Gender Factory: The Apportionment of Work in American. Households*. New York: Plenum.

Bernstein, Aaron. 1995. "The Wage Squeeze." *Business Week*, July 17.

Berridge, Virginia. 1990. "Health and Medicine." in F.M.L. Thompson(ed.). *The Cambridge Social History of Britain 1750~1950*. Vol.3, *Social Agencies and Institutions,* Cambridge: Cambridge University Press.

Best, Michael H. 1990. *The New Competition: Institutions of Industrial Restructuring*. Cambridge: Harvard University Press.

Best, Norman. 1990. *In Celebration of Work*. Lincoln: University of Nebraska Press.

Bielby, Denise D. and William T. Bielby. 1988. "She Works Hard for the Money: Household Responsibilities and the Allocation of Work Effort." *American Journal of Sociology* 93, pp.1031~1059.

Bielby, William T. and James N. Baron. 1986. "Men and Women at Work: Sex Segregation and Statistical Discrimination." *American Journal of Sociology* 91, pp.759~799.

Biernacki, Richard. 1995. *The Fabrication of Labor: Germany and Britain*, 1640~1914. Berkeley: University of California Press.

Biggart, Nicole Woolsey. 1989. *Charismatic Capitalism. Direct Selling Organizations in America*. Chicago: University of Chicago Press.

Bijker, Wiebe E. Thomas P. Hughes and Trevor J. Pinch. 1987. *The Social Construction of Technological Systems: New Directions in the Sociology and History of Technology*. Cambridge, Mass: MIT Press.

Blanchard, Olivier and Lawrence Summers. 1986. "Hysteresis and the European Unemployment Problem." in Stanley Fischer(ed.). *NBER Macroeconomics Annual*. Cambridge, Mass: MIT Press, PP.15~78.

Blau, Francine D. and Lawrence M. Kahn. 1992. "The Gender Earnings Gap: Some International Evidence." Cambridge, Massachusetts: National Bureau of Economic Research Working Paper 4224; 1994. "Rising Wage Inequality and the U.S. Gender Gap." *American Economic Review, Papers and Proceedings* 84, pp.23~28.

Blau, Francine D. and Marianne A. Ferber. 1985. "Women in the Labor Market: The Last Twenty Years." in *Women and Work*: *An Annual Review* 1, pp.19~49; 1986. *The Economics of Women, Men, and Work*. Englewood Cliffs, N. J.: Prentice-Hall.

Blau, Judith R. 1984. *Architects and Firms a Sociological Perspective on Architectural Practices*. Cambridge, Mass: MIT Press.

Blewett, Mary H. 1991. "Manhood and the Market: The Politics of Gender and Class among the Textile Workers of Fall River, Massachusetts." in Ava Baron(ed.). *Work*

*Engendered: Toward a New History of American Labor*. Ithaca: Cornell University Press.

Bloch, Marc. 1970. *Feudal Society*. Vol.1, *The Growth of Ties of Dependence*. Translated by L. A. Manyon. Chicago: University of Chicago Press.

Block, Fred. 1985. "Postindustrial Development and the Obsolescence of Economic Categories." *Politics and Society* 14, pp.70~103; 1990. *Postindustrial Possibilities: A Critique of Economic Discourse*. Berkeley: University of California Press. 1994. "The Roles of the State in the Economy." in Neil Smelser and Richard Swedberg(eds.). *Handbook of Economic Sociology*. Princeton and New York: Princeton University Press and Russell Sage Foundation, pp.691~710.

Bluestone, Barry and Irving Bluestone. 1992. *Negotiating the Future: A Labor Perspective on American Business*. New York: Basic Books.

Bluestone, Barry, Mary Huff Stevenson and Chris Tilly. 1994. "Public Policy Alternatives for Dealing with the Labor Market Problems of Central City Young Adults: Implications from Current Labor Market Research." Occasional Papers, John W. McCormack Institute of Public Affairs, University of Massachusetts, Boston.

Bodnar, John. 1982. *Workers' World: Kinship, Community, and Protest in an Industrial Society, 1900~1940*. Baltimore: Johns Hopkins University Press; 1985. *The Transplanted: A History of Immigrants in Urban America*. Bloomington: Indiana University Press.

Bodnar, John, Roger Simon and Michael P. Weber. 1982. *Lives of Their Own: Blacks, Italians, and Poles in Pittsburgh, 1900~1960*. Urbana: University of Illinois Press.

Boisjoly, Johanne, Greg J. Duncan and Timothy Smeeding. 1994. "Have Highly Skilled Workers Fallen from Grace? The Shifting Burdens of Involuntary Job Losses from 1968 to 1992." Mimeo, University of Quebec, Rimouski.

Bolin-Hort, Per. 1989. *Work, Family and the State: Child Labour and the Organization of Production in the British Cotton Industry, 1780~1920*. Lund, Sweden: Lund University Press.

Boris, Eileen. 1994a. *Home to Work: Motherhood and the Politics of Industrial Homework in the United States*. Cambridge: Cambridge University Press; 1994b. "The Home as a Workplace: Deconstructing Dichotomies." *International Review of Social History* 39, pp.415~428.

Borjas, George J. 1988. *International Differences in the Labor Market Performance of Immigrants: Kalamazoo*, Mich: W. E. Upjohn Institute for Employment Research; 1995. "Ethnicity, Neighborhoods, and Human Capital Externalities." *American Economic Review* 85, pp.365~390.

Botwinick, Howard. 1993. *Persistent Inequalities: Wage Disparity under Capitalist Competition*.

Princeton: Princeton University Press.

Bound, John and Richard B. Freeman. 1992. "What Went Wrong? The Erosion of Relative Earnings and Employment among Young Black Men in the 1980s." *Quarterly Journal of Economics* 107, pp.201~232.

Bourke, Joanna. 1994. "Housewifery in working-class England 1860~1914." *Past & Present* 143, pp.167~197.

Bowles, Samuel. 1985. "The Production Process in a Competitive Economy: Walrasian, Neo-Hobbesian, and Marxian Models." *American Economic Review* 75, pp.16~36.

Bowles, Samuel and Herbert Gintis. 1976. *Schooling in Capitalist America: Educational Reform and the Contradictions of Economic Life*. New York: Basic Books; 1986. *Democracy and Capitalism: Property, Community, and the Contradictions of Modern Thought*. New York: Basic Books; 1993. "The Revenge of Homo Economicus: Contested Exchange and the Revival of Political Economy." *Journal of Economic Perspectives* 7, pp.83~114(with comments by Oliver Williamson and Joseph Stiglitz).

Boxman, Ed, Paul De Graaf and Henrik Flap. 1991. "The Impact of Social and Human Capital on the Income Attainment of Dutch Managers." *Social Networks* 13, pp.51~73.

Boyer, Robert and Jacques Mistral. 1978. *Accumulation, Inflation, Crises*. Paris: Presses Universitaires de France.

Bradbury, Katharine L. 1990. "The changing fortunes of American families in the 1980s." *New England Economic Review*, July/August, pp.25~40.

Braddock, Jomills Henry II and James M. MePartland. 1987. "How Minorities Continue to Be Excluded from Equal Employment Opportunities: Research on Labor Market and Institutional Barriers." *Journal of Social Issues* 43, pp.5~39.

Brass, Tom. 1994. "Some Observations on Unfree Labour, Capitalist Restructuring and Deproletarianization." *International Review of Social History* 39, part 2, pp.255~276.

Brass, Tom, Marcel van der Linden and Jan Lucassen. 1993. *Free and Unfree Labour*. Amsterdam: International Institute for Social History.

Braverman, Harry. 1974. *Labor and Monopoly Capital: The Degradation of Work in the Twentieth Century*. New York: Monthly Review Press.

Breman, Jan. 1994. *Wage Hunters & Gatherers: Search for Work in the Urban and Rural Economy of South Gujarat*. Delhi: Oxford University Press.

Breton, Raymond, Wsevolod W. Lsajiw, Warren E. Kalbach and Jeffrey G. Reitz. 1990. *Ethnic Identity and Equality: Varieties of Experience in a Canadian City*. Toronto: University of Toronto Press.

Bridges, William P. 1982. "The Sexual Segregation of Occupations: Theories of Labor Stratification in Industry." *American Journal of Sociology* 88, pp.270~295.

Brines, Julie. 1994. "Economic Dependency, Gender, and the Division of Labor at home." *American Journal of Sociology* 100, pp.652~688.

Brinton, Mary C. Yean-Ju Lee and William L. Parish. 1995. "Married Women's Employment in Rapidly Industrializing Societies: Examples from East Asia." *American Journal of Sociology* 100, pp.1099~1130.

Brody, David. 1990. "Labour Relations in American Coal Mining: An Industrial Perspective." in Gerald D. Feldman and Klaus Tenfelde(eds.). *Workers, Owners, and. Politics in Coal Mining: An International Comparison of Industrial Relations*. New York: Berg.

Broman, Thomas. 1995. "Rethinking Professionalization: Theory, Practice, and Professional Ideology in Eighteenth-Century German Medicine." *Journal of Modern History* 67, pp.835~872.

Brooks, Clem. 1994. "Class Consciousness and Politics in Comparative Perspective." *Social Science Research* 23, pp.167~195.

Brown, Charles. 1980. "Equalizing Differences in the Labor Market." *Quarterly Journal of Economics* 94, pp.114~134.

Brown, James N. and Orley Ashenfelter. 1986. "Testing the Efficiency of Employment Contracts." *Journal of Political Economy* 94(June), pp.55~78.

Brunsson, Nils. 1985. *The Irrational Organization: Irrationality as a Basis for Organizational Action and Change*. Chichester: Wiley. 1989. *The Organization of Hypocrisy: Talk, Decision, and Actions in Organizations*. Chichester: Wiley.

Buchinsky, Moshe and Jennifer Hunt. 1996. "Wage Mobility in the United States." *Working Papers* 5455, National Bureau of Economic Research, Cambridge, Massachusetts.

Bulow, Jeremy I. and Lawrence H. Summers. 1986. "A Theory of Dual Labor Markets with Application to Industrial Policy, Discrimination, and Keynesian Unemployment." *Journal of Labor Economics* 4, pp.376~414.

Burawoy, Michael. 1979. *Manufacturing Consent: Changes in the Labor Process under Monopoly Capitalism*. Chicago: University of Chicago Press; 1985. *The Politics of Production*. London: Verso; 1990. "Marxism as Science: Historical Challenges and Theoretical Growth." *American Sociological Review* 55, pp.775~793.

Burawoy, Michael and János Lukács. 1992. *The Radiant Past: Ideology and Reality in Hungary's Road to Capitalism*. Chicago: University of Chicago Press.

Burbridge, Lynn C. 1994. "The Reliance of African-American Woman on government and Third-Sector Employment." *American Economic Review, Papers, and Proceeding* 84, pp.103~107.

Burgess, Keith. 1980. *The Challenge of Labour: Shaping British Society* 1850~1930. New York: St. Martin's.

Burrow, James G. 1977. *Organized Medicine in the Progressive Era: The Move toward Monopoly*. Baltimore: Johns Hopkins University Press.

Burt, Ronald S. and Marc Knez. 1995. "Kinds of Third-Party Effects on Trust." *Rationality and Society* 7, pp.255~292.

Butler, Richard J. and James B. McDonald. 1986. "Income Inequality in the United States: 1948~1980." *Research in Labor Economics* 8, pp.85~140.

Buttrick, John. 1952. "The Inside Contract System." *Journal of Economic History* 12, pp.205~221.

Byron, Reginald. 1994. "The Maritime Household in Northern Europe." *Comparative Studies in Society and History* 36, pp.271~292.

Bythell, Duncan. 1969. *The Handloom Weavers: A Study in the English Cotton Industry During the Industrial Revolution*. Cambridge: Cambridge University Press.

Caferro, William. 1994. "Mercenaries and Military Expenditure: The Costs of Undeclared Warfare in XIVth Century Siena." *Journal of European Economic History* 23, pp.219~248.

Campbell, Angus, Philip E. Converse and Willard L. Rodgers. 1976. *The Quality of American Life: Perceptions, Evaluations, and Satisfactions*. New York: Russell Sage Foundation.

Campbell, Karen E., Peter V. Marsden and Jeanne S. Hurlbert. 1986. "Social Resources and Socioeconomic Status." *Social Networks* 8, pp.97~117.

Campbell, Karen E. and Rachel Rosenfeld. 1986. "Job Search and Job Mobility: Sex and Race Differences." *Research in the Sociology of Work* 3: entire issue.

Cannings, Kathleen and William Lazonick. 1978. "The Development of the Nursing Labor Force In The United States: A Basic Analysis." in Samuel Wolfe(ed.). *Organization of Health Workers and Labor Conflict*. Farmingdale, N.Y.: Baywood.

Caplow, Theodore. 1954. *The Sociology of Work*. Minneapolis: University of Minnesota Press.

Cappelli, Peter. 1993. "Are Skill Requirements Rising? Evidence for Production and Clerical Workers." *Industrial and Labor Relations Review* 46, pp.515~530; 1995. "Rethinking Employment." *British Journal of Industrial Relations* 33, pp.563~602.

Cappelli, Peter and K, C, O'Shaughnessy. 1995. "Skill and Wage Change in Corporate Headquarters, 1986~1992." National Center on the Educational Quality of the Workforce, University of Pennsylvania, Philadelphia.

Card, David. 1990. "Strikes and Bargaining: A Survey of the Recent Empirical Literature."

*American Economic Review, Papers and Proceedings* 80, pp.410~415.

Carney, Judith. 1996. "Rice Milling, Gender, and Slave Labour in Colonial South Carolina." *Past & Present* 153, pp.108~134.

Carré, Françoise, Virginia L. duRivage and Chris Tilly. 1995. "Piecing Together the Fragmented Workplace: Unions and Public Policy on Flexible Employment." in Lawrence G. Flood(ed.). *Unions and Public Policy*. Westport, Conn.: Greenwood Press, pp.13~37.

Carroll, Glenn R. and J. Richard Harrison. 1994. "On the Historical Efficiency of Competition Between Organizational Populations." *American Journal of Sociology* 100, pp.720~749.

Carter, Susan B. and Richard Sutch. 1996. "Fixing the Facts: Editing of the 1880 U.S. Census of Occupations with Implications for Long-Term Labor Force Trends and the Sociology of Official Statistics." *Historical Methods* 29, pp.5~24.

Carvajal, Doreen. 1995. "Salvador Helps Refugees Filing for Asylum in U.S." *New York Times*, October 27, A1, B4.

Case, Anne C. and Lawrence F. Katz. 1991. "The Company You Keep: The Effects of Family and Neighborhood on Disadvantaged Youths." Working Papers 3705, National Bureau of Economic Research, Cambridge, Massachusetts, May 1991.

Casparis, John. 1982. "The Swiss Mercenary System: Labor Emigration from the Semi-periphery." *Review* 5, pp.593~642.

Castles, Stephen and Mark J, Miller. 1993. *The Age of Migration: International Population Movements in the Modern World*. New York: Guilford Press.

Chandler, Alfred. 1977. *The Visible Hand: The Managerial Revolution in American Business*, Cambridge: Harvard University Press; 1990. *Scale and Scope: The Dynamics of Industrial Capitalism*. Cambridge: Belknap/Harvard University Press; 1992. "Organizational Capabilities and the Economic History of the Industrial Enterprise." *Journal of Economic Perspectives* 6, pp.79~100.

Chapkis, Wendy. 1997. *Live Sex Acts: Women Performing Erotic Labor*. New York: Routledge.

Charles, Maria. 1992. "Cross-National Variation in Occupational Sex Segregation." *American Sociological Review* 57, pp.483~502.

Charlot, Bernard and Madeleine Figeat. 1985. *Histoire de la formation des ouvriers, 1789~1984*. Paris: Minerve.

Chauvin, Keith. 1994. "Firm-specific Wage Growth and Changes in the Labor Market for Managers." *Managerial and Decision Economics* 15, pp.21~37.

Cheng, Lucie and Edna Bonacich(eds.). 1984. *Labor Immigration under Capitalism: Asian Workers in the United States before World War II*. Berkeley: University of California Press.

Chiswick, Barry R., Carmel U. Chiswick and Paul W. Miller. 1985. "Are immigrants and Natives Perfect Substitutes in Production?" *International Migration Review* 19, pp.674~685.

Christopherson, Susan. 1988. "Production Organization and Worktime: The Emergence of a Contingent Labor Market." in Kathleen Christensen and Mary Murphree(eds.). *Flexible Work Styles: A Look at Contingent Labor*, Conference Summary. Washington, D.C.: U.S. Department of Labor Women's Bureau.

Church, Roy. 1986. *The History of the British Coal Industry. Vol.3, 1830~1913: Victorian Pre-eminence*. Oxford: Clarendon Press; 1990. "Employers, Trade Unions, and the State, 1889~1987: the Origins and Decline of Tripartism in the British coal industry." in Gerald D. Feldman and Klaus Tenfelde(eds.). *Workers, Owners, and Politics in Coal Mining: An International Comparison of Industrial Relations*. New York: Berg.

Citro, Constance F. and Robert T. Michael(eds.). 1995. *Measuring Poverty: A New Approach*. Washington, D.C.: National Academy Press.

Clark, Anna. 1995. *The Struggle for the Breeches. Gender and the Making of the British Working Class*. Berkeley: University of California Press.

Clarkson, L. A. 1971. *The Pre-Industrial Economy in England, 1500~1750*. London: Batsford.

Clawson, Dan. 1980. *Bureaucracy and the Labor Process:* New York: Monthly Review Press.

Clines, Francis X. 1994. "Self-esteem and Friendship In a Factory on Death Row." *New York Times*, January 12, A1, A8.

Coase, Ronald. 1952. "The Nature of The Firm." *Economica* 4, pp.386~405; 1937. reprinted in George J. Stigler and Kenneth E. Boulding(eds.). *Readings in Price Theory*. Chicago: Irwin. 1992. "The Institutional Structure of Production." *American Economic Review* 82, pp.713~719.

Cockburn, Cynthia. 1983. *Brothers: Male Dominance and Technological Change*. London: Pluto Press.

Cohen, Isaac. 1985a. "Workers' Control in the Cotton Industry: A Comparative Study of British and American Mule Spinning." *Labor History* 26, pp.53~85; 1985b. "American Management and British Labor: Lancashire Immigrant Spinners in Industrial New England." *Comparative Studies in Society and History* 27, pp.608~650.

Cohen, Joshua and Joel Rogers. 1983. *On Democracy: Toward a Transformation of American Society*. New York, Penguin.

Cohen, Lizabeth. 1990. *Making a New Deal: Industrial Workers in Chicago, 1919~1939*. Cambridge: Cambridge University Press.

Cohen, Robert, P. C. W. Gutkind and P. Brazier(eds.). 1979. *Peasants and Proletarians:*

*The Struggles of Third World Workers*. London: Hutchinson.

Cohn, Samuel. 1985. *The Process of Occupational Sex Typing: The Feminization of Clerical Labor in Great Britain*. Philadelphia: Temple University Press; 1993. *When Strikes Make Sense-and Why*. New York: Plenum.

Cohn, Samuel and Mark Fossett. 1994. "Why Racial Employment Inequality Is Greater in Northern Labor Markets: An Investigation of Regional Differences in White-Black Employment Differentials." unpublished paper, Texas A&M University; 1995. "What Spatial Mismatch? The Proximity of Blacks to Employment in Boston and Houston." unpublished paper, Texas A&M University.

Cohn, Steve. 1990. "The political Economy of Nuclear Power. 1945~1990. The Rise and Fall of an Official Technology." *Journal of Economic Issues* 24, pp.781~811; 1994. "The Future of Nuclear Power in the United States." paper presented at the Annual Meeting of the Allied Social Science Associations, Boston, Mass, January 3~5, 1994.

Colander, David C. 1995. *Economics*. 2nd ed. Chicago: Richard D. Irwin.

Cole, Jonathan R. and Harriet Zuckerman. 1984. "The Productivity Puzzle: Persistence and Change in Patterns of Publication of Men and Women Scientists." Advances in Motivation and Achievement 2, pp.217~258.

Cole, Robert. 1979. *Work, Mobility, and Participation: A Comparative Study of American and Japanese Industry*. Berkeley: University of California Press.

Coleman, James S. 1990. Foundations of Social Theory. Cambridge: Harvard University Press. 1991. "Matching Processes in the Labor Market." *Acta Sociologica* 34, pp.3~12.

Collins, Randall. 1975. *Conflict Sociology: Towards an Explanatory Science*. New York: Academic Press; 1979. *The Credential Society: An Historical Sociology of Education and Stratification*. New York: Academic Press.

Commons, John R. 1934. *Institutional Economics; Its Place in Political Economy*. New York: Macmillan.

Conell, Carol. 1980. "The Impact of Union Sponsorship on Strikes in Nineteenth-Century Massachusetts." Doctoral dissertation in sociology, University of Michigan; 1989. "The Local Roots of Solidarity: Organization and Action in Late Nineteenth-Century Massachusetts." *Theory and Society* 17, pp.365~402.

Constantine, Jill M and David Neumark. 1994. "Training and the Growth of Wage Inequality." working paper, National Center on the Educational Quality of the Workforce, University of Pennsylvania, Philadelphia.

Cooper, Frederik. 1981. "Peasants, Capitalists and Historians: A Review Article." *Journal of Southern African Studies* 7, pp.284~314; 1983. ed., *Struggle for the City: Migrant*

*Labor, Capital, and the State in Urban Africa.* Beverly Hills: Sage.

Cooper, Patricia. 1991. "The Faces of Gender: Sex Segregation and Work Relations at Philco, 1928~1938." in Ava Baron(ed.). *Work Engendered: Toward a New History of American Labor,* Ithaca: Cornell University Press.

Corcoran, Mary, Linda Datcher and Greg J. Duncan. 1980. "Most Workers Find Jobs Through Word of Mouth." *Monthly Labor Review,* August. pp.33~35.

Corcoran, Mary and Sharon Parrott. 1992. "Black Women's Economic Progress." paper presented at the Social Science Research Council Conference on "The Urban Underclass: Perspectives from the Social Sciences." Ann Arbor, Mich., June 8~10.

Coser, Lewis A., Charles Kadushin and Walter W. Powell. 1985. *Books: The Culture and Commerce of Publishing.* Chicago: University of Chicago Press. 1982년 초판.

Coser, Rose Laub. 1990. "Power Lost and Status Gained: A Step in the Direction of Sex Inequality." in Kai Erikson and Steven Peter Vallas(eds.). *The Nature of Work: Sociological Perspectives.* New Haven: Yale University Press and American Sociological Association, pp.71~87.

Costa, Dora L. 1993. "Explaining the Changing Dynamics of Unemployment: Evidence from Civil War Pension Records." National Bureau of Economic Research, working paper series on Historical Factors in Long-Run Growth, *Historical Paper* 51, Cambridge, Massachusetts.

Coverman, Shelley. 1983. "Gender, Domestic Labor Time, and Wage Inequality." *American Sociological Review* 48, pp.623~636.

Cowan, Ruth Schwartz. 1983. *More Work for Mother: The Ironies of Household Technology from the Open Hearth to the Microwave.* New York: Basic Books.

Crafts, N. F. R. 1985. *British Economic Growth During the Industrial Revolution.* Oxford: Clarendon Press; 1989. "Real Wages, Inequality and Economic Growth in Britain, 1750~1850: A Review of recent research." in Peter Scholliers(ed.). *Real Wages in 19th and 20th Century Europe: Historical and Comparative Perspectives.* New York: Berg.

Cronin, James E. 1979. *Industrial Conflict in Modern Britain.* London: Croom Helm; 1984. *Labour and Society in Britain,* pp.1918~1979. London: Batsford.

Daniel, Josh. 1995. "Nurses vs. Catholic Hospital: Sisters, Can You Spare a Dime?" *Nation,* July 10, pp.54~57.

Danziger, Sheldon and Peter Gottschalk(eds.). 1982. *Uneven Tides: Rising Inequality in the 1980's.* New York: Russell Sage Foundation; 1995. *America Unequal.* New York: Russell Sage Foundation; Cambridge: Harvard University Press.

Darity, William, Jr(ed.). 1984. *Labor Economics: Modern Views.* Boston: Kluwer-Nijhoff; 1992.

"Dressing for Success? Economic History and the Economic Performance of Racial and Ethnic Minorities in the USA." forthcoming in *Cambridge Economic History of the United States*. Cambridge: Cambridge University Press.

David, Paul A. 1986. "Understanding the Economics of QWERTY: The Necessity of History." in William N. Parker(ed.). *Economic History and the Modern Economist*. Oxford: Blackwell.

Davies, Margery W. 1975. "Woman's Place is at the Typewriter: The Feminization of the Clerical Labor Force." in Richard Edwards, Michael Reich and David Gordon(eds.). *Labor Market Segmentation*. Lexington, Mass D.C. Heath; 1982. *Woman's Place is at the Typewriter: Office Work and Office Workers*, pp.1870~1930. Philadelphia: Temple University Press.

Davis, John. 1992. *Exchange*. Minneapolis: University of Minnesota Press.

Dawley, Alan. 1976. *Class and Community: The Industrial Revolution in Lynn*. Cambridge: Harvard University Press.

Dembe, Allard E. 1996. *Occupation and Disease: How Social Factors Affect the Conception of Work-related Disorders*. New Haven: Yale University Press.

Dente, Leonard A. 1977. *Veblen's Theory of Social Change*. New York: Arno Press. Michael L. Dertouzos, Richard K. Lester, Robert M. Solow and the M.I.T. Commission on Industrial Productivity; 1989. *Made in America: Regaining the Competitive Edge*. Cambridge, Mass: M.I.T. Press.

De Schweinitz, Dorothea. 1932. *How Workers Find Jobs: A Study of Four Thousand Hosiery Workers in Philadelphia*. Philadelphia: University of Pennsylvania Press.

De Soto, Hernando. 1989. *The Other Path: The Invisible Revolution in the Third World*. New York: Harper and Row.

DeVault. Marjorie. 1991. *Feeding the Family: The Social Organization of Caring as Gendered Work*. Chicago: University of Chicago Press.

Dewerpe, Alain. 1985. *L'industrie aux champs: Essai sur la proto-industrialisation en Italie du Nord. 1800~1880*. Rome: Ecole française de Rome; 1992. "Taylorismo e filantropia in un dossier fotografico della Citroën(1917)." *Ventesimo Secolo* 2, pp.121~154.

Dicken, Peter. 1992. *Global Shift: The Internationalization of Economic Activity*, 2nd ed. New York: Guilford Press. 1986년 초판.

Dickens, William T. and Kevin Lang. 1985. "A Test of Dual Labor Market Theory." *American Economic Review* 75, pp.792~805.

Digby, Anne. 1975. "The Labour Market and the Continuity of Social Policy after 1834: The Case of the Eastern Counties." *Economic History Review*, 2d series, 28, pp.69~83.

1978. *Pauper Palaces*. Binding: London: Routledge and Kegan Paul.

di Leonardo, Micaela. 1987. "The Female World of Cards and Holidays: Women, Families and the Work of Kinship." *Signs* 12, pp.440~453.

DiMaggio, Paul and Walter Powell. 1991. Introduction to Walter Powell and Paul DiMaggio(eds.). *The New Institutionalism in Organizational Analysis*. Chicago: University of Chicago Press, pp.1~38.

DiNardo, John E. Jorn-Steffen Pischke. 1996. "The Returns to Computer Use Revisited: Have Pencils Changed the Wage Structure Too?" Working Papers 5606, National Bureau of Economic Research, Cambridge, Massachusetts.

Dix, Keith. 1977. *Work Relations in the Coal Industry: The Hand-Loading Era, 1880~1930*. Morgantown: Institute for Labor Studies, West Virginia University.

Dobbin, Frank, John R. Sutton, John W. Meyer and W. Richard Scott. 1993. "Equal Opportunity Law and the Construction of Internal Labor Markets." *American Journal of Sociology* 99, pp.396~427.

Dobson, C. R. 1980. *Masters and Journeymen: A Prehistory of Industrial Relations,* London: Croom Helm. pp.1717~1800.

Doeringer, Peter B., Kathleen Christensen, Patricia M. Flynn, Douglas T. Hall, Harry C. Katz, Jeffrey H. Keefe, Christopher J. Ruhm, Andrew W. Sum and Michael Useem. 1991. *Turbulence in the American Workplace*. New York and Oxford: Oxford University Press.

Doeringer, Peter B. and Michael J. Piore. 1971. *Internal Labor Markets and Manpower Analysis*. Lexington, Mass: D.C. Heath.

Doeringer, Peter B. and Philip I. Moss.: David G. Terkla. 1986. "Capitalism and Kinship: Do Institutions. Matter in the Labor Market?" *Industrial and Labor Relations Review* 40, pp.48~60.

Dosi, Giovanni. 1988. "Sources, Procedures, and Microeconomic Effects of Innovation." *Journal of Economic Literature* 26, pp.1120~1171.

Dosi, Giovanni, Renato Giannetti and Pier Angelo Toninelli(eds.). 1992. *Technology and Enterprise in a Historical Perspective*. Oxford: Clarendon Press.

Dow, Gregory K. 1993. "Why Capital Hires Labor: A Bargaining Perspective." *American Economic Review* 83, pp.118~134.

Doyal, Lesley. 1981. *The Political Economy of Health*. South End Press, 1979년 초판.

Dublin, Thomas. 1979. *Women at Work: The Transformation of Work and Community in Lowell, Massachusetts, 1826~1860*. New York: Columbia University Press; 1994. *Transforming Women's Work: New England Lives in the Industrial Revolution* Ithaca: Cornell University

Press.

Duin, Pieter van. 1992. "White Building Workers and Coloured Competition in the South African Labour Market, C. 1890~1940." *International Review of Social History* 37, pp.59~90.

Dunk, Thomas W. 1992. *It's a Working Man's Town: Male Working-Class Culture in Northwestern Ontario*. Montreal: McGill-Queen's University Press.

Dunlop, John. 1957. "The Task of Contemporary Wage Theory." in John Dunlop(ed.). *The Theory of Wage Determination*. London & New York: Macmillan & New York: St. Martin's Press, pp.3~27.

Earle, Carville. 1993. "Divisions of Labor: The Splintered Geography of Labor Markets and Movements in Industrializing America, 1790~1930." *International Review of Social History* 38, supplement 1, pp.5~38.

Easterlin, Richard. 1973. "Does Money Buy Happiness?" *Public Interest* 30, pp.3~10.

Ebbinghaus, Bernhard. 1993. "Labour Unity in Union Diversity: Trade Unions and Social Cleavages in Western Europe, 1890~1989." unpublished doctoral dissertation, European University Institute, Florence.

Eccles, Robert G., Nitin Nohria and James D. Berkley. 1992. *Beyond the Hype*. Boston: Harvard Business School Press.

*Economist*. 1996. "Stakeholder Capitalism: Unhappy Families." February 10, pp.23~25.

Edwards, Ness. 1926. *The History of the South Wales Miners*. London: Labour Publishing Company.

Edwards, P. K. 1981. *Strikes in the United States, 1881~1974*. Oxford, Blackwell. 1986. *Conflict at Work: A Materialist Analysis of Workplace Relations*. Oxford: Blackwell.

Edwards, Richard C. 1979. *Contested Terrain: The Transformation of the Workplace in the 20th Century*. New York: Basic Books. 1986. *Trade Unions in Crisis: A Six Country Comparison*. Boston: Auburn House.

Edwards, Richard C. Michael Reich and Thomas E. Weisskopf(eds.). 1986. *The Capitalist System. A Radical Analysis of American Society*. Englewood Cliffs, N.J.: Prentice-Hall.

Ehrenreich, Barbara and Deirdre English. 1973. *Witches, Midwives and Nurses: A History of Women Healers*. Old Westbury, N.Y.: Feminist Press.

Eichengreen, Barry and Henry A. Gemery. 1986. "The Earnings of Skilled and Unskilled Immigrants at the End of the Nineteenth Century." *Journal of Economic History* 46, pp.441~454.

Eisenberg, Susan. 1990. "Shaping a New Decade: Women in the Building Trades." *Radical America* 23(2~3): 29~38. 1992a. "Welcoming Sisters into the Brotherhood."

*Sojourner: The Women's Forum* 18, pp.20~21. 1992b. "Tradeswomen: Pioneers-or What?" *Sojourner: The Women's Forum* 17, pp.17~18.

Elster, Jon. 1983. *Explaining Technical Change: A Case Study in the Philosophy of Science.* Cambridge: Cambridge University Press. 1985. *Making Sense of Marx.* Cambridge: Cambridge University Press.

Encarnation, Dennis. 1989. *Dislodging Multinationals: India's Comparative Perspective.* Ithaca: Cornell University Press.

Engels, Frederick. 1969. *The Condition of the Working Class in England.* London: Granada. first published (in German) in 1845. 1978. "Socialism: Utopian and Scientific." in Robert Tucker(ed.). *The Marx-Engels Reader*, 2nd ed. New York: Norton, pp.683~717. 1880년 초판.

Engelsing, Rolf. 1973. Zur Sozialgeschichte deutscher Mittel und Unterschichten. Gëttingen: Vandenhoeck & Ruprecht.

England, Paula. 1992. *Comparable Worth. Theories and Evidence.* New York: Aldine de Gruyter.

England, Paula and Babara Stanek Kilbourne. 1990. "Marriages, Markets, and Other Mates: The Problem of Power." in Roger Friedland and A.F. Robertson(eds.). *Beyond the Marketplace: Rethinking Economy and Society.* New York: Aldine de Gruyter, pp.163~188.

England, Paula and Geoge Farkas. 1986. *Households, Employment, and Gender: A Social, Economic, and Demographic View.* Chicago: Aldine de Gruyter.

England, Paula, Geoge Farkas, Babara Stanek Kilbourne and Thomas Dou. 1988. "Explaining Occupational Sex Segregation and Wages: Findings from a Model with Fixed Effects." *American Sociological Review* 53, pp.544~558.

England, Paula, Melissa S. Herbert, Babara Stanek Kilbourne, Lori L. Reid and Lori M. Megdal. 1994. "The Gendered Valuation of Occupations and Skills: Earnings in 1980 Census Occupations." *Social Forces* 73, pp.65~99.

Epstein, Cynthia Fuchs. 1981. *Women in Law.* New York: Basic Books.

Erikson, Kai and Steven Peter Vallas(eds.). 1990. *The Nature of Work: Sociological Perspectives.* New Haven: Yale University Press.

Esping-Anderson, Gosta(ed.). 1993. *Changing Classes: Stratification and Mobility in Post-Industrial Societies.* Newbury Park, Calif.: Sage.

Espinosa, Juan G. and Andrew S. Zimbalist. 1978. *Economic Democracy: Workers' Participation in Chilean Industry, 1970~1973.* New York: Academic Press.

Falcón, Luis and Edwin Melendez. 1996. "The Role of Social Networks in the Labor Market Outcomes of Latinos, Blacks, and Non-Hispanic Whites." paper presented at

Multi-City Study of Urban Inequality conference on "Residential segregation, Social Capital, and Labor Markets." Russell Sage Foundation, New York City, February 8~9.

Farkas, George and Paula England(eds.). 1988. *Industries, Firms, and Jobs: Sociological and Economic Approaches*. New York: Plenum.

Feldman, Gerald D. and Klaus Tenfelde(eds.). 1990. *Workers, Owners and Politics in Coal Mining: An International Comparison of Industrial Relations*. New York: Berg.

Felmlee, Diane H. 1993. "The Dynamic Interdependence of Women's Employment and Fertility." *Social Science Research* 22, pp.333~360.

Feltes, N. N. 1992. "Misery or the Production of Misery: Defining Sweated Labour in 1890." *Social History* 17, pp.441~452.

Fernández-Kelly, M. Patricia. 1994. "Broadening the Scope: Gender and the Study of International Development." in A. Douglas Kincaid and Alejandro Portes(eds.). *Comparative National Development: Society and Economy in the New Global Order*. Chapel Hill: University of North Carolina Press.

Fine, Janice, with Matthew Howard. 1995. "Women in the Free Trade Zones of Sri Lanka." *Dollars and Sense*, November/December. 26~27, pp.39~40.

Fink, Leon and Brian Greenberg. 1979. "Organizing Montefiore: Labor Militancy Meets a Progressive Health Empire." in Susan Reverby and David Rosner(eds.). *Health Care in America: Essays in Social History*, Philadelphia: Temple University Press.

Fligstein, Neil. 1981. *Going North. Migration of Blacks and Whites from the South, 1900~1950*. New York: Academic Press. 1997. "Social Skill and Institutional Theory." *American Behavioral Scientist* 40, pp.397~405.

Flinn, Michael W. 1984. *The History of the British Coal Industry, Volume 2: 1700~1830: The Industrial Revolution*. Oxford: Clarendon Press.

Floud, Roderick, Kenneth Wachter and Kenneth W. Wachter. 1982. "Poverty and Physical Stature: Evidence on the Standard of Living of London Boys, 1770~1870." *Social Science History* 6, pp.422~452.

Flynn, Laurie J. 1996. "For some, steady job Isn't the End of the Road." *New York Times*, May 20, D8.

Flynn, Patricia M. 1992. "The Impact of Technological Change on Jobs and Workers." in Patricia M. Flynn(ed.). *Technology Life Cycle & Human Resources*. Lanham, Md: University Press of America.

Fogel, Robert W. 1993. "New Sources and New Techniques for the Study of Secular Trends in Nutritional Status, Health, Mortality, and the Process of Aging." *Historical Methods*

26, pp.5~43. 1994. "Economic Growth, Population Theory, and Physiology: The Bearing of Long-Term Processes on the Making of Economic Policy." *American Economic Review* 84, pp.369~395.

Folbre, Nancy. 1993. "Women's Informal Market Work in Massachusetts, 1875~1920." *Social Science History* 17, pp.135~160.

Form, William. 1987. "On The Degradation of Skills." *Annual Review of Sociology* 13, pp.29~47. 1995. *Segmented Labor, Fractured Politics: Labor Politics in American Life.* New York: Plenum.

Fox, N. E. 1978. "The Spread of the Threshing Machine in Central Southern England." *Agricultural History Review* 26, pp.26~28.

France, Bureau de la Statistique Générale. 1910. *Répertoire technologique des noms d'industries et de professions.* Paris: Berger-Levrault.

Franzosi, Roberto. 1981. "La conflittualità in Italia tra ciclo economico e contrattazione collettiva." *Rassegna Italiana di Sociologia* 22, pp.533~575. 1989. "One Hundred Years of Strike Statistics: Methodological and Theoretical Issues in Quantitative Strike Research." *Industrial and Labor Relations Review* 42, pp.348~362. 1995. *The Puzzle of Strikes: Class and State Strategies in Postwar Italy.* Cambridge: Cambridge University Press.

Freeman, Richard B. and James L. Medoff. 1984. *What Do Unions Do?* New York: Basic Books.

Freeman, Richard B. and Joel Rogers. 1994. "Workplace Representation and Participation Survey: First Report of Findings." London School of Economics and University of Wisconsin Law School, December.

Freidson, Eliot. 1984. "The Changing Nature of Professional Control." *Annual Review of Sociology* 10, pp.1~20. 1990. "Labors of Love in Theory and Practice: A Prospectus." in Kai Erikson and Steven Peter Vallas(ed.). *The Nature of Work: Sociological Perspectives.* New Haven: Yale University Press and American Sociological Association, pp.149~161.

Freifeld, Mary. 1986. "Technological Change and the 'Self-Acting' Mule: A Study of Skill and the Sexual Division of Labor." *Social History* 11, pp.319~344.

Frenk, Julio and Luis Durán-Arenas. 1993. "The medical profession and the state." in Frederic W. Hafferty and John B. McKinlay(eds.). *The Changing Medical Profession: An International Perspective.* New York: Oxford University Press.

Friedland, Roger and A. F. Robertson(eds.). 1990. *Beyond The Marketplace: Rethinking Economy and Society.* New York: Aldine de Gruyter.

Friedlander, Dov. 1973. "Demographic Patterns and Socioeconomic Characteristics of the Coal-Mining Population in England and Wales in the Nineteenth Century." *Economic Development and Cultural Change* 22, pp.39~51.

Friedman, Gerald. 1988. "Strike Success and Union Ideology: The United States and France, 1880~1914." *Journal of Economic History* 48, pp.1~25.

Friedman, Milton. 1962. *Capitalism and Freedom*. Chicago & London: University of Chicago Press.

Friedman, Harret. 1978a. "Simple Commodity Production and Wage Labour in the American Plains." *Journal of Peasant Studies* 6, pp.71~100. 1978b. "World Market, State and Family Farm: Social Bases of Household Production in the Era of Wage Labor." *Comparative Studies in Society and History* 48, pp.1~25.

Frisch, Michael H. Daniel J. Walkowitz(eds.). 1983. *Working-Class America: Essays on Labor, Community, and American Society*. Urbana: University of Illinois Press.

Gabaccia, Donna R. 1988. *Militants and Migrants, Rural Sicilians Become American Workers*. New Brunswick, N. J.: Rutgers University Press.

Galbraith, John Kenneth. 1952. *American Capitalism: The Concept of Countervailing Power*. Boston: Houghton Mifflin.

Gallie, Duncan. 1978. *In Search of the New Working Class: Automation and Social Integration within the Capitalist Enterprise*. New York: Cambridge University Press.

Gardner, Florence and Jean McAllister. 1995. "Temporary workers: Flexible or disposable?" *Poverty & Race*(newsletter of the Poverty & Race Research Action Council), November/December. pp.9~14.

Geary, Roser. 1985. *Policing Industrial Disputes: 1893 to 1985*. Cambridge: Cambridge University Press.

Gilder, George. 1981. *Wealth and Poverty*. New York: Basic Books.

Gittleman, Maury B. and David R. Howell. 1995. "Changes in the Structure and Quality of Jobs in the United States: Effects by race and Gender, 1973~1990." *Industrial and Labor Relations Review* 48, pp.420~40.

Glass, Jennifer and Valerie Camarigg. 1992. "Gender, parenthood, and Job-family compatibility." *American Journal of Sociology* 98, pp.131~151.

Glazer, Nona Y. 1991. "'Between a Rock and a Hard Place': Women's Professional Organizations in Nursing and Class, Racial, and Ethnic Inequalities." *Gender and Society* 5, pp.351~372. 1993. *Women's Paid and Unpaid Labor. The Work Transfer in Health Care and Retailing*. Philadelphia: Temple University Press.

Godard, Jean Luc and Anne Marie Miéville. 1976. *Six Fois Deux*, video for Frech television.

Goebel, Thomas. 1994. "Professionalization and State Building: The State and Professions in Illinois, 1870~1920." *Social Science History* 18, pp.309~337.

Goffman, Erving. 1967. *Interaction Ritual*. New York: Doubleday Anchor.

Goldfield, Michael. 1987. *The Decline of Organized Labor in the United States*. Chicago: University of Chicago Press.

Goldin, Claudia. 1987. "Women's Employment and Technological Change: A Historical Perspective." in Heidi Hartmann(ed.). *Computer Chips and Papers Clips: Technology and Women's Employment*, Vol.2. Washington, D. C.: National Academy Press. 1990. *Understanding The Gender Gap: An Economic History of American Women*. New York: Oxford University Press. 1994. "Labor Markets in the Twentieth Century." National Bureau of Economic Research, Working Papers Series on Historical Factors in Long Run Growth. Historical Paper 58, Cambridge, Massachusetts.

Goodman, David and Michael Redclift. 1981. *From Peasant to Proletarian: Capitalist Developments and Agrarian Transitions*. Oxford: Blackwell.

Goodnow, Jacqueline and Jennifer M. Bowes. 1994. *Men, Women, and Household Work*. Oxford: University Press.

Goodrich, Carter. 1925. *The Miner's Freedom: A Study of the Working Life in a Changing Industry*. Boston: Marshall Jones.

Goodwin, Jeff. 1994. "Toward a New Sociology of Revolutions." *Theory and Society* 23, pp.731~766.

Gordon, David. 1972. *Theories of Poverty and Underemployment*. Lexington, Mass: D.C. Heath. 1988. "The Global Economy New Edifice or Crumbling Foundations?" *New Left Review* 168, pp.24~65. 1990. "Who Bosses Whom? The Intensity of Supervision and the Discipline of Labor." *American Economic Review, Papers and Proceedings* 80, pp.28~32. 1994. "Bosses of Different Stripes: A Cross-National Perspective on Monitoring and Supervision." *American Economic Review* 84(2), pp.375~379. 1996. *Fat and Mean the Corporate Squeeze of Working Americans and the Myth of Managerial "Downsizing."* New York: Free Press.

Gordon, David M., Richard Edwards and Michael Reich. 1982. *Segmented Work, Divided Workers: The Historical Transformations of Labor in the United States*. New York: Cambridge University Press.

Gottfried, Heidi. 1991. "Mechanisms of Control in the Temporary Help Service Industry." *Sociological Forum* 6, pp.699~714.

Gottfried, Heidi and David Fasenfest. 1984. "Gender and Class Formation: Female Clerical Workers." *Review of Radical Political Economics* 16, pp.89~103.

Grafteaux, Serge. 1985(1975). *Méré Santerre: A French Woman of the People*. Translated by Louise A. Tilly and Kathryn L. Tilly. New York: Schocken.

Graham, Laurie. 1995. *On the Line at Subaru-Isuzu: The Japanese Model and the American Worker*. Ithaca: ILR Press.

Graham, Lawrence Otis. 1992. "Invisible Man." *New York Magazine* 25(32), pp.26~34.

Granovetter, Mark. 1981. "Toward a Sociological Theory of Income Differences." in Ivar Berg(ed.). *Sociological Perspectives on Labor Markets*. New York: Academic Press. 1985. "Economic Action and Social Structure: The Problem of Embeddedness." *American Journal of Sociology* 91, pp.481~510. 1986. "Labor Mobility, Internal Markets and Job-Matching: A Comparison of the Sociological and the Economic Approaches." *Research in Social Stratification and Mobility* 5, pp.3~39. 1988. "The Sociological and Economic Approaches to Labor Markets." in George Farkas and Paula England(eds.). *Industries, Firms, and Jobs: Sociological and Economic Approaches*. New York: Plenum. 1994. "Business Groups." in Neil Smelser and Richard Swedberg(eds.). *Handbook of Economic Sociology*. Princeton and New York: Princeton University Press and Russell Sage Foundation, 453~475. 1995. *Getting a Job: A Study of Contacts and Careers*. 2nd ed. Chicago: University of Chicago Press. 1974년 초판.

Granovetter, Mark and Charles Tilly. 1988. "Inequality and Labor Processes." in Neil J. Smelser and Richard Swedberg(ed.). *Handbook of Sociology*. Newbury Park, Calif: Sage.

Green, James and Chris Tilly. 1987. "Service unionism: Directions for organizing." *Labor Law Journal* 38, pp.486~495.

Grieco, Margaret. 1987. *Keeping It in the Family: Social Networks and Employment Chance*. London: Tavistock.

Grob, Gerald N. 1995. "The Paradox of Deinstitutionalization." *Society* 32, pp.51~59.

de Groot, Gerjan and Marlou Schrover. 1995. "Between Men and Machines: Women Workers in New Industries, 1870~1940." *Social History* 20, pp.279~296.

Groshen, Erica. 1991. "Five Reasons Why Wages Vary Among Employers." *Industrial Relations*, 30, pp.350~381.

Gueron, Judith M. 1987. "Reforming Welfare with Work." Occasional Paper 2. Ford Foundation Project on Social Welfare and the American Future. New York: Ford Foundation.

Guillemard, Anne-Marie Rein. 1993. "Comparative Patterns of Retirement: Recent Trends in Developed Societies." *Annual Review of Sociology* 19, pp.469~503.

Gullickson, Gay L. 1986. *Spinners and Weavers of Auffay: Rural Industry and the Sexual Division of Labor in a French Village, 1750~1850*. Cambridge: Cambridge University Press.

Gunderson, Morley. 1989. "Male-Female Wage Differentials and Policy Responses." *Journal of Economic Literature* 27(March), pp.46~72.

Gutmann, Myron P. 1988. *Toward the Modern Economy: Early Industry in Europe, 1500~1800*. Philadelphia: Temple University Press.

Hagen, William W. 1988. "Capitalism and the Countryside in Early Modern Europe: Interpretations, Models, Debates." *Agricultural History* 62, pp.13~47.

Haimson, Leopold and Giulio Sapelli(eds.). 1992. *Strikes, War, and Revolutions in an International Perspective*. Milan: Feltrinelli. Fondazione Giangiacomo Feltrinelli, Annali 1990/1991.

Haines, Michael R. 1975. "Fertility and Occupation: Coal Mining Populations in the Nineteenth and Early Twentieth Centuries in Europe and America." Western Societies Occasional Paper 3, Cornell University, Ithaca, New York.

Hakim, Catherine. 1992. "Explaining Trends in Occupational Segregation: The Measurement, Causes, and Consequences of the Sexual Division of Labour." *European Sociological Review* 8, pp.127~152.

Halaby, Charles N. and Davied L. Weakliem. 1993. "Ownership and Authority in the Earnings function: Nonnested Tests of Alternative Specifications." *American Sociological Review* 58, pp.16~30.

Halle, David. 1984. *America's Working Man: Work, Home, and Politics among Blue-Collar Property Owners*. Chicago: University of Chicago Press.

Halpern, Rick. 1992. "Race, Ethnicity, and Union in the Chicago Stockyards, 1917~1922." *International Review of Social History* 37, pp.25~58.

Hanagan, Michael P. 1980. *The Logic of Solidarity: Artisans and Industrial Workers in Three French Towns, 1871~1914*. Urbana: University of Illinois Press. 1989a. *Nascent Proletarians: Class Formation in Post-Revolutionary France*. Oxford: Basil Blackwell. 1989b. "Solidary Logics: Introduction." *Theory and Society* 17, pp.309~328.

Hareven, Tamara. 1982. *Family Time and Industrial Time: The Relationship between the Family and Work in a New England Industrial Community*. Cambridge: Cambridge University Press. 1990. "A Complex Relationship: Family Strategies and the Processes of Economic and. Social Change." in Roger Friedland and A. F. Robertson(eds.). *Beyond the Marketplace: Rethinking Economy and Society*. New York: Aldine de Gruyter. pp.215~244.

Harris, Chris C. P. Brown, R. Fevre, G. G. Leaver, R. M. Lee. and L. D. Morris. 1987. *Redundancy and Recession in South Wales*. Oxford: Basil Blackwell.

Harrison, Bennett. 1994. *Lean and Mean: The Changing Landscape of Corporate Power in* the *Age of Flexibility*. New York: Basic Books.

Harrison, Bennett and Barry Bluestone. 1988. *The Great U-turn: Corporate Restructuring and the Polarizing of America*. New York: Basic Books.

Hartmann, Heidi, Robert E. Kraut and Louise A. Tilly(eds.). 1986/1987. *Computer Chips and Paper Clips. Technology and Women's Employment*. Washington, D.C.: National Academy Press, 2 vols.; Vol.2 edited by Heidi Hartmann.

Hartmann, Heidi and Ann Markusen. 1980. "Contemporary Marxist Theory and Practice: A Feminist Critique." *Review of Radical Political Economics* 12, pp.87~94.

Hatcher, John. 1993. *The History of the British Coal Industry: Volume 1: Before 1700: Towards the Age of Coal*. Oxford: Clarendon Press.

Hatton, Timothy J. and Jeffrey G. Williamson. 1992. "International Migration and World Development: A Historical Perspective." National Bureau of Economic Research, Historical Paper 41, Cambridge, Massachusetts.

Haydu, Jeffrey. 1988. *Between Craft and Class: Skilled Workers and Factory Politics in the United States and Britain, 1890~1922*. Berkeley: University of California Press.

Henderson, Rebecca M. and Kim B. Clark. 1990. "Architectural Innovation: The Reconfiguration of Existing Product Technologies and the Failure of Established Firms." *Administrative Science Quarterly* 35, pp.9~30.

Herr, Elizabeth. 1995. "The Census, Estimation Biases, and Female Labor-Force Participation Rates in 1880 Colorado." *Historical Methods* 28, pp.167~181.

Hersch, Joni and Leslie S. Stratton. 1994. "Housework, Wages, and the Division of Housework Time for Employed Spouses." *American Economic Review, Papers and Proceedings* 84, pp.120~125.

Hershberg, Theodore(ed.). 1981. *Philadelphia: Work, Space, Family, and Group Experience in the 19th Century*. New York: Oxford University Press.

Hessing, Melody. 1994. "More than Clockwork: Women's Time Management in their Combined Workloads." *Sociological Perspectives* 37, pp.611~634.

Heyzer, Noeleen. 1986. *Working Women in South-East Asia: Development, Subordination and Emancipation*. Milton Keynes, England: Open University Press.

Hicks, J. R. 1963. *The Theory of Wages*. London: Macmillan.

Higby, Gregory J. and Teresa C. Gallagher. 1990. "Pharmacists." in Rima D. Apple(ed.). *Women, Health, and Medicine in America: A Historical Handbook*. New York: Garland.

Hine, Darlene Clark. 1985. "Co-Laborers in the Work of the Lord. Nineteenth-Century Black Women Physicians." in Ruth J. Abram(ed.). *"Send Us a Lady Physician": Women Doctors in America, 1835~1920*. New York: W. W. Norton.

Hirsch, Paul M. and Michael Lounsbury, "Toward a Reconciliation of. 'Old' and 'New' Institutionalisms." *American Behavioral Scientist* 40, pp.406~418.

Hirsch, Susan. 1986. "Rethinking the Sexual Division of Labor: Pullman Repair Shops, 1900~1969." *Radical History* 35, pp.26~48.

Hirschman, Albert O. 1970. *Exit, Voice, and Loyalty: Responses to Decline in Firms, Organizations and States*. Cambridge: Harvard University Press.

Hirschman, Charles. 1982. "Immigrants and Minorities: Old Questions for New Directions in Research." *International Migration Review* 16, pp.474~490.

Hobsbown, Eric. 1964. *Labouring Men: Studies in the History of Labour*. New York Basic Books.

Hochschild, Arlie Russell. 1983. *The Managed Heart: Commercialization of Human Feeling*. Berkeley: University of California Press.

Hodgson, Geoffrey M. 1988. *Economics and Institutions: A Manifesto for a Modern Institutional Economics*. Philadelphia: University of Pennsylvania Press.

Hodson, Randy. 1995. "Worker Resistance: An Underdeveloped Concept in the Sociology of Work." *Economic and Industrial Democracy* 16, pp.474~490.

Hoerder, Dirk ed. 1983. *American Labor and Immigration History, 1877~1920s: Recent European Research*. Urbana: University of Illinois Press.

Hoerr, Lohn P. 1988. *And the Wolf Finally Came. The Decline of the American Steel Industry*. Pittsburgh: University of Pittsburgh Press.

Hoffman, Emily P(ed.). 1991. *Essays on the Economics of Discrimination*. Kalamazoo, Mich.: W.E. Upjohn. Institute for Employment Research.

Hoffnar, Emily. 1995a. "One Bad Apple: Discrimination and Strategic Complementarities in the Labor Market." unpublished paper, Department of Economics, University of North Texas. 1995b. "Application of the Strategic Complementarities Model of Job Segregation." paper presented at the annual meeting of the International Association for Feminist Economics.

Holden, Constance. 1997. "Population Control for Docs." *Science* 275, pp.1571.

Holloway, S. W. F. 1964. "Medical Education in England, 1830~1858." *History* 49, pp.299~324.

Holmstrom, Bengt and Paul Milgrom. 1991. "Multitask Principal-Agent Analyses: Incentive Contracts, Asset Ownership, and Job Design." *Journal of Law, Economics, and Organization* 7, pp.24~52. 1994. "The Firm as an Incentive System." *American Economic Review* 84, pp.972~991.

Holzer, Harry J. 1987. "Informal Job Search and Black Youth Unemployment." *American*

*Economic Review* 77, pp.446~452.

Horan, Patrick M. and Thomas A. Lyson. 1986. "Occupational Concentration in Work Establishments." *Sociological Forum* 1, pp.428~449.

Houseman, Susan N. 1995. "Job Growth and the Quality of Jobs in the US Economy." *Labour*, Special Issue: S93~S124.

Howell, David R. and Edward N. Wolff. 1991. "Trends in the Growth and Distribution of Skills in the US Workplace, 1960~1985" *Industrial and Labor Relations Review* 44, pp.486~502.

Huber, Joan. 1986. "Trends in Gender Stratification, 1970~1985." *Sociological Forum* 1, pp.476~495.

Huberman, Michael. 1996. "Piece Rates Reconsidered: The Case of Cotton." *Journal of Interdisciplinary History* 26(Fall), 393~418.

Hudson, Pat. 1986. *The Genesis of Industrial Capital: A Study of the West Riding West Riding Wool Textile Industry C. 1750~1850*. Cambridge: Cambridge University Press. 1990. ed., *Regions and Industries: A Perspective on the Industrial Revolution in Britain*. Cambridge: Cambridge University of Illinois Press.

Huffman, Matt L. 1995. "Organizations, Internal Labor Market Policies, and Gender Inequality in Workplace Supervisory Authority." *Sociological Perspectives* 38, pp.381~398.

Huggins, Martha Knisely. 1985. *From Slavery to Vagrancy in Brazil*. New Brunswick, N.J.: Rutgers University Press.

Humphries, Jane. 1977. "Class Struggle and the Persistence of the Working-Class Family." *Cambridge Journal of Economics* 1, pp.241~258. 1990. "Enclosures, Common Rights, and Women: The Proletarianization of Families in the Late Eighteenth and Early Nineteenth Centuries." *Journal of Economic History* 50, pp.17~42.

Hunt, E. H. 1981. *British Labour History, 1815~1914*. London, Weidenfeld & Nicolson.

Hunter, Alfred A. 1988. "Formal Education and Initial Employment: Unraveling the Relationship Between Schooling and Skills Over Time." *American Sociological Review* 53, pp.753~765.

Ibarra, Herminia. 1992. "Homophyly and Differential Returns: Sex Differences in Network Structure and Access in an Advertising Firm." *Administrative Science Quarterly* 37, pp.422~47.

Independent Sector. 1986. *The Charitable Behavior of Americans: A National Survey*. Washington, D.C.: Independent Sector.

Ingrao, Charles W. 1987. *The Hessian Mercenary State: Ideas, Institutions, and Reform Under*

Frederick II, 1760~1785. Cambridge: Cambridge University Press.

International Lobour Office. 1968. *International Standards Classification of Occupations*, revised edition. Geneva: International Lobour Office. First published in 1958. 1992. *World Labour Report 1992*. Geneva: ILO. 1993. *World Labour Report 1993*. Geneva: ILO. 1995. *World Employment 1995*. Geneva: ILO.

Ishida, Hiroshi, Seymour Spilerman and Kuo-Hsien Su. 1995. "Educational Credentials and Promotion Prospects in a Japanese and an American Organizations." Working Paper 92, Center on Japanese Economic and Business Columbia University, New York, N.Y.

Jackson, Robert Max. 1984. *The Formation of Craft Labor Markets*. Orlando: Academic Press.

Jacobs, Jerry A. 1989. *Revolving Doors Sex Segregation and Women's Careers*. Stanford: Stanford University Press. 1992. "Women's Entry into Management: Trends in Earnings, Authority, and Values among Salaried Managers." *Administrative Science Quarterly* 37, pp.282~301; 1995. ed., *Gender Inequality at Work*. Thousand Oaks, Calif: Sage.

Jacobs, Jerry A. and Ronnie J. Steinberg. 1990. "Compensating Differentials and the Male-Female Wage Gap: Evidence from the New York State Comparable Worth Study." *Social Forces* 69, pp.439~468.

Jacobs, Jerry A. and Suet T. Lim. 1992. "Trends in Occupational and Industrial Sex Segregation in 56 Countries, 1960~1980." *Work and Occupations* 19, pp.450~486.

Jacoby, Sanford M. 1985. *Employing Bureaucracy: Managers, Unions, and the Transformation of Work in American Industry, 1900~1945*. New York: Columbia University Press. 1990. "The New Institutionalism: What Can It Learn from the Old?" *Industrial Relations* 29, pp.316~340; 1991. ed., *Masters to Managers. Historical and Comparative Perspectives on American Employers*. New York: Columbia University Press.

Jacoby, Sanford M. and Daniel J. B. Mitchell. 1990. "Sticky Stories: Economic Explanations of Employment and Wage Rigidity." *American Economic Review, Papers and Proceedings* 80, pp.33~37.

Janoski, Thomas. 1990. *The Political Economy of Unemployment: Active Labor Market Policy in West Germany and the United States*. Berkeley, CA: University of California Press.

Jasso, Guillermina and Mark R, Rosenzweig. 1995. "Do Immigrants Screened for Skills Do Better Than Family Reunification Migrants?" *International Migration Review* 29, pp.85~111.

Jencks, Christopher and Susan E. Mayer. 1989. "The Social Consequences of Growing Up in a Poor Neighborhood: A Review." Center for Urban Affairs and Policy Research Report, Northwestern University, Evanston, Illinois. 1990. "Residential Segregation

Job Proximity, and Black Job Opportunities." in Laurence E. Lind and Michael McGeary(eds.). *Inner City Poverty in the United States*. Washington, D.C.: National Academy Press, pp.111~196.

Jencks, Christopher, Lauri Perman and Lee Rainwater. 1988. "What Is a Good Job? A New Measure of Labor-Market Success." *American Journal of Sociology* 93(May), pp. 1322~1357.

Jessop, Bob. 1972. *Social Order, Reform and Revolution: A Power, Exchange and Institutionalization Perspective*. London: Macmillan.

Jobs for the Future. 1995. "The Club Focus Group." April 18. unpublished focus group transcript, Jobs for the Future, Boston, Mass.

Johnson, Mark. 1989. "Capital Accumulation and Wage Rates: The Development of the California Labor Market in the Nineteenth Century." *Review of Radical Political Economics* 21(3), pp.76~81.

Johnston, Paul. 1994. *Success While Others Fail*. Ithaca: ILR Press.

Joyce, Patrick(ed.)(1987. *The Historical Meanings of Work*. Cambridge: Cambridge University Press,

Juravich, Tom. 1985. *Chaos on the Shop Floor: A Worker's View of Quality, Productivity, and Management*. Philadelphia: Temple University Press.

Juster, F. Thomas and Frank P. Stafford. 1991. "The Allocation of Time: Empirical Findings, Behavioral Models, and Problems of Measurement." *Journal of Economic Literature* 29, pp.471~552.

Kahn, Lawrence M. 1976. "Internal Labor Markets: San Francisco Longshoremen." *Industrial Relations* 15, pp.333~337.

Kahne, Hilda and Janet Z. Giele(eds.). 1992. *Women's Work and Women's Lives: The Continuing Struggle Worldwide*. Boulder: Westview Press.

Kahneman, Daniel, Jack L. Knetsch and Richard Thaler. 1986. "Fairness as a Constraint on Profit-Seeking: Entitlements in the Market." *American Economic Review* 76, pp.728~741.

Kalb, Don. 1994a. "Expanding Class: Power and Everyday Politics in Industrial Communities North Brabant Illustrations, ca. 1850~1950." unpublished doctoral dissertation in General Social Sciences, University of Utrecht. 1994b. "On Class, the Logic of Solidarity, and the Civilizing Process: Workers, Priests, and Alcohol in Dutch Shoemaking Communities, 1900~1920." *Social Science History* 18, pp.127~152.

Kalleberg, Arne L. and Aage B. Sørensen. 1979. "The Sociology of Labor Markets." *Annual Review of Sociology* 5, pp.351~379.

Kanter, Rosabeth Moss. 1977. *Men and Women of the Corporation*. New York: Basic Books. 1989a. "The Changing Basis for pay." *Society* 26, pp.54~65. 1989b. *When Giants Learn to Dance*. New York: Simon & Schuster.

Kaplan, Hillard. 1994. "Evolutionary and Wealth Flows Theories of Fertility: Empirical Tests and New Models." *Population and Development Review* 20, pp.753~792.

Kato, Shuichi. 1981. "The Japan Myth Reconsidered." *Democracy* 1, pp.98~108.

Katz, Lawrence. 1986. "Efficiency-Wage Theories: A Partial Evaluation." in Stanley Fischer(ed.). *NBER Macroeconomics Annual*. Cambridge, Mass., pp.235~275.

Katz, Lawrence and Anna Revenga. 1989. "Changes in the Structure of Wages: The U.S. vs Japan." unpublished paper, Harvard University and the National Bureau of Economic Research, Cambridge, Mass., July.

Katznelson, Ira and Aristide Zolberg. 1989. *Working-Class Formation: Nineteenth-Century Patterns in Western Europe and the United States*. Princeton: Princeton University Press.

Kazal, Russell A. 1995. "Revisiting Assimilation: The Rise, Fall, and Reappraisal of a Concept in American Ethnic History." *American Historical Review* 100, pp.437~471.

Kellenbenz, Hermann. 1976. *The Rise of the European Economy: An Economic History of Continental Europe from the Fifteenth to the Eighteenth Century*. London: Weidenfeld & Nicolson.

Kern, William S(ed.). 1992. *From Socialism to Market Economy: The Transition Problem*. Kalamazoo Mich: W. E. The Upjohn Institute for Employment Research.

Kerr, Clark. 1954. "The Balkanization of Labor Markets." in E. Wight Bakke, P. M. Hauser, G. L. Palmer, C. A. Myers, D. Yoder and Clark Kerr(eds.). *Labor Mobility and Economic Opportunity*. Cambridge, Mass., pp.92~110.

Kessler-Harris, Alice. 1982. *Out to Work: A History of Wage-Earning Women in the United States*. Oxford: Oxford University Press. 1985. "The Debate Over Equality for Women in the Work Place: Recognizing Differences." *Women and Work. An Annual Review* 1, pp.141~161. 1989. "Gender Ideology in Historical Reconstruction: A Case Study from the 1930s." *Gender & History* 1, pp.31~49. 1990. *A Woman's Wage: Historical Meanings and Social Consequences*. Lexington: University Press of Kentucky.

Keynes, John Maynard. 1964. *The General Theory of Employment, Interest and Money*. New York: Harcourt Brace Jovanovich. first published in 1936.

Keyssar, Alexander. 1896. *Out of Work: The First Century of Unemployment in Massachusetts*. Cambridge University Press.

Kilbourne, Barbara Stanek et al. 1994. "Returns to Skill, Compensating Differentials, and Gender Bias: Effects of Occupational Characteristics on the Wages of White Women and Men." *American Journal of Sociology* 100, pp.689~719.

Killingsworth, Mark. 1986. "Female Labor Supply: A Survey." in Orley Ashenfelter and Richard Layard(eds.). *Handbook of Labor Economics*. Amsterdam: North-Holland, pp.103~204.

Killingsworth, Mark R. and James J. Heckman. 1986. "Female Labor Supply: A Survey." in Orley C. Ashenfelter and Richard Layard(eds.). *Handbook of Labor Economics*. Amsterdam: North-Holland.

Kirschenman, Joleen, Philip Moss and Chris Tilly. 1996. "Space as a Signal, Space as a Barrier: How Empolyers Map Use Space in Four Metropolitan Labor Markets." paper presented at the meetings of the Social History Association. New Orleans, October.

Kjellberg, Andres. 1992. "Sweden: Can the Model Survive?" in Anthony Ferner and Richard Hyman(eds.). *Industrial Relations in the New Europe*. Oxford: Blackwell.

Klein, Herbert S. 1983. "The Integration of Italian Immigrants into the United States and Argentina: A Comparative Analysis." *American Historical Review* 88, pp.306~329.

Klepper, Steven and Elizabeth Graddy. 1990. "The Evolution of New Industries and the Determinants of Market Structure." *Rand Journal of Economics* 21, pp.27~44.

Knoke, David. 1994. "Cui Bono? Employee Benefit Packages." *American Behavioral Scientist* 37, pp.963~978.

Knoke, David and Arne L. Kalleberg. 1994. "Job Training in U.S. Organizations." *American Sociological Review* 59, pp.537~546.

Kobrin, France E. 1985. "The American Midwife Controversy: A Crisis of Professionalization." in Judity Walzer Leavitt and Ronald L. Numbrs(eds.). *Sickness and Health in America: Readings in the History of Medicine and Public Health*. Madison: University of Wisconsin Press, pp.197~205.

Kochan, Thomas, Harry C. Katz and Robert B. McKersie. 1986. *The Transformation of American Industrial Relations*. New York: Basic Books.

Kochar, Anjini. 1995. "Explaining household Vulnerability to idiosyncratic Income Shocks." *American Economic Review, Papers and Proceedings* 85, pp.159~164.

Kocka, Jürgen. 1983. *Lohnarbeit und Klassenbildung Arbeiter und Arbeiterbewegung in Deutschland 1800~1875*. Berlin: Dietz.

Kornai, Janos. 1992. *The Socialist System: The Political Economy of Communism*. Princeton: University Press.

Korpi, Walter. 1991. "Political and Economic Explanations for Unemployment: A Cross-National and Long-Term Analysis." *British Journal of Political Science* 21, pp.315~348.

Korpi, Walter and Michael Shalev. 1979. "Strikes, Industrial Relations, and Class conflict in Capitalist Societies." *British Journal of Sociology* 30, pp.164~187. 1980. "Strikes, Power, and Politics in the Western Nations, 1900~1976." in Maurice Zeitlin(ed.). *Political Power and Social Theory*, Greenwich, Conn.: JAI Press.

Kotz, David M., Terrence McDonough and Michael Reich(eds.). 1994. *Social Structures of Accumulation: The Political Economy of Growth and Crisis.* Cambridge: Cambridge University Press.

Kraft, Philip. 1997. *Programmers and Managers: The Routinization of Computer Programming in the United States.* New York: Heidelberg Science Library; Springer-Verlag.

Kriedte, Peter. 1983. *Peasants, Landlords, and Merchant Capitalists: Europe and the World Economy, 1500~1800.* Cambridge University Press.

Kriedte, Peter, Hans Medick and Jurgen Schlumbohm. 1981. *Industrialization before Industrialization. Paris: Maison des Sciences de l'homme.* Combridge: Cambridge University Press. 1992. "Sozialgeschichte in der Erweiterung-Proto-in-dustrialisierung in der Verengung? Demographie, sozialstrukture, moderne Hausindustrie: ein Zwischenbilanz der Proto-Industrialisierngs-Forschung." *Geschichte und Gesellschaft* 18, pp.70~87, pp.231~255.

Krueger, Alan. 1993. "How Computers Have Changed the Wage Structure: Evidence from Microdata, 1984~1989." *Quarterly Journal of Economics* 108, pp.33~60.

Kuhn, Sarah. 1990. "Working conditions in the United States Service Sector: A review of the Literature." unpublished paper, Department of Policy and Planning, University of Massachusetts-Lowell, January.

Kussmaul, Ann. 1981. *Servants in Husbandry in Early Modern England.* Cambridge: Cambridge University Press.

Ladd-Taylor, Molly. 1994. *Mother-Work: Women, Child Welfare, and the State, 1890~1930.* Urbana: University of Illinois Press.

Lamphere, Louise. 1987. *From Working Daughters to Working Mothers: Immigrant Women in a New England Industrial Community.* Ithaca: Cornell University Press.

Landes, David S. 1969. *The Unbound Prometheus.* Cambridge: Cambridge University Press. 1986. "What Do Bosses Really Do?" *Journal of Economic History* 46, pp.585~623.

Lane, Robert E. 1991. *The Market Experience.* Cambridge: Cambridge University Press.

Langton, Nancy and Jeffrey Pfeffer. 1994. "Paying the Professor: Sources of Salary Variation in Academic Labor Markets." *American Sociological Review* 59, pp.236~256.

Larson, Magali Sarfatti. 1977. *The Rise of Professionalism: A Sociological Analysis.* Berkeley: University of California Press.

Laurie, Bruce. 1980. *Working People of Philadelphia, 1800~1850.* Philadelphia: Temple

University Press.

Lazear, Edward P. 1979. "Why Is There Mandatory Retirement?" *Journal of Political Economy* 87, pp.1261~1264. 1981. "Agency Earnings Profiles, Productivity, and hours Restrictions." *American Economic Review* 71, pp.606~620. 1989. "Symposium on Women in the Labor Market." *Journal of Economic Perspectives* 3, pp.3~8. 1990. "Pensions and Deferred Benefits as Strategic Compensation." *Industrial Relations* 29, pp.263~280. 1991. "Labor Economics and the psychology of Organizations." *Journal of Economic Perspectives* 5, pp.89~110. 1992. "The job as a Concept." in William Bruns(ed.). *Performance, Measurement, Evaluation, and Incentives*. Boston: Harvard Business School Press. 1995. "A Jobs-based Analysis of Labor Markets." *American Economic Review, Papers and Proceedings* 85, pp.260~265.

Lazear, Edward P. and Sherwin Rosen. 1981. "Rank-Order Tournaments as Optimal Labor Contracts." *Journal of Political Economy* 89, pp.841~864.

Lazonick, William. 1990. *Competitive Advantage on the Shop Floor*. Cambridge: Harvard University Press. 1991. *Business Organization and the Myth of the Market Economy*. Cambridge: Cambridge University Press.

Leavitt, Judith Walzer. 1986. *Brought to Bed: Childbearing in America 1750 to 1950*. New York: Oxford University Press.

Lee, Ching Kwan. 1993. "Familial Hegemony: Gender and Production Politics on Hong Kong's Electronics Shopfloor." *Gender & Society* 7, pp.529~547. 1995. "Engendering the Worlds of Labor: Women Workers, Labor Markets, and Production Politics in the South China Economic Miracle." *American Sociological Review* 60, pp.378~397.

Lee, Ok-Jie. 1993. "Gender-Differentiated Employment Practices in the South Korean Textile Industry." *Gender & Society* 7, pp.507~528.

Le Grand, Carl. 1991. "Explaining the Male-Female Wage Gap: Job Segregation and Solidarity Wage Bargaining in Sweden." *Acta Sociologica* 34, pp.261~278.

Leidner, Robin. 1993. *Fast Food, Fast Talk: Service Work and the Routinization of Everyday Life*. Berkeley: University of California Press.

Leigh, J. Paul. 1991. "No Evidence of Compensating Differentials for Occupational Fatalities." *Industrial Relations* 30, pp.382~395.

Leonard, Jonathan. 1989. "Wage Structure and Dynamics in the Electronics Industry." *Industrial Relations* 28, pp.251~275.

Leonard, Robert J. 1995. "From Parlor Games to Social Science: von Neumann, Morgenstern, and the Creation of Game Theory, 1928~1944." *Journal of Economic Literature* 33, pp.730~761.

Leontief, Wassily. 1951. *The Structure of the American Economy*. New York: Oxford University Press.

Lesieur, Henry R. and Joseph F. Shelley. 1987. "Illegal Appended Enterprises: Selling the Lines." *Social Problems* 34, pp.249~260.

Levine, David(ed.). 1984. *Proletarianization and Family History*. Orlando Fla.: Academic Press.

Levine, David and Keith Wrightson. 1991. *The Making of an Industrial Society: Whickham 1560~1765*. Oxford: Clarendon Press.

Levine, David I. 1993. "Demand Variability and Work Organization." in Samuel Bowles, Herbert Gintis and B. Gustafsson(eds.). *Democracy and Markets: Participation, Accountability, and Efficiency*. Cambridge: Cambridge University Press.

Levine, David I. and Laura D'Andrea Tyson. 1990. "Participation, Productivity, and the Firm's Environment." in Alan S. blinder(ed.). *Paying for Productivity*. Washington, D.C.: Brookings Institution, pp.183~243.

Levine, Philippa. 1994. "Consistent Contradictions: Prostitution and Protective Labour Legislation in Nineteenth-Century England." *Social History* 19, pp.17~36.

Levy, Frank and Richard J. Murnane. 1992. "U.S. Earnings Levels and Earnings Inequality: A Review of Recent Trends and Proposed Explanations." *Journal of Economic Literature* 30, pp.1333~1381.

Lewin-Epstein, Noah and Moshe Semyonov. 1994. "Sheltered Labor Markets, Public Sector Employment, and Socioeconomic Returns to Education of Arabs in Israel." *American Journal of Sociology* 100, pp.622~651.

Lewis, Ronald L. 1987. *Black Coal Miners in America: Race, Class, and Community Conflict, 1780~1980*. Lexington: University Press of Kentucky.

Licht, Walter. 1983. *Working for the Railroad: The Organization of Work in the Nineteenth Century*. Princeton: Princeton University Press. 1991. "Studying Work: Personnel Policies in Philadelphia Firms, 1850~1950." in Sanford Jacoby(ed.). *Masters to Managers: Historical and Comparative Perspectives on American Employers*. New York: Columbia University Press. 1992. *Getting Work: Philadelphia, 1840~1950*. Cambridge: Harvard University Press.

Lie, John. 1992. "The Concept of Mode of Exchange." *American Sociological Review* 57, pp.508~523.

Lieberson, Stranley. 1980. *A Piece of the Pie: Blacks and White Immigrants Since 1880*. Berkeley: University of California Press.

Liebowitz, S. J. and Stephen E. Margolis. 1990. "The Fable of the Keys." *Journal of Law and Economics* 33, pp.1~27

Light, Donald W. 1993. "Countervailing Power: The Changing Character of the Medical Profession in the United States." in Frederic W. hafferty and John B. McKinlay(eds.). *The Changing Medical Profession: An International Perspective*. New York: Oxford University Press.

Light, Ivan. 1984. "Immigrant and Ethnic Enterprise in North America." *Ethnic and Racial Studies* 7, pp.195~216.

Light, Ivan and Edna Bonacich. 1988. *Immigrant Entrepreneurs: Koreans in Los Angeles, 1965~1982*. Berkeley: University of California Press.

Light, Ivan and Stavros karageorgis. 1994. "The Ethnic Economy." in Neil T. Smelser and Richard Swedberg(eds.). *The Handbook of Economic Sociology*. Princeton: Princeton University Press, pp.647~671.

Lin, Nan. 1982. "Social Resources and instrumental Action." in Peter V. Marsden and Nan Lin(eds.). *Social Structure and Network Analysis*. Beverly Hills: Sage.

Lin, Nan and Mary Dumin. 1986. "Access to Occupations Throught Social ties." *Social Networks* 8, pp.365~385.

Link, Bruce G., Mary Clare Lennon and Bruce P. Dohrenwend. 1993. "Socioeconomic Status and Depression: The Role of Occupations Involving Direction, Control, and Planning." *American Journal of Sociology* 98, pp.1351~1387.

Lipartito, Kenneth. 1994. "When Women Were Switches: Technology, Work, and Gender in the Telephone Industry, 1890~1920." *American Historical Review* 99, pp.1074~1111.

Lipkind, Karen L. 1995. "National Hospital Ambulatory medical Care Survey 1993: Outpatient Department Summary." *Advance Data*. National Center for Health Statistics, No.268.

Lipset, Seymour Martin. 1990. "The Work Ethic-Then and Now." *Public Policy* 98(Winter), pp.61~69.

Lis, Catharina. 1986. *Social Change and the Labouring Poor. Antwerp, 1770~1860*. New Haven: Yale university Press.

Lis, Catharina, jan Lucassen and Hugo Soly. 1994. "Before the Unions: Wage Earners and Collective Action in Europe, 1300~1850." *International Review of Social History*, 39, Supplement 2.

Litoff, Judy Barrett. 1978. *American Midwives 1860 to the Present*. Westport, Conn.: Greenwood.

Littler, Craig. 1982. *The Development of the Labour Process in Capitalist Societies: A Comparative Study of the Transformation of Work Organization in Britain, Japan, and the USA*. London:

Heinemann.

Littler, Craig and Graeme Salaman. 1984. *Class at Work: The Design, Allocation, and Control of Jobs*. London: Batsford.

Lloyd, Cynthia B(ed.). 1975. *Sex, Discrimination, and the Division of Labor*. New York: Columbia University Press.

Lloyd, Peter. 1982. *A Third World Proletariat?* London: George Allen & Unwin.

Loyd-Jones, Roger and M. J. Lewis. 1988. *Manchester and the Age of the Factory: The Business Structure of Cottonopolis in the Industrial Revolution*. London: Croom Helm.

Long, Diana Elizabeth and Janet Golden(eds.). 1989. *The American General Hospital: Communities and Social Contexts*. Ithaca: Cornell University Press.

Long, Priscilla. 1989. *Where the Sun Never Shines: A History of America's Bloody Coal Industry*. New York: Paragon House.

Lorenz, Edward H. 1992. "Trust and the Flexible Firm: International Comparisons." *Industrial Relations* 31(3), pp.455~472.

Lucassen, Jan. 1993. *Migrant Labour in Europe, 1600~1900: The Drift to the North Sea*. London: Croom Helm. 1993. "Free and Unfree Labour Before the Twentieth Century: A Brief Overview." in Tom Brass, Marcel van der Linden and Jan Lucassen, *Free and Unfree Labour*. Amsterdam: International Institute for Social History, pp.7~18.

Lüdtke, Alf. 1993. "Polymorphous Synchrony: German Industrial Workers and the Politics of Everyday Life." *International Review of Social History* 38, Supplement 1, pp.39~84.

Luxton, Meg. 1980. *More than a Labour of Love: Three Generations of Women's Work in the Home*. Toronto: Women's Press.

Mackay, Lynn. 1995. "A Culture of Poverty? The St. Martin in the Fields Workhouse, 1817." *Journal of Interdisciplinary History* 26, pp.209~231.

Macleod, Jay. 1987. *Ain't No Makin' It: Leveled Aspirations in a Low-Income Neighborhood*. Boulder: Westview Press.

Madden, Janice Fanning. 1985. "The Persistence of Pay Differentials: The Economics of Sex Discrimination." *Women and Work: An Annual Review*, 1, pp.76~114.

Mahini, Amir. 1990. "A New Look at Trade." *Mckinsey Quarterly*(Winter), pp.42.

Maller, Judy(ed.). 1992. *Conflict and Co-Operation: Case Studies in Worker Participation*. Johannesburg: Ravan Press.

Mallett, M. E. 1974. *Mercenaries and Their Masters: Warfare in Renaissance Italy*. Totowa, N.J.: Rowman and Littlefield.

Maloney, Thomas N. 1995. "Degrees of Inequality: The Advance of Black Male Workers in the Northern Meat Packing and Steel Industries Before World War II." *Social*

*Science History* 19, pp.31~62.

Mandemakers, Kees and Jos van Meewen. 1983. "Industrial Modernization and Social Developments in the Centre of Dutch shoe Industry, Central Noord-Brabant, 1890~1930." *Centrum Voor Maatschappijgeschiedenis* 10.

Manning, Patrick. 1990. *Slavery and African Life: Occidental, Oriental, and African Slave Trades.* Cambridge: Cambridge University Press.

March, James G. 1972. "Model Bias in Social Action." *Review of Educational Research* 42, pp.413~429.

March, James G. and Herbert A. Simon. 1958. *Organizations.* New York: Wiley. 1993. "Organizations Revisited." *Industrial and Corporate Change* 2, pp.299~316.

Marcotte, Dave. 1994. "Evidence of a Fall in the Wage Premium for Job Security." Working Paper, Center for Gevernmental Studies, Northern Illinois University, Dekalb, Illinois.

Marcusen, James R. 1995. "The Boundaries of Multinational Enterprises and the Theory of International Trade." *Journal of Economic Perspectives* 9, pp.169~190.

Marglin, Steven. 1974. "What Do Bosses Do? The Origins and Functions of Hierarchy in Capitalist Production." *Review of Radical Political Economy* 6, pp.60~112.

Margo, Robert A. 1992a. "The Labor Force in the Nineteenth Century." National Bureau of Economic Research, historical paper 40, Cambridge, Mass. 1992b. "Employment and Unemployment in the 1930s." National Bureau of Economic Research Working paper 4174, Cambridge, Mass.

Marini, Margaret Mooney and Beth Anne Shelton. 1993. "Measuring household work: Recent Experience in the United States." *Social Science Research* 22, pp.361~382.

Mark, Shirley. 1990. "Asian-American Engineers in the Massachusetts High Technology Industry: Are Glass ceilings a Reality?" Master of City planning thesis, Department of Urban Studies and Planning, Massachusetts Institute of Technology, Cambridge, Mass.

Marks, Carole. 1981. "Split Labor Markets and Black-White Relations, 1865~1920." *Phylon* 42, pp.293~308. 1983. "Lines of Communication, Recruitment Mechanisms, and the Great Migration of 1916~1918." *Social Problems* 31, pp.73~83.

Marsden, David. 1986. *The End of Economic Man? Custom and Competition in Labour Markets.* New York: St. Martin's.

Marsden, Peter V. and Jeanne S. Hurlbert. 1988. "Social Resources and Mobility Outcomes: A Replication and Extension." *Social Forces* 66, pp.1038~1059.

Marshall, Alfred. 1925. "A Fair Rate of Wages." in A. C. Pigou(ed.). *Memorials of Alfred Marshall.* New York: Macmillan.

Marwell, Gerald and Pamela Oliver. 1993. *The Critical Mass in Collective Action: A Micro-Social Theory*. Cambridge: Cambridge University Press.

Marx, Karl. 1958. "The Eighteenth Brumaire of Louis Bonaparte" in *Selected Works*, Vol.1. Moscow: Foreign Languages Publishing House. first published in 1852. 1964. Eric Hobsbawm(ed.). *Pre-Capitalist Economic Formations*. London: Lawrence & Wishart. 1970. *Capital: A Critique of Political Economy*. 3 vols. London: Lawrence & Wishart. first published in 1867~1894. 1976. *The Poverty of Philosophy* in Karl Marx and Frederick Engels, *Collected Works*. New York: International Publishers. first published in 1847. 1978. "Wage Labour and Capital." in Robert C. Tucker(ed.). *The Marx-Engels Reader*. New York: Norton. first published in 1849.

Marx, Karl and Friedrich Engels. 1958. "Manifesto of the Communist Party." *Selected Works*, Vol.1. Moscow: Foreign Languages Publishing House. first published in 1848.

Massey, Douglas S., Andrew B. Gross and Kumiko Shibuya. 1994. "Migration, Segregation, and the Geographic Concentration of Poverty." *American Sociological Review* 59, pp.425~446.

Massey, Douglas S. et al. 1994. "An Evaluation of International Migration Theory: The North American Case." *Population and Development Review* 20, pp.699~752.

Maurie, Marc, Francois Sellier and Jean-Jacques Silvestre. 1984. "The Search for a Societal Effect in the Production of Company Hierarch: A Comparison of France and Germany." in Paul Osterman(ed.). *Internal Labor Markets*. Cambridge, Mass.: MIT Press.

Mcadam, Doug and Ronnelle Paulsen. 1993. "Specifying the Relationship Between Social Ties and Activism." *American Journal of Sociology* 99, pp.640~667.

McCall, Nathan. 1994. *Makes Me Wanna Holler: A Young Black Man in America*. New York: Vintage Books.

McGuire, Gail M. and Barbara F. Reskin. 1993. "Authority Hierarchies at Work: The Impacts of Race and Sex." *Gender & Society* 7, pp.487~506

McLanahan, Sara, Irwin Garfinkel and Dorothy Watson. 1987. "Family Structure, Poverty, and Underclass." Discussion Paper 823~87, Institute for Research on Poverty, University of Wisconsin-Madison.

McNall, Scott, Rhonda F. Levine and Rick Fantasia(eds.). 1991. *Bringing Class back in: Contemporary and Historical Perspectives*. Boulder: Westview Press.

Mellor, Earl and Steven Haugen. 1986. "Hourly Paid Workers: Who They Are and What They Earn." *Monthly Labor Review*(February), pp.20~26.

Melosh, Barbara. 1982. *"The Physician's Hand"*: *Work Culture and Conflict in American Nursing*.

Philadelphia: Temple University Press.

Menaghan, Elizabeth G. 1991. "Work Experiences and family Interaction processes: The Long Reach of the Job?" *Annual Review of Sociology* 17, pp.419~444.

Menger, Pierre-Michel and Mare Gurgand. 1996. "Work and Compensated Unemployment in the Performing Arts: Exogenous and Endogenous Uncertainty in Artistic Labour Markets." in Victor A. Ginsburgh and Pierre-Michel Menger(eds.). *Economics of the Arts: Selected Essays.* Amsterdam: Elsevier.

Metcalfe, Andrew. 1988. *For Freedom and Dignity: Historical Agency and Class Structures in the Coalfields of NSW.* Sydney: Allen & Unwin Australia.

Mies, Maria. 1986. *Patriarchy and Accumulation on a World Scale: Women in the International Division of Labour.* London: Zed Books.

Mikkelsen, Flemming. 1992. *Arbeidskonflikter i Skandinavien 1848~1980.* Odense: Odense Universitetsforlag.

Milberg, William. 1993. "Natural Order and Postmodernism in Economic Thought." *Social Research* 60, pp.255~278.

Miles, Robert. 1987. *Capitalism and Unfree Labour: Anomaly or Necessity?* London: Tavistock.

Milkman, Ruth. 1987. *Gender at Work: The Dynamics of Job Segregation by Sex during World War II.* Urbana: University of Illinois Press.

Mill, John Stuart. 1929. *Principles of Political Economy.* London: Longmans, Green & Co.

Miller, Ann R. 1994. "The Industrial Affiliation of Workers: Differences by Nativity and Country of Origin." in Susan Cotts Watkins(ed.). *After Ellis Island: Newcomers and Natives in the 1910 Census.* New York: Russell Sage Foundation.

Miller, Joanne. 1988. "Jobs and Work." in Neil J. Smelser and Richard Swedberg(eds.). *The Handbook of Sociology.* Newbury Park, Calif.: Sage Publications, pp.327~359.

Miller, Jon. 1986. *Pathways in the Workplace: The Effects of Gender and Race on Access to Organizational Resources.* Cambridge: Cambridge University Press.

Milward, Alan S. and S. B. Saul. 1973. *The Economic Development of Continental Europe, 1780~1870.* London: George Allen & Unwin.

Mincer, Jacob. 1970. "The Distribution of Labor Incomes: A Survey." *Journal of Economic Literature* 8, pp.1~26. 1974. *Schooling, Experience, and Earnings.* New York: Columbia University Press for the National Bureau of Economic Research.

Miner, Anne S. 1985. "The Strategy of Serendipity: Ambiguity, Uncertainty, and Idiosyncratic Jobs." Ph.D. dissertation, Graduate School of Business, Stanford University, Palo Alto, Calif.

Mitchell, Daniel J. B. 1986. "Union vs. Nonunion Wage Norm Shifts." *American Economic*

*Review* 76(2), pp.249~252.

Mittelman, James H. 1993. "Global Restructuring of Production and Migration." forthcoming in Yoshikazu Sakamoto(ed.). *Global Transformation*. Tokyo: United Nations University Press. 1994. "Restructuring the Global Division of Labor: Old Theories and New Realities." forthcoming in Stephen Gill(ed.). *Challenge and Response in Global Political Economy*.

Moch, Leslie Page. 1992. *Moving Europeans: Migration in Western Europe Since 1650*. Bloomington: Indiana University Press.

Model, Suzanne. 1985. "A Comparative Perspective on the Ethnic Enclave: Blacks, Italians, and Jews in New York City." *International Migration Review* 19, pp.64~81. 1991. "Caribbean Immigrants: A Black Success Story?" *International Migration Review* 25, pp.248~276. 1992. "The Ethnic Economy: Cubans and Chinese Reconsidered." *Sociological Quarterly* 33, pp.63~82.

Model, Suzanne, Gretchen Striers and Eleanor Weber. 1992. "Overtime and Undertime: An Analysis of Hours Worked." *Sociological Inquiry* 62, pp.413~436.

Mokyr, Joel. 1987. "Has the Industrial Revolution Been Crowded Out? Some Reflections on Crafts and Williamson." *Explorations in Economic History* 24, pp.293~319. 1993. "The New Economic History and the Industrial Revolution" in Joel Mokyr(ed.). *The British Industrial Revolution: An Economic Perspective*. Boulder: Westview Press.

Montgomery, David. 1979. *Workers' Control in America: Studies in the History of Work, Technology, and Labor Struggles*. New York: Cambridge University Press. 1987. *The Fall of the House of Labor: The Workplace, the State, and American Labor Activism, 1865~1925*. Cambridge: Cambridge University Press. Paris: Editions de la Maison des Sciences de l'Homme. 1993. *Citizen Worker: The Experience of Workers in the United States with Democracy and the Free Market during the Nineteenth Century*. Cambridge: Cambridge University Press.

Montgomery, James D. 1991. "Social networks and Labor Market Outcomes: Toward an Economic Analysis." *American Review* 81, pp.1408~1418. 1992. "Job Search and Network Composition: Implications of the Strength-of-Weak-Ties Hypothesis." *American Sociological Review* 57, pp.586~596. 1994. "Weak Ties, Employment, and Inequality: An Equilibrium Analysis." *American Journal of Sociology* 99, pp.1212~1236.

Moodie, T. Dunbar. 1994. *Going for Gold: Men, Mines and Migration*. Berkeley: University of California Press.

Moody, J. Carrroll and Alice Kessler-Harris(eds.). 1989. *Perspectives on American Labor History: The Problems of Synthesis*. Dekalb: Northern Illinois University Press.

Morokvasic, Mirjana. 1987. "Immigrants in the Parisian Garment Industry." *Work, Employment & Society* 1, pp.441~462.

Morris, Martina, Annette D. Bernhardt & Mark S. Handcock. 1994. "Economic Inequality: New Methods for New Trends." *American Sociological Review* 59, pp.205~219.

Moss, Philip and Chris Tilly. 1991. "Why Black Men Are Doing Worse in the Labor Market: A Review of Supply-Side and Demand-Side Explanations." Working Paper, Social Science Research Council. 1992. Unpublished interview data from research project entitled "Why Aren't Employers Hiring More Black Men?" 1995. "Raised Hurdles for Black Men: Evidence from Employer Interviews." Working Paper 81, Russell Sage Foundation, New York. 1996. "Soft Skills and Race: An Investigation of Black Men's Employment Problems." *Work and Occupations* 23, pp.252~276.

Mottez, Bernard. 1966. *Systemes de salaire et politiques patronales. Essai sur l'evolution des pratiques et des ideologies patronales*. Paris: Editions du Centre National de la Recherche Scientifique.

Mulcahy, Susan DiGiacomo and Robert R. Faulkner. 1979. "Person and Machine in a New England Factory." in Andrew Zimbalist(ed.). *Case Studies on the Labor Process*. New York: Monthly Review Press.

Munger, Frank. 1991. "Legal Resources of Striking Miners: Notes for a Study of Class Conflict and Law." *Social Science History* 15, pp.1~34.

Murphree, Mary C. 1987. "New Technology and Office Tradition: The Not-So-Changing World of the Secretary." in Heidi Hartmann(ed.). *Computer Chips and Paper Clips: Technology and Women's Employment*, Vol.2. Washington, D.C.: National Academy Press.

Murray, Stephen O., Joseph H. Rankin and Dennis W. Magill. 1981. "Strong Ties and Job Information." *Sociology of Work and Occupations* 8, pp.119~136.

Nardineli, Clark. 1980. "Child Labor and the Factory Acts." *Journal of Economic History* 40, pp.739~756.

Narisetti, Raju. 1995. "Doctors and Teachers List Salary Woes." Work Week Column, *Wall Street Journal*, November 21, Al.

Nee, Victor. 1991. "Social Inequalities in Reforming State Socialism: Between Redistribution and Markets in China." *American Sociological Review* 56, pp.267~282.

Nee, Victor, Jimmy M. sanders and Scott Sernau. 1994. "Job Transitions in an Immigrant Metropolis: Ethnic Boundaries and the Mixed Economy." *American Sociological Review* 59, pp.849~872.

Nelson, Daniel. 1975. *Managers and Workers: Origins of the New Factory System in the United*

*States*. Madison: University of Wisconsin Press.

Nelson, Richard. 1995. "Recent Evolutionary Theorizing About Economic Change." *Journal of Economic Literature* 33, pp.48~90.

Newman, Katherine. 1996. "Working Poor: Low Wage Employment in the Lives of Harlem Youth." in J. Graber, J. Brooks-Gunn and A. Petersen(eds.). *Transitions Through Adolescence: Interpersonal Domains and Context*. Hillsdale: Lawrence Erlbaum Associates.

Nightingale, Carl husemoller. 1993. *On the Edge. A History of Poor Black Children and their American Dreams*. New York: Basic Book.

Noble, David F. 1979. "Social Choice in Machine Design: The Case Automatically Controlled Machine Tools." in Andrew Zimbalist(ed.). *Case Studies on the Labor Process*. New York: Monthly Review Press. 1984. *Forces of Production: A Social History of Industrial Automation*. New York: Knopf.

North, Douglass C. 1981. *Structure and Change in Economic Performance*. New York: W. W. Norton. 1990. *Institutions, Institutional Change, and Economic Performance*. Cambridge: Cambridge University Press. 1991. "Institutions." *Journal of Economic Perspectives* 5, pp.97~112.

Northrup, David. 1995. *Indentured Labor in the Age of Imperialism, 1834~1922*. Cambridge: Cambridge University Press.

Noyelle, Thierry. 1987. *Beyond Industrial Dualism*. Boulder: Westview Press.

Numbers, Ronald L. 1985. "The Fall and Rise of the American Medical Profession." in Judith Walzer Leavitt and Ronald L. Numbers(eds.). *Sickness and Health in America: Reading in the History of Medicine and Public Health*. Madison: University of Wisconsin Press, pp.185~196.

Olson, Mancur, Jr. 1965. *The Logic of Collective Action*. Cambridge: Harvard University Press. 1982. *The Rise and Decline of Nations: Economic Growth, Stagflation, and Social Rigidities*. New Haven: Yale University Press.

Organization for Economic Cooperation and Development. 1980. *Main Economic Indicators: Historical Statistics, 1960~1979*. Paris: OECD.

Orr, Julian E. 1996. *Talking about Machines: An Ethnography of a Modern Job*. Ithaca: ILR Press.

Osterman, Paul. 1975. "An Empirical Study of Labor Market Segmentation." *Industrial and Labor Relations Review* 28, pp.508~523. 1979. "Sex Discrimination in Professional Employment: A Case Study." *Industrial and Labor Relations Review* 32(4), pp. 451~464. 1980. Getting Started Cambridge, Mass.: M.I.T. Press. 1982. "Employment Structures Within Firms." *British Journal of Industrial Relations* 20, pp.349~361. 1984. ed., *Internal Labor Markets*. Cambridge, Mass.: MIT Press. 1985. "Technology and White-Collar Employment: A Research Strategy." *Proceedings of the 38th Annual Meeting of the Industrial Relations Research Association, 52~59*. 1987. "Choice of Employment Systems in Internal Labor Markets." *Industrial Relations* 26, pp.46~67. 1988. *Employment Futures: Reorganization, Dislocation, and Public Policy*. New York: Oxford University Press. 1993. "Why Don't They Work? Employment Patterns in a High Pressure Economy." *Social Science Research* 22, pp.115~130.

Palmer, Phyllis. 1989. *Domesticity and Dirt: Housewives and Domestic Servants in the United States, 1920~1945*. Philadelphia: Temple University Press.

Parcel, Toby L. and Charles W. Mueller. 1983. *Ascription and Labor Markets: Race and Sex Differences in Earnings*. New York: Academic Press.

Parker, Robert E. 1994. *Flesh Peddlers and Warm Bodies: The Temporary Help Industry and Its Workers*. New Brunswick, N.J.: Rutgers University Press.

Parr, Joy. 1990. *The Gender of Breadwinners: Women, Men, and Change in Two Industrial Towns, 1880~1950*. Toronto: University of Toronto Press.

Patrick, Steven. 1995. "The Dynamic Simulation of Control and Compliance Processes in Material organizations." *Sociological Perspectives* 38, pp.497~518.

Paules, Greta Foff. 1991. *Dishing It Out: Power and Resistance among Waitresses in a New Jersey Restaurant*. Philadelphia: Temple University Press.

Pelosi, Guido. 1994. "Salario senza contrattazione Le Retribuzioni ad incentive nell'industria staunitense, 1890~1915." *Passato e Presente* 12, pp.49~80.

Pencavel, John. 1977. "Work Effort, On-the-Job Screening, and Alternative Methods of Remuneration." *Research in Labor Economics* 1, pp.225~258. 1986. "The Labor Supply of Men: A Survey." in Orley Ashenfelter and Richard Layard(eds.). *Handbook of Labor Economics*. Amsterdam: North-Holland, pp.3~102.

Penn, Roger. 1990. *Class, Power and Technology: Skilled Workers in Britain and America*. New York: St. Martin's.

Perlman, Selig. 1928. *A Theory of the Labor Movement*. New York: MacMillan.

Perrot, Michelle. 1974. *Les Ouvriers En Grève*, 2 vols. Paris: Mouton. 1990. ed., *A History of Private Life*. Vol.4, *From the Fires of Revolution to the Great War*. Cambridge: Harvard University Press.

Pescarolo, Alessandra. 1994. "Famiglia e impresa. Problemi di ricerca all'incorcio fra disciplie." *Passato e Presente* 31, pp.127~142.

Petersen, Trond. 1992. "Payment Systems and the Structure of Inequality: Conceptual Issues and an Analysis of Salespersons in Department Stores." *American Journal of Sociology*

98, pp.67~104.

Petroski, Henry. 1992. *The Evolution of Useful Things*. New York: Knopf.

Pfeffer, Jeffrey. 1977. "Toward an Examination of Stratification in Organizations." *Administrative Science Quarterly* 22, pp.553~567.

Pfeffer, Richard M. 1979. *Working for Capitali$m*. New York: Columbia University Press.

Picchio, Antonella. 1992. *Social Reproduction: The Political Economy of the Labour Market*. Cambridge: Cambridge University Press.

Pierce, Jennifer L. 1995. *Gender Trials: Emotional Lives in Contemporary Law Firms*. Berkeley: University of California Press.

Pigors, Paul and Charles Myers. 1981. *Personnel Administration*. McGraw-Hill.

Pinches, Michael. 1987. "'All That We have Is Our Muscle and Sweat': The Rise of Wage Labour in a Manila Squatter Community." in Michael Pinches and Salim Lakha(eds.). *Wage Labour and Social Change: The Proletariat in Asia and the Pacific*. Melbourne: Centre of Southeast Asian Studies, Monash University.

Piore, Michael. 1970. "Jobs and Training." in Samuel H. Beer and R. E. Barringer(eds.). *The State and the Poor*. Boston: Winthrop. 1975. "Notes for a Theory of Labor Market Stratification." in Richard Edwards, Michael Reich and David Gordon(eds.). *Labor Market Segmentation*. Lexington, Mass.: D. C. Heath. 1979a. "Qualitative Research in Economics." *Administrative Science Quarterly* 24, pp.560~569. 1979b. *Birds of Passage*. Cambridge: Cambridge University Press. 1987. "Historical Perspectives and Interpretation of Unemployment." *Journal of Economic Literature* 25, pp.1834~1850.

Piore, Michael and Charles Sabel. 1984. *The Second Industrial Divide: Possibilities for Prosperity*. New York: Basic Books.

Polanyi, Karl. 1977. "The Economy Has No Surplus." in Harry W. Person(ed.). *The Livelihood of Man*. New York: Academic Press.

Portes, Alejandro. 1994. "By-Passing the Rules: The Dialectics of Labour Standards and Informalization in Less Developed Countries, in W. Sensenberger and D. Campbell(eds.). *International Labour Standards and Economic Interdependence*. Geneva: Institute for Labour Studies; 1995. ed., *The Economic Sociology of Immigration: Essays on Networks, Ethnicity, and Entrepreneurship*. New York: Russell Sage Foundation.

Portes, alejandro and John Walton. 1981. *Labor, Class, and the International System*. New York: Academic Press.

Portes, Alejandro and Julia Sensenbrenner. 1993. "Embeddedness and Immigration: Notes on the Social Determinants of Economic Action." *American Journal of Sociology* 98, pp.1320~1350.

Portes, Alejandro and Min Zhou. 1992. "Gaining the Upper Hand: Economic Mobility Among Immigrant and Domestic Minorities." *Ethnic and Racial Studies* 15, pp.491~522.

Portes, Alejandro and Robert D. Manning. 1986. "The Immigrant Enclave: Theory and Empirical Examples." in Susan Olzak and Joane Nagel(eds.). *Competitive Ethnic Relations*. Orlando, Fla.: Academic press.

Portes, Alejandro and Rubén Rumbaut. 1990. *Immigrant America: A Portrait*. Berkeley: University of California Press.

Portes, Alejandro, Manuel Castells and Lauren A. Benton(eds.). 1989. *The Informal Economy: Studies in Advanced and Less Developed Countries*. Baltimore: Johns Hopkins University Press.

Powell, Walter W. 1990. "Neither Market Nor Hierarchy: Network Forms of Organization." *Research in Organizational Behavior* 12, pp.295~336.

Powell, Walter W. and Laurel Smith-Doerr. 1994. "Networks and Economic Life." in Neil T. Smelser and Richard Swedberg(eds.). *The Handbook of Economic Sociology*, pp.368~402. Princeton: Princeton University Press.

Powell, Walter W. and Paul J. DiMaggio(eds.). 1991. *The New Institutionalism in Organizational Analysis*. Chicago: University of Chicago Press.

Prechel, Harland and Anne Gupman. 1995. "Changing Economic Conditions and Their Effects on Professional Autonomy: An Analysis of Family Practitioners and Oncologists." *Sociological Forum* 10, pp.245~272.

Presser, Harriet B. 1994. "Employment Schedules Among Dual-Earner Spouses and the Division of Household Labor by Gender." *American Sociological Review* 59, pp.348~364.

Prude, Jonathan. 1983. *The Coming of Industrial Order: Town and Factory Life in Rural Massachusetts*. Cambridge: Cambridge University Press.

Ramsay, R. A. 1996. *Managers and Men: Adventures in Industry*. Sydney: Ure Smith.

Razin, Eran and André Langlois. 1996. "Metropolitan Characteristics and Entrepreneurship Among Immigrants and Ethnic Groups in Canada." *International Migration Review* 30, pp.703~727.

Rebitzer, James B. 1993. "Radical Political Economy and the Economics of Labor Markets." *Journal of Economic Literature* 31, pp.1394~1434.

Reddy, William M. 1992. "The Concept of Class." in M. L. Bush(ed.). *Social Orders and Social Classes in Europe Since 1500: Studies in Social Stratification*. London: Longman.

Redlich, Fritz. 1964~65. *The German Military Enterpriser and His Work Force (beihefte 47*

& 48 of *Vierteljahresschrift für Sozial und Wirschaftsgeschichte*). 2 vols. Wiesbaden: Steiner.

Reid, Donglas A. 1996. "Weddings Weekdays, Work, and Leisure in Urban England 1791~1911: The Decline of Saint Monday Revisited." *Past & Present* 153, pp.135~163.

Reith, Reinhold. 1992. "Conflitti salariali nella storia dell'artigianato Tedesco del XVIII secolo." *Quaderni Storici* 27, pp.449~474.

Reitz, Jeffrey G. 1980. *The Survival of Ethnic Groups*. Toronto: McGraw-Hill Ryerson. 1990. "Ethnic Concentrations in Labour Markets and Their Implications for Ethnic Inequality." in Raymond Breton, Wsevolod W. Isajiw, Warren E. kalbach and Jeffrey G. Reitz, *Ethnic Identity and Equality: Varieties of Experience in a Canadian City*. Toronto: University of Toronto Press.

Reskin, Barbara F(ed.). 1984. *Sex Segregation in the Workplace: Trends, Explanations, Remedies*. Washington, D.C.: National Academy Press. 1993. "Sex Segregation in the Workplace." *Annual Review of Sociology* 19, pp.241~270.

Reskin, Barbara F. and Heidi Hartmann(eds.). 1986. *Women's Work, Men's Work: Sex Segregation on the Job*. Washington, D.C.: National Academy Press.

Reskin, Barbara and Irene Padavic. 1994. *Women and Men at Work*. Thousand Oaks, Calif.: Pine Forge Press.

Reskin, Barbara F. and Patricia A. Roos. 1990. *Job Queues, Gender Queues: Explaining Women's Inroads into Male Occupations*. Philadelphia: Temple University Press.

Reuter, Peter, Robert MacCoun and Patick Murphy. 1990. *Money From Crime: A Study of the Economics of Drug Dealing in Washington, D.C.* Santa Monica, Calif.: Rand Corporation.

Reverby, Susan. 1976. "The Sorceror's Appretice." in David Kotelchuck(ed.). *Prognosis Negative*. New York: Vintage. 1987. *Ordered to Care: The Dilemma of American Nursing, 1850~1945*. Cambridge: Cambridge University Press.

Reverby, Susan and David Rosner(eds.). 1979. *Health Care in America: Essays in Social History*. Philadelphia: Temple University Press.

Reynolds, Lloyd g. 1951. *The Structure of Labor Markets: Wages and Labor Mobility in Theory and Practice*. New York: Harper & Brothers.

Reynolds, Lloyd G., Stanley H. masters and Colletta H. Moser. 1987. *Economics of Labor*. Englewood Cliffs, N.J.: Prentice Hall.

Rich, Brian L. 1995. "Explaining feminization in the U.S. Banking Industry, 1940~1980: Human Capital, Dual Labor Markets or Gender Queuing?" *Sociological Perspectives* 38, pp.357~380.

Riley, Matilda White and Karyn A. Loscocco. 1994. "The Changing Structure of Work Opportunities: Toward an Age-Integrated Society." in Ronald P. Abeles, Helen C. Gift and Marcia G. Ory(eds.). *Aging and Quality of Life*. New York: Spring Publishing.

Robinson, Joan. 1953~1954. "The Production Function and the Theory of Capital." *Review of Economic Studies*. 21, pp.81~106.

Rodgers, Daniel T. 1974. *The Work Ethic in Industrial America 1850~1920*. Chicago: University of Chicago Press.

Roos, Patricia. 1985. *Gender and Work: A Comparative Analysis of Industrial Societies*. Albany, N.Y.: State University of New York Press.

Roper Starch Worldwide. 1995. "The Global work Ethic? In Few Parts of the World Does Work Take Clear Priority over Leisure." Press Release. September.

Rose, Sonya O. 1986. "Gender at Work: Sex, Class, and Industrial Capitalism." *History Workshop* 21, pp.113~131. 1992. *Limited Livelihoods: Gender and Class in Nineteenth-Century England*. Berkeley: University of California Press.

Rose, Stephen J. 1994. *On Shaky Ground: Rising Fears about Income and Earnings*. Research Report 94-02. Washington, D.C.: National Commission on Employment Policy. 1995. *Declining Job Security and the Professionalization of Opportunity*. Research Report 95-04. Washington, D.C.: National Commission on Employment Policy. 1996. "The Truth About Social Mobility." *Challenge*(May-June), pp.4~8.

Roseberry, William. 1991. "La Falta de Brazos: Land and Labor in the Coffee Economies of Nineteenth-Century Latin America." *Theory and Society* 20, pp.351~382.

Rosen, Sherwin. 1985. "Implicit Contracts: A Survey." Journal of Economic Literature 23(3), pp.1144~1175. 1986. "The Theory of Equalizing Differences." in Orley Ashenfelter and RichardLayard(eds.). *Handbook of Labor Economics*, Vol.1. Amsterdam: North-Holland, pp.641~692. 1992. "Distinguished Fellow: Mincering Labor Economics." *Journal of Economic Perspectives* 6, pp.157~170.

Rosenbaum, James E. 1984. *Career Mobility in a Corporate Hierarchy*. New York: Academic Press.

Rosenberg, Charles E. 1987. *The Care of Strangers: The Rise of America's Hospital System*. New York: Basic Books.

Rosenbloom, Joshua L. 1994. "Employer Recruitment and the Integration of Industrial labor Markets, 1870~1914." National Bureau of Economic Research, Working Paper Series on Historical Factors in Long-Run Growth, Historical Paper 53, Cambridge, Massachusetts.

Rosenfeld, Rachel A. 1992. "Job Mobility and Career processes." *Annual Review of Sociology*

18, pp.39~61.

Rosenfeld, Rachel A. and Arne L. Kalleberg. 1991. "Gender Inequality in the Labor Market: A Cross-National Perspective." *Acta Sociologica* 34, pp.207~226.

Rosenkrantz, Barbara Gutmann. 1985. "The Search for Professional Order in 19th-Century American Medicine." in Judity Walzer Leavitt and Ronald L. Numbers(eds.). *Sickness and Health in American: Readings in the History of Medicine and Public Health*. Madison: University of Wisconsin Press, pp.219~232.

Rosenthal, Eleanor. 1997. "Senior Doctors and Nurses See Threat to Jobs." *New York Times*, January 26, p.124.

Rosenthal, Neal H. 1989. "More Than Wages at Issue in Job Quality Debate." *Monthly Labor Review*(December), pp.4~8.

Rosenzweig, Mark R. 1995. "Why Are There Returns to Schooling?" *American Economic Review, Papers and Proceedings* 85, pp.153~158.

Ross, Arthur M. 1948. *Trade Union Wage Policy*. Berkeley & Los Angeles: University of California Press.

Ross, Ellen. 1993. *Love and Toil: Motherhood in Outcast London, 1870~1918*. New York: Oxford University Press.

Rothman, David J. 1980. *Conscience and Convenience: The Asylum and Its Alternatives in Progressive America*. Boston: Little, Brown. 1991. *Strangers at the Bedside: A History of How Law and Bioethics Transformed Medical Decision Marking*. New York: Basic Books.

Rothstein, Bo. 1992. "Labor-Market Institutions and Working-Class Strenght." in Sven Steinmo, Kathleen thelen and Frank Longstreth(eds.). *Structuring Politics: Historical Institutionalism in Comparative Analysis*. Cambridge: Cambridge University Press.

Roy, Donald. 1954. "Efficiency and 'the Fix': Informal Intergroup Relations in a Piecework Machine Shop." *American Journal of Sociology* 60, pp.155~66.

Roy, William. 1984a. "Class Conflict and Social change in Historical Perspective." *Annual Review of Sociology* 10, pp.483~506. 1984b. "Institutional Governance and Social Cohesion: The Internal Organization of the American Capitalist Class, 1886~1905." *Research in Social Stratification and Mobility* 3, pp.147~171. 1997. *Socializing Capital: The Rise of the Large Industrial Corporation in America*. Princeton: Princeton University Press.

Rubery, Jill. 1978. "Structured Labour Markets, Worker Organization and Low Pay." *Cambridge Journal of Economics* 2, pp.17~36.

Ruggles, Patricia. 1990. *Drawing the Line: Alternative Measures and their Implications for Public Policy*. Washington, D.C.: Urban Institute.

Rule, James and Peter Brantley. 1992. "Computerized Surveillance in the Workplace: Forms and Distributions." *Sociological Forum* 7, pp.405~424.

Rumberger, Russell W. 1987. "The Potential Impact of Technology on the Skill Requirements of Future Jobs." in Gerald Burke and Russell Rumberger(eds.). *The Future Impact of Technology on Work and Education*. Philadelphia: Falmer Press.

Rumberger, Russell and Martin. 1980. "Segmentation in the U.S. Labour Market: Its Effect on the Mobility and Earnings of Blacks and Whites." *Cambridge Journal of Economics* 4, pp.117~132.

Sabel, Charles F. 1982. *Work and Politics: The Division of Labor in Industry*. Cambridge: Cambridge University Press.

Sabel, Charles F. and Jonathan Zeitlin. 1985. "Historical Alternatives to Mass Production: Politics, Markets, and Technology in Nineteenth-Century Industrialization." *Past & Present* 108, pp.133~176.

Sacks, Karen Brodkin. 1984. "Computers, Ward Sectretaries, and a Walkout in a Southern Hospital." in Karen Brodkin Sacks and Dorothy Remy(eds.). *My Troubles are Going to Have Trouble with Me: Everyday Trials and Triumphs of Women Workers*. New Brunswick, N.J.: Rutgers University Press.

Sah, Raaj K. 1991. "Fallibility in Human Organizations and Political Systems." *Journal of Economic Perspectives* 5, pp.67~88.

Sah, Raaj Kumar and Joseph E. Stiglitz. 1986. "The Architecture of Economic Systems: Hierarchies and polyarchies." *American Economic Review* 76, pp.716~727.

Salais, Robert, Nicolas Baverez and Benedicte Reynaud. 1986. *L'invention du chômage. Histoire et transformation d'une categorie en France des années 1890 Aux Années 1980*. Paris: Presses Universitaires de France.

Salzinger, Leslie. 1991. "A Maid by Any Other Name: The Transformation of 'Dirty Work' by Central American Immigrants." in Michael Burawoy et al. *Ethnography Unbound: Power and Resistance in the Modern Metropolis*. Berkeley: University of California Press.

Samuelson, Paul. 1957. "Wages and Interest: A Modern Dissection of Marxian Economic Models." *American Economic Review* 47, pp.884~912. 1983. *Foundations of Economic Analysis*. Cambridge: Harvard University Press. first published in 1945.

Sandoval, Salvador A. M. 1993. *Social Change and Labor Unrest in Brazil Since 1945*. Boulder: Westview Press.

Sappington, David E. M. 1991. "Incentives in Principal-Agent Relationships." *Journal of Economic Perspectives* 5, pp.45~66.

Sassen-Koob, Saskia. 1985. "Capital Mobility and Labor Migration: Their Expression in

Core Cities." Michael Timberlake(ed.). *Urbanization in the World-Economy*. Orlando, Fla.: Academic Press.

Saxenian, Annalee. 1994. *Regional Advantage: Culture and Competition in Silicon Valley and Route* 128. Cambridge: Harvard University Press.

Schappert, Susan M. 1995. "Office Visits to Neurologists: United States, 1991~1992." Advance Data from Vital and Health Statistics, No.267. Hyattsville, Maryland: National Center for Health Statistics.

Scheer, Christopher. 1995. "Illegals' Made Slaves of Fashion." *Nation* 261(7). pp.237~238.

Schmiechen, James A. 1984. *Sweated Industries and Sweated Labor: The London Clothing Trades, 1860~1914*. Urbana: University of Illinois Press.

Schofer, Lawrence. 1975. *The Formation of Modern Labor Force: Upper Silesia 1865~1914*. Berkeley: University of California Press.

Schor, Juliet. 1992. *The Overworked American*. New York: Basic Books.

Schultheiss, Katrin. 1995. "La Véritable Médecine des femmes': Anna Hamilton and the Politics of Nursing Reform in Bordeaux, 1900~1914." *French Historical Studies* 19, pp.183~214.

Schumpeter, Joseph. 1947. "The Creative Response in Economic History." *Journal of Economic History* 7, pp.149~159.

Scott, Joan W. 1974. *The Glassworkers of Carmanux: French Craftsmen and Political Action in a Nineteenth-Century City*. Cambridge: Harvard University Press.

Scott, W. Richard. 1987. "The Adolescence of institutional Theory." Administrative Science Quarterly 32, pp.493~511. 1995. *Institutions and Organizations*. Thousand Oaks, Calif.: Sage.

Scranton, Philip. 1983. *Proprietary Capitalism: The Textile Manufacture at Philadelphia, 1800~1885*. Cambridge: Cambridge University Press. 1989. *Figured Tapestry: Production, Markets, and Power in Philadelphia Textiles, 1885~1941*. Cambridge: Cambridge University Press.

Scull, Andrew, Charotte Mackenzie and Nicholas Hervey. 1996. *Masters of Bedlam: The Transformation of the Mad-doctoring Trade*. Princeton: Princeton University Press.

Selanders, Louise C. 1993. *Florence Nightingale: An Environmental Adaptation Theory*. Newbury Park, Calif.: Sage Publications.

Sen, Amartya. 1982. *Choice, Welfare, and Measurement*. Cambridge, Mass.: MIT Press. 1983. "Women, Technology, and Sexual Divisions." *Trade and Development* 6, pp.195~223. 1992. *Inequality Reexamined*. Cambridge: Harvard University Press.

Sengenberger, Werner and Duncan Campbell(eds.). 1994. *International Labour Standards and*

*Economic Interdependence*. Geneva: International Institute for Labour Studies.

Sengenberger, Werner, Gary Loveman and Michael Piore(eds.). 1990. *The Re-Emergence of Small Enterprise*. Geneva: International Institute for Labor Studies.

Sennett, Richard and Jonathan Cobb. 1972. *The Hidden Injuries of Class*. New York: Random House(Vintage).

Sexton, Patricia Cayo. 1991. *The War on Labor and the Left: Understanding America's Unique Conservatism*. Boulder: Westview Press.

Shaiken, Harley. 1985. *Work Transformed: Automation and Labor in the Computer Age*. New York: Holt, Rinehart & Winston.

Shapiro, Carl and Joseph Stiglitz. 1984. "Equilibrium Unemployment as a Worker Discipline Device." *American Economic Review* 74, pp.433~444.

Shellenbarger, Sue. 1993a. "Employers Like to Keep Study Loyalty Is Weak, Divisions of Race and Gender Are Deep." *Wall Street Journal*, September 3, B1, B8. 1994. "Many Employers Flout Family and Medical Leave Law." *Wall Street Journal*, July 26, B1, B5.

Shepherd, William G. 1979. *The Economics of Industrial Organization*. Englewood Cliffs, N.J.: Prentice-Hall.

Sherer, Paul M. 1995. "Hot Thai Export to U.S.: 'Slave' workers." *Wall Street Journal*, November 2, 12.

Shorter, Edward and Charles Tilly. 1974. *Strikes in France, 1830~1968*. Cambridge: Cambridge University Press.

Shryock, Richard Harrison. 1968. "Nursing Emerges as a Profession: The American Experience." *Clio Medica* 3, pp.131~147.

Siegel, Reva B. 1994. "Home as Work: The First Woman's Rights Claims Concerning Wives' Household Labor, 1850~1880." *Yale Law Journal* 103, pp.1075~1217.

Silver, Hilary. 1993. "Homework and Domestic Work." *Sociological Forum* 8, pp.181~204.

Simmons, Colin P. and Christos Kalantaridis. 1994. "Flexible Specialization in the Southern European Periphery: The Growth of Garment Manufacturing in Peonia County, Greece." *Comparative Studies in Society and History* 36, pp.649~675.

Simon, Curtis J. and John T. Warner. 1992. "Matchmaker, Matchmaker: The Effect of Old Boy Networks on Job Match Quality, Earnings, and Tenure." *Journal of Labor Economics* 10, pp.306~331.

Simon, Herbert. 1976. *Administrative Behavior: A Study of Decision-Making Processes in Administrative Organization*. New York: Free Press. First published in 1945. 1991. "Organizations and Markets." *Journal of Economic Perspectives* 5, pp.25~44.

Slichter, Sumner. 1919. *The Turnover of Factory Labor*. New York: D. Appleton.

Smith, Adam. 1937. *An Inquiry into the Nature and Causes of the Wealth of Nations*(Cannan Edition). New York: Random House. 1776년 초판.

Smith, James P. and Michael P. Ward. 1985. "Time-Series Growth in the Female Labor Force." *Journal of Labor Economics* 3, pp.S59~S90.

Smith, Michael R. 1990. "What Is New in 'New Structuralist' Analyses of Earnings?" *American Sociological Review* 55, pp.827~841.

Smith, Thomas Spence. 1992. *Strong Interaction*. Chicago: University of Chicago Press.

Smith, Vicki. 1990. *Managing in the Corporate Interest: Control and Resistance in an American Bank*. Berkeley: University of California Press.

Smock, Pamela J. 1993. "The Economic Costs of Marital Disruption for Young Women over the Past Two Decades." *Demography* 30, pp.353~371.

Sobel, Richard. 1994. "The Politics of the White Collar Working Class: From Structure to Action." *Research in Micropolitics* 4, pp.225~242.

Sokoloff, Kenneth L. 1984. "Was the Transition from the Artisanal Shop to the Nonmechanized Factory Associated with Gains in Efficiency? Evidence from the U.S. Manufacturing Censuses of 1820 and 1850." *Explorations in Economic History* 21, pp.351~382.

Solow, Robert M. 1970. *Growth Theory*. New York: Oxford University Press. 1990. *The Labor Market as a Social Institution*. Oxford: Blackwell.

Solzhenitsyn, Alecksandr I. 1975. *The Gulag Archipelago 1918~1956*, Vol.2. New York: Harper and Row.

Sonenscher, Michael. 1989. *Work and Wages: Natural Law, Politics, and the Eighteenth-Century Trades*. Cambridge: Cambridge University Press.

South, Scott J. and Glenna Spitze. 1994. "Housework in Marital and Nonmarital Households." *American Sociological Review* 59, pp.327~347.

Spalding, Hobart. 1992. "Peru on the Brink." *Monthly Review January*, pp.29~43.

Special Task Force to the Secretary of Health, Education, and Welfare. 1973. *Work in America*. Cambridge: MIT Press.

Spence, A. Michael. 1973. "Job Market Signalling." *Quarterly Journal of Economics* 87, pp.355~374.

Spenner, Kenneth I. 1988. "Technological Change, Skill Requirements, and Education: The Case for uncertainty." in Richard M. Cyert and David C. Mowery(eds.). *The Impact of Technological Change on Employment and Economic Growth: Papers Commissioned by the Panel on Technology and Employment*. Cambridge, Mass.: Harper and Row, Ballinger, pp.131~184.

Starr, Paul. 1982. *The Social Transformation of American Medicine*. New York: Basic Books.

Steinberg, Marc. 1991. "Talkin' Class: Discourse, Ideology, and Their Intersection." in Scott McNall, Rhonda Levine and Rick Fantasia(eds.). *Bringing Class Back In*. Boulder: Westview Press.

Steiner, Philippe. 1995. "Economic Sociology: A Historical Perspective." *European Journal of the History of Economic Thought* 2, pp.175~195.

Steinfeld, Robert J. 1991. *The Invention of Free Labor: The Employment Relation in English and American Law and Culture, 1350~1870*. Chapel Hill: University of North Carolina Press.

Steinmetz, George. 1994. "Regulation Theory, Post-Marxism, and the New Social Movements." *Comparative Studies in Society and History* 36, pp.176~212.

Stephens, Evelyne Huber. 1980. *The Politics of Workers' Participation: The Peruvian Approach in Comparative Perspective*. New York: Academic Press.

Stevens, Beth. 1986. *Complementing the Welfare State: The Development of Private Pension, Health Insurance, and Other Employee Benefits in the United States*. Geneva: International Labour Office.

Stevens, Rosemary. 1971. "Trends in Medical Specialization in the United States." *Inquiry* 8, pp.9~19. 1989. *In Sickness and in Wealth: American Hospitals in the Twentieth Century*. New York: Basic Books.

Stewman, Shelby. 1986. "Demographic Models of Internal Labor Market." *Administrative Science Quarterly* 31, pp.212~247.

Stigler, George J. and Gary S. Becker. 1977. "De Gustibus non est Disputandum." *American Economic Review* 67, pp.76~90.

Stiglitz, Joseph. 1984. "A Reformist View of Radical Economics." paper presented at the Annual Meeting of the American Economic Association, December. 1991. "Symposium on Organizations and Economics." *Journal of Economic Perspectives* 5, pp.15~24.

Stinchcombe, Arthur L. 1959. "Bureaucratic and Craft Administration of Production." *Administrative Quarterly* 4, pp.168~187. 1965. "Social Structure and Organizations." in James G. March(ed.). *Handbook of Organizations*. Chicago: Rand-McNally. 1972. "The Social Determinants of Success." *Science* 178, pp.603~604. 1978. "Generations and Cohorts in Social Mobility in Norway." Memorandum No.18, Institute of Applied Social Research, Oslo. 1979. "Social Mobility in Industrial Labor Markets." Acta Sociologica 22, pp.217~245. 1983. *Economic Sociology*. New York: Academic Press.

1986. "Milieu and Structure Updated." *Theory and Society* 15, pp.901~913. 1990a. "Work Institutions and the Sociology of Everyday Life." in Kai Erikson and Steven Peter Vall(eds.). *The Nature of Work: Sociological Perspectives*. New Heave: Yale University Press. 1990b. *Information and Organizations*. Berkeley: University of California Press. 1994. "Freedom and Oppression of Slaves in the Eighteenth-Century Caribbean." *American Sociological Review* 59, pp.911~929.

Stockmann, Reinhard. 1985. "Gewerbliche Frauenarbeit in Deutschland 1875~1980. Zur Entwicklung der Beschäftigtenstruktur." *Geschichte und Gesellschaft* 11, pp.447~475.

Stone, Katherine. 1974. "The origins of Job Structures in the Steel Industry." *Review of Radical Political Economy* 6, pp.61~97.

Strom, Sharon Hartman. 1992. *Beyond The Typewriter: Gender, Class, and the Origins of Modern American Office Work, 1900~1930*. Urbana: University of Illinois Press.

Sturdevant, Saundra Pollock and Brenda Stoltzfus. 1992. *Let the Good Times Roll: Prostitution and the U.S. Military in Asia*. New York: New Press.

Sundstrom, William A. 1990. "Half a Career: Discrimination and Railroad Internal Labor Markets." *Industrial Relations* 29, pp.423~440.

Supple, Barry. 1987. *The History of the British Coal Industry. Vol.4, 1913~1946, The Political Economy of Decline*. Oxford: Clarendon Press.

Swedberg, Richard. 1991. "Major Traditions of Economic Sociology." *Annual Review of Sociology* 17, pp.251~276.

Swerdlow, Marian. 1990. "Rules and Compliance in the New York Subways." *Review of Radical Political Economics* 22, pp.1~16.

Swinnerton, Kenneth A. and Howard Wial. 1995. " Is Job Stability Declining in the U.S. Economy?" *Industrial and Labor Relations Review* 48, pp.293~304.

Szelényi, Szonja. 1992. "Economic Subsystems and the Occupational Structure; A Comparison of Hungary and the United States." *Sociological Forum* 7, pp.563~586.

Szreter, Simon. 1996. *Fertility, Class, and Gender in Britain, 1860~1940*. Cambridge: Cambridge University Press.

Tajfel, H. and J. C. Turner. 1986. "The Social Identity Theory of Intergroup Behavior." in S. Worchel and W. G. Austin(eds.). *Psychology of Intergroup Relations*. Chicago: Nelson-Hall, pp.7~24.

Tanner, Julian and Rhonda Cockerill. 1996. "Gender, social Change, and the professions: The Case of Pharmacy." *Sociological Forum* 11, pp.643~660.

Tarrow, Sidney. 1989. *Democracy and Disorder: Protest and Politics in Italy, 1965~1975*. Oxford: Clarendon Press. 1994. *Power in Movement: Social Movements, Collective Action, and*

*Politics*. Cambridge: Cambridge University Press.

Taylor, J. Edward. 1986. "Differential Migration, Networks, Information, and Risk." *Research in Human Capital and Development* 4, pp.147~171.

Teece, David J. 1993. "The Dynamics of Industrial Capitalism: Perspectives on Alfred Chandler's Scale and Scope." *Journal of Economic Literature* 31, pp.199~225.

Tenfelde, Klaus. 1977. *Sozialgeschichte der Bergarbeiterschft an der Ruhr im 19. Jahrhundert*. Bonn-bad Godesberg: Verlag Neue gesellschaft.

Tenner, Edward. 1996. *Why Things Bite Back: Technology and Revenge of Unintended Consequences*. New York: Alfred A. Knopf.

Thomas, Robert J. 1985. *Citizenship, Gender, and Work: Social Organization of Industrial Agriculture*. Berkeley: University of California Press. 1994. *What Machines Can't Do: Politics and Technology in the Industrial Enterprise*. Berkeley: University of California Press.

Thompson, E. P. 1963. *The Making of the English Working Class*. London: Gollancz. 1967. "Time, Work-Discipline, and Industrial Capitalism." *Past & Present* 38, pp.56~97. 1978. "Eighteenth-Century English Society: Class Struggle Without Class?" *Social History* 3, pp.133~165. 1991. *Customs in Common*. London: Merlin Press.

Thompson, Paul. 1983. *The Nature of Work: An Introduction to Debates on the Labour Process*. London: MacMillan.

Thomson, Janice E. 1994. *Mercenaries, Pirates & Sovereigns: State-Building and Extraterritorial Violence in Early Modern Europe*. Princeton: Princeton University Press.

Thomson, Ross. 1984. "The Eco-Technic Process and the Development of the Sewing Machine." in Gary Saxon house & Gavin Wright(eds.). *Technique, Spirit, and Form in the Making of the Modern Economics: Essays in Honor of William N. Parker*. Research in Economic History, Supplement 3. Greenwich, Conn.: JAI Press. 1989. *The Path to Mechanized Shoe Production in the United States*. Chapel Hill: University of North Carolina Press. 1991. "Machine Tools as a Technological Center." unpublished paper, Department of Economics, University of Vermont.

Thurow, Lester. 1975. *Generating Inequality*. New York: Basic Books. 1983. *Dangerous Currents: The State of Economics*. New York: Random House.

Tienda, Marta & Jennifer Glass. 1985. "Household Structure and Labor Force Participation of Black, Hispanic, and White Mothers." *Demography* 22, pp.395~414.

Tilly, Charles. 1978. "Migration in Modern European History." in William McNeill & Ruth Adams(eds.). *Human Migration: Patterns, Implications, Policies*. Bloomington: Indiana University Press. 1983. "Flows of Capital and Forms of Industry in Europe,

1500~1900." *Theory and Society* 12, pp.123~143. 1984. "Demographic Origins of the European Proletariat." in David Levine(ed.). *Proletarianization and Family Life.* Orlando, Flor.: Academic Press.

Tilly, Charles, Louise A. Tilly & Richard Tilly. 1991. "European Economic and Social History in the 1990s." *Journal of European Economic History* 20, pp.645~671.

Tilly, Chris. 1984. "Working in the Basement, Working on the Floor: The Restructuring of the Hospital workforce, 1945~1980." Paper presented at the Union for Radical Political Economics Summer Conference, August 22~26. 1989a. "Half a Job: How U.S. Firms Use Part-Time Employment." Ph. D. dissertation, Departments of Economics and Urban Studies and planning, M.I.T., Cambridge; 1989b. unpublished interview data gathered in connection with Tilly 1989a; 1991. "Understanding Income Inequality." *Sociological Forum* 6, pp.739~755; 1992. "Dualism in Part-Time Employment." *Industrial Relations* 31, pp.330~347; 1996. *Half a Job: Bad and Good Part-Time Jobs in a Changing Labor Market.* Philadelphia: Temple University Press.

Tilly, Chris, Barry Bluestone & Bennett Harrison. 1986. "What Is Making American Wages More Unequal?" *Proceedings* of the Industrial Relations Research Association Annual Meeting. December.

Tilly, Chris & Charles Tilly. 1994. "Capitalist Work and Labor Markets." in Neil J. Smelser & Richard Swedberg(eds.). *Handbook of Economic Sociology.* New York: Russell Sage Foundation. Princeton: Princeton University Press.

Tilly, Louise A. 1979. "Individual Lives and Family Strategies in the French Proletariat." *Journal of Family History* 4(2). pp.137~152. 1992a. *Politics and Class in Milan, 1881~1901.* New York: Oxford University Press. 1992b. "Industrialization and Gender Inequality." Working Paper 148, Center for Studies of Social Change, New School for Social Research, New York City.

Tilly, Louise A. & Joan W. Scott. 1987. *Women, Work and Family.* 2nd ed. New York: Methuen.

Tilly, Louise A. & Patricia Gurin(eds.). 1990. *Women, Politics, and Change.* New York: Russell Sage Foundation.

Tilly, Richard. 1990. *Vom Zollverein zum Industriestaat. Die wirtschaftlich-soziale Entwicklung Deutschlands 1834 Bis 1914.* Munich: Deutscher Taschenbuch Verlag.

Tolbert, Charles, Patrick M. Horan & E. M. Beck. 1980. "The Structure of Economic Segmentation: A Dual Economy Approach." *American Journal of Sociology* 85, pp.1095~1116.

Tomaskovic-Devey, Donald. 1993a. *Gender & Racial Inequality at Work: The Sources &*

*Consequences of Job Segregation*. Ithaca: ILR Press. 1993b. "The Gender and Race Composition of Job and the Male/Female, White/Black Pay Gaps." Social Forces 72, pp.45~76.

Tomlins, Christopher L. 1993. *Law Labor, and Ideology in the Early American Republic*. Cambridge University Press.

Topalov, Christian. 1994. *Naissance du chômeur, 1880~1910*. Paris: Albin Michel.

Topel, Robert. 1991. "Specific Capital, Mobility, and Wages: Wages Rise with Job Seniority." *Journal of Political Economy* 99, pp.145~176.

Trager, Lillian. 1988. *The City Connection: Migration and Family Interdependence in the Philippines*. Ann Arbor: University of Michigan Press.

Treiman, Donald J. & Heidi I. Hartmann(eds.). 1981. *Women, Work, and Wages: Equal Pay for Jobs of Equal Value*. Washington, D.C.: National Academy Press.

Tunzelmann, G. N. von. 1978. *Steam Power and British Industrialization to 1860*. Oxford: Clarendon Press.

Tuominen, Mary. 1994. "The Hidden Organization of Labor: Gender, Race/Ethnicity, and Child-Care Work in the Formal and Informal Economy." *Sociological Perspectives* 37, pp.229~246.

Tushman, Michael L. and Lori Rosenkopf. 1992. "Organizational Determinants of Technological Change: Toward a Sociology of Technological Evolution." *Research in Organizational Behavior* 14, pp.311~347.

U.S. Bureau of Labor Statistics. 1951. *Analysis of Work Stoppages During 1950*, Bulletin 1035. 1961. *Analysis of Work Stoppages 1960*, Bulletin 1302. 1972. *Analysis of Work Stoppages, 1970*, Bulletin 1727. 1982. *Analysis of Work Stoppages, 1980*, Bulletin 2120. 1991a. *Area Wage Survey: Los Angeles-Long Beach, California, Metropolitan Area, December 1990*, Bulletin 3055-55. 1991b. *Area Wage Survey: Atlanta, Georgia, Metropolitan Area, May 1991*, Bulletin 3060-14. 1992a. *Occupational Compensation Survey: Pay and Benefits-detroit, Michigan, Metropolitan Area, December 1991*, Bulletin 3060-60. 1992b. "Employee Tenure an Occupational Mobility in the Early 1990s." *Bureau of Labor Statistics News*, June 26.

U.S. Council of Economic Advisors. 1991. *Economic Report of the President*. Washington, D.C.: U.S. Government Printing Office.

U.S. Department of Commerce. 1988. *County Business Patterns, 1986*. Washington, D.C.: U.S. Government Printing Office. 1993. *Money Income of Households, Families, and Persons in the United States:1992*. Current Population Reports, Consumer Income, Series P60~184. 1995. *Statistical Abstract of the United States, 1995*. Washington,

D.C.: U.S. Government Printing Office.

U.S. Department of Health & Human Services. 1993. *Trends in Hospital Personnel, 1983~1990*. Washington, D.C.: Department of Health & Human Services.

U.S. Department of Labor. 1975. *Job Seeking Methods Used by American Workers*. Washington, D.C.: U.S. Government Printing Office.

Valverde, Marianna. 1988. "'Giving the Female a Domestic Turn': The Social, Legal, and Moral Regulation of Women's Work in British Cotton Mills, 1820~1850." *Journal of Social History* 21, pp.619~634.

Van Buren, Mark e. 1992. "Organizational Size and the Use of Firm Internal Labor Markets in High Growth Establishments." *Social Science Research* 21, pp.311~327.

Van Maanen, John & Gideon Kunda. 1989. "Real Feelings': Emotional Expression and Organizational Culture." in B. M. Staw & L.L. Cummings(eds.). *Research in Organizational Behavior*, Vol.11. Greenwich, Conn.: JAI Press, pp.43~103.

Vanek, Joann. 1973. "Keeping Busy: Time Spent in Housework, United States, 1920~1970." Ph. D. dissertation, University of Michigan, Ann Arbor. 1974. "Time Spent in Housework." *Scientific American* 231, pp.116~120.

Van Haitsma, Martha. 1989. "Aspects of the Underclass: Employment and Social Context of Innercity Residents." paper presented at the Allied Social Science Associations Annual Meeting, December 28~30, Atlanta, Georgia.

Van Tijn, Theo. 1976. "A Contribution to the Scientific Study of the History of Trade Unions." *International Review of Social History* 21, pp.212~239.

Van Zanden, J. L. 1993. *The Rise and Decline of Holland's Economy: Merchant Capitalism and the Labour Market*. Manchester: Manchester University Press.

Verdery, Katherine. 1991. "Theorizing Socialism: A Prologue to the 'Transition'." *American Ethnologist* 18, pp.419~439. 1993. "What Was Socialism and Why Did It Fall?" *Contention* 3, pp.1~24.

Villa, Paola. 1986. *The Structuring of Labor Markets: A Comparative Analysis of the Steel and Construction Industries in Italy*. Oxford: Clarendon Press.

Vincenti, Walter G. 1994. "The Retractable Airplane Landing Gear and the Northrop 'Anomaly': Variation-Selection and the Shaping of Technology." *Technology and Culture* 35, pp.1~33.

Visser, Jelle. 1993. "Syndicalisme et désyndicalisation." *Le Mouvement Social* 162, pp.17~40.

Visser, Jelle & Bernhard Ebbinghaus. 1992. "Making the Most of Diversity? European Intergration and Transnational Organization of Labor." in Justin Greenwood, Jürgen R. Grote & Karsten Ronit(eds.). *Organized Interests and the European Community*. London:

Sage.

Vogel, Morris J. 1980. *The Invention of the Modern Hospital: Boston 1870~1930*. Chicago: University of Chicago Press.

Voss, Kim. 1993. *The Making of American Exceptionalism: The Knights of Labor and Class Formation in the Nineteenth Century*. Ithaca: Cornell University Press.

Wadsworth, Alfred P. & Julia de Lacy Mann. 1931. *The Cotton Trade and Industrial Lancashire 1600~1780*. Manchester: Manchester University Press.

Wagner, David. 1980. "The Proletarianization of Nursing in the United States, 1932~1946." *International Journal of Health Services* 10, pp.271~290.

Walder, Andrew. 1986. *Communist Neo-Traditionalism: Work and Authority in Chinese Industry*. Berkeley: University of California Press. 1992. "Property Rights and Stratification in Socialist Redistributive Economies." *American Sociological Review* 57, pp.524~539. 1995. "Career Mobility and the Communist Political Order." *American Sociological Review* 60, pp.309~328.

Waldinger, Roger D. 1986. *Through The Eye of the Needle: Immigrants and Enterprise in New York's Garment Trades*. New York: New York university Press. 1986~1987. "Changing Ladders and Musical Chairs: Ethnicity and Opportunity in Post-Industrial New York." *Politics and Society* 15, pp.369~401. 1994. "The Making of an Immigrant Niche." *International Migration Review* 28, pp.3~30.

Waldinger, Roger D., Robin Ward & Howard Aldrich. 1985. "Ethnic Business and Occupational Mobility in Advanced Societies." *Sociology* 19, pp.586~597.

Wallace, Anthony F. C. 1978. *Rockdale: The Growth of an American Village in the Early Industrial Revolution*. New York: Knopf.

Walras, Léon. 1954. *Elements of Pure Economics, Or The Theory of Social Wealth*. Translated by William Jaffé. Homewood, Ill.: Richard D. Irwin, for the American Economic Association. first published in 1874.

Walsh, John P. 1993. *Supermarkets Transformed: Understanding Organizational and Technological Innovations*. New Brunswick, N.J.: Rutgers University Press.

Walsh, Kenneth. 1983. *Strikes in Europe and the United States: Measurement and Incidence*. New York: St. Martin's.

Walton, Richard & Robert B. McKersie. 1965. *A Behavioral Theory of Labor Negotions: An Analysis of a Social Interaction System*. New York: McGraw-Hill.

Watanabe, Shin. 1987. "Job-Searching: A Comparative Study of Male Employment Relations in the United States and Japan." unpublished Ph. D. dissertation, Department of Sociology, University of California, Los Angeles. UMI Dissertation Information Service

Order No.8727817.

Watkins, Susan Cotts(ed.). 1994. *After Ellis Island: Newcomers and Natives in the 1910 Census.* New York: Russell Sage Foundation.

Way, Peter. 1993. *Common Labour: Workers and the Digging of North American Canals 1780~1860.* Cambridge: Cambridge University Press.

Webb, Sidney & Beatrice Webb. 1897. *Industrial Democracy.* London: Longmans.

Weber, Max. 1958. *The Protestant Ethic and the Spirit of Capitalism.* New York: Scribner.

Weber, Michael P. & Ewa Morawska. 1985. "East Europeans in Steel Towns: A Comparative Analysis." *Journal of Urban History* 11, pp.280~313.

Weisbrod, B. A. 1988. *The Nonprofit Economy.* Cambridge: Harvard University Press. 1989. "Rewarding Performance That is Hard to Measure: The Private Nonprofit Sector." *Science*, May 5, 244.

Weiss, Andrew. 1995. "Human Capital vs. Signalling Explanations of Wages." *Journal of Economic Perspectives* 9, pp.133~154.

Wellman, Barry. 1985. "Domestic Work, Paid Work, and Net Work." in Steve Duck & Daniel Perlman(eds.). *Understanding Personal Relationships.* London: Sage. 1990. "The Place of Kinfolk in Personal Community Networks." *Marriage and Family Review* 15, pp.195~228.

Wellman, David. 1995. *The Union Makes Us Strong: Radical Unionism on the San Francisco Waterfront.* Cambridge: Cambridge University Press.

Western, Bruce. 1993. "Postwar Unionization in Eighteen Advanced Capitalist Countries." *American Sociological Review* 58, pp.266~282.

Western, Bruce & Katherine Beckett. 1997. "How Unregulated Is the U.S. Labor Market: The Dynamics of Jobs and Jails, 1980~1995." unpublished paper, Princeton University.

Westwood, Sallie. 1982. *All Day, Every Day: Factory and Family in the Making of Women's Lives.* Chicago: University of Illinois Press.

White, Harrison. 1970. *Chains of Opportunity: System Models of Mobility in Organizations.* Cambridge: Harvard University Press. 1981. "Where Do Markets Come From?" *American Journal of Sociology* 87, pp.517~547. 1988. "Varieties of Markets." in Barry Wellman & Steven Berkowitz(eds.). *Social Structures: a Network Approach.* Cambridge: Cambridge University press. 1992. *Identity and Control: A Structural Theory of Social Action.* Princeton: Princeton University press. 1993. *Careers & Creativity: Social Forces in the Arts.* Boulder: Westview Press.

Whitley, Richard. 1984. *The Intellectual and Social Organization of the Sciences.* Oxford:

Clarendon Press.

Wial, Howard. 1991. "Getting a Good Job: Mobility in a Segmented Labor Market." *Industrial Relations* 30, pp.396~416.

Wilentz, Sean. 1981. "Artisanal Origins of the American Working Class." *International Labor and Working Class History* 19, pp.1~22.

Williams, Christine L. 1989. *Gender Differences at Work: Women and Men in Nontraditional Occupations*. Berkeley: University of California Press.

Williamson, Oliver. 1975. *Markets and Hierarchies, Analysis and Antitrust Implications: A Study in the Economics of Internal Organization*. New York: Free Press. 1985. *The Economic Institutions of Capitalism*. New York: Free Press. 1991. "Comparative Economic Organization: The Analysis of Discrete Structural Alternatives." *Administrative Science Quarterly* 36, pp.269~296.

Willis, Robert J. 1986. "Wage Determinants: A Survey and Reinterpretation of Human Capital Earnings Functions." in Orley Ashenfelter & Richard Layard(eds.). *Hand Book of Labor Economics*, Vol.1. Amsterdam: North-Holland, pp.525~602.

Winter, Sidney. 1964. "Economic 'Natural Selection' and the Theory of the Firm." *Yale Economic Essays* 4, pp.225~272. 1980. "An Essay on the Theory of Production." Proceedings of the Centennial Symposium of the University of Michigan. Department of Economics.

Wolfe, Samuel(ed.). 1978. *Organization of Health Workers and Labor Conflict*. Farming dale, N.Y.: Baywood.

Wolinsky, Fredric D. 1993. "The Professional Dominance, Deprofessionalization, Proletarianization, and Corporatization Perspectives: An Overview and Synthesis." in Frederic W. Hafferty & John B. McKinlay(eds.). *The Changing Medical Profession: An International Perspective*. New York: Oxford University Press.

Wood, Stephen(ed.). 1982. *The Degradation of Work? Skill, Deskilling, and the Labour Process*. London: Hutchinson.

Woods, James D. 1993. *The Corporate Closet: The Professional Lives of Gay Men in America*. New York: Free Press.

Worsley, Peter. 1986. *The Three Worlds: Culture and World Development*. London: Weidenfeld & Nicolson.

Wright, Erik Olin. 1979. *Class Structure and Income Determination*. New York: Academic Press. 1985. *Classes*. London: Verso.

Wright, Gavin. 1978. *The Political Economy of the Cotton South: Households, Markets, and Wealth in the Nineteenth Century*. New York: Norton. 1990. "The Origins of American

Industrial Success, 1879~1940." *American Economic Review* 80, pp.651~668.

Wright, Rosemary & A. Jacobs. 1994. "Male Flight from Computer Work: A New Look at Occupational Resegregation and Ghettoization." *American Sociological Review* 59, pp.511~536.

Wuthnow, Robert. 1991. *Acts of Compassion: Caring for Others and Helping Ourselves*. Princeton: Princeton University Press.

Yankelovich, Daniel. 1993. "How Changes in the Economy Are Reshaping American Values." in Henry J. Aaron, Thomas E. Mann & Timothy Taylor(eds.). *Values and Public Policy*. Washington, D.C.: Brookings Institution.

Yankelovich, Daniel et al. 1985. *The World at Work: An International Report on Job, Productivity, and Human Values: A Joint Report of the Public Agenda Foundation and the Aspen Institute for Humanistic Studies*. New York: Octagon Books.

Yans-McLaughlin, Virginia(ed.). 1990. *Immigration Reconsidered: History, Sociology, and Politics*. New York: Oxford University Press.

Young, H. Peyton. 1993. "The Evolution of Conventions." *Econometrica* 61, pp.57~84.

Zelizer, Viviana. 1985. *Pricing The Priceless Child: The Changing Social Value of Children*. New York: Basic Books. 1988. "Beyond the Polemics on the Market: Establishing a Theoretical and Empirical Agenda." *Sociological Forum* 3, pp.614~634. 1994a. "The Creation of Domestic Currencies." *American Economic Review*, Paper and Proceedings 84, pp.138~142. 1994b. *The Social Meaning of Money*. New York: Basic Books.

Zimbalist, Andrew(ed.). 1979. *Care Studies on the Labor Process*. New York: Monthly Review Press.

Zolberg, Aristide. 1986. "How Many Exceptionalisms?" in Ira Katznelson & Aristide R. Zolberg(eds.). *Working-Class Formation: Nineteenth-Century Patterns in Western Europe and the United States*. Princeton: Princeton University Press.

Zuboff, Shoshana. 1988. *In the Age of the Smart Machine: The Future of Work and Power*. New York: Basic Books.

Zunz, Oilvier. 1982. *The Changing Face of Inequality: Urbanization, Industrial Development, and Immigrants in Detroit, 1880~1920*. Chicago: University of Chicago Press. 1990. *Making America Corporate, 1870~1920*. Chicago: University of Chicago Press.

# 지은이 소개

크리스 틸리(Chris Tilly)는 1989년 매사추세츠 공과대학에서 경제학과 도시연구로 박사학위를 취득한 후 매사추세츠 대학 로웰(Lowell)캠퍼스에서 지역경제사회개발학과 교수로 재직 중이다. 주된 관심을 가진 연구 분야는 파트타임 노동과 인종 그리고 젠더 불평등을 포함하여 미국과 멕시코의 저임금 노동, 미국과 라틴아메리카에서의 사회개혁을 위한 현장운동이다. ≪*Dollars and Sense Magazine*≫의 편집위원을 역임했으며(1986~2006), 현재 ≪*Contemporary Sociology*≫의 편집위원이다. 주요 저서로는 *Stories Employers Tell: Race, Skill, and Hiring in America* (Philip Moss와 공저, 2001), *Glass Ceilings and Bottomless Pits: Women's Work, Women's Poverty* (Randy Albelda와 공저, 1997) 등이 있다.

찰스 틸리(Charles Tilly)는 1958년 하버드 대학에서 사회학 박사학위를 취득한 후 델라웨어 대학, 하버드 대학, 토론토 대학, 미시간 대학, New School for Social Research 대학에서 강의했다. 현재 컬럼비아 대학 사회학과의 조셉 버튼와이저(Joseph L. Buttenwieser) 석좌교수로 재직 중이다. 최근에 저술한 책으로는 *Economic and Political Contention in Comparative Perspective* (Maria Kousis와 공동편집, 2005), *Trust and Rule* (2005), *Popular Contention in Great Britain, 1758-1834* (2005), *Identities, Boundaries, and Social Ties* (2005), *Why?* (2006), *The Oxford Handbook of Contextual Political Analysis* (Robert Goodin과 공저, 2006), *Contentious Politics* (Sidney Tarrow와 공저, 2006), *Regimes and Repertoires* (2006) 등이 있다.

## 옮긴이 소개

**이병훈** 중앙대 사회학과 부교수, 코넬 대학교 노사관계학 박사
저서: 『위기의 노동』(2005 공저), 『노동운동의 미래』(2005 공저), *Employment and Industrial Relations in Korea* (2004 공저), *Challenges for Quality of Life in the Contemporary World* (2004 공저), 『노동시장 유연화와 노동복지』(2004 공저) 등 다수

**조효래** 창원대 사회학과 부교수, 서울대학교 사회학 박사
저서: 『노동과 조직, 그리고 민주주의』(2005 공저), 『1987년 이후 노동체제의 변동과 노사관계』(2002), 『1987년 이후 한국의 노동운동』(2001, 공저), 『대안적 생산체제와 노사관계』(2001, 공저) 등 다수

**윤정향** 중앙대 사회과학연구소 전임연구원, 중앙대학교 사회복지학 박사
연구논문: 「비정규노동자의 사회보험 배제원인과 배제기제 연구」(2005), 「서비스 사회화와 서비스노동의 노동운동 전환 모색」(2006), 「사회계층의식 변동에 관한 연구」(2006, 공저) 등 다수

**김종성** 한국노동연구원 뉴패러다임센터 책임컨설턴트, 중앙대 사회학과 박사과정
저서: 『콜센터의 고용관계와 노동문제』(2006 공저)

**김정해** 중앙대 사회학과 석사

한울아카데미 886

# 자본주의의 노동세계

ⓒ 이병훈 외, 2006

지은이 **크리스 틸리·찰스 틸리**
옮긴이 **이병훈·조효래· 윤정향·김종성· 김정해**
펴낸이 **김종수**
펴낸곳 **한울엠플러스(주)**

초판 1쇄 발행 **2006년 9월 15일**
초판 3쇄 발행 **2020년 10월 5일**

주소 **10881 경기도 파주시 광인사길 153 한울시소빌딩 3층**
전화 **031-955-0655**
팩스 **031-955-0656**
홈페이지 **www.hanulmplus.kr**
등록번호 **제406-2015-000143호**

Printed in Korea.
ISBN **978-89-460-6953-4 93330**

※ 가격은 겉표지에 있습니다.